全国教育科学"十三五"规划重力
"中国特色社会主义教育理论体系研究"（课题编号

"生命·实践"教育学研究

"Life-Practice" Educology Research

华东师范大学"生命·实践"教育学研究院 编

第四辑
Volume 4

上海教育出版社
SHANGHAI EDUCATIONAL
PUBLISHING HOUSE

名誉主编 叶 澜

主 编 李政涛

本辑执行主编

伍红林

本辑主编助理

孔 苏 张 凯

编 委 （以姓氏笔画为序）

卜玉华　　王 枡　　叶 澜　　孙元涛

伍红林　　刘良华　　张 永　　吴亚萍

李政涛　　李家成　　吴黛舒　　庞庆举

侯怀银　　袁德润

区域教育变革中的"新基础教育"20年之路

李政涛

本辑的酝酿与出版,涉及"自然"和"区域"两大主题。它们与两个特殊背景有关。

第一个背景,进入2020年后,突如其来的新型冠状病毒肺炎肆虐全球。本文撰写之际,各国正在全力以赴抗击疫情。若以学理之眼,冷静观之,我们可以作出一个基本判断:这既是天灾,也是人祸。所谓"人祸",表面上这是滥捕滥杀野生动物后发生的"吃祸",实质上是人类对自然生态的破坏,导致人与动物、人与自然的平衡关系被打破,进而带来前所未有的恶果。如此大的代价提醒我们:到了该回到自然,尊重自然,敬畏自然,重新审视并重建人与自然之关系的时候了。

重建人与自然之关系的方式与路径多种多样,作为教育之人和教育学人,"教育实践"和"教育学研究"是我们可以为之的基本方式。作为"新基础教育"和"生命·实践"教育学派的创始人和持续领导者,叶澜教授从2017年开始,就以《溯源开来:寻回现代教育丢失的自然之维》为题,研究这一久被遗忘的主题,深入开凿出一片新的理论世界。在本辑,这一长篇力作终于全文发表,它以"生命·实践"教育学的方式,展现了对"教育与自然"这一教育基本问题加以开掘之后的整体面貌,它的完整推出,意味着"生命·实践"教育学不仅在该问题上形成了自身的奠基性理论,而且也为"教育与自然"的研究作出了学派式贡献。与此呼应,"新基础教育"各生态区和试验学校也以此为基础,同时依托"校园四季活动系列设计研究"这一主题,通过课程研发、教学改革、班级建设和学校文化等多种途径,带学生回到自然,在充分发挥自然的育人价值,实现"自然教育力"的过程中,同样贡献了独特且丰富的区域或校际实践经验。

第二个背景,2019年,"新基础教育"扎根上海市闵行区、江苏省常州市已经20年,为此,"生命·实践"教育学研究院分别在两地举行了"新基础教育20年的成事成人之路"纪念大会。这20年,不是某所学校、某位校长和教师的20年,而是两个区域的20年。本辑推出的相关文章,无论是理论建构,还是实践探究,都展示出区域变革的力量和共生体的力量。这同时表明,我们共同走出了一条以区域变革和建构研究共生体的方式推进教育教学改革,实现教育均衡的"新基础教育"之路,同时也是一条"成事成人成区域"之路。

这条道路的生成,对我个人而言,无论是作为旁观者,还是作为这项改革的亲历者,都是非凡的20年。构成非凡的原因,首先在于20年。

自改革开放以来,在中国的教育改革中,各种"思潮"涌动,各类"流派"兴起,各色"旗帜"飞扬,各级"课题"遍布,被命名为"某某教育"的改革也举不胜举,用"乱花渐欲迷人眼""你方唱罢我登台""城头变幻大王旗"等来形容,毫不为过。但很少有一种改革像"新基础教育"一样,自1994年在中国、在上海开启了变革历程之后,已连续走过了20周年,而且还在持续推进之中。

是什么原因,或者什么动力,让致力于推进学校整体转型变革,专注于"成事成人"的"新基础教育"改革,在长达20年的时间里能够让这么多试验学校,这么多校长、教师和家长,一直在追随,不离不弃? 其中的奥秘或真谛在哪里?

我相信,在20年的岁月里,这些学校和校长一定会遇到层出不穷的新思潮、新流派、新旗帜或新课题的"诱惑"，为什么他们依然选择且跟定了"新基础教育"？一位刚刚加入"新基础教育"试验学校不久的深圳教师，从旁观者的角度给出了自己的答案：能够做 20 年的一定是好东西，不然早就不再做了！

"新基础教育"到底好在哪里？是什么样的"好"，或者，是什么样的感受，能够让置身其中的人坚持 20 年？

一是感受到了"真实"。如同一位校长所言：20 年来，我们见过很多研究团队，只有"新基础教育"这个团队最能体现一个"真"字。"新基础教育"的"真"，表现在叶澜教授领衔的"新基础教育"研究团队始终怀着一颗"真心"，想通过变革研究来改变学校，改变师生。因此，他们力求"讲真话""做真事"，努力"真做研究""做真研究"。这里的"真"最终要落到"实"处，落在实实在在的"捉虫"，帮助教师找"真问题"；落在实实在在的"重建"，给教师提供具体可行的"真建议"。正是这种种的"真"，伴随了"新基础教育人"20 年。无论是什么样的时代，也不论在何处，越是真实、真切、真诚的东西，越能打动人、激励人，也才会越持久。

二是感受到了"贴地"。20 年来，"新基础教育"创造了很多独特的研究方式，其中最具标志性的是"贴地式深度介入研究"。这里的"地"，是真实具体的学校日常生活，就是每天都在进行的课堂教学与班队活动。这种研究方式要求"新基础教育"团队中的"教授军团""博士军团"长年深入学校常规性的策划、实施与评估之中，具体深入且持续参与教师的备课、上课、说课、评课与写课，陪伴校长们、教师们一遍遍反思重建……由于有了如此贴地式的指导，"新基础教育"研究打破了实践者之前形成的一套成见：理论都是一些"高高在上""高不可攀"的，甚至是"虚无缥缈"的存在。转而让他们感受到这样的研究更"贴地气"，更贴近他们日常的生活，更贴近他们的心灵。有了这样的"贴地"，理论研究者和实践工作者这两类主体，有了前所未有的"融合感"，从"我"和"你"，变成了"我们"。

三是感受到了"力量"。 通过"新基础教育",校长和教师首先感受到了理论的力量,认定这样的理论能够改变学校,改变教师,改变学生,甚至改变家长。有了对理论力量的认同,实践者才发现,之前他们眼里只能"站在云端"的理论研究者,也是能进入实践,读懂实践,进而改变实践的人,是既能"上天"也能"入地"的人。其次,他们感受到了合作的力量,通过加入大大小小的生态区或生态圈等"新基础教育"共生体,他们充分感受到了只有通过理论和实践两类主体的团队合作,通过合作区域或学校之间的团队合作,才可能带来的改变与发展。此外,他们还感受到了坚持的力量,面对改革中的种种困难、重重艰辛,尤其是面对"痼疾"和"蜕变"的艰难,唯有"坚持、坚持、再坚持",才会迎来累积式的改变,这是只有坚持才能生发的改革之力,这是只有坚持20年才可能迸发出的强大的改变之力。

四是感受到了"成长"。 "成事成人"始终是"新基础教育"一以贯之的宗旨与魂魄。在历经千辛万苦和千锤百炼以后,从中走出的是一批批拥有"知难而上,执着追求;滴水穿石,持之以恒;团队合作,共同创造;实践反思,自我更新"等"新基础教育"研究精神及教学新基本功的教师,培育出了一个个具有生命自觉的"理想新人"。这些带给"新基础教育"试验学校师生的真实的生命成长,他们在20年中已经充分感受到了……还有什么样的感受,能够比为自己带来改变和成长更能打动人、吸引人?尤其对试验校长和教师而言,最彻底的改变,在于改变了他们的价值观和思维方式,从而改变了他们的生活方式,进而从此有了新的人生,这是不参与、不亲历"新基础教育"就不会有的新生活和新人生。

李政涛

教育部长江学者特聘教授

华东师范大学"生命·实践"教育学研究院院长

华东师范大学基础教育改革与发展研究所所长

目　　录

第一编　理　论　开　掘

第二编　主　题　研　讨

"新基础教育"区域教育教学变革与共生体建设

理论建构

实践探究

区域整体推进

第三编　学　派　建　设

第四编　"新基础教育"实践变革

第五编　上海市闵行区和江苏省常州市 "新基础教育"20 周年纪念

叶澜教授发言

校长代表发言

第一编　理论开掘

溯源开来：寻回现代教育
丢失的自然之维

——《回归突破："生命·实践"教育学论纲》
续研究之二（中编）*

叶　澜**

摘　要：本文重在探讨清末民初社会剧变中经典自然观的转换与丢失问题。当时社会总体上的性质与结构之激变，构成了经典自然观渐被遮蔽的政治因素和经济基础。洋务运动和维新变法先后兴办各式新学堂，引进西方自然科学课程，越来越大规模地输入西方经济和文化思想，在教育上开风气，形成了一批不同于传统士的知识分子，但也使学习者与自然和古代学问逐渐疏远，中学成为致用的政治斗争工具等，这都造成了经典自然观、传统文化之根逐渐淡出。其间，思想家严复译介西学，提出"物竞天择，适者生存"的天道观，在肯定"自然而然"天道变化的前提下，形成了体用统一、中西古今既融通又不同的近代自然观，力求自然与人为、天道与人治相平衡，主张"民智、民力、民德"合一的国民教育，废科举，兴办系统独立的新式学校，在思想层面产生了深远的社会影响。

关键词：社会剧变；自然观转换；丢失；近代自然观；新式学校

---

*　本文上编刊登于《教育发展研究》2018年第2、3期；全文合载于：华东师范大学"生命·实践"教育学研究院."生命·实践"教育学研究（第二辑）——校园四季系列活动设计［M］.上海：上海教育出版社，2018：3-51.

**　作者简介：叶澜，中国"新基础教育"研究与"生命·实践"教育学派创始人和持续领导者，华东师范大学终身教授，"生命·实践"教育学研究院名誉院长，基础教育改革与发展研究所名誉所长。研究方向：教育学原理、教育研究方法论及当代中国基础教育改革。

2017年底,我完成了旨在重新构建教育学理论中"教育与自然"关系的本文上编。上编围绕"中国古代传统文化中自然观形成过程"这一中心问题,就史前原生期、文明初创期和古代经典形成期,作了相对全面、丰富、多层次的过程梳理与内容阐述,对中国传统文化之根——自然观及其构成,形成了如下五点结论:

1. 人与天地宇宙混沌共生,天人之道相合、相通,是中华民族原始自然观的起点,内含饱满的元气和人与自然最基本的内在关系。

2. 基于农耕生产的中华古代文明,对自然界整体互渗、过程互动、万物关联、生生不息的认识所达到的程度和独特性,被提炼成为人认识世界的思维方式,呈现出鲜明的民族文化的独特性。

3. 中华古代文明在整体上散发出浓郁的以自然为根的气息。人文与自然的深度纠缠,表现在古代经典中,也表现在世俗生活中。"自然"内含着造化的总称和万物生长必循的"自然而然"法则之双重意义。

4. 中华古代经典自然观,一则通过正式的文化、制度、教育等系统传递,更多的是通过民间的生活方式和世俗文化传递,它成为每个人生活中不可或缺的构成。尽管经历世世代代风雨沧桑,但这一自然观的基本构成,千年相传而不失其本。

5. 时至今日,古老中国历经一个半世纪以上的近现代剧变,传统自然观已逐渐淡出,并被一系列新的观念和问题取代或遮蔽,无论社会还是学校,在趋向上均如此。若要在新时期使传统自然观再现生机,我们需要"去蔽"和再认识。

唯有如此,才有可能从"溯源"始而至"开来",达到"寻回现代教育丢失的自然之维"。

相隔了近两年,笔者才完成本文的中编和下编①,重点探讨了"更新"中的"丢失"(中编)与"去蔽"中的"开来"(下编)这一复杂过程及其特点。

近代社会激变与自然观转换

中国社会走出封建,走向现代,至今已有近两百年时间,但我们还在为实

---

① 　"中编"与"下编"内容上有极强的连续性,因篇幅关系而分开刊出。

现现代化而继续努力。若按社会性质来划分,大致分为三个阶段:清末至民初(1840—1912)、中华民国时期(1912—1949)、中华人民共和国时期(1949 年后)。这是翻天覆地的跨越两个世纪的激变历史。但就中国传统自然观的逐渐丢失,现代自然观之形成泛化,并替代经典自然观,成为主导自然观而言,三个时间段却与政治、经济变革不同,表现出方向和变化趋势上的一致,且具有连续性的特点,直到 20 世纪末,才出现面向未来的当代自然观。当然,每个时期造成变化的因素、面临的问题、变化的性质、支撑的"平台"、变化的重点与速度等方面,有明显的阶段性区别。以下就按三个时间段作进一步阐述。

一、清末至民初阶段(1840—1912)

(一) 社会性质的剧变

这是中国社会出现数千年未有之大变局的一个时期,是"将几个世纪缩在一时"的时期。[①] 变局的标志性起点是 1840 年英国政府率先发起的鸦片战争。他们用枪炮轰开了闭关锁国的清王朝。此后,西方以军事力量胁迫清王朝签订了数以百计以开放通商港口、割地赔款、建立租界、拱让经济命脉的控制权等为主要内容的不平等条约。鸦片战争表面上是因中国禁烟而起的战争,但其深层原因是资本主义商品经济的扩张性。"不断扩大产品销路的需要,驱使资产阶级奔走于全球各地。它必须到处落户,到处开发,到处建立联系。"[②] 马克思在《资本论》中清醒地指出:世界资本主义在 16—18 世纪把早期殖民主义作为"原始积累的主要因素","接踵而来的是欧洲各国以地球为战场而进行的商业战争。这场战争以尼德兰脱离西班牙开始,⋯⋯并且在对中国的鸦片战争中继续进行下去"。[③] 鸦片战争是一场"商战"。在此不得

---

①　陈旭麓.近代中国社会的新陈代谢[M].北京:生活·读书·新知三联书店,2017:248.

②　马克思,恩格斯.共产党宣言[M]//中共中央马克思恩格斯列宁斯大林著作编译局,编译.马克思恩格斯文集:第 2 卷.北京:人民出版社,2009:35.

③　马克思.资本论:第一卷[M]//中共中央马克思恩格斯列宁斯大林著作编译局,编译.马克思恩格斯文集:第 5 卷.北京:人民出版社,2009:861.

不强调的是：当时清王朝所处的世界，是资本主义霸占的"全球化"；中国被枪炮唤醒，惊慌地发现长期被蔑视的"夷国"军事实力之强大；清王朝统治下的中国是带着鲜血、丧权卖国的耻辱，犹如一块极大的肥肉，作为西方帝国主义需霸占的市场被拖入"全球化"的。鸦片战争也标志着中国社会开始走出封建，背着半殖民地半封建社会的重负走上了近现代化道路。这条道路与西方由工业而起的资本主义现代化道路明显不同，它是在外国军事强力挟持下的商业市场的打开，国外商品的倾销，原料被掠夺或低价收购，从而既打击了农业生产，又抑制了原有的手工业生产。中国千年以来为国之本的"重农抑商"经济政策不得不变。作为通商口岸的城市，则以新型商业城市的姿态迅速发展。如上海，1843 年正式开埠，1845 年 11 月 29 日《上海土地章程》订立，第一个外国租界始设。到 20 世纪初，上海租界的面积总计约达 3 000 万平方米之广，占有的是大量原先可耕作的田地。上海成为当时全国影响最大的商业城市，也是先开设外国工厂，随后率先创办民族资本企业的城市。① 城市附近的农村，逐渐打破了几千年来自给自足、依靠自然条件生存的小农经济状态。城市机器生产需要大量劳动力，在江南地区，首先是妇女——农业田野劳作的辅助者，被招收到附近城市的缫丝厂、纺织厂充当女工。尽管劳动时间长，工资又低，但其身份已由农村人变为城市工人。而一个乡中的先行者，只要有可能，就会带出更多的人去城里。② 城市除了工厂，还有大量商业、服务业需要廉价劳动力。总之，原先的农业人口成为城市各类劳动力的廉价来源，城市则形成了新的以工人为主的劳苦大众阶层。

新城市的急速发展，不仅使国家的经济结构、城乡的人口结构发生变化，也使农村经济衰落。农民，靠天吃饭者，是几千年来和自然关系最为密切者，被视为落后、贫穷和保守的代表。城里人有了自己的经济来源、生存方式和话语(包括语音的变化)内容。故乡、自然，在他们的心中渐渐失去了以往的亲密关系和至高地位，往往只剩下对童年的怀念。时隔几代之后，新生代连怀念也所剩无几，乃至完全消失，甚至连大米、油这些日常用品都是先从土地

---

① 靳润成.中国城市化之路[M].上海：学林出版社,1999.
② 民国中期的这种状态，在江南农村地区已成常态。参阅：费孝通.江村经济——中国农民的生活[M].北京：商务印书馆,2001：第 11、12 章。

里种出来的也不知道,只知道它们是用钱从商店里买来的。

正是如上简述的社会性质与结构变化,农本、重农国策地位的动摇,财富、人力向城市的集聚,构成了中华古代经典自然观(以下简称经典自然观)逐渐淡出的政治因素和经济基础。

(二)洋务运动与专门学堂的兴办

中国近现代化由于直接起始于西方的侵略战争,所以开局之初,朝廷内外就在多个领域产生了从未有过的"中西古今"的激烈矛盾,或称新旧争斗。如何才能强国,如何才能御外,如何才能保权、保种,成为要解决的现实核心问题。朝廷内部产生了洋务派,他们强烈主张"中体西用",认为强国必须在保全中国传统文化之本的前提下向西方学习,当务之急则是学习西方语言,培养翻译人才;在购买西式武器的同时,举办学习使用西式武器和训练士兵的习武学堂。所有这些学习和人才培养,都是为了"用",是增添,不是要变革。其中的代表人物是张之洞、李鸿章和左宗棠等大臣,他们不仅上奏皇帝,且在奏折获准后,不顾当时保守势力的激烈攻击而付诸行动,于是中国历史上出现了第一批"洋务学堂"。

洋务派在近代史上被后来的维新人士看作保守派,被辛亥革命的革命党划入保皇派,在中华人民共和国成立后很长时间的历史教科书里被定为不光彩的失败者,加以批判。直到 20 世纪 80 年代初,学术界开始反思,历史学界对原有的史观和史实作出重新梳理,才出现新的评价。[①]重读这些洋务派代表人物当时的奏折、为办学所设章程与课程等史料,有助于我们对他们自强救国的心愿和中体西用的方针在设计新型教育机构中如何具体落实有所认识。略举三例如下。

(1)洋务运动伊始,最早设立的一批培养外交翻译人才的机构除京师同文馆外,还有与李鸿章相关的上海广方言馆。他在 1863 年的《请设外国语言文字学馆折》中提出了增设的理由:"中国与洋人交接,必先通其志,达

①　如:华东师范大学历史学系教授刘学照在其所著《洋务思潮与近代中国》(山西高校联合出版社,1994 年版)一书中,对洋务运动作了积极的发展论评价。

其意,周知其虚实诚伪,而后有称物平施之效。"但当时的实际情况是,中外会商之事都被通洋语却与洋人勾结的通事独揽,因而造成大害,所以他力主在京师同文馆之外,增设上海外国语言文字学馆,学生选择不能只以八旗子弟为限,宜"多途以取之,随地以求之,则习其语言文字者必多;人数既多,人才斯出"。他相信"我中华智巧聪明,岂出西人之下",只要精通文字后,西洋的技术和知识,皆能转相传习,由渐通晓,"于中国自强之道,似有裨助"。①《上海同文馆章程》提到,馆内开设的课程,除西文外,还有经学、史学、算学、辞章四类。西文学习则还包括数学、化学、物理、外国历史等学科内容。②

(2)左宗棠于1866年在《详议创设船政章程购器募匠教习折》中提到,宜请法国人帮办,其理由是:法国商船"其争利之见淡于英",但又"不甘久居英夷之下",且"法又与英国本非同教",我方若能借法方自强,则更宜行。③ 其为自强思虑之缜密可见一斑。与船政学堂相关的教学方面,左宗棠主张"学习课程除专门学科④外,并重中文,兼读孝经、圣谕广训,并学策论"。⑤ 他以这样的课程设置体现"中学为体,西学为用"。

(3)张之洞在1887年《奏创办水陆师学堂折》开篇即提出:"窃惟古今人才,皆出于学。学之为事,讲习与历练兼之。"他强调,水陆两师学堂合办对培养武备人才更有利。西学课程方面除外语外,"大抵兼采各国之所长,而不染习气;讲求武备之实用,而不尚虚文。堂中课程,限定每日清晨先读四书、五经数刻,以端其本。每逢洋教习歇课之日,即令讲习书史,试以策论,俾其通知中国史事、兵事,以适于用"。⑥ 读这篇奏折,我们可以看出,当洋务运动办学有了近20年经验后,其宗旨的落实和可行性的策划,更为细致周密,更看重办学的效益。

---

① 陈学恂.中国近代教育史教学参考资料(上册)[G].北京:人民教育出版社,1986:51-53.

② 同上,54,58.

③ 同上,69-70.

④ 指造船、航海、轮机操作等.

⑤ 陈学恂.中国近代教育史教学参考资料(上册)[G].北京:人民教育出版社,1986:77.

⑥ 同上,89-90.

洋务运动期间,类似的知名"新式"学堂,从武备到工程、农工、交通、医疗等,在全国就有 10 多所,可见其影响和涉及面之广。

上述引文中涉及的新学堂内设课程,至少呈现出教学内容上的三点变化。

第一,西学中的外语和自然科学的基础性学科数学、物理、化学,以及军用、民用等西方应用性的知识、技术学科,都正式列入学堂课程。西学不再是一个抽象概念,而是由作为语言工具的外语和自然科学之基础与应用两大部分组成。尽管在实际教学过程中以应用为主,但在办学者的设计中,科学与技术已有基础与应用之别。实际教学也使学生接触了西方自然科学。洋务学堂还影响一些书院引进若干自然科学课程。

第二,课程中对"为本"之"中学"的经典依然保留,为了应对这些学生毕业以后的志趣,以及满足依然参加科举考试的需求,同时还保留着诗赋和策论,呈现出中西混杂、新学与科举并存的转型初期所特有的"中西学相加"状态。这种状态一直维持到 20 世纪初废科举之前。

第三,学堂的学级属于中等学校。在中国传统学校教育系统中,除蒙学(以识字为主)与塾学(以记忆背诵古代经典和诗文为主)的小学和大学(由官办性质的大学和私人、学者学派创办的书院两大部分组成)外,并无明确的中学教育的学校概念和机构。

古代传统蒙学与塾学大都在农村,孩子的生活与学习都在自然之中,与成人一起的生活与生产,使他们时时、处处都能感受自然。经典自然观通过各种时令、节气、节日、礼仪、谚语、民俗等,潜移默化于青少年头脑中。书院虽然不设在村中,但它总是开设在相对远离市中心、自然环境优美、静穆的山林郊野之地。学习者已有的教养,使之面对自然尚能相互赋诗作对,依然和自然在生活与文化、情感上保持密切关联。有些学子科举未中,会回农村当塾师,即使中举升官后,有些人也会辞官隐退,重返山林郊野。总之,那时的文化人与自然并不是完全脱离的,自然世界是他们文化、心灵世界的内在构成。

洋务新式学堂,从增办专业中学始,其校址有的由原有书院改造而成,有的附设在船厂中(如左宗棠奏请创办的船政学堂)。武备学校则与军队有更密切的关系。各类学校所设内容已大不同,课程中并无以"自然"为名的学科,取而代之的是以"自然科学"为名的分科知识,学生的实习也是与相关的机器、洋枪洋炮、洋式训练打交道。这批新型学生具备了一些与工业、机械相关的特殊知识与技能,与自然的关系已远不如过去的士或秀才。士向新型知识分子转化,由此萌芽。这个转化也是古代学问与自然科学逐渐"并驾",传统自然观从知识阶层中逐渐退出的起始。

笔者并非想用这种淡化和褪色去指责洋务运动,这是历史真实发展的一种必然,无可避免。但我们不能不见"风"如何"起于青蘋之末",历史发展随后出现的问题,往往是这种遗忘的延伸。

关于 19 世纪 60 年代到 90 年代末向西方学习的洋务运动,尚需提及的还有两大方面。一是国内各层次的编译局,如 1862 年成立的京师同文馆,其前身是俄文翻译馆,京师同文馆成立后一直附设翻译处。据统计,此馆"30 年中翻译西书近 200 部,尤以外交和史地政法一类为多"。又如江南制造局于 1868 年增设翻译馆,"40 年里翻译的书籍达 199 部,而以自然科学、实用科学为多"。[①] 仅此两馆译书之规模与成效,就可见推介西学的广度和力度,何况还有逐渐成长起来的各种非官办的印书馆和报章杂志,常有对西方文化、观念、风土人情不遗余力的介绍和最新译作发表。"近代著名的科学家徐寿、徐建寅、李善兰、华蘅芳,其科学事业都与译书有不解之缘",[②]他们是后续中国科学教育和科学事业发展的第一批重要力量。二是 1871 年曾国藩会同李鸿章奏请派遣幼童赴美留学,1872 年第一批公费留美学生出发(之前,有不少传教士、富商子弟及各类劳工出国,但都非官派),共 30 人,原定前后 4 批 120 人。各种渠道出国的留学生归国后,不少成了当时新兴产业或职业的骨干成员,詹天佑(留美)、严复(留英)等是突出的代表。留学幼童因在西方国家生活了多年,对西方的文化、经济、专业等,都比仅在国内学习者有更多和更为切实的理解,在推进西学东渐中发挥了积极作用。[③] 公派出洋留

---

① 陈旭麓.近代中国社会的新陈代谢[M].北京:生活·读书·新知三联书店,2017:103.
② 同上,107.
③ 陈学恂.中国近代教育史教学参考资料(上册)[G].北京:人民教育出版社,1986:112 - 161.

学和自费出洋留学、勤工俭学等，此后一直成为人才培养的一种路径，得以从美国扩大和发展至欧洲多国。甲午战争失败后，又出现了大批赴日的留学潮。

洋务运动从为增强本国军事实力而向西方学武备、军事之术始，却因1895年甲午海战之惨败而告终。这是一种让人感到嘲弄的结局，但它并非无果。其留下的真果，在于西方自然科学和各种西学开始引进，打破了文化上经史之学独一无二的封闭状态；在于教育上的开风气之先，形成了一批最初知晓西文西学、崇尚西方文化的不同于传统"士"的知识者，他们在后续历史中成为在不同领域发扬西方新文化的先锋分子。

（三）维新变法与增设新学堂

维新变法与洋务运动之间的交叉和延续性主要是在办学上，在借"西用"强国上。两者主要的区别是前者不仅要变器还要变法，不仅要学习西方的自然科学和应用技术，还要学习西方的社会制度、政治学和人文科学。用陈旭麓先生的话来讲：洋务只补新，不除旧；维新不仅增新，还要除旧。从蕴藏、发起和领导维新变法的主体来看，已从洋务运动的朝廷大臣，变为当时的秀才、举人。两者保持着的共同点是：他们都不以推翻朝廷为目的，而只是期望朝廷支持改革，支持他们的建议并落到实处。对政治改革要求更迫切、变法主张更强烈的康有为和梁启超，却与光绪皇帝结成了联盟，其遭遇的内部保守派的反抗力量更强，特别是在保守派得到慈禧太后的明确支持以后。维新变法在政治上实质性的开展只进行了百日，以领导人物的六君子喋血、康梁流亡国外后渐渐烟消云散。

然而，维新变法在增设新学堂，提出新思想，开启民智，推动西学的全方位传播上，比洋务运动更有力度和作为。新学堂的增设，在此期间有三个主要进展。

1. 变通书院

如陕西味经书院、山西令德书院、江西友教书院等，都曾增设西学、算科或时务斋。这些改革的深意不仅在于强国，而且强调学子要强己，改变自己的学习内容、状态并立下志向。陕西味经书院山长刘光蕡在1895年增设时务斋所建章程中,提出为改变"中国人士日读周公、孔子之书,舍实事而尚虚文"①之风,故设时务斋。在课程设置中,各类中学(道学、史学、经济类等)的典籍文献学习,须兼涉"外洋教门风土人情""外洋各国之史""外洋政治《万国公法》等书",《诗经》等学习"须兼涉外洋语言文字之学以及历算",总之"须融中西"。② 与洋务运动只是"增设"相比,刘光蕡在指导思想上已有了教育要关注"融中西"的意识。与此同时,他还强调每人要专学西方有而中国传统无的诸技艺,深信"诸艺皆天地自泄之奇,西人得之以睨我中国,我中国不收其利,将受其害,可不精心以究其所以然乎?"③ 此段话尤其值得关注的是,言者已认识到西方自然科学之诸艺皆源于"天地自泄",将其与自然之本源联系起来,这是对中西之学虽异,但均归之于自然天地,是在异中求更深层次之通的见解,属当时尚不多的高见。

在学习方法上,刘光蕡特指明:"前人讲学,内返之身心,今日讲学,必外证之身世。"此外,还应勤阅报章,不然不能知时务,故"凡不阅报者,不准入斋会讲"。④

刘光蕡制订的"时务斋学规",尤其强调立志知耻,他对甲午之败的国内危局看得十分清晰,"欲救此患,必自士子自奋于学始。……今与诸生约:各存自励之心,力除积习,勉为真才,日夜有沦胥异类之惧,以自警惕于心目,则学问日新月异,皆成有用之才","读书不立志,愈读愈坏,则皆自不知耻始。吾辈须力戒之"。他批判八股取士的弊端,均"代他人为言,而与己无与,成为虚浮之天下",目今校之,必使学子励耻、习勤、求实、观时、广识、乐群,这些都是圣人之言,重要的是"以身为之"!⑤ 如此真诚、时新的教育理念,至今读来,仍令人振奋、深思。

山西令德书院胡聘之、钱骏祥于1896年在《请变通书院章程折》中,则道出了书院何以需变通之理:"顾深诋新学者,既滞于通今,未能一发其扃钥,过尊西学者,又轻于蔑古,不惮自决其樊篱,欲救二者之偏失,则唯有善变书院

---

① 陈学恂.中国近代教育史教学参考资料(上册)[G].北京:人民教育出版社,1986:256.
②③ 同上,258.
④ 同上,259.
⑤ 同上,260-263.

之法而已。"①

2. 兴办各级各类学堂

与洋务运动时期相比,此时学堂不再局限于某一专门性的新需人才领域,而是关涉普通的小学、中学和高等人才培养,少数地方如上海还开风气之先,创设了"中国女学堂"(1898年正式开办)。自1895年始,北京、天津、上海、安徽、浙江绍兴等地纷纷开设小学堂、中西学堂和大学堂。大学堂最为知名的有京师大学堂和南洋公学,尤要提出的是,它们均附设师范班(师范馆或师范院)及供师范生实习的小学,且大多为率先开办的班。南洋公学还设了以学习日语为主的"特班",蔡元培任总教习,开设的课程几涉西学之全部。天津中西学堂含头等学堂和二等学堂各一所。二等学堂相当于中学,以英文、数学、各国史鉴、地舆学、四书经史等为主修课程,年限四年,学成后方能学习专门之学;头等学堂相当于大学,须分门别类,还要请洋教习,于1895年正式开办。② 小学可以上海小学堂为例,其总章程开篇即明言,"本堂所设公塾,分蒙馆、经馆二种,实皆外国之小学堂也",若按南北洋头等、二等大学堂的分级,则"经馆可名为三等学堂,蒙馆可名为四等学堂"。③ 小学堂以识字明义为主,兼习写字、写句和写小篇幅作文,此后再授以古文作论之法,时间为三年。经馆学习年限亦为三年,以讲习背诵经书为主,同时兼习英文,读西书,学生每课达到倒背如流,方上第二课,"每晚放学,应令诸生体操,在园中或散步数百,或拍球等戏;并宜取各种浅近之歌,教以讴唱,以瀹其性灵,舒其志气"。④

以上略举当时创办的大、中、小学各一例,旨在说明,较之洋务运动期间,维新变法时期的办学实质上已开始向西方、日本的教育制度作系统学习,又力图与中国原有的塾学和书院结合融通,这是反思洋务运动失败之原因,转而学习日本明治维新强国之策而做出的改进。在反思方面,朝廷看到了洋务运动时期"设学之宗旨,专注重实用。盖其动机缘于对外,故外国语及海陆军

① 陈学恂.中国近代教育史教学参考资料(上册)[G].北京:人民教育出版社,1986:266.
② 同上,291-295.
③ 同上,297-298.
④ 同上,301.

得此期教育之主要,无学制系统之足言"①的弊病,故提倡办各级普通中小学。然而,实践中举步维艰,戊戌变法失败后,谕旨停止各省府州县设立中小学,教育制度复旧。但维新时期的变革实际上是打了一场20世纪初"废科举,兴学校",进而作系统学制改革的前哨战。

3. 维新人士自设学堂

以宣传维新变法思想和培养具有变法志向的人才,其中最为有名的是康有为1891年创办的万木草堂和梁启超1897年主持的湖南时务学堂。

万木草堂是康有为1889年上书请维新变法未被理会,回广州后"自思孤掌难鸣,要有群众基础,乃可有成,就决定先从教育培养人材入手"②而兴办的。他讲学以孔学等经学为体,以史学、西学为用,"每论一学、论一事,必上下古今,以究其沿革得失,并引欧美事例以作比较证明",③呈现出又一种"中体西用"的方式,也显示出康有为尽管在维新变法中曾借复古、孔学之名,但其学术视野已与仅仅通古而不知今的学究大不相同。在万木草堂学习,还须习礼乐和康有为自己编制的"文成舞"④。该草堂当时在广州有很大的社会影响。

梁启超所拟"湖南时务学堂学约十章",除强调立志、养心、治身之外,还要求"读书"须通达,旁征远引于西方诸学;"穷理"则通古今中西之理,"随时触悟,见浅见深,用之既熟,他日创新法,制新器,辟新学,皆基于是,高材者勉之"。⑤尤见其教育思想中对掌握基本学理的重视。当时的梁启超继康有为主张,望学生不仅自己掌握孔教,还要"以宗法孔子为主义……盖孔子之教,非徒治一国,乃以治天下。……他日诸生学成,尚当共矢宏愿,传孔子太平大同之教于万国,斯则学之究竟也"。⑥今有学者以为"孔教"之说出于康梁。

然究其实,当时康梁之推出"孔教",意在托古改制。他们形成了自己独特的"中体西用"结合方式:以"变法"合理性、必要性为核心的古今中西相通。戊

---

① 陈学恂.中国近代教育史教学参考资料(上册)[G].北京:人民教育出版社,1986:227.
②③ 同上,358.
④ 同上,360.
⑤ 同上,397.
⑥ 同上,398.

戌变法的彻底失败,不仅是政治斗争意义上的失败,也是对借孔子、古今经典之学推进新学的改革之举的失败,是对以孔子之教实现万国天下大同之虚幻梦想的极大嘲讽。洋务运动、维新变法的连续失败,向世人说明:在当时国外资本主义强大的压力和控制下,在清王朝已近末日的危世中,只靠改良,只靠教育是救不了国的。正是改良的失败,把中国推上革命的道路。

较为展开地阐述在清末洋务运动和维新变法两个相继历史时期中,教育渐变式的中西、新旧多种不同关系,使笔者认识到,这是一个极其复杂的历史过程。特别值得注意的是:改良派尽管都强调中学为体,但他们强调的中学,一般都重在经史之学,重在儒学的社会政治意义和修身养性之必要,其目的也在于致用;就教学方法而言,都重在内容的讲诵记忆。中学只不过是政治斗争的工具,中国传统文化的精神和根本大道——"自然而然""天人合一"之道,人与自然的关系却被淡化、浅化,甚至遗忘。所以,我们不能简单把教育中传统自然观的淡出,仅仅归因于西学之传入及其对中学的逐渐代替。但是,西学的输入,西方经济、文化多方面越来越大规模的引进与输入,确实是使中国传统自然观丢失的重要原因。

在这一时期,传播西学且有重要、持久影响力的代表人物,首推严复。

(四) 严复与中国近代自然观的形成

1. 何以是严复

身处维新时期,严复最着力于对西方强大与思想家理论贡献之关系研究。"他是认真地、紧密地、持久地把自己与西方思想关联在一起的第一个中国学者。""在我看来,严复所关注的事是很重大的……他提出的问题,无论对中国还是对西方都意味深长。""他的著述的确对他同时代的青年人,和对现今已七八十岁的中国知识界、政治界的杰出人物发生过相当大的影响。梁启超深受过他的影响,而其他各类人,如胡适、蔡元培、鲁迅以及毛泽东,也都在年轻时受过他的影响。"[①]海外著名的中国学研究史学家史华慈(Benjamin

---

① [美]本杰明·史华慈.寻求富强:严复与西方[M].叶凤美,译.南京:江苏人民出版社,1995:3.

Schwartz)如是说。

史华慈的评价从中西交流的意义上来看是恰当的,但我认为就严复的人生、整体思想及其所言所行来看,他远不止是西方思想家的研究者和传道者。他是在这一历史时期,尽自己学思之所能,以自己在西方的亲历体验及对社会的深度观察,针对 19 世纪末中国时弊,将古今中外之融通做得最为出色之人;他是当时思想者中的强者,也是值得我们做深度研究的学者。严复与同时代的康有为不同,他不直接参与政治运动;与同时代的张謇等实业家也不同,他以思想批判面对现实,翻译确实是他著作的重要构成,但更早、更为犀利的是,1895 年始,他在报章上排炮式发表的时评。严复关于教育的议论和基本观点的阐述也不少,这是他希求改变中国贫弱的基础性构成。严复能成为这样一位杰出人物,是由他的天赋、人生经历和主观努力造就的。洋务运动的失败、甲午战争的耻辱,以及百日维新的速亡,则是他生活于其中的世界。

严复出身士绅书香门第,幼年生活条件优渥,早年入私塾培养了对中国古典经史的阅读和研究兴趣,并终身保持。父亲的早逝使家道中落,严复只能中断塾学,1866 年进入福州船政学堂驭船学堂学习,1871 年后又多次去海上实习。无论是学习还是实习,严复的成绩都为优异,深得教官赏识。这一段在洋务学堂的经历,对他一生同样具有奠基性作用。在此期间,他掌握了英语,直接接触了西方自然科学的基本知识和西方教习的教育方式,为他1877—1879 年赴英留学,创造了从哲学、社会学意义上关注西学的认识之可能。1879 年回国后,严复的人生分为并进的两条路线。一是在社会任职和谋求仕途上,回国后他出任了北洋水师学堂总办,1885—1895 年三次参加科举考试,却连续失败,这也为他强烈主张废科举提供了亲身体验。此后,他又兼任过京师大学堂附设的编译室总负责人。二是他对当时西方学术的基础性著作做了大量、持久的阅读和研究。① 他以西方学说为基础形成的"天道说",可称为近代自然观。严复以此为批判时政和唤醒民族自强发奋意识的

---

① [美]本杰明·史华慈.寻求富强:严复与西方[M].叶凤美,译.南京:江苏人民出版社,1995:22-30.

思想武器。

1895 年始,严复投身于时评撰写和翻译。他陆续译出了众所周知的赫胥黎(Thomas Henry Huxley)的《天演论》、亚当·斯密(Adam Smith)的《原富》、斯宾塞(Herbert Spencer)的《群学肄言》、穆勒(John Stuart Mill)的《群己权界论》《穆勒名学》等八大著作。严复有着独特的、众所周知的翻译风格:用中国古文译西方名著,其中介入他自己的观点和中西古今比较评论。这种对今日读者来说不可思议的翻译方式,其意旨在借翻译西方名著的平台,实现他"通中西古今"的学术追求,并以此为据,就治国富强提出长远的和根本性的策略。由此可见严复和洋务派在中西古今问题上的区别:严复力求在体和用统一的意义上达中西古今之通;洋务派则在体用分而相加的意义上处理中西古今的关系。

简而言之,严复达中西观融通的思想方法在于:(1)体用统一;(2)从哲学观天道的意义上达中西本体之通;(3)在公理的意义上谈用,以达中西一致(严复认同的"中"是先秦诸子百家,他认为秦以后的"中学"偏离、歪曲了先秦经典,故否定其真理性及其与西学的可比性);(4)在强调中西古今之大道、公理相通的同时,突出了具体的西学既基于大道,又用科学的认识方法(观察与论证、归纳与演绎、理论与验证等)落实到对世界的具体认识,形成自然科学和社会科学各学科,这是当时中国急需之学。①

全面研究严复非本文所旨,但上述基本评析,既是那个时代的爱国人士绕不过的立足点式大问题,也是我们理解严复借译西方著作提出的近代自然观及其教育变革思想所不能不知的严复式思想方法和认知构架。②

2. 近代自然观与经典自然观的同与异

近代自然观是严复学习、研究西方哲学思想,特别是近代英国达尔文(Charles Robert Darwin)进化论和为进化论辩护的斗士赫胥黎的著作《天演

---

① 以上概括,是本人基于阅读严复所译《天演论》及他在 1895—1912 年间所写的相关主要政论文后所作的简述。参阅:《严复全集》卷一、卷七[政文、序、跋等(上)]中相关论文。

② 因严复的文字表达多用文言(这也是他"古今中西"相通观在语言上的体现),且在多文多处存在类似情况。本文若多用直接引文,会影响整体上的文字流畅。故以下对严复有关观点的表达,多用概述加参注的方式,少用直接引文,特说明。

论》(《进化论与伦理学》是赫胥黎的讲演稿英文直译),以及对严复世界观、价值观、社会观产生深刻影响的斯宾塞的《群学肄言》(原著英文版直译名为《社会学研究》)等之后,在译著《天演论》中作出的系统论述。

(1) 同之在

两种自然观的大同在于都确认"天道"不以人的意志为转移,万物皆由一所生,自然生生不息,人亦由自然而生,与大自然相依而存,这"自然而然"之道是最大的道,亦称为"天道"。严复《天演论》的出版,把 19 世纪末的中国士子学人从洋务运动、维新变法失败的无奈中拉出,重新回归到对自然、"天道"这一人世之根与科学、新技之根的关注,在新的层次上开启了对世界、国势时情和自我发展的认识,注入了自然的生命活力。这是"天道观"以"今"唤"古"带出的活力,也是本文研究"自然"在近代如何淡出的过程中,发现近代思想界尚有短暂回归本源带来的欣喜。在严复的论著中,对"自然之天道"居于首位的确认是一贯的,并渗入各个领域之中,包括对人自身发展的自然之道。

从这一"大同"出发,再进一步论述经常呈现的今古自然观之关系,是同中有异、异中有同、大同小异和大异小同等复杂的关系格局。

(2) 异之在

关于"天道之变"的论述。今古自然观①都认同"变"的观点,严复在《天演论》中经常会联系的是古代经典《易经》中"变""生生不息谓之易"的观点,这是对天道常变的最原始表达。严复认同"天道变化,不主故常是已"。他进一步论述的是变的形态,"为变盖渐,浅人不察,遂有天地不变之言",他用自然界长年变化的大量事实证明其理。可见,此处的"天"是自然界的万物。"故知不变一言,决非天运,而悠久成物之理,转在变动不居之中……为变方长,未知所极而已。"②进化渐变论是达尔文进化论的一个基本观点,不立足于生物变化史的长时段观,不对不同地域、不同种类的生物广为搜集、分类,做演化渐变式的关联比较研究,是无法得出此结论的。我国古代《易经》则用

---

① 为使行文简洁,本节将近代自然观称为今自然观,经典自然观称为古自然观。
② 汪征鲁,方宝川,马勇,主编.严复全集·卷一[M].福州:福建教育出版社,2014:265-266.

阴阳两爻不同组合的"六十四卦"来表达,虽有渐变之形,但并无"进化"之意。所以,古代自然演化观被认为是一荣一枯、四季无限循环轮回的过程。这是今古自然观对"变"的性质判断的大不同。对自然之"变"的性质判断之异,造成中西对人类社会历史之道认识的大不同:"中之人以一治一乱、一盛一衰为天行人事之自然,西之人以日进无疆,既盛不可复衰,既治不可复乱,为学术政化之极则。"①被严复认为固守天道不变的顽固浅见之人,则不在讨论之列。

"变"何以产生,其作用是什么?"以天演为体,而其用有二:曰物竞,曰天择。"这就是著名的"物竞天择论"之出,以天演之体用关系论而出。进一步的说明是:"物竞者,物争自存也。以一物以与物物争,或存或亡,而其效则归于天择。天择者,物争焉而独存,则其存也,必有其所以存。""天择者,择于自然,虽择而莫之择",用斯宾塞的话来说:"天择者,存其最宜者也。"文中的结论是:"夫物既争存矣,而天又从其争之后而择之,一争一择,而变化之事出矣。"②"适者生存"观同时形成。

"物竞天择,适者生存"是严复对达尔文进化论核心观点的最简洁概括,现已被中国知识界视为常论。但在当时提出,却有振聋发聩的作用。他与古自然观中强调的万物相生相克、相辅相成、等级有序、和谐共存最大的不同,在于强调了有限资源下的物与物之竞争。"物竞"在先,只有物自身有得天独厚的材质,又生长在适宜的环境中,再加上生长过程中尽其才,方能成为强者。"物各争存,宜者自立。且由是而立者强,强皆昌;不立者弱,弱乃灭亡。"③很显然,今自然观是与资本主义自由竞争的社会生存逻辑一致的,它揭示了自然界确实存在的物种竞争、自然淘汰等进化机制,提出了唯适、唯强、唯争、唯胜才能存在的生存原则。它与中国农业社会长期将自然之变视为其"自然而然"之变,并无"争"与"择"的机制参与,也无"适"与"不适"的物自体与环境的关系论断截然不同。依此自然观来看,当时的中国社会,其弱、其被强国欺凌压榨,就成为"天择"、合情合理之事,要责首先得自责:中国社

---

① 汪征鲁,方宝川,马勇,主编.严复全集·卷七[M].福州:福建教育出版社,2014:11.
② 汪征鲁,方宝川,马勇,主编.严复全集·卷一[M].福州:福建教育出版社,2014:266.
③ 同上,276.

会为何会弱到如此地步? 为何"洋务"了三十余年依然不能胜敌? 这正是"天演论"带来的强烈思想冲击,中国必须彻底自省,只有奋起重择求生存、求发展之路,前途才有希望。严复是斯宾塞社会达尔文主义的信徒,译《天演论》,就其目的而言,恰在于用此"天道"来醒当时中国之人心:"天演之事,不独见于动植二品中也。实则一切民物之事……乃无一焉非天之所演也","善悟者诚于此而有得焉……其应用亦正无穷耳。"① 异、择、争,"三理不可偏废",不然,"非吾人今者所居世界也"。②

天择与人为。人为是现实世界中同样到处可见的事实。人为是人力为之,是人用自己由自然所赐的心智力,"成天之所不能。自成者谓之业,谓之功,而通谓之曰人事"。无论是古代的农具还是现在所见的电车铁舰,皆是人事之成,"故人事者所以济天工之穷也"。③ 但人为之事都要靠人的持续才能保存,它远不如自然之伟力,何况人也是天演之成。"人治天行,同为天演矣","其本固一,其末乃歧"。④ 人为若要成功、成业,还需要以学问理解为基础,知其然方可成事。人事,是人的选择,它不同于天择,这是天择与人为相异甚至相反之处。"人择而有功,必能尽物之性而后可。"⑤ 所以,人不能自以为能胜天,行鲁莽之道!《天演论》中这一警示,至今读来仍有现实意义。

3."天道人治"之说的社会价值

严复认为,"天演论"所揭示之理,也是国家与民族同样要遵循之理。有人想用人治来平物竞,这是错误的治理,"人道既各争存,不出于争,将安出耶?""此诚人道、物理之必然,昭然如日月之必出入,不得以美言饰说,苟用自欺者也。"⑥ 然而,争则战,战则必有衰有亡,国家怎能只建立在争的基础上? 至此,严复在"天演论"中又引出了两对概念:私与群,个人自由与群内合作。他先以动物界蜂群、蚁群为例,并指出蜂蚁之为群,"其非为物之所设,而为天

---

① 汪征鲁,方宝川,马勇,主编.严复全集·卷一[M].福州:福建教育出版社,2014:268.
② 同上,270-271.
③ 同上,273.
④ 同上,274-275.在此,"人治"之意同"人为""人事"。
⑤ 同上,277.
⑥ 同上,281.

之所成明矣"。①人之有群,虽然开始亦如动物出于自然,但人与动物之成群有三大不同。

(1) 动物群中之分工,"因生而受形……可一而不可二……以毕其生,以效能于其群而已矣",人则不然,其赋性虽有愚智巧拙之分,"然天固未尝限之以定分,使划然为其一而不得企其余"。②

(2) 虽然人与动物皆有为生存之欲而争之私性,即所谓人性本恶,但人之群"肇于家,其始不过夫妇父子之合",此亦出于人之天性。"合久而系联益固……则其相为生养保持之事",渐成宗法,"夫如是之群,合以与其外争,或人或非人,将皆可以无畏……惟泯其争于内,而后有以为强,而胜其争于外也。"如若人只知其私,不知其群,"自营大行,群道息而人种灭也"。③人有"制私"之力,首先在于对子女父母的慈爱之情,这虽然是从"自营之私而起",但"由私生慈,由慈生仁,由仁胜私"④,这是人与动物不同的、因爱与仁而生制私合群之动力。严复强调了宗法在人群中的价值,这是他将中西合一的又一例。

(3) 人较之动物,有仿效他人之能力,更重要的是人与人之间具有感通能力,"感通之机神,斯群之道立矣",所以,人之所为,不仅以自己的好恶衡量,也会念及他人之毁誉。于是人有是非好恶之别,长此累积,则心中会有主宰之物,人称之为"天良","天良者,保群之主,所以制自营之私,不使过用以败群者也"。⑤由此,将"良心"这一伦理学概念落到人性的自然之基上。在《天演论》中,自然为根,自然至上,但又不将人与动物混为一谈,且从社会群学的意义上作了区分。

人与动物在"群"意义上的第三点区别,实际上已直接涉及人因会模仿而可学,因能感通而可教,提供了对教育何以可能的自然基础。我们即可进入严复关于教育的论述。

在《天演论》的末章,严复概述了天演之新的"天道"。"道在尽物之性,而

---

① ② ③ 汪征鲁,方宝川,马勇,主编.严复全集·卷一[M].福州:福建教育出版社,2014:284-286.

④ ⑤ 同上,286-287.

知所以转害而为利。""人皆有可通之方,通之愈宏,吾治愈进,而人类乃愈亨。""民之从教而善变也,易于狗。诚使继今以往,用其智力,奋其志愿,由于真实之途,行以和同之力,不数千年,虽臻郅治可也。""吾愿与普天下有心人,共矢斯志也!"①

这是19世纪末严复借《天演论》发出的呐喊,其情、其意、其志,足以撼动忧国忧民的仁人志士之心,这声呐喊至今犹在中国这块古老土地上回响、震荡!

4. 以近代自然观为基础的教育思想

《天演论》中并无专章论教育思想,但内含着关于人性之天成、人与动物在社会性"私与群"关系的区别。治国中人权之平等,国富而民不争,民安生而始可教,以及教和学之可能依于人之天性等基本观点,在一些章节相关处之论述始终保持一致。这种一致性又具体表现在严复于1895年及其后对教育的一些专论和演讲中。可以说,天演论之自然天道观是严复教育思想坚实的哲学基础。他十分清晰、坚定地表达,"凡自然者谓之性,与生俱生者谓之性",人亦如此,虽各人天然禀性有差异,但"人惟具有是性而后有以超万有而独尊,而一切治功教化之事以出"。② 这在当时的名人学者中确为独树一帜!

严复教育思想兼具批判性与建设性。批判针对的是时弊和流行言论,建设则依理作出判断与建议。他的博学与善思,由《天演论》和中国古典哲学的学研中,形成了关注变动不居与演化之大过程,但又不至极。求动中之平衡、致中庸的思维方式,使他的教育思想有救近之急和深度长期改变相结合,随时势、问题变化而强调重点不同的特点,这种既务本又灵活的思想方法所达水平,也高人一筹。

严复的人生,除了译书、办报、写各种文章以外,长期从事教育,尤其是在当时可称为大学的教育之中,且任高位。在辛亥革命成功后,蔡元培请他出任过北京大学校长,他担任过民国时期复旦公学的校长。这些经历使他对当时的教育状态有切肤之痛,他最关注民众教育,强调普及教育的重要。其教

---

① 汪征鲁,方宝川,马勇,主编.严复全集·卷一[M].福州:福建教育出版社,2014:333-334.
② 同上,325-326.

育思想丰富且有深度,本文择其要按三个层面分述如下。

第一层面:国民教育。

严复提出了"开民智、厚(鼓)民力、明(新)民德"①的"三民主义"。

严复这一主张,实质上是一种政治主张。这是比较了当时中国与西方对"民"治理的区别,批判洋务运动只求治标不及治本的改革方针的产物。教育之本,在严复看来就在民智、民力、民德三者之合。当时中国时局之可悲,不在于战败,而是"民智之已下,民德之已衰,与民气之已困耳"。②造成此的原因由来已久,是自秦始皇始实施愚民政策的结果,而西方则人人各得自由,"唯天生民,各具赋畀,得自由者乃为全受"。③"是以今日要政,统于三端:一曰鼓民力,二曰开民智,三曰新民德。"进一步展开而言,严复在此强调的"民力",实"以其民之手足体力为之基",他赞赏"庠序校塾,不忘武事",但今却男食鸦片,女子缠足,这是鼓民力必须要改变之事。严复认为"民智"是富强之原。他从中西对比论:西洋之于学,在明朝以后就与中国大不同,重物理、重达用,教学之法,要求学生自观察,"自致其心思,贵自得而贱因人,喜善疑而慎信古"。用赫胥黎的话来说:"读书得智,是第二手事,唯能以宇宙为我简编,民物为我文字者,斯真学耳。"而中国时下的情况却是求学背古训、记辞章、训诂、注疏,更坏的是八股,"适足以破坏人才,复何民智之开之与有耶?"其中,尤以对"脑气未坚"的六七岁儿童为最害。"是故欲开民智,非讲西学不可;欲讲实学,非另立选举之法,别开用人之途,而废八股、试贴、策论诸制科不可。""新民德"要学西教(指宗教)的视人人"为天之赤子",以明平等之义,"故其民知自重而有所劝于为善"。但中国的情况,学校只为少数"俊秀者"而教,且"废义久矣",大多数人自出生至成人未曾受过任何学校教育。自秦朝始,为政"虽有宽苛之异,而大抵皆以奴隶待吾民……则民亦以奴隶自待",使

---

① 严复在多处提到这"三民主义"。首先是于1895年在天津《直报》上发表的《原强》,此文在1901年《侯官严氏丛刻》所刊修订稿中,提法为"鼓民力、开民智、新民德",用词略有不同,在此用"( )"表达修改之处。参阅:汪征鲁,方宝川,马勇,主编.严复全集·卷七[M].福州:福建教育出版社,2014:23,32.

② 汪征鲁,方宝川,马勇,主编.严复全集·卷七[M].福州:福建教育出版社,2014:18.

③ 同上,12.

民之"德"成奴性。① 相互之间则相争,相夺而相患害,民德大丧。对此,严复在《辟韩》一文中,对韩愈《原道》中"君者,出令者也;臣者,行君之令而致之民者也;民者,出粟米麻丝、作器皿、通货财以事其上者也"的观点大加批判,认为如此之君是窃国于民。我国古代孟子则早有"民贵君轻"的观点。严复又引西洋之言治者曰"国者,斯民之公产也,王侯将相者,通国之公仆隶也"。② 严复的这篇政文,使我很快联想到鲁迅对"国民性"的批判。

严复关于"三民"观的展开论述,表明这些政治问题就是一个广义的国民教育问题,且被认为是"原强"之理、治本之据,故他一直认同强国须强教育。"三民"观表达了严复对中国富强所必须有的理想之民的德智体要求,在三者的关系上,他确认当前"民智"应为先,然而最难的是"新民德"。"三民"观实际上提出了国家治理中的民主、自由、平等之义,推崇西方科学教育。我们可视其为"五四"时期新文化运动对"民主"与"科学"强烈诉求的最为接近的先导。在对中国历史与国情分析的基础上,严复于1898年在《拟上皇帝书》中直言,今日中国积弱之如此不堪一击,不能只从外患找因,"由于外患者十之三,由于内治者十之七也",③在当时能够和敢于作出如此判断,实为罕见。称严复为近代中国启蒙运动的思想先锋,并不为过。

第二层面:学校教育。

严复指出,当前"学校之弊"已至极,"师无所为教,弟无所为学,而国家乃徒存学校之名,不复能望学校之效"。虽有人以兴建书院补充,但依然以八股应科举的科第为目的。严复讽其为犹如在腐土上植新木,必不能成才。他视当时儒生的见识也许还不如市侩贩夫,徒长空论,不知实事。他极力主张废除科举,将学与选士分开。究其据,在于天下之人本就"强弱刚柔,千殊万异,治学之材与治事之材,恒不能相兼"。如今的世界,"国愈开化,则分工愈密,学问政治,至大之工,奈何其不分哉!"废科举并不会让读书人无出路,若"今即任专门之学之人,自由于农、工、商之事,而国家优其体制,谨其保护,则专

---

① 汪征鲁,方宝川,马勇,主编.严复全集·卷七[M].福州:福建教育出版社,2014:32-35.
② 同上,37-39.
③ 同上,64.

门之人才既有所归,而民权之意亦寓焉"。① 仕学分途必废八股,唯废八股学校才能兴得其所,这是严复和当时许多有识之士的共同认识,他只是从人之天赋本有别、当代社会分工及新学校创办已成为国家发达和民权落实的发展趋势证之,更显有力。

教育应成为独立的系统。针对当时中小学堂无经费、缺教员,高等学堂徒有形式而无实功,理化算学诸科只用数月速成之通病,严复提出,应从普及学校入手,校不求其大而求廉,所教程度取其低,"一乡一镇之中……便可立一学堂,用现成之祠宇……(乡镇)所有子弟凡十龄以上者,迫使入学。以三年为期,教以浅近之书数",语文能写白话家信,记所见所闻;珠算会加减乘除。还须有数十页书,"中载天地大势",言人所不可不由之公理。按此要求,普及教育的师资经费都能解决,"虽极贫之乡,其办此尚无难也"。经多年之后,国内文盲遍地之势必减少。与此同时,"高等师范各学堂,则在精而不在多……必使完全无缺……五年以往,必实有可为师范之资"。②

严复也提倡实业教育,但他强调实业教育应继普通教育之后,因普通教育是认识世界和实业教育的基础。严复还从人生命成长的自然成熟过程,论证这一教育次序之必要:人在年少之时,不能用心太过,心脑之力、筋骨血气,其时须休息将养。人生的破败胜存,要到三四十以后见分晓。"每见由来成就大事业人……此其果非结于夙兴夜寐之时,乃在少日优游,不过用心力之日。"相反,不能成事者,往往幼时"所患者用心太猛,求成过急,不为他日办事精神道地而已"。这些话值得如今还高唱"不要让孩子输在起跑线上"者一读。对于实业教育,严复的高见是"其扼要不在学堂,而在出堂后办事之阅历。以学堂所课授者,不过根柢之学,增广知识,为他日立事阶梯云耳",要成为真实业家,"则必仍求之实业之实境"。实业家还须乐业,有操守,且有利国利民之心,"实业之事……以民力为财源,被之以工巧……使人人得饱暖也。言其功效,比隆禹稷,岂过也哉!"③

第三层面:教育宗旨。

① 汪征鲁,方宝川,马勇,主编.严复全集·卷七[M].福州:福建教育出版社,2014:85-86.
② 同上,181.
③ 同上,250-253.

严复认为,学校教育的价值追求在于立人达人,"以己身之欲有立,即以教育助人自立,以己身之求开通,即以教育助人开通"。要旨在于,明是非、辨真伪、别美恶,含育德、育智、育美。针对时弊,他强调德育"必辅以智育",知行合一,故不能徒以读书为学,"而不识俯察仰观。学于自然之尤重者"。即使历史、伦理等学科,达到把握公理、共通之道,也"非自得于观察阅历者不可"。但书还必须读,"尤必为本国之书",尚需博参他国之书。既不囿于视野,又不是只略知数种科学,略通外洋历史,"而于自己祖国之根原盛大,一无所知……此等人才,吾国前途,实无所赖"。① 严复对"读经"问题,表面看来前后矛盾,在 19 世纪末力主废科举时,他提出过要同时废读经,但 20 世纪特别是民国初建时,有人极力主张废读经时,他却于 1913 年在中央教育会演说时明确提出,"读经当积极提倡"。细读此文,可见他是基于中国之特别国性所以能两千多年没有被灭亡,是"恃孔子之教化为之","我辈生为中国人民,不可荒经蔑古","今之科学……吾国欲求进步,固属不可抛荒。至于人之所以成人,国之所以为国,天下之所以为天下,则舍求群经之中,莫有合者"。严复还就文字与道的关系作进一步论述:"群经乃吾国古文,为最正当之文字",是"为中国性命根本之书",如果我们教育国民不读经,"将无人格,转而他求,则亡国性。无人格谓之非人,无国性谓之非中国人,故曰经书不可不读也"。② 我们若将其前后两个时期所言对照读,就不难明白,严复虽对是否该读经在言词上呈相反之态,但就其出发点而言却并无不同,他一直维护先秦诸子、《易经》等学说,视之为中学之本;他始终坚持要救危强国,不是要全盘西化;他以先秦经典为中学之本,并认为中国古代与西方的大化之哲学暗合(而非有些人所言"凡西学皆出自中学")。他明言,今之自然科学是"西学"中哲学深化、分门别类、应用新的方法研究的产物,与他所指的各科之"中学"并不矛盾。这就是严复所持的中西古今虽有异,却有同且可通、应通的独特的中西古今论。可见严复并不泥古,他坚信"天道"渐演之必然,但又不简单否定古之一切;他推崇西方自然科学,但并不因此而要求弃古。这样的主张,在教育上集中到对读经

---

① 汪征鲁,方宝川,马勇,主编.严复全集·卷七[M].福州:福建教育出版社,2014:291-293.
② 同上,462-464.

的看法,严复应时势之区别提出不同的主张,与《天演论》中提出的"适者生存"自然之理亦合。由此可见,严复思想是当时通"古今中西"后的"一以贯之"。这种"不偏不倚"的立场贯穿在他对民国时期教育问题的评说中。

在言及就人人而言的德、智、体三育关系时,严复主张以强体力为基础,包括要从妇女健康着手,"母健而后子肥",这与遗传学相关。在智育中,不能急功名,速成则必轻学问,只有学者自学、自悟、自理、自立,智育方能有成效。德育则要培养群性和爱国之情,人不可能无私,但圣人之治,"在合天下之私以为公"。① 所有这些都需要自幼就重视,是教育之大事。总之,关于德、智、体三育,一直是严复教育思想的重要构成,但就其三者关系、轻重缓急的论述,则是因针对之事、所言之时而有所不同的判断。但三育并举、不可偏废,这是最为基本的要求。

严复确实不是一个领导变革或革命的实践者,但他确实是那个时代的思想巨子。他形成了当时能"通"又"有别"的中西古今论,提出了以"物竞天择"为基,求自然与人为、天道与人治相平衡为法,以达国富民强为目的之近代自然观。这是其思想丰富而又十分重要的理论贡献。

严复不仅毕生不移其志,还总结自己的一生,以遗嘱告其子孙后代,望能继其遗志,继续前行。其意之诚、心之坚,感人至深。

最后,我想以严复的"遗嘱"结束有关他在清末民初这一段人生价值的评述:

> 须知中国不灭,旧法可损益,必不可叛。
> 须知人要乐生,以身体健康为第一要义。
> 须勤于所业,知光阴时日机会之不复更来。
> 须勤思,而加条理。
> 须学问,增知能,知做人分量,不易圆满。
> 事遇群己对待之时,须念己轻群重,更切毋造孽。
> 审能如是,自能安平度世。即不富贵,亦当不贫贱。
> ……②

① 汪征鲁,方宝川,马勇,主编.严复全集·卷七[M].福州:福建教育出版社,2014:32-36.
② 同上,520.

溯源开来：寻回现代教育
丢失的自然之维

——《回归突破："生命·实践"教育学论纲》
续研究之二(下编)[*]

叶　澜^{**}

摘　要： 在"中编"探讨清末民初社会剧变中经典自然观转换与逐渐淡出的基础上，"下编"从民国、新中国两大时段继续探寻教育现代化过程中"自然之维"丧失的关键因素与过程，直至经典自然观的当代新生。其中，民国时期着重分析、揭示中国社会由近代向现代转型过程中，为追求西式工业文明和社会经济发展，提倡与天地斗，将自然当作研究、征服和控制的对象。民国时期学术转型又使整体的自然被分学科的科学分解，整体的人被知识、伦理分解。教育在走向现代化的过程中，与自然和经典自然观疏离。新中国70年来历经曲折。20世纪末21世纪初，国家经济实力急速增强，中央提出了新发展观。随着传统文化的复兴，经典自然观逐渐苏醒，重新生根。当代新自然观正在逐渐形成并呈现特质。基于新自然观的当代教育改革，需要直面社会新转型，从社会、教育系统内部和学校三个层面，把丢失的自然找回来，成就全局意义上的中国教

＊　本文的"上编"初刊于《教育发展研究》2018年第2、3期，全文合载于：华东师范大学"生命·实践"教育学研究院."生命·实践"教育学研究(第二辑)——校园四季系列活动设计[M].上海：上海教育出版社，2018：3-51；"中编"初刊于《中国教育科学(中英文)》2020年3月第1期。

＊＊　作者简介：叶澜，中国"新基础教育"研究与"生命·实践"教育学派创始人和持续领导者，华东师范大学终身教授，"生命·实践"教育学研究院名誉院长，基础教育改革与发展研究所名誉所长。研究方向：教育学原理、教育研究方法论及当代中国基础教育改革。

育由现代向当代的新转型,走向依"教育所是"而行,达"自然而然"之境,开创教育与自然内在关联的新阶段。

关键词: 转型;新自然观;特质;当代教育重建;境界

二、中华民国时期(1912—1949)

孙中山先生领导的辛亥革命,用武装斗争方式推翻了清王朝,建立中华民国,结束了中国社会自秦朝后持续两千多年的封建帝王统治,开启了中国历史上第一个以民主共和为建国政治方针的政体。中华民国的建国史,也是中国社会走出近代、走向现代的过渡史。就历史事实来看,孙中山在建国之初确立的"三民主义"中,"民族"独立和"民主"共和,在政治上并无实质性的进展。各种政治势力争斗,几乎连续不断的战争,是民国时期的真实政治状态。真正构成这一时期作为由近代向现代过渡的变化,一是孙中山十分用心用力的"民生主义",在经济上开启了以欧美为榜样的工业建设;二是文化上的现代式转化,以西方学术分科的新知识结构、重理性和科学的新文化,取代了传统文化的中心地位;三是教育上继1905年清末"废科举,兴学校"之新政后,形成了类似西方的新学制系统,初建了不同于近代教育的以学校为中心的现代学校教育体系,尤其是小学教育,集中表现为新学校对原私塾的全局性取代。

上述三点仅着重于社会经济与文化教育方面,远未涉及民国时期变化的全部。本文之所以关注这些变化,是因为它们带来了继严复之后传统自然观的现代转换,持续改变了学校教育与自然的关系。

(一)现代工业与天人关系性质的改变

孙中山先生不仅是民主革命的先行者、中华民国的创建者,还是一位博学善思、见多识广,为中华民族振兴,针对国情殚精竭虑,作出建国决策的伟人。他于1917—1919年写成的《建国方略》,正是其相关理论、思想和决策的集中体现。该著作与本文主题相关,并对民国及其后中国社会发展产生实质性影响,主要集中在以下两大方面。

1."物竞天择论"须区别人与其他生物

严复的"物竞天择""弱肉强食"之天演论,在清末民初广泛传播后,一些知名学者、政治活动家、革命者都更关注起这个古老的问题,形成了不完全同于天演论的观点。如章太炎,他区分了天之自然与人之命运因遭遇而不同。天无主宰人的力量,万物有"自生""自力"和"自造"的能力。更重要的是,他区分了人与动物:人有意识和意志,这种意志还常与自然相逆,天道与人道有别。尤其是有实验科学后,"天变不足畏"①的观点被证实,"人本独生,非为他生……非先有自然法律为之规定"。② 人"自依不依他",人具有"道德自立"的能力。章太炎以天道、人道之分打破了经典的"天人合一"观。

梁启超则更强调强权、人力与天的抗争,认为有了强权,才能有自由权,只有尚武尚力,才能有强权。人的能力之根本特性,是与"天行"相对抗,"人治者,常与天行相搏,为不断之竞争者也。……人之一生,如以数十年行舟于逆水中,无一日可以息"。③ 大至民族、全世界皆循此理,"国家之所以盛衰兴亡,由人事也,非由天命也"。④ 他的观点被称为"人工进化主义"。

章太炎、梁启超突出人之灵性、美德、强力等,将天人、人与他物相分的思想,还受到 20 世纪初尼采(Nietzsche)超人哲学的影响。

孙中山高度重视达尔文的《物种起源》一书,认为他发明"物竞天择"之理,使进化之学"大放光明,而世界思想为之一变,从此各种学术皆依归于进化矣"。但是,"夫进化者,自然之道也"。⑤ 他明确提出,虽然物质、物种、人类都在时间上呈进化状态,但人类进化与物种进化所依原则不同:"物种以竞争为原则,人类则以互助为原则。社会国家者,互助之体也;道德仁义者,互助之用也。人类顺此原则则昌,不顺此原则则亡。"⑥ 依此理解,孙中

① 章太炎.人定论[M]//姜玢.革故鼎新的哲理——章太炎文选.上海:上海远东出版社,1996:18.
② 四惑论[M]//章太炎.章太炎全集(四).上海:上海人民出版社,1985:444-445.
③ 子墨子学说[M]//梁启超.饮冰室合集·专集十.上海:中华书局,1936.
④ 葛懋春.梁启超哲学思想论文选[M].北京:北京大学出版社,1984:224.
⑤ 建国方略之一·孙文学说——行易知难(心理建设)[M]//孙中山.孙中山选集.北京:人民出版社,2011:162.
⑥ 同上,163.

山连接了自己的政治理想与人类的"大道之行也,天下为公",将天道限于物种,将人道归于人类伦理。他批评了"学者多以为仁义道德皆属虚无,而争竞生存乃为实际,几欲以物种之原则而施于人类之进化,而不知……人类今日之进化已超出物种原则之上矣"。① 孙中山在迈出不同于一般学者对进化论认识第一步的同时,也迈出了与中国经典自然观在"道"意义上区别的第一步——由"天人合一"到"天人有别"。他想用这样的认识来改变人类社会、国与国之间相争、相斗的局面。但当时国内与国际的现实正好与此相反,争斗处于白炽化状态。孙中山称之为"兵灾"。在此意义上,他实属理想主义者。

2. 强实业向谋自然,实现"民生主义"

在确立了"天道"与"人道"之分的原则后,孙中山否定了马克思社会发展物质原动力论,且认为不适合中国实际,提出了自己的观点:"历史的重心是民生,不是物质。""要把历史上的政治和社会经济种种中心都归之于民生问题,以民生为社会历史的中心。"② 这一中心的纠正犹如哥白尼改变地球中心论一样重要,孙中山如是说。

解决民生问题,必以养民为目的,使人民能满足基本生存需要,进而过安适的生活,甚至"四万万人都是丰衣足食",③实现如此目标的可行之道就是向欧美学习。孙中山十分倾慕当时的英美两国,认为他们是"世界上文明顶进步的国家……他们国富民强,人民所享的幸福,比中国好得多"。④ 中国富强的目标是"和英国、美国并驾齐驱"。⑤ 具体而言,在于发展实业,农、工、交通等各经济领域都需改变落后的生产方式,实现以现代工业为基础的社会改造。

无论在《建国方略》还是在《三民主义》中,孙中山都着力于实施"民生主义"之路的探讨。在工业上,他除了主张用机器生产代替日常生活用品的手

---

① 建国方略之一·孙文学说——行易知难(心理建设)[M]//孙中山.孙中山选集.北京:人民出版社,2011:164.

② 三民主义[M]//孙中山.孙中山选集.北京:人民出版社,2011:856.

③ 同上,897.

④ 对驻广州湘军的演说[M]//孙中山.孙中山选集.北京:人民出版社,2011:918.

⑤ 在广东第一女子师范学校校庆纪念会的演说[M]//孙中山.孙中山选集.北京:人民出版社,2011:936.

工业生产方式外,还力主开矿、筑路、建设港口,形成现代交通系统。借机器之伟力,向地球深处开发,取得新能源。用筑水坝等方式,改变河流的自然流动方式,以取得水力发电能源。为尽快提高农业产量,重要的新办法:一是用机器代替人工,增加荒田;二是用化肥增地力;三是轮种,让土壤交替休息,增加产量;四是用农药治病虫害;五是更新农产品加工方法,以罐装求长久保存;六是改变靠人力、水道实现农产品运输的手段,使用火车等现代运输工具;七是防水旱等自然灾害,治本之法是全国大规模植林,治标则是筑坝,疏浚河道,机器抽水等。以上七法,从手段与效果的契合上是可行、几近完美的,但都要借助机器、工业产品之力才能实现,若从"天人关系"这一更深层的意义上看,孙中山的策略都以向天地争,与自然斗,用人力改变自然为原则。与上述反对"人人争斗"的观念相比,孙中山在人与自然的关系上,却主张人制自然,人谋自然,在"天人相分"向"人天相争"的方向迈出了一大步,在一定意义上,完成了近代对古代"天人合一"自然观的彻底改造。

尽管孙中山的民生观、工业化道路,在民国时期因政治腐败、战争频繁而进展极其有限,广大工农群众的丰衣足食问题远未得到解决,然而,新的以工业化为基础的"天道观""天人关系",代替古代经典"天人合一"自然观并据中心位置,产生了深远的历史作用,已成为不争的历史事实。

孙中山的认识论是以"知难行易"著称的。历史告诉我们:知之难,不仅在于深入事物"内在逻辑"之难,深知事物相互关系之难,预测、把握事物动态变化之难,更在于每个人都是在一定时代中生存的人,都不可能不受历史发展阶段和时代精神本身之益,也不可能不受其限,即使才高志大、谋虑之深如孙中山这样的伟人也不能例外。想起老子的"福兮祸兮",何止对于个人而言值得谨记,对整体社会的发展亦如此。历史只有在"福"至极时,"祸"才由渐而到爆发式呈现。这种历史的责任,不应责之于任何个人,任何个人也都担当不起。任何时期,人类在创造进化、贡献经验的同时,也在逐渐积累发展的负面影响,形成教训。

(二)学术转型与新文化运动

1. 学术转型

中国传统文化转型有一个自近代开始,持续到民国的漫长过程。其中,学术转型是指中国知识分子治学的知识系统,由"中学"的经、史、子、集四部之学转向文、理、法、商、医、农、工七科之学。七科之学是以西方近代分科观念及分科原则,依照西方学科门类及知识体系构建起来的新知识系统。四部之学被拆解,分别纳入七科之学知识系统之中,这不仅标志着中国传统学术开始融入近代西方学科体系,而且标志着中国的传统知识系统开始转向西方学科体系,标志着注重通、博的中国传统四部之学知识系统在形式上完成了向近代学术分科性质的七科之学知识系统的转变。① 左玉河的这一评价性结论建立在对该问题深入的历史过程研究之中。其《从四部之学到七科之学——学术分科与近代中国知识系统之创建》道尽了转型过程的漫长,充满着中西学术的关系之争和多种分类方案迭出,且聚焦从清末张之洞提出京师大学堂分科方案,到 1912 年民国建立,蔡元培为教育总长,颁布《大学令》这一时期,并确认 1912 年的学制改革是这一转型初成的标志。② 这一结论现已成近代文化史、教育史研究的基本共识。③

刘梦溪先生认为,首先意识到现代学术需要重新分类的是王国维,他指出了学术分类之所以必需的社会变化之基础:"今之世界,分业之世界也。一切学问,一切职事,无往而不需特别之技能,特别之教育。一习其事,终身以之。"④ 他还把现代学术总体分类概括地分为科学、史学和文学三大类,文学、史学包括哲学和艺术,"凡记述事物而有求其原因、定其理法者,谓之科学"。⑤ 科学在此包括自然科学和社会科学,这是我们当今认为的广义上的科学概念。但随后的发展直至今日,已形成以自然科学的知识特征和研究方法为科学性的标准,进而要求社会学科唯朝此方向发展才有资格称为科学。这一过程也表现为自然科学(中国近代学科发展史上率先被引进,并被统称为格致之学)在整个学科体系中的地位越来越重要,其社会根源在于工业和

① 左玉河.从四部之学到七科之学——学术分科与近代中国知识系统之创建[M].上海:上海书店出版社,2004:198-199.

② 同上,152-200.

③ 同上,"序",1-9;刘梦溪.中国现代学术经典·蔡元培卷[M].石家庄:河北教育出版社,1996:"总序",48-50;李华兴.民国教育史[M].上海:上海教育出版社,1997:74-124.

④ 刘梦溪.中国现代学术经典·蔡元培卷[M].石家庄:河北教育出版社,1996:"总序",45.

⑤ 同上,46.

应用技术的发展都需要自然科学为基础。

学术转型除知识分类总系统的新旧更换之外,还包括每一类中更细一级的学科分类。第三级转型体现为每一具体学科的知识体系和研究方法体系的确定。就自然科学所含的具体学科而言,以直接翻译、移植西方著作或教材为转型路径;社会学科则除翻译、移植外,部分学科如文学、历史等的中国部分,主要以原先已有的知识为主,但在词汇表达、分析框架、研究方法等方面越来越西化。新文化运动使这些现象成为学术主流。

在此,特别需要提到的是,科学大类的出现及其越分越细的具体学科产生的另一个效应是,中国古代经典自然整体观和天人关系观被排出科学范围,最多成为中国哲学研究中的一部分,而且是很小的一部分,因为中国哲学研究的重心不在自然科学,而在伦理学,且哲学中探讨的是抽象哲理,并非对大自然做有机整体性的研究。即使是 20 世纪初由翻译引进的西方植物学、动物学,也是以西方动植物分类学为准的分析式研究。总之,"活"的大自然被"肢解"后,分门别类地从不同维度的理性视角,构成自然科学的学科研究对象,形成抽象的如数学、物理、化学等自然科学的基础性学科,具体的如以分析思维为主导的植物学、动物学、地理学等学科。由此,我们再一次看到了西方近代新"自然科学"对中国古典自然观的削弱与析拆。

2. 新文化运动

新文化运动一般都以 1915 年陈独秀于上海创办《青年》(一年后改名为《新青年》)杂志为起始标志,①以 1919 年"五四运动"后的 20—30 年代为其全盛期:新文化在文化与教育领域成为主流,新知识分子阶层出现;新文化运动以"民主""科学"为思想标识,向"尊孔读经"和"文言"等传统文化发起强烈批判,力求文化由近代向现代全面转换;新文化运动以文化青年为主力军,"五四运动"出现了青年知识分子的爱国反帝运动得到城市工人、市民支持的新潮。同时期内,马克思主义在中国开始传播,中国共产党成立,促进了这一

---

① 在一篇题为《南昌路"赛因斯"的星光》的文章中,作者写道:1915 年 1 月,由中国科学社发起人任鸿隽创办的《科学》杂志率先在上海发刊。杂志社的地址在上海南昌路,恰巧与陈独秀的《青年》杂志在同一条路上,且在同一年先后发刊。这一巧合与新文化运动提倡"民主""科学"之间不无历史的关联。特注。参阅:沈琦华.南昌路"赛因斯"的星光[N].新民晚报,2019 - 07 - 07(A14).

运动具有关注民众文化普及与教育、改变日常包括惯常生活方式和风俗习惯的特征。新文化运动的多姿多彩和强大生命力在中国近代文化史上留下了浓墨重彩的一笔。

（1）"青年"意识与时间观的变化

20世纪，随着清王朝的衰败，中国社会把发展的希望寄托在青年身上。1900年，梁启超发出的第一声呼唤："少年智则国智，少年富则国富，少年强则国强"，今日依然激荡耳旁。中国之过去，其亡"可翘足而待也。故今日之责任，不在他人，而全在我少年".① 文中深含寄托今日少年奋起，明日少年为国富强作为的希望。1903年，在《说希望》一文中，梁启超更清晰地表达了"希望"作为人类进化的内动力，用他特有的表达方式，议论了过去、现在与未来之关系，"现在之境狭而有限，而未来之境广而无穷"。现在实非为现在而存，实为未来而存。两者利害往往不相容，但希望存于未来，故应"不惜取其现在者而牺牲之，以为未来之媒介".② 这虽然是进化论意义上阐明的时间观，但针对中国传统文化"四时有常""循环往复"的自然时间观而言，他强调了未来进步对于中国之重要；在生命时间观上，突破了"父为子纲"，老年为先、为重的观念，赋予少年的生命以"希望"的社会价值。这使传统自然观的时间价值富含了现代社会意义。

陈独秀在《青年》杂志创刊号上发表的《敬告青年》一文，被认为是"五四运动"之先声。与梁启超十五年前发表的《少年中国说》相比，陈文既继承了对青年生命期的讴歌与热望："青年如初春，如朝日，如百卉之萌动，……人生最可宝贵之时期也。青年之于社会，犹新鲜活泼细胞之在人身。"③ 又有对当时青年存在、表现出来的诸多人生与社会认识之不足的警醒与明言，指出青年无论在身体上还是精神上，都要有与老气、陈旧之理决裂，向创造新的社会方向努力的自觉。他列出了"自主的而非奴隶的""进步的而非保守的""进取的而非退隐的""世界的而非锁国的""实利的而非虚文的""科学的而非想象

① 梁启超.少年中国说[M]//王德峰,编选.梁启超文选.上海：上海远东出版社,2011：36-37.
② 梁启超.说希望[M]//王德峰,编选.梁启超文选.上海：上海远东出版社,2011：103.
③ 敬告青年[M]//陈独秀.独秀文存.合肥：安徽人民出版社,1987：3.

的"六大标题,作了正反两方面的评说。这较之梁文有极大的发展,并且在空间观上也明确提出中国与世界的关系。追求民主、进步、人权、科学、奋发向上、人格独立,这是新文化运动的核心理念,鼓舞和影响了一代有志青年的人生发展,使希望的未来在现实中得到生长。当时的陈独秀还不是马克思主义者,但从他第一篇公之于世的论文中,我们可以读到尼采、柏格森(Henri Bergson)、穆勒(John Stuart Mill)等的哲学和孔德(Auguest Comte)的实验哲学等西方各种哲学潮流对他思想的影响,这也成为他批判中国传统文化和社会弊病的锐利武器。

1916 年,《青年》杂志改版为《新青年》。中国最早研究和介绍马克思主义,遭军阀枪杀牺牲,后被孙中山先生称为"青年之神"的李大钊先生,在《新青年》2 卷 1 号上发表了以《青春》为题的散文,文中不但歌颂了生命的青春,而且强调青春是一种无所不能的变革的象征:"一切都有青春,一切都可以重获青春。""重获"一词,使一切想改变的人和事,都增添了"青春"的力量,使"青春"成为改变世界的活力象征,具有了更为强大的精神鼓舞力。

20 世纪在西方被称为"儿童的世纪",我以为,在中国则可称为"青年的世纪"。社会发展的时空观和个人发展的时空观,都开始了由近代向现代的转化,这是经典自然观转化的基础构成。

(2) 科学崇拜

从近代到现代,在知识总体结构上明显变化的一个特征是推崇科学,尽管科学的引入早在洋务运动的译书及其所办学校的课程中已有体现,并随着时间的延伸越来越多。民国以后,尤其"五四"前后的新文化运动时期,科学不仅是指西方引进的具体的一门门自然学科的总称,而且是作为批判、否定传统经学,增强人的智慧与能力的武器被突出,作为一种文化信念被推崇。我们可以从当时一些具有社会影响力的人士之言论中读出这种批判与推崇。

陈独秀 1915 年在《敬告青年》中指出,"科学"与"想象"的区别在于客观、理性、有实证,近代欧洲之所以发展、优越于他族,是因为"科学之兴,其功不在人权说下,若舟车之有两轮焉"。只要遵守理性、科学,则迷信、无知妄为可破除,故"国人而欲脱蒙昧时代,羞为浅化之民也,则急起直追,当以科学与人权并重"。① 实际上,他已举起了新文化"科学"与"人权"(后改称"民主")的两面大旗。文中批判的对象是"迷信""空想",唯有科学,才能根治当时社会上普遍存在的蒙昧之病。

1917年,陈独秀发表《再论孔教问题》,明确提出"人类将来真实之信解行证,必以科学为正轨,一切宗教,皆在废弃之列"。虽然"宇宙间之法则有二:一曰自然法,一曰人为法。自然法者,普遍的,永久的,必然的也,科学属之",而人为法只是部分的、一时的、当然的,"宗教道德法律皆属之"。就人类将来之进化而言,应随今日方始萌芽之科学,日渐发达,去改正一切人为法则,使之与自然法有同等效力,让"宇宙人生,真正契合"。总之,真正能使人解脱的唯有科学。"故余主张以科学代宗教,开拓吾人真实之信仰。"② 在此,陈独秀正式提出了"以科学代宗教",科学具有这个"资格",是因为其性质属普遍、永久的自然之法。这位新文化运动的发起人,发出了把"科学"作为信仰的号召。其矛头指向的是宗教。

1918年,陈独秀又强调了"学术独立",认为中国学术不发达之最大原因,莫如学者自身不知学术独立之神圣。"学者不自尊其所学,欲其发达,岂可得乎?"他的批判指向由学术至学者,看到了人的因素之重要。

梁启超认为,中国学术史上"科学史料异常贫乏。其中有记述价值的,只有算术和历法方面",③至清代已十分发达,但也只能称为"科学之曙光"。中国的科学要发达起来,必然要引进西方的科学,这是梁启超提倡"西艺"的重要构成。在他看来,"西学既是有关科技知识的宝库,也是有关自然界组织原则知识的宝库"。④ 与陈独秀不同的是,梁启超把科学这种"穷理"的研究限定在对自然界独特性的认识,不与伦理相关。

"不惜以今日之我难昔日之我"为人生进步信条的梁启超,在"一战"后的旅欧之行中,看到了科学被战争应用,对人类社会与生活带来的巨大破坏,从

---

① 敬告青年[M]//陈独秀.独秀文存.合肥:安徽人民出版社,1987:8-9.
② 再论孔教问题[M]//陈独秀.独秀文存.合肥:安徽人民出版社,1987:91.
③ 梁启超.中国近三百年学术史[M].北京:商务印书馆,2011:171.
④ [美]张灏.梁启超与中国思想的过渡(1890—1907)[M].崔志海,葛夫平,译.南京:江苏人民出版社,1995:66.

而不再把科学看作是无害的,甚至提出了"科学破产"论。然而,在1922年为科学社年会的演讲《科学精神与东西文化》中,他仍充分肯定科学对人类的贡献,并就"什么是科学精神"作出了"一曰求真智识,二曰求有系统的真智识,三曰可以教人的智识"的回答,批判了国人把科学看得太低、太呆、太窄而不认真学习研究的态度。"中国人对于科学这两种态度倘若长此不变,中国人在世界上便永远没有学问的独立,中国人不久必要成为现代被淘汰的国民。"①这是梁启超对民众普及科学教育的强烈呼吁。

1923年,在《人生观与科学》一文中,梁启超作出了"根据经验的事实分析综合求出一个近真的公例以推论同类事物,这种学问叫作'科学'"的判断。他认为:有大部分的"人生问题"可以用科学方法来解,因为人生总有与"物界生活之诸条件"相关,"有对待的自然一部或全部应为'物的法则'之所支配",所以科学方法在此必可有用武之地。但他同时不赞成"科学万能"的观点。科学不可能统一人生观,人生观也不必定于一尊。"科学功能是该有限制了……人类生活,固然离不了理智;但不能说理智包括尽人类生活的全内容"。这另一部分极重要的内容就是"情感"。"科学帝国"的版图和威权再扩大,也不能占领情感的作用。情感,甚至"可以说是生活的原动力"。②这里我们可以看到梁启超已走出科学崇拜和科学万能的极端认识,但他对用人力、科学的力量改造自然的观念并无改变,因为"宇宙是不圆满的,正在创造之中,待人类去努力……除人类活动以外,无所谓宇宙。现在的宇宙,离光明处还远"。③

与梁启超持相同观点的是胡适,他在留美期间受诺曼·安吉尔(Norman Angell)的"新和平主义"思想影响,认同安吉尔的与其人类相争斗,不如"共同为人类的生命和人民的生计向大自然奋斗",④这是人之力量最有价值发

①　梁启超.科学精神与东西文化[M]//王德峰,编选.梁启超文选.上海:上海远东出版社,2011:237.

②　梁启超.人生观与科学[M]//王德峰,编选.梁启超文选.上海:上海远东出版社,2011:324-327.

③　梁启超.东南大学课毕告别辞[M]//王德峰,编选.梁启超文选.上海:上海远东出版社,2011:321.

④　胡适,口述.胡适口述自传[M].[美]唐德刚,译注.上海:华东师范大学出版社,1992:64.

挥的观点。彻底的科学主义者胡适则进一步主张物质文明与精神文明的统一,认为"凡文明都是人的心思智力运用自然界的质与力的作品;没有一种文明是精神的,也没有一种文明单是物质的"。① 这种统一实际是承认了自然与人的统一。再深入一层,胡适强调,人类的伦理道德只有建立在人的自然本能和欲求的基础上才具有合理性,这是他批判封建伦理压抑、扭曲人性,力主解放妇女、恋爱自由的重要理论依据。

胡适对中国古代哲学最早发现自然的宇宙论是赞赏的,认为其在思想解放上有绝大的功劳,但他又认为中国"二千五百年的自然主义的哲学所以不能产生自然科学者,只因为崇拜自然太过,信'道'太笃,蔽于天而不知人,妄想无为而可以因任自然,排斥智故,不敢用己而背自然,终于不晓得自然是什么"。② 显然,作为推崇科学的胡适,强调人对自然的改造,并主张用杜威实用主义的研究方法去研究自然,改造自然,创造出满足自己需要的物品。在中西文明的比较中,胡适认为,长期以来中国的哲学家着力于探索、解读经典,"尚论古人""读书穷理""应事接物",清代以来,又用精密的方法去研究训诂,就是没有花力气去接触、研究实物,所以没有产生科学。③ 然而,自然"是不容易认识的,只有用最精细的观察和试验,才可以窥见自然的秘密,发现自然的法则",他把自然比喻为"最狡猾的妖魔",最不肯吐露真情,人类必须"拷打",她才肯"吐出真情来,才可以用她的秘密来驾驭她,才可以用她的法则来'因任'她"。④ 文中已透出人把自然当作认识对象时,必须具备斗争性,科学之于自然强烈的控制欲。用"她"来代指"自然",又露出了中国传统的大男子主义。传统的"天人合一"和谐的自然观,完全变成了认识与被认识、主体与客体、控制与被控制的关系,而且还在思维、实验等方法的意义上,走上了自然技术主义之路。

胡适在中国文化史上,由经典自然观向现代自然观转化的意义上,迈出了最后一步。尽管他以古代哲学史上的荀子"制天命而用之"为"依据",但对

① 我们对于西洋近代文明的态度[M]//胡适.胡适文集:第2卷.广州:花城出版社,2013:252.
②④ 姜义华.胡适学术文集·中国哲学史(上)[M].北京:中华书局,1991:375-376.
③ 格致与科学[M]//胡适.胡适全集:第8卷.合肥:安徽教育出版社,2003:81-83.

自然的态度远远比荀子要狠和傲慢得多。当然,胡适并非自然科学家,他只是借这种夸张的语言来表达其人定胜自然的哲学信仰而已。这种信仰也是西方科学主义、理性主义的信仰,它由西到东,在全球成为一种主流的现代性,改变了人与自然的关系。其中,科学、技术、工业生产等成为最重要的手段。

人在大自然面前越来越不畏惧,不谦恭,自以为强大无比,直至因此而致害人自身,才恍然大悟。

(3) 白话文运动与汉字改革

新文化运动基本上是由政治思想家和文化人士发动的一场旨在更新传统文化的运动。倡白话文写作,语言与文字统一,主张汉字改革等,是这场运动中涉及面最广,也是对中国文化的影响,无论积极还是消极,都属深远,且涉及自然观的文化之根的运动。在这场运动中,不仅有所谓的保守派与革命派之争,在革命派内部还有左中右之意见纷呈。

梁启超早在 1902 年的《新民说》"论进步"中,就以进化为原则,以西方为参照,提出中国为何数千年"进步缓慢"的问题。他把汉字传承至今未做改革作为诸多原因之一,指出西方的拼音文字最大的好处是言文一致,而中国的汉字则造成日常语言鲜活更新与书面文字保守不变的言文之分。其后果一则"言日增而文不增,或受其新者而不能解,或解矣而不能达",故不能以文的形式展现新知;二则学习者"非多读古书,通古义,不足以语于学问。故近数百年来学者,往往瘁毕生精力于说文、尔雅之学,无余裕以从事于实用";三则因汉字为独体形声字,要一字字识方能读写,不像拼音文字,只需掌握拼音,能言即能识、写,表达意思,故学习所花的时间长,难以学成,更难以普及。这些不足"犹于当世应用之新事物、新学理,多所隔阂,此性灵之浚发所以不锐,而思想之传播所以独迟也"。[①] 这些弊端的改变,唯有"文言合"方成。改变的方向最理想的是学习西方的拼音化。

赞成这类观点的,在民国时期,更左的可以钱玄同为代表。他在 1918 年 3 月 13 日给陈独秀的信中,力主不但要废汉字,还要废汉语,最大的理由是:

---

① 梁启超.新民说[M].北京:商务印书馆,2016:123-125.

"欲使中国不亡,欲使中国民族为二十世纪文明之民族,必废以孔学、灭道教为根本之解决;而废记载孔门学说及道教妖言之汉文,尤为根本解决之根本解决。"① 他还强调,因"言文、音读不统一,即断难改用拼音"。② 最好的替代方法是采用世界语,新名词应首先使用。陈独秀的回答是赞成先废汉文,但且存汉语。胡适的意见则是先用白话文字来代文言的文字,然后将白话的文字变成拼音的文字,理由是"凡事有个进行次序"。③ 幸好,此事只是闹得沸沸扬扬,并未成真。不然,中国传统文化真的要被连根拔起。但我们在 20 世纪二三十年代的小说中,还是能看到夹有直接用英(法)语或借日译英语来传播新名词、科学专用名词的表达方式,以示新潮。

对文字改革真正产生实质性影响的,是当时在美国留学的赵元任。他一向对文字研究感兴趣,1915 年就在美国东部中国留学生同学会"文学科学研究部"的年会上发表《吾国文字能否采用字母制及其进行方法》。之后,他和一些音乐学家合作编制了一套汉字注音符号,在民国时期通用,我在读小学时就学过这些注音符号。"国语注音之造福学子,是没有人能否定的。"④

胡适在新文化运动中起最大作用的是,主张用白话文代替文言文。1917 年 1 月,《新青年》第 2 卷第 5 号发表了胡适《文学改良刍议》,表达了他的"文学演变观",提出了轰动一时且得到持续的八条建议。他认为,白话文之所以重要,必须代替文言,是因为它是"活的文字",是通俗文字,是能更好地表达新思想以及大众能阅读和接受的文字。胡适为了把用白话文代替文言贯彻到文学的一切领域,竭力主张写白话诗,用自己写白话诗的行动来证明这完全可行。⑤ 此文一方面引来激烈的争论,同时大受陈独秀欣赏。同年,《新青年》第 2 卷第 6 号发表了陈独秀较胡适更为猛烈尖锐的《文学革命

　　① 　四答钱玄同(中国今后之文字问题)[M]//陈独秀.独秀文存.合肥:安徽人民出版社,1987:743.钱玄同此信后以《中国今后之文字问题》为题,发表在《新青年》1918 年第 4 卷第 4 号。

　　② 　同上,742.

　　③ 　同上,745.

　　④ 　胡适,口述.胡适口述自传[M].[美]唐德刚,译注.上海:华东师范大学出版社,1992:139,154.

　　⑤ 　同上,149 - 150.

论》，文中断言，"近代欧洲文明史，宜可谓之革命史。故曰，今日庄严灿烂之欧洲，乃革命之赐也"。他全盘否定了自《诗经》起至清的中国文化史上的代表作品，一个个骂过去。陈独秀称胡适为高举"文化革命军"义旗之急先锋，他"愿拖四十二生的大炮，为之前驱"。① 胡适在自己的回忆录中，也自认平生在中国文化变革中提出了两大革命——科学革命和文学革命，"致力于中国文学革命并不下于征服自然"。② 在这种状态下，他进一步提出"全盘西化"，完全是顺理成章之事了。胡适在自洋务时期正式拉开帷幕的70多年"中西古今"之争中，决绝地投下了自己的一票，在中国文化发展的方向抉择上完成了中体西用至全盘西化的"新文化式"的现代转型。鲁迅先生在这些问题上，与胡适、陈独秀的立场是一致的。新文化的阵营中确实不乏大将。

民国政府在提倡科学，向西方学习，推广新文化等方面，只要不涉及政治与政权，还是支持的。对所谓封建文化旧习俗和旧学的扫除，仅举两例即可见。一为民国政府曾下令取消农历纪年的春节年庆，只计公历1月1日的元旦。但因习俗的顽强而未收效，中国人依然把春节、年三十团聚看作最大的家事。日历上依然要印农历的月和日，只是字形变小，放在"随从"地位。二为1927年成立的南京国民政府于1929年召开第一届中央卫生委员会会议，通过了委员余岩提出的《废止中医案》，案中所列的理由是：中医"皆凭空结撰，全非事实"，"提倡地天通，阻碍科学化"，指责《黄帝内经》是惑人、杀人的"秘本和利器"，提案还包括消亡中医的六条措施。此令一出，即引起中医界强烈反抗，他们派出代表到南京政府请愿，提出的口号是"提倡中医以防文化侵略，提倡中药以防经济侵略"。③ 此令就此不了了之。有学者认为，该运动实为"现代中医史"的开端。④

今天，回望新文化运动主将们的激烈言行，不难看到其偏激，但同时依然能体会到他们欲改变中国贫穷落后面貌的急切以及与封建文化彻底决裂的

---

① 文学革命论[M]//陈独秀.独秀文存.合肥：安徽人民出版社，1987：95-98.
② 胡适，口述.胡适口述自传[M].[美]唐德刚，译注.上海：华东师范大学出版社，1992：141.
③ 张祥龙.深层思想自由的消失：新文化运动后果反思[J].科学文化评论，2009(2)：26-41.
④ 皮国立.近代中西医的博弈[M].北京：中华书局，2019："自序"，2.

决心。然而,传统内在的合理性和强大的民间生活渗透性,以及当时被称为"玄学鬼""国粹主义""保守派""折中派"等一些文化人的存在与奋力抗争,终究使"革命派"的言论在实际上发挥推进中国文化开放、面向世界、破除不利于民族文化发展障碍的同时,未达到全面抛弃传统文化、连文字都要废除的极端倾向。[1] 繁体字也因简体字未成方案而保留下来,故 20 世纪 50 年代前进入中小学的学生,至今还能认得繁体字,时不时会对创作者如何在一个方块字中,体现天地人事之万事万物的智慧,发出会心的微笑,还读得懂繁体字的出版物,实一大幸也,我们需要向梁漱溟、钱穆、学衡派等对承载民族魂的传统文化之艰难捍卫致敬。

(三)新学制系统与新学校

教育是一个时期社会政治、经济和文化的集中特殊表现,其对于社会不可替代的价值就是对人和人才的培养。中国近代洋务运动至民国时期,再次证明了这一点。当社会巨变时,平时不显眼的教育被摆到首位,洋务运动中近代教育的肇始是个明证;当社会制度发生急剧变化时,教育制度问题必提上议程,1905 年"废科举,兴学校",清末新政时期,中国社会第一个近代学制的出笼是个典型;当社会文化处于新旧尖锐冲突时,教育宗旨和内容就会出现拉锯式的左右摇摆;中华民国时期的教育在完成近代向现代转换时,这一切都再一次体现。与学制新学科体系的建设和从西方引进新学科相关,作为一门学科的教育学于 20 世纪初在中国第一次出现。民国时期也是中国最早的一批现代教育家和教育学家诞生,[2]并形成专业团体的过程。

下面以本文议题为中心,选择两个方面略作阐述。

1. 新学制系统

(1)"癸丑学制"

1912 年 9 月,中华民国第一个《学校系统令》("壬子学制")公布,经过一

---

① 关于汉字与自然的关系,在笔者的《溯源开来——寻回现代教育丢失的自然之维(上)》有过专述,不再重复。

② 民国时期中国近现代教育家、教育学家及其论著总貌,可参阅:瞿葆奎,郑金洲.二十世纪中国教育名著丛编[Z].福州:福建教育出版社.21 世纪初陆续出版,共计 50 本。

年陆续修订,于 1913 年再次公布并实施至 1922 年,史称"壬子癸丑学制"(简称"癸丑学制")。若与清末 1902 年中国有史以来国家正式颁布并未实施的第一个学制"壬寅学制"相比,[1]其同异主要如下。

① "壬寅"与"癸丑"两个学制都分为初等、中等和高等三大段,与学生年龄段相对应,但入学年龄,后者提前三年,6 岁即可入学。这反映出后者对人之自然年龄与教育阶段的匹配性,有更深入的认识。

② 小学阶段都分初等与高等二级,但前者称"学堂",后者称"学校"。两者都在小学高段平行设与实业相关的初期教育。后者还增设"专修科""别科"、实业补习学校和乙种实业学校等,这说明民国初期对小学高年级学生因家庭经济条件或学习能力,社会实业发展对具有小学文化程度的初级劳动力需求的增加作出了呼应,这也是国家城市化程度提升的间接表达。

③ 中学阶段除均为四年外,区别较大。前者与中学堂完全平行的是师范学堂和中等实业学堂,另在中学堂第二年起,设部分"实业科";后者除中学校四年外,还有两年制的"专修科",三年制的"补习科""别科"和"小学教员讲习科",四年制的甲种实业学校预科,以及含一年预科加四年的"二部"师范学校(其中最后一年在学制上跨入高等教育年限)。其丰富性令人眼花。

④ 高等教育阶段异大于同。前者分三级。第一级分为平行的三大类:高等学堂及大学预科,高等实业学堂,师范馆、仕学馆。第二级通称"大学堂",与一级一类纵向连接。第三级未设年龄和年限,称"大学院"。[2] 后者也分为连续或不连续的三级四大类。一年预科以实线示分割的,有本科高等师范学校、本科专门学校两大类;三年预科不分学科的,与三到四年本科分七大学科的高等学校。此外,第二级还专列二到三年制的专修科、进修科。第三级为研究科与大学院。研究科与本科高等师范学校、本科专门学校连接。大学院仅与本科大学连接。两者最大的差异是明显加强了预科和增设了不同类本科的研究科,相当于今日研究生这一级,增设了师范和专门学校的本科。

---

① 两个学制图,参阅:朱有瓛.中国近代学制史料:第二辑:上册[G].上海:华东师范大学出版社,1987:99;朱有瓛.中国近代学制史料:第三辑:上册[G].上海:华东师范大学出版社,1990:26.

② 在修改后 1904 年颁布的"癸卯学制"中,这部分称"通儒院",时限五年。

这反映了实业发展和教育事业发展对培养人才质量要求的提高。

就民国第一个学制总体来看,其特点一是主干和分支关系清楚,基础教育尤其是小学初段,是一切学生发展的奠基性学习,高段才出现了专业性的分支。中等教育、高等教育总体上都保持这样主干与分支的关系。只是主干部分相对越来越细,且内有分科与否的区分;分支部分则越往高处类型越多,呈现出丛林式状态。它体现出教育系统越来越关注社会对多层次、多类型专业人才的需要。特点之二是把教师培养单列,自成多级系统。从积极角度来看,是对教师培养的重视;但就总体来看,对师范教育的基础学历要求低,特别是初级小学教师的培养,高小文化程度就行了,再加上其学生来源以贫家子女和女子为多,又增加了看低师范的社会文化因素。到目前为止,一般认为师范大学的水平要低于培养学科人才(该学制称为七分科大学)的综合性大学。这个病根,当时或者说更早,在 20 世纪初政府颁布的"癸卯学制"中就种下了。教师社会地位低,两个学制作了制度性体现。若与古代传统把老师置于"天地君亲"同一层面的地位比,那就更倒退了十万八千里。

以上问题究其根源,还在于西方工业社会和分析性的理性思维,将知识、科学置于最高地位,将作为整体的自然人的发展分裂为伦理与知识的近代文化在中国的移植。连培养人的教师也仅以学习知识的深浅、高低作为与分科培养人才的中国大学相比的决定性依据。这实在是对教师职业内在价值的关注与认识还处于初级阶段的社会水平的表现。尽管今天我们不能苛求当时之人,但找到病根依然是必须的,因为至今为止这一观点依然流行。整体的自然被分学科的科学分解,整体的人被知识与伦理分解。在现代社会不仅"天人合一"的中国经典自然观被转换为"天人相斗",连对"天—自然""人—自身"的认识也发生了转型性变化。

作为民国首任教育总长的蔡元培在"壬子学制"颁布前夕,发表了《对于教育方针之意见》,提出中国教育尚需有服务于强国的"军国民教育",以人民生计为普通教育之中坚的"实利主义之教育",培养自由、平等、亲爱的"公民道德"之教育,以及超越于政治的世界观和"美感之教育"。蔡元培的这些见解,在北洋政府教育部于中华民国元年 9 月公布的教育宗旨令中表达为"注重道德教育,以实利教育、军国民教育辅之,更以美感教育完成其道德",明确了各育之间的相互关系。在同一文中,蔡元培还分析了"新五育"与古代传统教育、西洋教育之一致性。也可以分别类同于教育界主张的体育(军国民主义教育)、智育(实利主义教育)、德育(公民道德教育及美育),世界观教育则"统三者而一之"。他还分别用人身各器官系统的相互作用比喻五育的关系,强调"五者不可偏废"。从这些关系的论述中,我们可以看到蔡元培教育思想"兼容并包"的特点和强调各育之有机关联的思想方法,具有"自然主义"的气息。

在谈及这五大主义分配于各教科时,他认为需"视各教科性质之不同,而各主义所占之分数,亦随之而异",并不是一门和一组学科承担某一主义的实施。如"算学,实利主义也,而数为纯然抽象者。希腊哲人毕达哥拉士(毕达哥拉斯)以数为万物之原,是亦世界观之一方面;而几何学各种线体,可以资美育"。[①] 蔡元培所列的学科十分丰富,特别是博物学(有实利主义,观感多为美感,研究进化可以养道德,体验造物之万能可以导世界观)、图画、唱歌、手工、游戏、兵式体操、普通体操。就其认识学科教育意义上,具有综合性,学科总体构成上具有丰富性和新颖性。小学、初中增设了博物和艺术,这是学校教育中人与自然直接沟通和意象沟通的学科,尤其在儿童时期十分重要的两个方面。他的崇尚儿童自然、发展个性的教育主张更加引人注目。[②] 这是清朝任何时期的改革所不能比的。这些学科设计,也在民国初的中小学令和教育部的《普通教育暂行课程标准》(1912)等文件中有所体现。[③]

蔡元培是位博学多识、具有自己哲学观念和教育理想与热情的教育家,但是不要说民国当时的社会和教育实际状态,就拿今天来说,他关于五大主义和各学科的要求,包括课程设置,都难以全面真正落实。然而这样的观念和理想的提出,本身就意味着中国教育由近代向现代转化的一页打开了,即使是昙花一现,也值得铭记和思考。

---

① 陈学恂.中国近代教育文选[M].北京:人民教育出版社,2001:329.此文1912年2月曾以《新教育意见》为题发表在《教育杂志》第3卷第11期;同年4月,经修改,以今题发表在《东方杂志》第8卷第8号。

② 李华兴.民国教育史[M].上海:上海教育出版社,1997:243-245.

③ 陈侠.近代中国小学课程演变史[M].福州:福建教育出版社,2007:25-26.普通中学的课程主干部分是为升入大学作基础性准备,故与大学的学科分类相关。

这一学制持续执行到 1922 年,中间经历了不少争论与要求规范内部结构的调整,在文化意义上主要经历了"封建复辟"与"反复辟"的斗争。

(2)"壬戌学制"

20 世纪 20 年代前后,民国对封建复辟势力的政治斗争基本取胜,1919 年"五四"青年的反帝、爱国运动及其后续影响,显示了新一代新青年的崛起且获得社会各界进步力量的支持。继而,在新文化运动的推动下,教育上掀起了学西方的热潮。陈独秀 1917 年就公开号召"中国教育必须取法西洋","西洋文明远在中国之上",这种学习应是"自动的而非被动的""世俗的而非神圣的""全身的,而非单独脑部的"。①

同一时期,西方的教育理论、方法、制度、模式都被大量引进,国内出现一大批西方教育名著和师范教育学教材的翻译、编译和介绍。早期留学西洋的留学生也陆续回国,参与到各种文化、教育、科学研究、实业建设的事业之中,促使了中国教育改革的取向从日德转向美国和欧洲。民国新教育的实践和经验,民国初"壬子癸丑学制"的成与弊也逐渐清晰,1915 年就开始酝酿学制改革,展开相关调查和讨论,②"全国教育会联合会"的高度重视和具体研究的支持,以及学制改革的局部试验等因素的汇合,促成了新学制"壬戌学制"的诞生。

"壬戌学制"的改进、变化,主要有以下几个方面。

① 大中小学的分段为"六三三四",总年限(不含研究生教育)十六年,与"癸丑学制"相比,又缩短一年,与当时美国的学制分段、年限皆相同。

② 制定学科的标准,明确表达了适应社会进化之需要,注意国民经济力;发挥平民教育精神,使教育易于普及;谋个性之发展,使得选择自由。这些方面涉及了社会、民众和个人三大方面对教育的价值期望。制度本身的灵活度体现在标准中提及各地方及入学年龄、上限年龄,都应根据学生实际情况而定。

③ 师范教育起始段从中学开始,与普通中学教育、职业学校平行。在学

---

① 近代西洋教育[M]//陈独秀.独秀文存.合肥:安徽人民出版社,1987:107-109.
② 李华兴.民国教育史[M].上海:上海教育出版社,1997:133-135.

制图上,师范大学专列,并在说明中作了详细解释。

④ 大学取消了预科。从中学阶段始至高等教育,主干普通教育、分支职业教育、师范学校,主、分线条清晰。

此后,1928年又重新制定过《中华民国学校系统》,20世纪30年代颁布了《师范学校法》,后有过取消的动议,继而又颁布《师范学院规程》及其修正,明确高等师范学院单独设立,或在大学中作为一个独立学院设置。直至1942年《修正师范学院规程》颁布。[①] 可以说学制中变动最多、摇摆不定的就在师范教育这一部分。最后很难说已经想明白了,只是在层次和培养机构上增加了适应性与灵活性。

总之,"壬戌学制"是真正在民国中后期持续执行,具有影响力的学制。尤其难能可贵的是,教育界围绕学制问题开展了热烈的讨论,这里尤其、首先要提及的是陶行知先生的意见。

陶行知提出,我们需要的是一个"适合国情,适合个性,适合事业学问需求"的"独创的学制"。为此,应虚心讨论、研究、实验,以求切实的改革,同时也需要研究国外学制的经验,"应该明辨择善,决不可舍己从人,轻于吸收",克服以往盲目抄袭的不良倾向,也不要弃"旧制中之优点","去与取,只问适不适,不问新和旧"。教育建设是"无穷尽的事业",学制改革只是"前程万里的第一步"。[②] 如此认识,在我看来已经冲破了中西新旧体用之争的藩篱,确立了本国学制建设的主体地位。在调研基础上,按需求与可能广泛吸收古今中外之长,形成"独创的学制"。

陶行知不仅这样想和说了,更为不易的是,他以自己毕生的精力,行走在中国大地上,和学生一起自力更生,开创了南京晓庄师范学校,推出了"平民教育""乡村教育",又先后提倡"生活教育",为儿童创办自然学院、山海工团,抗战期间成立"国难教育社",还在四川为难童办了育才学校,校内特设自然组。1945年抗战胜利,陶行知又在重庆建立了"社会大学",躬行"行知合一"的哲学,提倡教育中的"教学做合一",强调学生要手脑并用。在师资匮乏

---

① 李华兴.民国教育史[M].上海:上海教育出版社,1997:161-163.
② 陶知行(行知).评论:我们对于新学制草案应持之态度[J].新教育,1922,4(2):12-15.转引自:李华兴.民国教育史[M].上海:上海教育出版社,1997:142.

的条件下,他推出了"小先生制""先学教后学"等灵活方法。[①] 说不尽、道不尽的陶行知之教育实践,虽在当时社会未能广泛推广,但他真正努力用心血把教育扎根于中国土地,"捧着一颗心来,不带半根草去",把广大平民和劳动人民的子女放在心上,为他们谋教育,与他们一起创造"新教育",铸成了无愧于人民的"人民教育家"之光辉形象。陶行知的教育实践带有浓厚的乡土情结,实现了生产劳动与教育生活的结合,重新让孩子和学生回归自然。在民国教育史上书写了独特的永世难忘的一页。

"壬戌学制"落实在《小学新学制课程标准纲要》中具有如下特点。一是更为详细,如国语从四年级始,分为语言、读文、作文、写字四个部分,读文与作文所占课时比例一直保持最多。社会课也分为卫生、公民、历史、地理四部分。1920 年 1 月 12 日,教育部通令各省,先从国民学校做起,"改国文为语体文,以期收言文一致之效",[②]这一指令使胡适提倡的白话文在教育上得到了支持和保障。所有教科书都逐渐改为用白话文,国语首当其冲。二是有些学科取消,如修身。博物学改为自然,小学、初中都设置,小学内又分为自然与园艺。图画、手工分别改为工用艺术与形象艺术。三是备注中加了小学三、四年级起增设外国语的要求。四是各学科的内容及其表达,包括如何教学,都强调了儿童立场,配合新课程,开始了新一轮的教科书编写。

此后尽管还有几次学制改革,但大框架未发生变化。小学课程主要是在政治教育方面内容的变动。如 1936 年,小学课程标准把社会和自然两个学科合并为常识,明显削弱了自然教育在小学教育中的地位和课时。同时,取消工用艺术与形象艺术,改称劳作与美术。这一分分合合的状态持续到1949 年。

通过比较,可以清楚地看到,自然教育的地位在基础教育中定位常有变化,其总趋势是逐渐削弱。在学校中,教师、学生及其家长都形成了主科是国语(或称语文)和算数,其他学科包括自然与社会、音乐、体育、美术、劳作等都

---

① 周洪宇,余子侠,熊贤君.陶行知与中外文化教育[M].北京:人民教育出版社,1998.陈汉才、周洪宇、操太圣、陶城等相关论文。
② 教育部令行各省改国文为语体文[J].教育杂志,1920,12(2).

是副科,即处于无足轻重,可少上可多上,可上可不上,可全凭兴趣认真或不认真上的地位。这是民国学制中基础教育留下的一个长久的遗产和隐患。

民国教育中还值得一提的是,对平民教育和实业教育的关注,其出发点已不只是劳动力需要,也是为普通劳动人民学习文化和谋生计提供教育支持,提倡实业教育者以黄炎培为代表,在乡村改造方面还有梁漱溟和晏阳初的试验,不同于主要为贵胄子弟、富家子女、殷实人家提供的正规教育,它与生活、生产、自然有更多的内在关联。陶孟和则强调"补习教育至少应与职业教育同样的注重""一个人在十年前所得的……教育,现在不能应用,就须补习。所以补习教育可以说是终身的"。[①] 20 世纪 20 年代就提出了"终身教育"的思想,实令人耳目一新。

2. 新学校渐代私塾

自 1905 年清帝下旨"废科举,兴学校"之后,私塾因其为科举准备的出路切断,开始面临危机。民国初建,教育部就把初等小学定为义务教育。[②] 20 世纪 30 年代始,为加速推行义务教育,又出台了一系列与初等教育相关的规定,同意初小可单独设,正规的新学校对私塾的威胁日渐增强,尽管义务教育在实施上鲜有成效。

如果我们只从教育事业发展和提高,向现代转型的角度来看,这无疑是一个值得称颂的进步。但在当时社会学家的眼光中,却有另一番同样值得我们思考的评论。

从费孝通的名著《江村经济——中国农民的生活》中,我们可以看到20 世纪 40 年代一个相对富裕的江南小村的农民生活状态。有趣的是多种文化的并存:计时系统出于农业生产活动的需要,"有机世界的季节循环的知识,对人民有重要的现实意义",他们使用的传统历法是阴历;对二十四节气的敏感且关注,"用来记气候变化",安排生产活动;日常生活用的历本,是"从城镇买来一红色小册子",虽然"政府禁止传统历,出版这些小册子是非法的",但每家都有这本册子,"这往往是家中唯一的一本书";另外,还有阳历的

---

① 李华兴.民国教育史[M].上海:上海教育出版社,1997:145-146.
② 陈学恂.中国近代教育史教学参考资料:中册[M].北京:人民教育出版社,1987:178-187.

计时,仅一个计时方法就有三种。① 科学通过采用技术工具的方式与遭到人力不能控制之灾难时请出巫师的事实并存。与当地农业相关的工业渐渐进入村庄,与此同时,原有牢固的亲属关系发生变化,社会的转型、新与旧如此自然地处在一起,由时间慢慢完成转换。

教育的情况却有些不同,费先生写道,"孩子们从自己的家庭中受到教育",男孩约从 14 岁起,随父亲参加劳动,到 20 岁成为全劳力,女孩则跟母亲学习蚕丝技术、缝纫及家务劳动。公立学校规定 6 岁上学,6 年里是单纯的文化学习,村子里发展养羊副业,就与学校学习有了冲突。"文化训练并不能显示对社区生活有所帮助。"又因父母是文盲,并不认真看待学校教育。学校注册有 100 多人,但"实际上听课的人数","很少超过 20 人"。"学生的文化知识,就作文的测验看,是惊人的低下。"当过小学校长的村长认为,学校的上学时间与农时不协调,学校的教育方式是"集体"授课,缺席者脱课跟不上班,就对学习失去兴趣,再加上"现在的女教员在村中没有威信",所以"这种新的学校制度在村中不能起作用"。费孝通认为,这种情况不限于此村,而是中国的普遍现象。②

另一位著名的社会学家潘光旦则称:30 年来所谓新式教育的一大错误就在于忘本,不务本。"忘却了民族和固有的环境的绵续性和拖联性",以为对旧的东西可以一脚踢开,新的可以一蹴而就。③ 在《说乡土教育》一文中,他尖锐地指出,"在乡土观念一向很发达的中国",乡土教育"几乎无人问津"。中小学的教科书既成为国立,标准题材既经全国一致,没有乡土教育,城乡之间就会有头重脚轻的不平衡。学生在学校里只是限于读死书、死读书、读书死,不会勘查实地,也不关注自己的家乡。"近年来,国计民生的大问题之一是地方的凋敝和农村的衰落,造成原因,直接是人才,间接是教育。""如果农村中比较有志的分子,不断地向城市跑,外县的向省会跑……地方又安得而

---

① 费孝通.江村经济——中国农民的生活[M].北京:商务印书馆,1939:131 - 139.(调查时间为 1936 年 7—8 月)
② 同上,50 - 60.
③ 潘乃谷,潘乃和.潘光旦选集:第 3 集[M].北京:光明日报出版社,1999:431.

不凋敝,农村又安得而不衰落?"①他在《忘本的教育》中就明确表示,"中国的教育早应该以农村做中心,凡所设施,在在是应该以百分之八十五以上的农民的安所遂生做目的的",但是几十年来普及教育的成绩,"似乎唯一的目的是在教他们脱离农村,而加入都市生活;这种教育带给他们的是:多识几个字,多提高些他们的经济的欲望和消费能力……如今新式的教育已经把他们连根拔了起来,试问这人口与农村,两方面安得不都归于衰败与灭亡?"②潘光旦先生已经着急和愤怒到大声疾呼了。

上述两位社会学家的批评是基于事实和有见地的,直到今天仍有值得深思之处。但若从大空间和长时段来看,传统私塾走向消亡,由新学校代替是一个漫长却不能不完成的基础教育走向现代的必经过程。

私塾(也称"蒙学")由唐宋后逐渐发展,到明清时已达到各类塾馆散布到城镇乡村。在如此长的历史时期里,承担着给有需要和能力的各类家庭的子女进行启蒙教育,培养读书、写字、计算等进入文化世界的基本能力,并为保存、传递文化传统作出了基础性的贡献。私塾,特别是农村的私塾,使儿童在不离乡土的环境中学习,保持了童年期间与自然的直接联系,大自然的情景常常是这些孩子长大后,远离家乡直到老年还不能忘怀的乡情之生动构成。私塾中的塾师常是农村中的"大知识分子",往往由落第秀才担任。他们会帮助没有文化的村民,完成代写书信,接办红白大事中的"文字任务",若人品被众人信任、能力强,还往往成为调解和处理纠纷、矛盾及"公事"的调解员与代理人。总之,他们与当地的村民、事务有千丝万缕的联系,常是一村中的"要人"。塾学,特别是全村儿童皆能入学的义塾,往往设在庙庵或祠堂,后也成为第一批新学校的暂居之地。有如此悠长历史和乡村文化担当任务的私塾及塾师之废除,确实要比皇帝下令废科举难得多。私塾具有的这些长处,恰恰是政府下令规定举办的新学校所不具的劣势。这是为什么这一转型过程漫长的内在原因。③ 从1912年就发布了"整理私塾"的有关政令,称"私塾在

---

① 潘乃谷,潘乃和.潘光旦选集:第3集[M].北京:光明日报出版社,1999:377.

② 同上,432.

③ 关于塾学与塾师的深入研究,可参阅:蒋纯焦.一个阶层的消失:晚清以降塾师研究[M].上海:上海书店出版社,2007.

小学发达之后,自当归于消灭",①但直到 1949 年前,私塾尚有遗存,尤其在边远乡间更是如此。

从 1928 年始,民国加大"义务教育"实施力度,初等学校的相对成熟与发展,是在 20 世纪 30 年代中期。1935 年 6 月 14 日,教育部颁布《实施义务教育暂行办法大纲施行细则》,1937 年 6 月 1 日,再次颁布《改良私塾办法》,规定寒暑假举办塾师训练班或讲习所,讲习新学校设置的课程及其教学方法,向塾师介绍进修读物,指派他们参观优良小学,在附近小学做艺友,令其参加当地小学研究会等。② 与此同时,采取了审查塾师资格,政府登记在册等规范化措施,要求私塾的课程应相当于初级小学(或简单小学,至少为短期小学)。在生源方面,上述"细则"加强了推进义务教育的强迫程度,旨在改变当时在学儿童数仅占学龄儿童 23% 的窘困状况。③ 同时要求塾学实行生徒分班化。在教学方法上,推崇引发儿童兴趣、循序渐进、不得专重背诵的体现新文化人性要求的新方法。④ 这些措施在实质上化解着传统私塾的内核。同时在数量上,小学校对私塾而言已占绝对优势。⑤ 形势的变化反映了新教育在基础教育阶段的扎根。20 世纪 30 年代末到 40 年代出生的一代,小学阶段就基本切断了与传统文化的学问上的关联,大部分人也不熟悉"四书五经",连《三字经》《千字文》等童蒙读物也少接触,越是城市里普通人家出生的儿童越是如此。连《诗经》、唐诗、宋词等古典文化作品都极少接触。儿童的精神世界成长中不仅缺少与大自然的共处,还缺少中国诗、书、画等传统艺术的熏陶和诗情画意的想象。在这个意义上,民国基础教育完成了从传统自然观向现代自然观的过渡,切断了自 20 世纪 40 年代前后出生儿童心中传统文化的根。

与"中编"相连,至此,我们从中国与世界关系的变化、中西文化的碰撞、

---

① 蒋纯焦.一个阶层的消失:晚清以降塾师研究[M].上海:上海书店出版社,2007:215.

② 熊贤君.千秋基业——中国近代义务教育研究[M].武汉:华中师范大学出版社,1998:180-181.

③ 同上,198.

④ 蒋纯焦.一个阶层的消失:晚清以降塾师研究[M].上海:上海书店出版社,2007:220-222.

⑤ 同上,249.

社会政治经济形态的变化、国内的文化思潮、学术体系的转型、教育制度和组织机构的更新等方面,追述了 1840—1949 年因西方各种势力和思想的全面侵入,中国社会的两次重大转型,逐渐走出封建社会,开始向西方学习,走发展工业科学技术的现代化道路的复杂过程。中国社会在获得整体性显著发展变化之所得的同时,文化传统的继承和发展受到重大挫伤和阻碍,它被新型主流知识分子全部当作封建社会的遗毒,甚至连文字在内都要扫入历史的垃圾堆。作为中国传统文化根基的自然观,也转变为对天地自然不再敬畏,进而为追求进步和社会经济发展,提倡与天地斗;将自然当作科学研究的对象,相信科学能战胜自然,为人类造福。教育,也不可避免地逐步走上了与自然和传统经典自然观越来越远,最终将自然丢失的道路。

中国新型城市的兴起,使农村总体上走向衰落,城乡之间、东西地域之间的贫富差距日益增大。再加上几乎未真正停息过的各种性质的大小战争,几乎连年不断的自然灾害,以及人口总数的增长,这一复杂、曲折的社会转型之路,走到民国终结的 1949 年,在实际上已经造成了生态环境的恶化。仅从民国始到 1938 年,较大的自然灾害就达 77 次之多,其中水旱灾害占 49.4%。土地荒漠化及盐碱化,湖泊泥沙淤积,物种削减甚至灭绝,是民国时期生态环境恶化的主要表现。滥伐森林,超载放牧,过度开发矿藏,工业进程加速,化学制品滥用,城市发展带来的各种污染,都是造成生态环境破坏的人为因素。[①]

对科学的盲目迷信招来科学对人类的惩罚,对自然的过度伤害招来自然的"暴怒",对贪欲的放纵招来人自身的"灾祸",对综合思维的蔑视招来思维和处理事物的机械式愚蠢。也许,这是我们反思这一漫长的百年历史可以获得的深刻启示。

三、中华人民共和国时期(1949 年后)

1949 年中华人民共和国成立是中国的一次重生,是中华民族的一次重

---

① 张越.民国时期生态环境思想研究[M].北京:知识产权出版社,2019:26-31.

生,也是中华民族文化传统之根——经典自然观的一次逐渐苏醒,重新生根,开始显出生机和长出新态的过程。经典自然观的魂与智慧在当代焕发出新的活力,逐渐走出一条溯源开来之路,一个新的饱含着中华民族发展历史凝聚出的精华,反映当代现实,通向人类未来发展的当代中国新自然观的整体雏形,已经出现在这片古老的土地上。

(一) 新自然观形成的社会背景

中华人民共和国至今已经走过 70 多年历程。对于个体而言,这个岁月已是年迈老人了,但对于人类历史乃至中国一个半世纪的近现代史而言,新中国最多只是走出了“儿童期”,进入到意气风发的“少年期”。70 多年的历程与革命战争时期不一样,但依然复杂艰难,不但要在政治上战胜内外对抗力量的挑战,而且要以马克思主义为指导,以中国共产党为领导,以社会主义制度为前提,在尚处于传统农业经济为主时期,带着近百年因战争而遍体创伤的山河和数以亿计的穷苦工农大众一起,走出一条现代化道路,使中华民族重新屹立于世界民族之林,实现伟大复兴,这多么需要勇气、智慧、坚忍不拔的意志和超群的力量! 中国共产党带领一代代华夏子孙做到了。70 多年行程中,因为必须走新路、创新业,在不同的历史时期,既创造了不同的新经验和新成果,也出现过错误、曲折。是中国共产党的反思和自我更新的力量,一次次拨正方向,继续前进,终于有了今天,成为独立自主,具有现代工业、农业、科学技术的社会主义强国。

走向现代化的 70 多年历程,在自然观的转化上也经历了曲折过程。约有近半个世纪的时间,为改变贫穷落后的面貌,为赶上世界发达国家的步伐,我们基本上依然循着以科学理性(时而也狂热)为指导的,把自然作为研究的对象、开发的资源来对待,重在向自然索取,无敬畏也不爱惜:为满足眼前的需要,不惜滥砍树木,造成严重的水土流失;尽管也兴修水利,治理水患,但在整体上的观念偏失造成的损失更大。大自然终于“发怒”,1998 年夏,长江、嫩江、松花江流域发生特大洪灾。大规模的矿源开发,使不可再生的自然资源日益减少;化工企业加速发展,乡镇企业突发性增长,因缺乏处理污染的能力,造成了严重的水污染;西北地区沙漠化扩大,造成了冬春之间严重的沙尘暴,这是大地在"怒吼"。大自然以自己的方式唤醒"战天斗地"的人们重新认识大自然,反思对大自然的态度,重建人与自然的关系。

更为重要的是,国家在经济实力增强后,逐渐转向社会的可持续发展、人的全面发展、人民生活的富裕和健康幸福。[①] 正逢人类社会由工业社会向信息社会转型,20世纪70年代末,党中央实行改革开放的政策,加快了发展社会主义市场经济的体制改革,面对信息化、全球化和市场化浪潮,中国自觉加速了"三化"进程,开始了一个新的转型时期,简称为由工业社会向信息社会的转型时期。

21世纪第二个十年,中国社会发展进入到一个新时期。"中华民族的伟大复兴"以"中国梦"的方式由中央新一届领导提出,其内涵十分丰富:不再只是赶超世界先进水平,而是要自主创新;不仅使改革开放的成果完善、系统化,而且要走出中国社会主义现代化道路,形成理论;不但要与世界文明同行,更要弘扬中国精神,凝聚中国力量。[②] 近代以来被多次打倒、长期被认为是封建落后的传统文化,此时被提到了需要重新认识其精神,使其焕发出当代活力的高度,成为中华民族重建文化自信的根基性构成。

党中央在调整社会产业结构,作出加速城镇化,发展新型城市等一系列决策的同时,将"绿色发展"提到议事日程。2015年10月19日,习近平总书记在中共十八届五中全会第二次会议上,阐述了"新发展观":强调"坚持创新发展、协调发展、绿色发展、开放发展、共享发展,是关系我国发展全局的一场深刻变化"。[③] 2016年1月5日,习近平总书记在推动长江经济带发展座

---

① 2002年11月8—14日,中国共产党第十六次全国代表大会通过题为《全面建设小康社会 开创中国特色社会主义事业新局面》的报告,明确了发展方向;2003年10月14日,中共十六届三中全会通过《中共中央关于完善社会主义市场经济体制若干问题的决定》,明确提出主要任务是"坚持以人为本,树立全面、协调、可持续的发展观,促进经济社会和人的全面发展。"这一发展观总称为"科学发展观"。转引自:中共中央党史和文献研究院.中华人民共和国大事记(1949年10月—2019年9月)[N].人民日报,2019-09-28(05).

② 2013年3月17日,习近平在十二届全国人大一次会议闭幕式上的讲话。参阅:中共中央党史和文献研究院.中华人民共和国大事记(1949年10月—2019年9月)[N].人民日报,2019-09-28(05).

③ 中共中央党史和文献研究院.中华人民共和国大事记(1949年10月—2019年9月)[N].人民日报,2019-09-28(05).

谈会上的讲话指出,这是"国家一项重大区域发展,要坚持生态优先,绿色发展,共抓大保护,不搞大开发"。①

中华人民共和国成立至今,是在党的领导下走过波澜壮阔的 70 多年。21 世纪到来,建设在新发展基础上的和谐社会,成为中国发展意义上的主旋律,党和政府决策中"文化观"和"生态观"的重要转换,以及随之而起的越来越深入、广泛的传统文化研究和各个领域的社会实践,都为新自然观的诞生创造了良好的社会必要条件。

(二)新自然观的特质②

1. 经典自然观的当代新生

中国社会若不开始对本民族五千多年形成的文化传统的理解、尊重,没有对近代以西方文化引进、浸化引起的,因革命求新而对传统持全盘否定的幼稚、粗暴认识与行为的深入反思,就不可能有以中国传统文化中的经典自然观为根的当代新生。

"根"是指经典自然观中对自然的敬重、感恩的情怀,关于自然整体生生不息和万物内在相通、相生相克的相互生成关系的认识,以及人与自然的和谐合一,在自然灾害面前和生存环境困难条件下的顽强生存,以及战胜、克服灾难造成的损失,用人的智慧和力量改善生存条件的主体精神。

经典自然观对文化的影响,首先是以汉字为基,后发展生成的书法及中国山水、花鸟画,以及独特的民族建筑、园林、民乐,从《诗经》始,到唐宋极盛的诗词,这些艺术形态及其相关的美学思想,有一时期被视作落后文化的"遗老遗少",受排挤,缩小为少数文化人士之间的雅兴,与普通百姓、青少年教育不相关。随着传统文化和自然观的复兴,汉字的文化内涵重新引起重视和深

---

① 中共中央党史和文献研究院.中华人民共和国大事记(1949 年 10 月—2019 年 9 月)[N].人民日报,2019-09-28(05).

② 当代新自然观的特质,是一个本人尚未见到作综合、系统论述的议题,但又在现实和各类不同性质的学科著作中会有某种表现和相关论述。在此,本人基于多年来对社会发展问题、自然科学与人文学科、哲学与人类学、文学艺术作品、心理学与教育学等多方面的阅读和思考,自己作出一个概括。且因全文篇幅关系和观点的高度综合性,只能作简要式的核心观点概述,不再作展式的论证与详细阐述。

度研究,中国独特的艺术和艺术观也逐渐回归到自己的文化本位,在当代艺术创作中,用新内容和形式的逐渐更新显示了其内在发展的当代潜力和活力。

社会和人们对中医的再认识、研究、重视,是经典自然观之根"天人合一"哲学观在人体健康和疾病治疗上的具体表现。中医、中西医的哲学思想比较也受到前所未有的关注。近年来,表达中国传统时间观的节气、时辰之重新普及,饱含中国文化的传统节日因国定休假制的确立,强化了"久别重逢"感,社会大众文化刮起了"怀旧风",连"汉服""唐装"也跟着时装秀了一把。生活在当代信息社会的中国人,同时也感受到与古人、与本民族文化近了,亲了。二十四节气在联合国非物质文化遗产申请的成功,中药被列入国际药典,太极拳等中国健身手段在国外渐热,表明中国传统自然观的具体表达之独特已引起国际相关领域的更多认同与关注。

传统自然观的当代新生,主要表现在三个方面。

(1) 对"自然"的认识深度变化

因科学的发展,人类对自然的认识不再是朦胧整体,而是形成了既有整体式的宇宙天体学、地球学,又有分学科的自然科学构成的极为丰富多层知识体系支撑的科学认识。除了宏观世界,还有微观世界。高新科技的发展,如人造卫星的发射,登月计划的实现,不只是让古时候充满想象的故事,看不见摸不着的星空轨迹,成为可用准确数据表达的实在,人类可依此达到访问宇宙空间的目标。在天体之虚无缥缈感减弱的同时,人类终于意识到自己认识能力的局限和狂妄之可笑,明白了世上除现在可测、可及的物质以外,宇宙还存在着更为茫茫的暗物质,宇宙无穷尽,人的认识也无尽。古代宇宙观中的"无中生有"在当代有了新的解释。这是科学技术知识为人类文明共享所结出的当代认识之果,它丰富、重建了人对自然的认识。

(2) 时空观的深刻变化

空间拉近、地球变小,是当代人空间观变化的主要方面。人类在空间移动的自由度和速度提高到古代不可想象的地步。在天体和地球两大空间之外,又增加了网络空间,其信息储存能力和传递速度是实体空间不可比拟的。"天涯若比邻",已不只是一种诗性的描述。"天网"实际上起到了各种人间沟通的网络能力,从这个意义上,"天网"与"人网"的空间共存性,创造了"天人合一"的时代新内涵。

时间观的变化,首先体现在人们打破了对时间只是循环往复单一运行方式的认识。古代节气也因受当今多种原因的大气变化,在当代成为一个自然转换时段判断的参照点,而非精准的转折点。其次,人的必要劳动时间减少,休闲时间增加,这些都与信息技术广泛渗入社会生产,简单劳动的信息化处理能力日益提升直接相关。时间被多样化的活动充实,人感到它在加速。人们可以在有限的时间里完成过去需要花多倍时间才能做的事。最后,人对未来更好生活的向往与策划,社会对创新的需要,使人们在时间价值观上更注重未来的可能性,这与古代社会对过去时光积累经验的重视,形成了显著的差别。

(3)认识自然的方法论超越

当代认识自然的方法,不是古代整体直观、经验体认,再由思维加工赋值构成,也不是停留在近代科学理性,排斥人文,对自然分析拆卸、局部式的精准揭示式思维,而是超越历史上和现实中的两种极端,以整体、复杂、动态变化的思维方式,认识自然系统内外各种不同组织、沟通渠道及方式。一因多果、多因一果、多因多果等多种可能性的存在及互动方式,蝴蝶效应成为自然、自然与人互动传播、多元不断卷入而产生效果的典型表达。量子力学研究的深入又提供了量子运动方式及量子纠缠等完全不同于牛顿经典力学揭示的万物相互作用方式,提供了新的认识世界的思维方式。人类认识自然的方法论本身也走出了单一极端的形态,明辨每一种方法与认识对象的适切性及其局限、优势与不足,关注学科知识与方法的互补,方法论意义上的跨学科综合、多元多层系统的构成。方法论更新,对于人认识自然可能性的不断开拓,与自然客观存在契合度与确切性的提高,具有决定性的作用。

2. 提出自然的生命逻辑与生态逻辑

把自然在整体上视为生命体,而非与人不同大类的非生命体,这是当代自然观的重要特质。作为生命体的重要性质是活体,它在内部具有不同质的组织,由不同功能的部分协调构成;它与外部发生物质、能量和信息的交换,虽然与人类用着不同的符号和方式,但人类可能也需要不断增强对自然各种语言的破译力,以便更好地通过改变人自己和人类世界来与自然协调,对自然灾害的降临采取预防措施。最为我们熟悉的天气预报、台风警报就属此类破译。由此可见,当代"天人合一"的解读,已从用天道规定人道以达成合一,向着都以生命体的性质解读自然,从而使人主动与自然达成一致性,做到在不破坏自然内在生命机制前提下的趋利避害。所有具有生命性存在的内在机制,内在规定的逻辑是"新陈代谢",故"自然"也有"生"有"死",也在经历着类似生命化的各种成长过程和阶段。只是计算自然生命的时间单位与人类的不同,犹如时速与光速乃至超光速的差别,因而使人类感受不到其生命的呼吸与新陈代谢。自然,并非如几千年以来因地球的广大与丰富、宇宙的浩渺、人类认识能力与手段远不可及对其整体与演化的认识和预测之局限,而被认为其整体的物质性是与我们人类生命全然不同的生命体。当代人类意识到了这一点,先以科幻的形式,逐渐发展到以科学的方式认识地球乃至宇宙的"死亡"问题,开始了寻找天体中是否还有其他类地球式的、适合人类生存的星球之旅。

对大自然生命逻辑的认识,是提出生态逻辑的前提,也是对自然认识方法论改变的产物。只有生命体才存在生态关系,才会出现生态问题乃至危机,唯有用整体、复杂的思维方式,才能解读复杂的生态问题。自然相互关系遵循的生态逻辑,包括内外两个方面。就内部而言,有宇宙星体的相互关系,地球、土壤、气候、山脉江河、海洋与动植物的相互关系,还有每一类之支系统及分支系统乃至微系统内部和各系统之间的相互关系。从外部来看,主要是自然活动与人类活动的关系。好的、理想的生态关系是同生存、互利互补的和谐关系。生态问题都是因这种和谐的"断链""反常"和"破坏"引起的。

对自然生命逻辑和生态逻辑的认识与尊重,并不是要限制人之主体性和主动性的发挥,而是要求人在对待自然的态度上也要有伦理意识,科学、技术的发展与应用要以地球与人类同样存在着生命共同体的关系为前提,以有利于人类与自然的和谐共存为基础利益,作出价值抉择。

3. 关注人自身作为独特生命体的全程、全整和谐发展

当代社会,在一定意义上也可以看作是人对自我认识的反思与重建的加速发展期,一个作为独特生命体的人之形象已初具形态。

当代中国人因物质和整体生活条件的改善,代表自然生命长度的人均寿命已超过 70 岁,上海这样的发达城市已超过 80 岁。人的自然生命在个体和大数据意义上得到了较之以往任何时期都更为充分的展开,这让人对自然生命的全程性认识有了加深。人更珍惜生命的存在、身体的保健和疾病的治疗,能否健康地活着是人生幸福的基本条件,它处于社会和个体的自我意识的基础性地位。

生命全程性认识的更新,还表现为人生各阶段的独特性和关联性的观念之形成。

从民国时期"青年的发现",发展到当代"儿童的发现",尤其是独生子女小家庭在城镇普遍存在以后,进入 21 世纪之时,家庭、社会对儿童时期在人生中的奠基作用,儿童不是小大人,要尊重和发现儿童的潜能、个性、兴趣的发挥,尽管还有许多认识上的不足和行为上的不当,但在理论上已成主流。儿童,从中华人民共和国成立时称之为"祖国的花朵""未来的希望",进而成为独生子女家庭的"小太阳",一个家庭二代六人围着一个孩子转,甚至出现"孩奴"的称号,这从不正常的角度反映了在生命全程中儿童地位及其重要性的真实存在。

中青年在社会和家庭意义上的重要性,一直以"顶梁柱"作比喻。在当代个体生命观中,把中青年在人生中的独特性定位于:在承担各种责任的同时,要在职业生涯中不断充实和完善自我的社会顺应力、创造力,提高自尊、自信和继续实现学习与成长。这远不同于以往认为人的智力、个性到 18 岁以后不会再有大的发展可能之观念。中青年是人生中经风雨、见世面,生命河道曲折前行,气象不断开阔的过程,这与人进入老年阶段能否有高质量的生命直接相关。

老年期,以往仅与衰弱、生命的终点——死亡相连。中国人平均寿命的延长,使老年期的起点往后移,特别是个体自身的老年感普遍后移。在改革开放初期,退休老人还想继续找工作,社会称之为"发挥余热",但随着信息时代的到来,人类整体上必要劳动时间的缩短和技术的更新换代,"发挥余热"已不成为社会与老年人的主要需要。当今社会逐渐形成了老年期要从容、丰富度过的认识。所谓丰富,一是满足自己因昔日忙碌而久未满足的兴趣爱好,弥补遗憾;

二是丰富自己的日常生活,注意健康,进行合适的体育运动,提高生活质量,提升自己对生活美的体验,参与一些文化娱乐活动,使身心的需要都得到满足;三是学习有必要和有可能学习的新知识、新技能,以达到在信息时代至少不会有很强的被时代丢弃感。老年人若能自如地运用新知识、新技能,则能帮助实现生活中的自主自由;四是有时间回顾、总结人生,除形成更完整的自我以外,还能提炼出一些有益的经验,供下一代学习。所谓从容,主要是从容面对子孙后代生命过程中出现的新状态和两代人关系的变化;面对自己的衰老与疾病,面对死亡、与亲朋好友的永别,给自己一个完美的人生。为此,老年期的生命依然在展开,依然要用学习来支持生命最后阶段的完成。

生命整全性是指每一个个体的生命都是一个完整的个体,生命各方面有密切的内在关联,包括身与心、感性与理性、德性与智慧、思想与行为、个性与社会性,都重要且需要实现内在平衡,呈现出个体独特的整体性。只有充分、多方面得到发展的个体,才能构成富有内在生长和创造力的社会共同体,才能不断实现人类及其社会的完善与多元互动、精彩纷呈的和谐发展。

基于上述当代新自然观生长出来的文化和开展的教育,才称得上是在时代和质性意义上具有当代性的新文化与教育。

(三)基于新自然观的当代教育改革

1. 直面社会新转型的需要与问题

中华人民共和国成立以来,教育领域发生了重要的变化,若把"文革"十年作为一个区别70多年两大重要阶段的分界线,"文革"前可看作主要完成了教育性质的变化。受教育成为工人、农民及其子女应该享受的权利,20世纪50年代初,学校一律改成公办,坚持向工农开门的办学方针,政府花大力气改变解放初的人口80%文盲和数量极少的高等学校的落后问题,教育事业以前所未有的速度得到发展。1958年提出了"教育必须为无产阶级政治服务,必须与生产劳动相结合,培养有社会主义觉悟有文化的劳动者"的教育方针,在参与生产劳动的意义上,即使是城市的青少年,在接受学校教育期间,虽然为期不长但每年还有与大自然接触的机会;自然课或称常识课,也一直是小学教育中课程的组成部分,再加上城市化虽然有推进,但力度并不强,城市与农村,包括家庭之间的血缘关联,使城市的青少年还有在节假日接触农村和大自然的机会。"文革"后,教育上的最大成绩是,在20世纪末,全国基本实现了普及九年制义务教育,基本完成了扫除文盲的任务,为21世纪国民素质的整体提高和后续中等、高等教育的发展都提供了厚实基础。进入21世纪以来,高中教育也得到规模发展,普通高中与中等职业技术教育并进的加速发展,以至2019年已有人提出义务教育提高到高中阶段的建议。21世纪的第一个十年,高等教育的规模达到国际上的普及标准,研究生阶段的教育也随之"水涨船高"。改革开放以来,教育系统在规模与国民受教育的普遍程度提高上,作出了重要贡献。为适应时代发展,教育改革自1985年以来从体制改革到全国性的普通教育的课程改革,一直以中央决定、意见和文件的方式推出。2018年,习近平总书记多次提到培养新人,当年9月10日,习近平总书记在全国教育大会上的讲话中指出:"教育是国之大计、党之大计,要坚持改革创新,以凝聚人心、完善人格、开发人力、培育人才、造福人民为工作目标,培育德智体美劳全面发展的社会主义建设者和接班人,加快推进教育现代化,建设教育强国,办好人民满意的教育。"① 这是代表党和政府对改革开放以来教育改革在当今继续推进提出的明确要求。

然而,就近40年来教育改革的实际进展和现实状态来看,与此要求还存在很大距离,更存在着不少违背教育规律的问题。最为人诟病、被批判的是:青少年学业负担过重;教育竞争的激烈化和市场经济化;青少年追求时尚、消费,依赖网络等时代病。它对新生一代的身心和人格健全会带来伤害,直接关系到一代人的生命质量。

2. 新自然观的教育重建

当前,我国教育改革尚需以上述新自然观为基,为满足当代社会发展对人的要求和每个人的生命健康成长,须从新"根"长起。

当前,中国需要逐步完成教育由工业化时代的现代向信息化时期的当代系统转型。这需要一个相当长的时间,重要的是一切已经开始。

---

① 中共中央党史和文献研究院.中华人民共和国大事记(1949年10月—2019年9月)[N].人民日报,2019-09-28(05).

以下,从社会、教育系统和学校三个层面,就基于新自然观的教育重建作简要阐述。

(1) 社会层面

① 当代自然观的教育应成为社会教育的重要构成,作为社会公众教育的基本要求。社会各领域、人人都应形成当代自然与人和谐共生的观念,珍惜自然对人的馈赠,不浪费、不滥开发,不盲目、不过度消费。积极开展日常生活中的绿色环保活动,创造良好的生态环境。

② 城市化建设,除周边街道、小区、街心花园绿化以外,还需要在建筑材料、内系统的生态链形成,满足人们在建筑内工作时间与大自然的接触,从楼顶、内外墙两方面营造绿色环境,建造会呼吸的大楼、具有生态内循环和平衡力的有生命新陈代谢机能的大楼,①改变城市"水泥森林"的现状。尽量减少城市增长对农村土地的侵占,保持城市水系统的清洁净化功能,减少温室气体排放,改善人居环境。这些不仅是政绩,更是尊重每个人的生命和提升生命质量的基本要求。

③ 美丽乡村的建设使当今中国大地换新颜,是农村文明提升到当代水平的具有全局性的极重要的决策,需要有新自然观理念的教育与践行。这一建设除了不是让乡村变城市外,还必须在不造成污染的前提下,全面提升农业生产现代化水平,丰富村民文化生活。还有必要提到的是,农耕牧渔生产中轮流休作、生态保护的传统和民族经验之开发,依自然生物的生长节律和外在环境的自然变化,尽量使其和谐地"自然而然"地生长,形成一年四季每种生产作物自身独特的时间结构。如渔场每年都有开渔期和禁渔期。浙江舟山等沿海地区把"禁渔期"的开始日命名为"谢洋节",举行隆重的仪式和表演,感谢海洋一年来的慷慨给予,庆祝劳动的丰盛收获。一个节日名称的改变,体现了人与自然的和谐,表达了人对天、自然的敬畏和感恩,令人顿生暖意。我曾听一位畲族的朋友介绍,畲族传统中,没有土地的农人以"走山制"作为主要生存方式。他们会向邻近地区租一座荒山,开垦耕种,三年后归还,

---

① 我曾参观过深圳市建筑科学研究院,该院的建筑体现了院长叶青生态建筑综合循环的全新理念,给我留下难忘的印象,引发深思。

不用交租山费,只需在归还前种上林木即可,然后再走向另一座荒山,依此操作,故称"走山"。在浙江武义地区调查时,我发现山上林木茂盛,还有许多古树,进一步了解方知,这里家族传统中就有保护山林、不许乱伐树木的规定。现在已成为村规民约,每户还明确分工,承担某一部分的山林保护责任,且有奖惩条例。一个家规、一个村规民约,就把保护山林的环保事业落到实处。几千年农业社会给农村留下的不只是生产力落后,还留下了独特的农业智慧、自然与人和谐共生、富有哲理和温情的好传统。科学技术的运用和经营制度的改革,会带来生产力的提高和解放,但是过度使用则会带来反季节、反自然生长律的产品充斥市场,人几乎不能从食品中尝出自然的味道。制度的改革若切断农业生产者与天地自然的联系,则会带来人与自然在生产中情感与精神相通的命脉之断裂。

中国当前脱贫指标中设有教育方面的要求,本人以为不妥。美丽乡村的建设无疑应十分重视农村学校和精神文化的建设,以及富有地方特色文化项目,包括旅游等事业的综合开发,但切忌假文化、编造故事以及要素的雷同,更要防止新开发项目引出的新污染。当今我们需要创建在信息时代和社会主义制度下基于传统的新型农业文明。

美丽乡村的建设关键还要有人员的结构性变化。在改革开放初期,为开发乡镇企业,农村干部主动到城里邀请退休或在职工程技术人员回乡作指导。21世纪以来,单一化的农村经济转向综合发展。不同行业人员在不同程度上进入或增加了与农村的联系。自21世纪第二个十年始,就有一些知识青年、大学毕业生,辞去城市工作回家乡,走农村创业的路。他们给家乡带来的不只是知识、技能和财富,还有青年的朝气、敢想敢改变现状的魄力和当代文明的生活方式。浙江绍兴的上虞就有这样一群"80后""90后"青年。[1] 他们将传统产品加工、开发,制作精美包装,通过物流发送到各地,还

---

① 2018年9月26日,我曾和"生命·实践"教育学研究团队的部分成员专程去浙江省绍兴市上虞区,和这样的知识青年中的七八位座谈,他们自称"农小二",共有三十多人,开办了24家企业,大多以生态农业、有机生态农产品及其深加工产业为主,并组织了"上虞新农人联盟",定期在一起开会、学习、研讨。我们参观了他们的农场、自主经营的民宿……有了与他们直接接触的切身体验。现在我与他们还保持着微信联系。与他们交往,一股青春气息扑面而来,还带着泥土的芳香。

到镇上"摆摊赶集""设馆展销",时而也赶到上海市参加展卖,十分活跃。从他们身上可以看到未来城镇差异的互补式转化,看到农工商等各业在个体身上结合后,生活天地的开拓与精神世界的丰富。

④ 全社会逐渐培育出对人与自然,尤其是对儿童、老人和身边自然环境友好的社会风尚,特别是在信息技术社会。目前,中国第三产业总产值占比已超出国民经济总产值的50%,服务行业的这一意识尤为重要。社会还需要营造出有利于青少年身心健康和教育事业发展的良好社会环境,给各级各类学校教育提供多方面的社会支持。如当前博物馆、图书馆、美术馆、各类公共文化娱乐场所,除开放外,还可举办丰富多彩的亲近自然、丰富精神生活的各种活动。社会应为学生接触社会与自然提供基地,以实现学校教育与其他社会活动之间的协调共建。教育在当代社会中对创造社会和人类新生活,培养一代新人的作用,唯有被全社会认同,并看作是全社会必需共同努力的事业,方能充分实现。

以上四点,讲的看似是教育之外的社会建设,但其真正实现都要靠"社会教育力"的开发与集聚,[①]要提高人对自然之内在规定性的认识和实践自觉,是社会大视野中的教育必议之题。

（2）教育系统层面

① 逐步形成健全的终身教育体系

这是当代教育系统对人自然生长的不同阶段全程、终身需要相应的教育与学习的呼应。终身教育的完善,在认识上要达到生命全程既分阶段又相互关联,教育系统本身要有积极并不断提高学习主体自觉需求与能力的作为,在制度上则需加强在当代教育理念指导下的贯通式的、可灵活对接的系统设计。

目前,我国终身教育几近覆盖人生每一阶段,但在段与段之间的关联性,尤其是以人的成长发展为核心的贯通性不足。实践中的完善,一是要协调各方教育力量,形成合力;二是不仅要强调"时时、处处、人人"可进行学习,还应增加"事事"两字。只有增强实践之"事事"具有教育和学习的意识,才可使终

---

① "社会教育力"的概念,本人在《终身教育视界:当代中国社会教育力的聚通与提升》一文中首次提出。详阅:叶澜.终身教育视界:当代中国社会教育力的聚通与提升[J].中国教育科学,2016(3):41-67.

身教育不限于外在的机构、场馆、专门为之的教育与学习活动,而成为可渗透到人的日常生活之中,开发个人生命实践的学习教育潜力,增加层累式效应。也唯有人人在自己的生命实践中具有学习意识,学习才可能转化为人的生命发展需要和自觉。

② 区域层面建设完善的教育体系

在国家层面纵向贯通、观念一致的前提下,教育系统建设尚需专门研究区域作为横向"块块"意义上的体系完善。其中主要问题在于教育系统中本土自然、文化传统资源的开发和相对特殊性的形成,同时善于利用周边地区的教育资源,形成共享交流机制,更要开发网络资源,形成网络教育系统,以打破时空、地区的局限,形成开放、发展的全局与全球教育大视野。

③ 教育系统的生态建设

中国新时期教育系统的建设,要关注整体与局部、特殊与一般、统一与多元,以及系统不同层次的主体责权的明确与分担。只有每一个层次的领导权责着地生根,才可能充分促进教育大树向天自由生长,营造每一片树叶舒展呼吸的教育环境。环境保护中的责任到基层,落实到每个人,每一个河段设"河长"等制度建设,给教育系统的制度建设提供了启发。人可以向大自然学习很多。责权的分层落实,应首先得到法律条规的保障。

具有当代中国特色的社会主义教育制度系统的建设,包括教育健康生态的建设,已到了迫切需要提上议事日程的时期。中华人民共和国的学制除了在 1951 年正式公布的"中华人民共和国学校系统图"[①]之外,近 70 年尚未作过正式修改。时代、教育观念和现实中的教育系统都已发生巨大变化,不仅是学制需要作正式修改,当代教育系统的整体结构也应得到清晰表达。

(3)学校教育层面

新自然观教育的最终落实在学校。学校,依然是当代承担青少年培养的核心组织机构,我国学校教育人口数以亿计,教师数量数以千百万计,无疑,新自然观的教育落实首先指向学校,是当代学校教育改革深化到"以自然为

---

① 　中央人民政府政务院.关于改革学制的决定[Z].1951 - 08 - 10."附:中华人民共和国学制系统图"。

基"育人的必然要求。把学校教育植根于大自然的时空之中,让学生从小就养成热爱自然、亲近自然,提高欣赏、表达自然美的能力,在自然中愉悦身心,养成保护自身的生命健康以及保护自然生态的善良心意和能力,培养出当代"自然之子",是学校教育改革中新自然观教育的旨归。①

① 改变学校的时空设计

学校时空与大自然、传统文化的隔离问题,自现代学校制度推行以来,随着城市化的加速推进,在城市学校中越来越突出。20 世纪 90 年代后期至今,教育竞争的激化,使学生课内、课外的时间几乎都被各种学科教学和校外补习、大量作业占用。中小学校设了许多"节",但大多以学科为中心,如语文节、数学节、外语节、科技节,并用多层次的数不尽的比赛、获奖来强化竞争、胜出,为将来考上一流大学作"成就"资本积累。这种状态也几乎成为学校能"出人头地"、被社会认可的重要手段。其造成的恶果是对孩子身心健康的消极乃至破坏性的影响(如近视率的普遍增加),对学生而言,一旦形成则终身难返正常。学生与大自然的接触越来越少,只是浸没在"知识"(还有"作业")的海洋中。

新时期学校改革的时间设计,可以长时段为单位,设计为"春生""夏长""秋收""冬藏",把学习时期与假期打通策划,将二十四节气分别插入其中,将各种学科节综合为自然相通的大节,并可分插到每一个自然期之中,且与青少年自身的生长发展关联设计各类活动。如常州市局前街小学的一年级新生入学教育,今年上海市闵行区实验小学举行的秋季"'丰'车节"校内巡游等,都跨出了学校时间观总体变化设计的重要一步。

在空间环境的改造上,不少学校美化学校环境,做到四季有花有绿,每个教室内外都有植物,学生设小岗位承担养护责任。把大自然的花草树木请进

---

① 学校教育层面的相关改革,在"新基础教育"研究中,自 2015 年始,就开展了从理论到实践的持续研究。2018 年 5 月 12 日,本人在"新基础教育"全国共生体第十次会议上作了以《新时期"新基础教育"研究再出发》为题的报告,其中有关新自然观实践部分,以《探教育之所"是",创学校全面育人新生活》为题,发表于《人民教育》2018 年第 13 期。以下相关论点的展开,可阅该文。另外,自 2015 年始,本人围绕相关主题访问、座谈、参观了一些城市与农村学校,其中包括上海市虹桥中学、上海市新农学校、金山区廊下小学、金山实验二小、崇明区建设小学、崇明区长江小学和浙江武义王宅小学等。这些活动都帮助我形成了关于学校相关改革的思考。借此文一并致谢。

学校,成了学校环境建设的追求。如上海市闵行区首先开展四季教育的古美学校,已经把 20 年前几近被关闭的、了无生气的学校,改造成了生机盎然、师生共同参与,又设计精致地体现"古"莲文化之"美"的美丽校园,学生在大树下嬉戏,在凉亭中读书。还有的学校在校园里开辟了"百草园",形成林荫道,在教学大楼的楼顶建起了屋顶花园,并将现代科技与传统文化民俗等糅合在一起。闵行区的华漕中学可以成为在空间环境改造上作出综合性深化改造的典型。学生上学期间,在大量时间用于学科学习的同时,我们主张设计综合实践活动,不受课程限制,为孩子阶段性地组织户外活动,走向大自然,作出时间保证,使学校的学习空间向自然界延伸。

学校时空设计趋向自然的改革,是自然走进学校日常的全局式起始变化。

② 深化学校教育活动的改革

与师生直接相关、共同参与的学校教育活动,主要有教学和以班级为单位或以学生学习程度、兴趣、特长等为主要依据的两类活动。不改变学校教育活动的内容构成和过程结构,不改变活动的实践开展,就难以实现新自然观实质性地进入当代学校教育。

当前义务教育课程教学的内容是由国家教育部统一规定的,就目前来看,在内容的现代化和反映时代科技新发展方面,在强调教学内容与生活联系方面,有不少进展。尽管课程方案要求地方、学校都应有地方课程和乡土教材给予补充,但因考试、评价等多方面因素的介入,这方面的内容并未在事实上真正得到认同和落实。因此,学生常常是读了九年义务教育,还说不清、道不明自己家乡的山水风情。学校教育的另一个缺陷是,缺乏有关自然整体(而不只是以科学分科为基础的学科)的课程教学。对于小学第一年级段而言,自然作为儿童初步了解世界和中国自然整体的科目,近年来,其名称也改为科学,一年级的教学尽管在内容上浅近,但不离自然现象的整体性。目前,自然作为学科的地位被取消,是值得深思和讨论的。

更为艰难的改革是学校的教学过程。较为普遍和习以为常的是,学校教学主要关注的只是传递知识和培养学生基础技能,忽视每一个学科本身具有的内在育人价值及其教学过程育人价值的开发。教学过程是一种学校师生特殊的共同生活方式,这种教学活动具有自己独特的内在逻辑规定,需要师生有目标、有成效的不断双向互动,积极推进其有机发展,但目前绝大多数课堂实践和有关教学过程的讨论,依然在教师中心还是学生中心、先教后学还是先学后教这样一些线性思维支配下提出的两极式问题中左右摇摆。这种现象的背后,不仅有教学思想的混乱,还有教师传统教学观、基本功和惯习改变的艰难。但无论怎么难,不完成这一转变,教学就不会真正达到其内在规定的"自然而然"之境。

多种学生活动是学校生活中最能体现和培养学生自主能力,开发学生个体独特能力和发展个性的不可缺失的构成。学校生命力常在这些活动中充分绽放。[①] 当前多数学校存在的问题是:活动内容偏与学科相关的方面,缺少与大自然直接接触的内容;活动方式开放性不够,计划、教师干预过多;活动时间得不到保证,尤其到考试来临之前,常被主科复习、补课挪用;活动资源向周边世界开拓不够。上海市虹桥中学用"自然笔记"的方式,与附近的上海动物园形成长期合作,培养了一批观察、研究自然的爱好者,创造了值得学习的好经验。

③ 发挥农村学校办学优势

由于长期以来城乡之间物质、精神、文化发展和文明状态的差异,农村学校在人们心目中往往成为落后的代名词,并且常以城市学校为标杆去追赶、改变,一批批、一处处的扶助,都以城镇扶乡村为基本形态,不多见乡村优秀学校与发展欠佳学校之间的结对,更不见农村学校对城市学校的支持和帮助。本人并非认为上述改变农村教育的措施无意义,特别是政府对农村教育基本投入的保障,包括师资力量的配齐,必须先行得到落实。在此要强调的是标杆问题,是农村学校有自己独特的优势与资源。我在对一些农村学校的初步调查中,就已发现许多有创意的实践。如上海市金山区的新农学校,开辟了"农趣园",各种常见蔬菜瓜果、花卉的养殖,把土地种植与高科技结合,使"农趣园"成了孩子们最爱去的地方。浙江省武义县的王宅小学在2018年

---

① 可参阅"新基础教育"研究在这方面的专题著作,如"生命·实践"教育学研究院."生命·实践"教育学研究(第二辑)——校园四季系列活动设计[M].上海:上海教育出版社,2018.

秋开学初,就举行了"丰收节"展示活动,孩子们把各自暑期参与的农业活动,对农具的认识和使用,还有和父母一起动手制作的酱油、酱瓜等产品都拿到操场,或展览,或动手操作,或销售,整个操场成了农业生产劳动和民俗生活、当地产品合成的一幅生动的农村生活长卷;教学楼内则展出了各年级在不同活动中创作的图画、摄影、诗歌、散文等方面组成的版面,留下了学生这一年暑假生活与成长体验的宝贵记忆;与此同时,这一活动又将学生的暑假带入了开学时光,实现了两种生活之间的交融。上海市金山区廊下小学则在学校的园林景观、日常的歌咏舞蹈等活动中融入了本地廊桥文化,还办起了展示学校发展历史的校史馆,在校史上使本土文化生根,又使学校的特色资源优势得到凝聚,提炼为一种精神和力量,学校也成了社区文化的资源和向外开放的窗口。

就我有限的接触已可以说明,农村学校在基本条件具备的情况下,是可以大有作为的教育天地,是教育生根于自然之中,体现民族、民间文化并将其化作育人资源的宝地。农村学校唯有办出了它的独特性,才有真活力。

中国尚有大多数的学校在农村,农村学校的改革和特殊魅力的呈现,是实现教育中城乡双向互补,成就全局意义上的教育由现代向当代转化之关键、浓重的一笔。

教育改革深化中实现新自然观的高境界是:依"教育所是"而行,达"自然而然"之境。学校丢失自然之程,走了近一个半世纪,新时代中国社会寻找丢失和基于传统开创"教育与自然"内在关联和事实关联的当代之路,这才见构思与雏形。未来的路很长,未来人之培养、探索也尚需持久。唯有坚持理论创建,坚持实践探索,才能走出"溯源开来"、洒满自然之光的希望新路!

第二编 主题研讨

"新基础教育"区域教育教学变革与共生体建设

理 论 建 构

共生理论视角下我国区域
教育均衡化发展研究

——以上海市闵行区"学校生态群"模式为例*

卜玉华**

摘　要：最近十多年,我国城镇化的快速推进使得区域教育均衡发展日益成为一种必然之势。然而,要准确认识当前区域教育均衡发展问题的实质,必须先转换视角,即有必要从整体共生的角度重新认识区域与学校的关系;只有这样,才有助于我们对当前的区域教育均衡发展策略作出合理判断,并对其未来发展方向与思路作出合理预测。基于共生理论的视角,本文分析了当前我国区域教育均衡化策略中的偏利共生模式、点式间歇共生模式的不足,并以上海市闵行区的"学校生态群"模式为例,呈现互惠共生模式的内涵与实践策略。

关键词：共生理论;区域教育均衡发展;学校生态群;互惠共生模式

在我国教育体制下,学校管理分属不同层级的地方行政区域。在传统意义上,区域对学校而言,通常只意味着行政管辖的边界,人们很少从共生的意

＊　本文是全国教育科学一般课题"提升学校变革的内在需求与持续发展力之研究"(编号：BHA100053)、教育部新世纪优秀人才支持计划项目"复杂系统论视角下区域教育与学校个体的共生式发展研究"(编号：NCET－12－0186)研究成果。

＊＊　作者简介：卜玉华(1971—　　),华东师范大学教育学部教授,博士生导师,华东师范大学基础教育改革与发展研究所研究员。研究方向：教育学原理、基础教育改革和教育伦理学。

义上理解区域与学校的关系。最近几年,区域教育均衡发展问题的提出,区域与学校的关系开始进入人们的视野,但从共生的意义上认识区域与学校的关系尚未引起人们的充分重视。在本文中,我们将重点探讨两个问题:一是如何从共生理论的角度认识区域与学校关系的传统与当下之性质;二是如何基于共生理论理解当前我国区域教育均衡化发展与学校个体发展的关系问题。最后,我们以上海市闵行区的"学校生态群"模式建设为例,呈现出一种新的具有共生性质的区域教育均衡化模式。

一、问题的提出:当前学校区域均衡化发展的新挑战

论理,区域教育资源不仅包括学校教育资源,还应包括少年宫、社区教育中心等一些校外教育资源。但事实上,可以认为当前我国区域教育的均衡化发展,主要指的是我国学校区域均衡化发展之意。此论断主要是基于对中华人民共和国成立后我国区域与学校的发展关系的总体判断。清晰此论断,将有助于我们明确区域教育均衡化发展的思路。详论如下。

(一) 区域中的学校:单中心、差异化发展时期

中华人民共和国成立后,虽然我国没有成熟的论证区域与学校关系的理论,但在实践中,我国却存在着"依据区域设学校"的做法,即区域教育中的学校布局、角色与功能定位通常是依据区域经济与人口的布局与需求设置的,体现的是一种"从区域设学校"的思路。

由于一个区域中存在多个城镇或乡镇,每个城镇或乡镇均承担着区域发展的不同功能,从而使得整个区域就是一个相互联系的城镇体系。因此,"从区域设学校"就包含着"从一个城(乡)镇设学校"和"从区域体系设学校"的双重内涵。

"从一个城(乡)镇设学校"指的是几乎在每个城(乡)镇都设有一个中心学校(通常指重点学校)和若干所普通学校。中心学校通常位于城(乡)镇的中心区域,经济水平较发达,生活较便利,办学条件和基础都较好,政府支持

也更多,能够吸引更优秀的师资和生源,通常是本区域的重点学校或名校;区域内的普通学校因办学条件薄弱而发展水平也相对较弱。这样,区域教育便形成了因学校发展水平差异而呈现的不均衡状态。

"从区域体系设学校"是指区域内任一学校的发展,都是区域教育体系的一个组成部分,不仅要在城镇中进行比较,还要纳入同一区域教育体系内进行比较与评价,在区域范围内定位自身的地位和发展水平。这就意味着,同一区域内的学校之间因所处城(乡)镇的位置不同、经济和文化水平的差异等因素形成了师资与生源上的基础性差异(一阶因素),进而造成了学校办学水平的差异(二阶因素);于是,同一区域内的优秀师资和生源就会往区域内更好的学校流动(三阶因素),进一步拉大了学校发展条件上的差异。如此循环积累,便形成了区域内学校发展水平的阶梯化状态:薄弱学校—普通学校—城镇重点学校—区域重点学校。但在总体上,这一时期,区域与学校处于单中心、差异化发展的格局,当然学校之间的差异还能够保持在相对合理的范围内,均衡与差异的张力尚处于可接受范围。我们可称这一时期为单中心、差异化发展时期。

(二)区域中的学校:集聚化发展时期

21世纪的前十年,我国城市化进程加速,入学条件放宽,区域内学校地位竞争加剧,以及家长对优质学校需求的增强,这些因素都对各类学校产生了冲击:很多重点学校生源越来越多,多校区办学、大班额授课几乎是21世纪以来所有重点学校的发展趋势,给学校管理和教学质量的提升都带来了极大的困难;而普通学校的生源则越来越少,这打击了普通学校的办学积极性,甚至有些乡村学校被取消。从区域角度看,有些区域学校密集,有些区域则几乎没有学校;家长为实现子女上好学校的愿望,不惜离开原先生活和工作的区域,到学校周边租房和找工作,这也形成了我国特有的"学区房"现象。这样发展的后果是,打破了以往区域教育单中心、差异化发展格局,尤其是学校在部分城镇或街道(村镇)的消失,弱化了当地的教育文化氛围,也给入学儿童的家庭带来了较沉重的负担。这样,如何重新认识区域与学校发展之间,以及学校之间的关系,便被提上议事日程。我们称这一时期为学校集聚化发展时期。

(三)区域中的学校：走向区域均衡化发展的新时期

以上两个时期反映的是旧的区域教育观。旧的区域教育观是指我国区域教育更多着眼于局部而忽略区域教育整体，把个体学校的发展作为基本单位，强调学校的个性化发展和特色建设，而忽视区域教育的整体状态；通常以政策资源为杠杆，以竞争为手段，推动学校为竞争资源而努力。在旧的区域教育观中，学校在自我定位时，也只是把自身看作区域中的学校，而不是"通过区域资源支持以促进区域发展"的学校；学校之间也因相互竞争而彼此边界很清晰，资源分享与信息交流都很难在校际或区域内进行，这样就造成了学校发展成本增高和区域教育资源极大浪费的现象。

当前及未来较长一段时期，除了国家对教育公平政策的推进以及社会对优质均衡学校的诉求增强之外，我国城市的区域化建设正在向多中心化、协同发展的格局转变，[①]这迫使人们的区域教育观发生变化，即由传统的区域教育单中心、差异化发展格局，向配合区域功能的多中心、协同发展的格局转变。这是因为区域多中心建设需要各类人才，而人才是否愿意由区域的旧中心区域向新中心区域转移，最重要的吸引条件之一是新中心区域是否具有优质学校，因此，区域教育打破教育资源相对集中的现存格局，向多中心、均衡化发展的新格局转变，便成为必然。也就是说，我国学校的区域化均衡建设时期到来了，在我国目前社会教育尚未充分发展的情况下，区域教育均衡化即是学校在区域中的均衡化。

那么，接下来需要思考的是：想要清晰地理解学校区域均衡化发展的内涵，需要什么样的新眼光？在新的眼光下，将采取何种策略才能更好地实现这种愿景？这些问题都需要进行理论与实践的双重探索。

---

① 崔功豪.城市问题就是区域问题——中国城市规划区域观的确立和发展[J].城市规划学刊,2010(1)：24-28；朱俊成.基于共生理论的区域多中心协同发展研究[J].经济地理,2010(8)：1272-1277.最近多篇文章都论证了这一发展趋势。

二、以共生理论审视学校的
区域均衡化发展

(一)共生理论与共生事物的特质

据上可知,从区域论学校,即是从整体看局部和从关系看要素,这是一种关注整体、关注关系、关注发展的眼光。共生理论便具有这种眼光,如果能够直接从共生理论审视区域教育及其与学校发展的关系,或许更有助于诊断和筹划区域教育的未来。

"共生"(symbiosis)是生物界的现象,源于希腊语"sumbioein",意为共同生活在一起(to live together)。共生理论最初产生在生物科学领域。1879 年,德国真菌学家安东·德贝里(Anton de Bary)首次提出"共生"概念,并将"共生"定义为"不同种属的生物按某种物质联系共同生活"①。从此,生物领域尤其是生物进化领域的研究有了全新的视角。社会经济现象在很多方面也与生物领域相似。因此,20 世纪 50 年代以后,共生思想渗透到社会诸多领域。②

总体上讲,共生事物或组织往往具有如下思想特质:

第一,注重共生体的相互依赖性,强调彼此从对方获得新的发展能力。如道格拉斯(A. E. Douglas)发现,生物体能够从其共生伙伴处获得一种新的代谢能力,表现为生物在长期进化过程中,逐渐与其他生物走向联合,共同适应复杂多变的环境,互相依赖,各自获取一定利益的生物与生物间的相互关系。③ 第二,具有共赢、共振性。也就是说,一个处于共生状态的系统,通常处于"系统功能最优化、成本最小化、效益最大化的动态与持续的共赢、共振状态"④。对于处于共生状态的区域教育而言,这意指区域教育中的各要素之间要相互联系、相互影响、相互促进,以达成互动、共赢、效益最大的状态。第三,作为社会性共

---

① 刘志迎,郎春雷.基于共生的产业经济分析范式探讨[J].经济学动态,2004(2):29-31.

② 尹少华,冷志明.基于共生理论的"行政区边缘经济"协同发展——以武陵山区为例[J].经济地理,2008(2):242-246.

③ Douglas, A. E. Symbiotic Interactions[M].Oxford: Oxford University Press,1994:1-111.

④ 朱俊成.基于共生理论的区域多中心协同发展研究[J].经济地理,2010(8):1272-1277.最近多篇文章都论证了这一发展趋势。

生组织,通常要求各方能够进行优化组织,以自愿、有序、适度、平等、互惠、互利为基本原则,推动实现组织中的多中心协调与可持续发展的关系。

基于如上特征,可对共生现象或事件作不同的分类。从共生单元之间相互结合的形式,或称共生模式的角度,可把共生分为四类:寄生模式、偏利共生模式、非对称共生模式和对称互惠共生模式;从共生范围的角度,可把共生分为点状共生与一体化共生;从共生行为角度,可把共生分为间歇共生和连续共生。

(二)以共生理论审视我国学校区域均衡化

最近几年,我国部分地区形成了一些富有特色区域教育经验。下面,我们从共生理论的视角,分析已有区域教育经验。

其一是近年在一些地方流行的"名校＋X校"的集团办学、对口帮扶、优秀教师走校等模式,从共生理论看,这是一种寄生条件下的偏利共生模式。这一模式最大优点是重组和放大了优质教育资源,但最大问题在于其是由名校向成员校进行单向资源输出,非但削弱了名校的资源,参与学校因由地方教育局推动下而合并,被动接受名校扶持而积极性不足,这种共生模式既不能产生新经验,也"使得学校间人际互通、心态平衡、文化融合等方面存在很大的问题"①。

其二是"去中心化,抱团发展"模式,如学校联盟体、共同体等。从共生理论看,这是一种点状、间歇共生的模式。与偏利共生模式相比,这一模式把每所学校作为自主发展的主体,有利于学校之间的资源互享,但其不足是,共同体内的学校发展水平差不多,在互惠合作过程中,因缺乏本土优秀教育的中心引领者或缺乏共同发展愿景,常常出现低水平合作的情况,学校合作的愿望低,发展也较缓慢。

其三是学区化办学模式,这是近两年我国各地在推进区域教育中较为集中探索的模式。所谓学区化办学,"是指将区域内学校联合成片进行统筹规划,推动学校之间优秀教师的柔性流动,促进教育教学设施设备等资源有序分享的办学方式,它是对教育资源的一种管理、划分和统筹"②。这种模式的

① 朱俊成.基于共生理论的区域多中心协同发展研究[J].经济地理,2010(8):1272-1277.
② 郭丹丹.学区化办学中资源整合的风险与路径[J].人民教育,2015(15):71-74.

优点在于,有助于打破学校之间的资源壁垒,实现学区内的资源共享与互补,放大学区内的优质资源,推进学区资源走向均衡分享,但从共生理论看,这也是一种偏利互补式共生模式,仍然只是把高端优质资源向低端流动与传播,并不以创造学校新生活为核心指向,给资源流出学校增加了负担,而且资源流入学校也未必能有效地转化他校经验。

共生理论认为,在共生系统存在的多种模式中,对称性互惠共生是系统演进的最优模式。在此方面,上海市闵行区的学校生态群建设模式是对这种模式进行初步探索的代表。

三、例举：上海市闵行区学校区域均衡化发展的模式

(一) 区域背景

1. 新上海城镇化发展趋势对基础教育资源配置的挑战

上海城镇化从 1978 年至今经历了四个阶段,从 2010 年开始,上海进入城镇化建设的新阶段,即从"中心城区发展模式"逐步转变为"新城发展模式",通过新城建设加快郊区城镇化步伐,在城郊结合地区建设一批大型居住社区,通过新城建设带动周边城镇化的发展水平。而城镇化必然会使城市产业结构、城市功能布局产生变化,随之而来的是人口在总量、结构和分布上的变化,基础教育资源配置既要与之相适应,又要提供必要的支撑与服务。据统计,上海市 20 世纪 80 年代城区和郊区的学生人数大约是 2∶1,现在反过来了,原来市中心的学生大概占 75%,郊区的学生大概占 25%,现在市中心的学生大概占 25%,郊区的学生占 75%。同时,外来人口分布也随产业及城市功能形态变化而发生相应变化。如闵行区是上海的主要人口导入区之一,该区每年新增教师 400 人左右,新增学生人数近万人,增长速度极快。因此,在城镇化建设浪潮和教育规模超常规扩张的挑战面前,均衡配置教育资源,提升教育质量,成为重要的时代性问题。

2. 上海义务教育区域均衡化发展的新需求

2014 年 3 月,上海市率先通过国家教育督导评估组的验收,整体实现区

县内义务教育基本均衡的目标。这说明办学硬件已经不是主要矛盾,主要矛盾转移到如何实现内涵发展、转型发展,真正提升教育质量,进一步满足适龄儿童"上好学"的要求。在影响教育质量的因素中,软件因素更为关键,如课程教学、师资质量、管理水平等,要对这些软件资源进行配置将面临更深层次的问题与障碍,实施起来也更为困难。

在推进区域教育均衡方面,上海已有的经验主要集中在名校集团化、对口帮扶以及建立学校联盟体等,但诚如上面所分析的,这些策略属于偏利共生和点状共生模式,不足之处是这些思路多采取优质资源稀释型或分享型策略,将少数优质资源进行分解,以化解学校某些领域的问题,但并不能深层次地解决薄弱学校的内生发展力问题,还可能对优质学校的可持续发展产生负面影响。所以,探索新型的区域教育均衡化策略,打破偏利共生和点状共生模式,探索能够使所有学校都具有内生力和可持续发展力的共生模式就很必要。

(二)区域条件

根据共生理论,只有共生各方具有相互兼容性,共生体才能存在和发展。上海市闵行区自 20 世纪 90 年代初响应国家教育政策的要求,开展多种教育改革研究。多年的改革研究积淀了闵行区学校之间合作共享、兼容并包,团结友爱的教育氛围,为开展共生式研究提供了良好的基础。

此外,闵行区自 1999 年便与华东师范大学"新基础教育"研究中心进行长期的深度合作。起初,闵行区有 6 所小学、4 所初中率先参与合作改革研究;之后,又逐渐有第二批、第三批学校加入,2012 年,闵行区不同地理位置都有一些学校成为实验学校。这些学校经过十多年的改革,大多成为当地优质学校,积累了丰富的变革经验,培养了一批优秀教师,为推进共生型区域教育建设提供了重要条件。

(三)"学校生态群"的含义与特征

"共生理论认为,在共生系统存在的多种模式中,对称性互惠共生是系统演进的最优模式。因为在该模式中,共生单元之间在物质、能量和信息的流通和交换过程中产生的激励是相容的,其共生界面最大且接触介质最好,从而使得共生界面上的交流阻力最少,结果产生的共生能量最大,增速也最快,从而能有效地推动双方的不断进化。"① 基于这一认识,闵行区教育局和华东师范大学"新基础教育"研究中心便思考如何构建出一种对称互惠共生的学校发展模式,使得区域内各个学校能够形成平等互惠的合作关系,促进学校之间的激励兼容度达到最大,区域内每所学校的"生存能力"和"自育能力"共同提高,向着区域教育均衡体制的方向发展。

为此,"新基础教育"研究中心提出了以"学校生态群"模式实现这一区域教育共生发展的愿景。在推进这一模式之初,闵行区教育局慎重要求全区以现存的 6 所从事"新基础教育"研究最优秀的学校为组长校,在全区组建 6 个学校生态群,覆盖全区 6 个区域;每个学校生态群由十多所成员校构成,每个学校生态群都以培育互惠共生的教育为共同愿景。

由此可知,所谓"学校生态群",是一项由地方教育局发起,学校自主参与组建的学校群体性组织,以分片规划、平等组合、鼓励个性、捆绑考核为基本组织原则,以本区域内率先从事"新基础教育"学校变革成效显著、办学水平优秀的若干所中小学为组长校,把每所组长校周边十所左右的"成员校"联合起来,以群组的方式进行工作,在群组方案共商、群组资源共享、群组活动共参的原则下充分发挥组长校的优势辐射作用,带动群内其他成员校的发展;每个学校群组都致力于群组内部的共生式发展,构建群组内部的生态型教育文化,故称之为学校生态群。

其特点表现在:第一,以"新基础教育"学校变革理念为共同的改革理念,形成共同的价值参照系,共同探索学校发展之路。这与近年我国一些地方形成的学校联盟模式有很大区别,学校联盟更多意义上是资源共享,但未必有共同的改革理念。第二,以自主选择与统一调配为组建原则。学校生态群是由学校自主报名、自主选择结群的学校群体,在自主选择的基础上由区教育局进行调配指导形成。第三,以自主互补、互惠共生为互动原则。在学

---

① 李刚,周加来.共生理论视角下的区域合作研究——以成渝综合试验区为例[J].兰州商学院学报,2008(3):39-45.

校生态群内,各学校之间是平等、自主的合作关系,组长校与成员校之间不仅是指导与被指导的关系,也是相互学习、共同分享经验的关系,学校之间并不构成上下级关系。所以,这又区别于近年来我国一些地方较流行的"名校集团化"做法。第四,多元力量参与支持、联手促进学校生态群建设。多元力量主要包括三类:地方教育局代表的行政力量,华东师范大学和地方教育专业指导机构(如上海市闵行区教育科学研究所)代表的专业指导力量,以家长和社区为代表的社会支持力量等,共同架构了学校生态群发展的外围生态圈。每种力量都发挥着不可替代的作用。

(四)"学校生态群"的共生合作策略

1. 组织架构策略

除了每个学校生态群的内部结构外,如何架构整个区域的内部结构以利于区域教育均衡的发展,是变革推进者需要思考的重要问题之一。

首先是区域领导小组构成。如图1表示的闵行区推进"新基础教育"区域架构图,由三方组成:华东师范大学"新基础教育"研究中心,负责专业引领与支持;教育局,负责行政推动与专业支持;闵行区新基础教育研究所,负责改革推进与专业服务,协调与沟通各方主体,从而构成了专业领导、行政领导和组织协调的多重角色协同参与的领导格局。

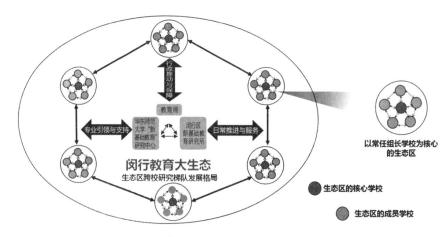

图1 以上海市闵行区学校生态群为基本单元构架的区域教育改革格局:横切面

其次是专业指导人员的结构。如图 2 所示,从主体所处单位看,学校生态群中的专业指导人员主要由四部分构成:华东师范大学"新基础教育"研究中心的人员,区域教育研究人员和教研员,学校生态群体中的优秀教师以及每所学校的骨干教师。从专业方向的类型看,专业指导人员分管理组、语文组、数学组、英语组、综合组和学生组六个方向。这样,在大学、区域、群、校四个层面,在学校发展的各领域都有专业指导人员。

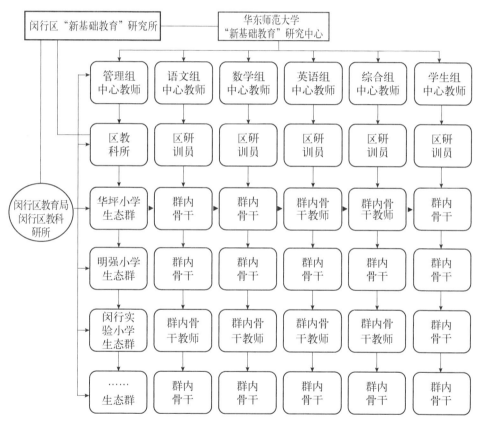

图 2　上海市闵行区区域推进"新基础教育"的专业力量结构图:纵切面

2.思想策略:价值引领贯穿变革过程始终

通常,校长和教师在学校变革过程中常常关注的是某些表面特征,比如教学方式方法、教学媒介的使用、课堂组织形式等,不太关注对深层次意义上的教育理念的理解。所以,在行为上,他们多是简单地移植他人的经验,却很少追问变革方法所蕴含的基本理念与价值追求。有时,有些校长和教师还会根据自身变革前的认识或经验去理解新变革的价值要求,甚至认为自己的前经验本身早已符合新的变革要求,只是运用的概念不同而已。[1]

与此不同,"新基础教育"认为,一个不能自主发展的学校永远不可能走上可持续发展道路,所以,他们始终坚持实验学校要把独立发展、自主负责作为学校变革的基本志向。为此,"新基础教育"采取了多种方法引领教师更新观念与价值取向:或鼓励教师通过读书学习"新基础教育"研究的相关著作、研究报告和论文;或与教师在共同开展学校变革研究中,引导教师如何从变革理念角度评判教育实践,重建新的教育实践;或做专题报告,让校长和教师更为系统而全面地认识"新基础教育"学校变革的价值取向,等等。在整个变革过程中,"新基础教育"一直关注的核心问题是:教师的变革实践有没有促使他们重新思考和建构新的教育观? 他们的教学行为是什么,体现了什么样的价值取向? 其教学指向哪一部分学生,少数优秀学生,还是全部学生? 他们是注重教学的结果传递,还是注重教学过程的生成? 他们是注重学生知识量的掌握,还是注重学生思维、能力与品格的养成? 总之,"新基础教育"认为,只有这些"深度"的观念和价值真正转变了,学校变革才能真正取得成功。

3. 实践策略

由于以学校生态群方式推进的区域教育呈现出三个层面:区域层面、学校生态群层面以及学校个体层面。"新基础教育"研究活动在这三个层面都有开展,常常呈现出交互开展的状态。

(1) 区域性整体推进的主要策略

区域层面的研究活动旨在建立全区性的共同愿景,形成共同的改革话语。这一层面的推进主体是华东师范大学"新基础教育"研究中心的人员和地方教育科学研究所的人员,双方合作开展改革性研究活动。这方面的活动除了做报告、理论辅导以及学期计划与总结等工作指导外,其中重要的推进策略是两类:"专题式分层推进"的策略,以及"日常研究与节点事件交替推进"的过程策略。

专题式推进中的"专题"主要是指各学科重要的、具有类型特征的一些研究主题,如语文学科的识字教学、数学学科中的计算教学、英语学科中的词汇教学等,在班级管理领域进行的班干部选拔与轮换、岗位建设、班级文化建设等"主题研究",在学校管理领域进行的有关学校发展规划制定、学校制度更新、组织重建等"专项事务研究"等都是专题研究。专题研究有助于引导教师聚焦学校教育实践中的问题,取得集中突破的成效。由于专题式研究聚焦的多是教育教学中较为复杂的问题,从教学准备、试教到教学重建大约需1个月的时间,研究时间较长,每个领域每学期一般只能开展2—3个专题研究;如此一来,每个学校生态群都有十多所学校,在一个学期或一个学年内,不可能每所学校都有机会承办这种专题式研究,这样就需要选择最有可能领悟专题研究思想和水平的学校或教师承担这样的任务。而且,每个学校生态群内,不仅同一生态群内学校因发展基础、发展条件、发展能力和发展意愿存在较大差异,而且每所学校内部教师队伍也存在差异;针对差异,可以考虑先把专业指导力量和变革机会聚焦于少数更容易取得变革成功的学校或教师,使第一批学校和教师尽快成长起来,成为生态群内或学校内的"变革火种";再分步着眼第二批、第三批学校和教师的变革状态。这就是分层推进的含义。虽然分层推进率先针对优秀学校和教师,但这种推进是开放的,即每一次专题集中研究,都向生态群内的全体学校和教师开放,鼓励他们全程、全员参与,早日进入变革研究的状态。此之谓为"开放式推进"。

"日常研究与节点事件交替推进"的过程策略,处理的是渐进性变革与突变性变革的关系。前者有利于在更新学校生活中仍保持学校生活秩序的稳定有序,不足是变革过程缓慢,成效不明显,多停于浅层、局部变革的层面;后者有助于积聚力量,在较短时间内实现全局性突破,但因通常是非常规性事件,易扰乱学校原有的生活秩序,增加学校负担。因此,追求变革发展的学校不应是匀速运动的线性过程,它需要在渐进性变革与变革性变革中进行动态平衡。在此方面,我们将三年生态式推进过程划分为若干阶段,除了日常变革外,还规划了若干变革节点,以实现日常渐进性变革与节点事件的突变性变革的动态关系,如图3所示。

图3表示,随着三年变革过程的推进,在不同的变革阶段,我们设计了一些富有发展节点意义的事件:变革初期的动员培训与骨干先行,一年半左右的"中期评估",第4学期的普查活动,第5学期的精品课展示活动,以及最后一个学期的总结活动。由此可见,三年变革过程的内在逻辑思路非常清晰,

图3 "新基础教育"生态式推进过程及其节点事件

符合事物发展由点到面、由浅到深的内在规律;整个变革过程在小事件与大事件间交替进行,也利于学校生活在日研日新的秩序中充满发展活力,呈现出不断向上发展的状态。

(2)学校群和学校个体层面的推进策略

学校生态群领导小组一般是由组成群的校长构成,这个领导小组对群内的大小事务都必须经过领导小组讨论决定后方可进行。学校生态群内的专业指导小组由各校的骨干教师分领域构成,他们是负责学校生态群体研修活动的策划与实施的人。组成群以后,除了原有的校本研修外,还增加了群研修的活动,通常群会让内部学科最强的老师来设计群活动。

在学校群层面,在组长校牵头下,每个学校生态群体都创生了符合本生态群需求的推进策略。闵行区华坪小学生态群创造了"自主开放,互惠共生"为特征的"圈圈联动"校际合作研修策略;闵行区七宝明强小学生态群创造了以"学习研讨、反思重建"为基本特征的"滚动推进"策略;常州市局前街小学学校生态群则建立了"摸底调研,聚焦难题,着力突破,总结提炼"的改革策略。这些研修方式因为活动内容紧贴学校日常实践,被教师称为"家门口的研修活动",深受欢迎。

学校个体层面的改革经验更为丰富,有些成员校教师的学习力和领悟力较强,经过一段时间的学习之后,能够很好地结合自身的实际情况,富有创造性地开展变革研究的工作。在此过程中,一批富有变革创新力的新教师和学科团队也随之不断地涌现出来。

(五) 基本成效

1. 放大了优资教师资源,丰富了日常教学生活的内涵

学校生态群内的学校每学期都组织固定的研修活动,有时也会有全体性

的交流活动,经过两年多的互动交往,群内学校教师间建立了充分的熟悉度和信任度,不但避免了因学校的文化氛围、管理理念、教学模式的差异而产生的摩擦。一些教学水平高的优秀教师不但在自身学校发挥辐射与示范的作用,还在群内更多学校发挥作用,成为学校群内的名师。更令人欣喜的是,这既激发了优秀教师的职业荣誉感,也催化了学校生态群中进取型文化的生成与发展,使平淡无奇的日常生活充满了研究与学习的氛围,人与人之间的相互信任、彼此分享的友爱氛围也日渐浓厚。

2. 提升了学校日常教学研修的质量

首先,参与互动的教师人数大大增加了,教师的荣誉感被激发,研究的态度也较以往更为认真;其次,指导力量增多也增强了,不但有本校和学校群内的指导力量,还有大学专业研究人员的指导;再次,教师相互借鉴的经验和思路也大大丰富了;最后是活动的频率也因增加了一个生态群层次从而大大提高。综合之下,学校日常教学研修的质量大大提升便在情理之中了。

3. 增进了校长办学的专业信心和能力

首先,校长办学自信心增强了。原因是校长在民主、平等、多元的校际研讨中,逐渐从陌生人关系变成了亲密型的研究伙伴关系,让校长有了归属感;尽管学校研究起点与发展状态存在着较大差异,但差异性却丰富了彼此的发展经验,让成员校在体验分享的快乐时,也建立了自信。

其次,更新了校长的教育眼光:"两年半的'新基础教育'研究之路让领导团队生长出一种'教育眼光'而投射于生命成长:倾听学生内心声音,倾心儿童的成长节律。不管是活动策划与组织,还是每一天的教学工作,我们都会追问其价值:此活动(教学)能带给学生什么? 怎样做才能更好地挖掘和转化它的价值?"

此外,还有校长认为,变革让他们转变了思维方式:"'学习、交流、分享、创新'已经融入了日常工作,'拉长节点、放大价值'已经成为我校每个中层的习惯性思维:从刚进入时的紧张忐忑到迎接中期评估和普查活动、每个节点活动,我们都进行整体架构、有序策划、分层推进;从原先的加法思维到整合思维;从无序思考走向有序策划。无疑,这些都提升了我校领导团队的领导力和创造力。"

总之,我们无法一一列举,但这些足以说明,这种变革确实基本上达成了它预期的共生共赢的改革目标。

四、进一步的思考

三年的共生理论视角下的学校生态群研究已经基本完成了初步探索,却也留下了一系列的问题仍有待于我们进一步思考:是什么力量保障和促进了学校之间自主自愿的合作? 尤其是组长校为什么不仅愿意与其他学校分享变革经验,而且乐意花很多时间和精力主动地指导他人变革,动力源于何处? 对此,我们谈点认识。

人们为什么愿意合作分享呢? 从常识上讲,无非有四种情况:或迫于外部的压力不得已合作分享;或因各方是互依关系,彼此必须合作共担责任,事情才能够取得更好的结果;或因各方是关怀与爱的关系,如同和睦的家庭成员之间,不必计较得失;再有一种情况就是上述三种情况的复合关系。那么,怎样判断这种模式学校之间的合作分享动力源于何处呢? 从现实而言,他们之间的互依关系并不紧密,一定程度上还可能是竞争对手,却为何乐于合作分享呢? 再说,该变革模式的最先发动者是地方教育局和高校研究人员,一方拥有权力,一方拥有专业,对于中小学校而言,这两类组织角色的要求无疑具有命令的意味。在此情况下,成员校因是受益者,乐于合作分享并不难理解,但组长校是给予方,难免有被迫接受的意味在其中,但变革发展的事实却表明,组长校很乐于与其他学校分享经验并指导他们发展。这又该如何理解呢?

通过研究,我们发现如下几方面或可以解释这种情况:

第一,制度先行,为学校群的合作分享提供了必要保障。我们发现,几乎每个学校生态群体内都自主地设有四项制度:一是自主发展、平等合作制度。这一制度规定:学校之间只是合作性、指导性关系,但不是权力的上下级关系,每所学校都要对自身发展负主要责任,其他学校只是帮助者和协助者,从而减轻了组长校的负担。二是校长负责制。这一制度规定:校长是自身学校变革与发展的第一责任人,负责制定和指导本校和校群的变革规划;

也是学校生态群建设的共同第一责任人,有义务定期参与交流学校生态群建设事宜,为生态群建设出谋划策,从而形成了责任共担的契约性共识。三是信息联络制。这一制度规定:在学校生态群内的每个领域都设有一位教师作为信息联络人,可以是组长校教师,也可以是成员校教师,负责变革活动信息的传递、联络和信息汇总,从而为加强学校内部、学校群之间、各学科领域之间必要的信息沟通提供了保证。四是资源共享制度。这一制度规定:学校群内的学校之间应共享各项变革资源,把一些共同研讨的活动资源向群内所在学校开放。比如,群内要举办某类大型专题活动。活动前,承办学校要向群内其他学校公布消息,以便其他学校开展同步研究和参与学习;活动结束之后,需要把与专题研究活动相关的全部资源在群内分享,便于大家进一步的学习。

第二,政府部门的奖励措施是重要的动力之源。如为了激励学校之间的合作分享,闵行区教育局出台了一些奖励性政策。给组长校一定资金上的支持,设立一些学科教师培训基地;或增加教师编制,以补偿其因教师参与外出指导而增加的工作负担;或在不减少待遇的情况下给予参与校外指导的教师减少校内工作量;或给予这些教师一些荣誉性奖励。至于成员校,教育局自然也会因学校发展的表现给予不同的奖励。

第三,差异化推进本身即是另一重要动力。学校生态群模式的策略之一是"骨干校和教师先行,逐层推进",从而使学校群和教师队伍中潜存的差异显现出来。这就难免使处于不同梯队上的学校和教师产生各种心理感受:处于第一层次的学校和教师,很可能更加努力,以保持自己的优势;第二和第三梯队的学校和教师则很可能觉得很没有面子,同时又看到如果自己努力,还有机会再进入第一梯队,于是就很可能会暗暗努力,追赶前面的梯队。差异即动力,不仅在自然现象中存在,在人类社会中同样存在。

此外,还一种重要的内在动力是,在变革过程中生成的心理性或情感性动力,也是最能够让教师体验到快乐和成长的动力。对于中小学教师而言,他们的工作交往对象除了学生以外,大多情况下都发生在一所学校内的同一学科几位或十几位教师之间,很少与校际同行之间有深度的合作交流。但是,学校生态群建设帮助他们拓宽了交往圈,他们不但能够从同行教师那儿受到启发、汲取经验、开阔视野、丰富自身的发展,而且能在与别人交流的过程中收获的积极正向的反馈中增强自身的专业成就感和价值感,也能够在交流中建立友谊,结识更多的朋友式同行。这些成就感、职业价值感以及友谊等心理情感,就成了教师乐于合作交流的最深层内在动力。

当然,毕竟这项具有复杂系统性质的区域教育改革模式探索的历程并不长,还存在着一些有待于完善的问题,如:当增加了学校生态群内的活动后,如何处理学校内部的日常研修与学校群层面日常研修之间的关系,以避免导致学校生态群层面的活动加重教师的工作负荷?如何对学校生态群建设进行综合评估,既能有效地反映学校生态群的建设质量,也能准确评价群内学校个体的发展水平及其相互间的互动质量?如何在学校生态群层面与当地社区、家庭以及其他社会单位之间进行互动,真正建立学校与社会共生的发展格局?

"新基础教育"研究中的校际共生体：
价值、内涵与策略*

伍红林**

摘　要: "新基础教育"研究经过二十几年的发展,探索出了在教育理论者深度介入下通过校际共生体建设促进区域教育优质均衡发展的新路径。"新基础教育"的校际共生体建设构建了院校协作的新范式,形成了区域基础教育综合改革的新生态,凝聚了"探教育之所是"的新合力,而且探索出了以教育理论者为纽带开展校际合作,以本土研究人员为伙伴开展校际合作,以优质学校为核心开展校际合作及与地方院校教育理论者合作开展校际合作等新内涵。多年的发展,积淀了整体策划、凝聚共识、制度保障和"圈圈联动"等推进共生体建设的基本策略。

关键词: "新基础教育";校际共生体;教育理论者;教育实践者

由华东师范大学叶澜教授发起的"新基础教育"研究自1994年至今已有25年,经历了探索性(1994—1999)、发展性(1999—2004)、成型性(2004—2009)、扎根性(2009—2014)和生态式推进(2014年至今)五个阶段,在上海闵行、江苏常州与淮安、深圳光明、广州南海、河南巩义、山东临淄、浙江镇海、

---

　*　本文系江苏省高校哲学社会科学研究重大项目"人工智能背景下教育的技术逻辑研究"(2019SJZDA072)阶段性成果。

　**　作者简介:伍红林(1976.10—　　),湖南永州人,教育学博士,江南大学田家炳教育科学学院教授,华东师范大学"生命·实践"教育学研究院副院长、研究员。研究方向:教育基本理论和中小学学校变革。

云南昆明、北京朝阳、广西桂林等地分别推进,极大地改变了这些区域的基础教育生态和学校实践形态,成为当下中国基础教育改革的先锋和旗帜。毫无疑问,作为一项中国本土原创性的教育改革项目,在理论与实践上均有自己的许多独特之处,[①]这一方面也已有许多论述。本文关注的是,这一研究在推进尤其是区域推进中的组织形态。我们认为,"新基础教育"研究中的校际共生体建设走出了区域基础教育优质均衡发展的新路径,其经验值得深入挖掘和推广。

一、"新基础教育"研究中校际共生体建设的价值

应该说,近年的区域基础教育改革和均衡追求发展出许多校际共同体[②]的形态(如各种形式的集团化办学、学校联盟等)。对于这些由中小学自身形成的校际共同体,美国教育研究专家古德莱德(J. I. Goodlad)称之为"network",认为可以通过"network"实现中小学之间互通信息、共享资源,在一定程度上可以改善各自的发展状况。但仅通过"network"却无法引发学校的根本变革,因为不管这些学校在规模、生源、资源上存在多大差异,其目标、功能和结构是一致的。这决定了它们不可能打破共有的惰性。[③] 为了打破这种局面,近年在院校协作的基础上发展出了"大学与中小学合作共同体",[④]但据笔者所知,这些共同体基本上是单数的"U-S"合作,即某一所大学与某一所中(小)学间的合作,即使大学与某个区域合作(同时指向区域内的多所中小学),也往往是该大学与区域内一所所学校一对一开展相关工作。

---

① 叶澜.略论"新基础教育"研究之路的若干特征[J].基础教育,2011(2):6-14.

② "共同体"是理论与实践界常用的名词,尤其是教育研究中"基础教育区域共同体""校际共同体""教师实践共同体""学习共同体"等亦是人们在表达上的共识。不过在"新基础教育"研究中,为了凸显合作双方(高校与中小学、中小学之间、教育理论者与教育实践者、教育实践者与教育实践者等)在合作和研究过程中的交互贡献、彼此激发、共同创造、双向成就的"共生共长"之意,而称为"共生体"。

③ Sirotnik, K. A., & Goodlad, J. I. School-University Partnerships in Action: Concepts, Cases, and Concerns[M]. New York: Teachers College Press, 1998:14.

④ 苏尚锋.大学与中小学合作共生体的特质及其构成[J].教育发展研究,2014(20):6-10.

与之相较,"新基础教育"研究的"共生体"是复数的"U‐Ss"甚至是"Us‐Ss"合作,构建的是大学教育理论研究者深度介入下的(跨)区域校际共生体。客观地说,"新基础教育"研究大力推进区域内外的校际共生体建设最初主要是为了解决研究中的几个矛盾:中小学均有自己的特色、优势和优质资源与区域内封闭办学导致特色、优势和优质资源彼此难以共享之间的矛盾,大学研究人员介入单所学校频度有限与该校需要不断深化研究之间的矛盾,区域内(外)不同学校发展需求强烈但又不均衡之间的矛盾等。经历多年积累,在校际共生体建设方面,我们积累了丰富的经验。现在回顾,起码达成了以下几大目标。

(一) 构建院校协作的新范式

20 世纪八九十年代以来,院校协作成为西方发达国家推进基础教育改革的新动向,即教育理论者与教育实践者"一起做"而非传统的教育实践者"自己做"①,发展出了多种协作方式②。"新基础教育"研究则不仅是两类主体"一起做",而且是基于校际共生体的"一起做"。我们的独特不仅是上述"复数"式的院校协作,还有教育理论者及其理论的"深度介入"③。"新基础教育"研究建构了系统的"生命·实践"教育学基本理论体系和以系列"指导纲要"为代表的教育教学变革应用理论体系,并积累了学校整体转型变革的系统经验和基本方法论。这些理论既是合作校开展实践变革的重要理论参照系,也是共生体建设的基本理论资源。可以说,"新基础教育"研究中的校际共生体建设离不开理论适度先行和教育理论者的系统策划、调整与持续推进。在过程中,教育理论者是将各校及其领导者、教师整合在一起成为一个共生体的重要黏合剂和催化剂,还是共生体运作过程中问题的发现者与解决者,是共生体开展校际互动时的专题策划者、经验提炼者,也是各校相应研究

---

① Goodlad, J. I. School-University Partnerships and Partner Schools. In H. G. Petrie (ed.), Professionalization, Partnership, and Power: Building Professional Development Schools [M]. Albany: State University of New York Press, 1995: 7-22.

② 伍红林.合作教育研究中主体间的关系[D].上海:华东师范大学,2009:8-11.

③ 叶澜.大学专业人员在协作开展学校研究中的作用[J].中国教育学刊,2009(9):1-7.

任务的决策者与发放者,还是共生体实际运作情况的评价者与调控者。如果说初期需要教育理论者亲自"在场"参与共生体运作的话,随着其发展教育理论者的介入则慢慢从"有形"化为"无形",教育理论者在这个过程中将自己的价值观、思维方式、理论观点、推进策略等转化为共生体中核心教育实践者(主要是校长及各领域的教师骨干)的专业素养与能力,使教育实践者成为共生体活动的自主策划者、实施者、调整者与评价者,形成共生体的自组织特征。

(二)形成区域基础教育综合改革的新生态

长期以来,由于历史原因我国基础教育区域间、区域内校际与城乡间差异巨大,推动改革的动力源来自自上而下的行政系统,学校发展活力未能有效激发,区域发展难以形成和体现学校个性化需求。如何处理好校际差异(尤其是优质校与薄弱校间的差异)实现区域基础教育优质均衡发展(突破劫"优"济"贫"或削"峰"填"谷"的旧路),如何培育和激发学校内涵发展活力,如何实现区域中观发展与学校微观发展的统一,如何从区域基础教育变革的行政逻辑转向教育逻辑,如何形成浓厚的区域基础综合改革氛围等,是当下我国区域基础教育改革的重点和难点。

在"新基础教育"研究中,我们先以"学校"为基本单位,关注合作校的整体转型性变革,追求建设"价值提升、重心下移、结构开放、过程互动、动力内化、综合融通"的现代新型学校,注重激发和培育学校发展的内生力和教师发展的内动力[1],积极"探教育之所是,创学校全面育人之新生活"[2],彻底改变了区域内学校发展面貌,突破了各校封闭办学的校际壁垒,形成了彼此你争我赶既合作又竞争的良好格局,形成区域学校发展"生态群"[3]。区域校际共生体的发展很快促进了区域教育行政管理的主动变革,在教师研修培训、学校年度考核、教师绩效考评、教育督导等制度作出调整[4]的同时,还在推进机

[1] 叶澜."新基础教育"内生力的深度解读[J].人民教育,2016(2):33-42.
[2] 叶澜.探教育之所"是",创学校全面育人新生活[J].人民教育,2018(7):10-16.
[3] 卜玉华,杨茜,陆燕琴.校际合作中的"学校生态群"建设之研究[J].教育科学研究,2016(7):66-71.
[4] 程丽芳.推广"新基础教育"理论,推动基础教育内涵发展[J].上海教育科研,2006(2):81-82.

构(如上海市闵行区成立的"新基础教育研究所"、江苏省常州市成立的"新基础教育研究会"、江苏省淮安市成立的"新基础教育研究中心"等)及专门行政人员与教研员的介入上予以保证,使"新基础教育"研究实现了民间学术力量与区域行政力量的良好整合,以"新基础教育"作为推进区域基础教育综合改革的杠杆。同时,"新基础教育"的校际共生体使原本脱节的小学—初中—高中不同阶段教育之间的衔接有了显著改善,形成了一至十二年级整体一贯综合改革的新局面;还使学校与社会(区)、家庭形成了良好的互动关系,实现了学校单一教育力量与社会、家庭多元教育力量的整合。可以说,"新基础教育"研究中的校际共生体走出了区域基础教育优质均衡发展的新路径:既保证了优质学校优质教育资源的持续创生辐射,又培育了薄弱学校内涵提升的内生力,还形成了区域学校群体共生共长共荣的开放品格与气质。

(三) 凝聚探索"教育之所是"的新合力

中小学的教育实践充满创造性、复杂性和不确定性,其蕴含的事理丰富而深刻,需要不断持续深入探究才能获知。但作为专门的育人机构,中小学及其教师的工作重心主要聚焦在各种教育教学活动上,他们没有足够的精力和能力去开展教育事理的充分探究。即使重视教育科研的学校也只能在某层次、某领域、某方面开展有关探索,然后局部性地体现在学校运行之上。这几乎成为中小学开展教育实践研究的普遍问题。对此,"新基础教育"研究中的校际共生体秉承"成事·成人"(成事中成人,以成人促成事)的核心价值,有计划、有分工地通过教育理论者与教育实践者、学校与学校、学校内的不同(学科)领域、教育实践者与教育实践者等方面的持续深入合作,积极开展学校与班级"两层次"的学校管理、学科教学、学生工作"三大领域"不同方面的各种专题研究(学校管理中的运行机制、制度体系、组织机构等方面的改革,学科教学领域各学科育人价值的深度开发、课堂教学过程与评价,学生工作领域的学生发展需求、班级建设、学生社团、家校合作,等等),探索这些领域的内在机制、基本结构、过程逻辑,形成关于"教育是什么""学校是什么""教师是什么""学生是什么""教学是什么""班级是什么"等方面的基本共识,进而改变学校的内在机质、实践形态及其教育实践者的生活生存方式。可以说，"新基础教育"的校际共生体通过"基于新学习，产生新认识；有了新认识，形成新方案；有了新方案，生发新行动；有了新行为，产生新思考；有了新思考，发现新问题；有了新问题，继续新学习……"的循环过程，分工合作形成了以区域为单位、以学校及教师为主体开展教育实践研究的研究合力，而且将研究过程与变革过程合一，一起创造学校教育"新生活"。这一过程，也是理论与实践相互渗透、相互转化、双向建构的过程。

二、"新基础教育"研究中校际
共生体建设的内涵

（一）以教育理论者为纽带开展校际合作

与其他院校协作不同，"新基础教育"始终坚持大学教育理论者与中小学教育实践者开展面对面的合作研究，形成了"深度介入"的研究方式和传统，①通过强调"理论适度先行"，发挥教育理论者及其理论的引领作用。具体而言，通过教育理论者的深度介入，我们开展了以下几方面的校际合作：

1. 定期召开共生体领导层的专题研讨

专题研讨会主题根据区域推进的需要而定，如发展规划论证会、学期工作策划会和总结会、改革经验分享会、节点事件推进会等。有时，还会根据研究推进需要随机召开校长联席会、座谈会、沙龙等。研讨会前一般由教育理论者事先整体策划，做好顶层设计，各校分工提前做好准备；研讨会中，则由各校交流自己的经验、想法、问题、需求、建议等，然后由教育理论者点评、反馈；会后，各校具体落实，教育理论者团队及其区域行政力量督导推进。这种研讨会的特点是：(1) 不断强化校长作为合作研究及学校整体转型变革第一责任人的意识；(2) 不断增强各校推进研究的策划与策略意识，转变开展实践变革的思维方式；(3) 不断强化各校的合作、共享意识，确定本校在共生体中的独特性，强调为共生体作出不一样的贡献；(4) 不断凝聚各校的共生体

---

① 伍红林.主动深度介入：转型期教育实践研究的新方式[J].现代大学教育，2010(6)：38-43.

意识,形成共生体运作的核心价值与理念。

　　2. 定期举行共生体各领域的节点活动

　　发展至今,"新基础教育"研究形成了一些常规性的节点活动:(1)中期评估。这是对新加入1—2年的学校推进"新基础教育"研究状态的评估。在学科教学和学生工作领域,由各学科教师和班主任第一、二、三梯队中各派出研究状态最好的一名教师上专题研讨课,并开放评课研讨活动,教育理论者作为评估者对照评估标准开展评估,并分别召开师生座谈会,了解日常研究的推进情况并对师生座谈结果进行对比分析。在学校管理领域,在提交不同领域自评报告基础上,以校长为首的管理团队还要参加由教育理论者组织的现场答辩会。通过评估,帮助学校盘清家底,了解自身,发现问题并制定新的举措。(2)普查活动。在中期评估之后1—2年举行。在学科教学与学生工作领域,学校所有教师、所有学科、所有班级都要上1节研究课,人人过关,以此了解学校各领域的日常研究状态,推进学校将研究做到"全、实、深"的基本要求。(3)精品课研讨活动。在中期评估与普查活动基础上,以"区域"为单位开展,让各校各领域最有经验、最有创造性、最成熟的课型、专题研究等集中绽放,推进共生体内各校优质教育资源的共享和辐射。(4)全国共生体的专题研讨活动。学校管理、学科教学、学生工作三大领域或以"学期"或以"学年"为单位,定期举行专题研讨活动,全国各地共生体学校共同参与并分享。

　　3. 各校各领域承担的常规专题研讨

　　"新基础教育"强调,各校坚持做好日常研究,通过研究性变革实践[①]的日常积累改变学校生态和师生生活方式。与此同时,教育理论者团队还在学校管理、学科教学(语数英音体美等)、学生工作三大领域开展专题研究,以期取得该领域研究的新突破。这种专题研究由教育理论者与中小学教育实践者合作完成。一般每学期初负责不同领域的教育理论者与共生体学校相关领域第一责任人共同商定专题研究项目、具体研究内容、研究安排等,各校可以根据自己的状况——教师数量与水平、研究积累、发展需求等认领或申报专题研究项目。活动按计划开展时,在教育理论者引领之下,共生体其他学

---

　　①　叶澜.大学专业人员在协作开展学校研究中的作用[J].中国教育学刊,2009(9):1-7.

校相关领域第一责任人及核心骨干教师都会齐聚一堂开展研讨。每次专题研讨前,由于事先各校都提前知道了活动内容,他们一般都会提前在自己学校进行过相关研究活动(即每次活动的"前移"),到活动时各校参加者都是有备而来——带着自己的经验、创造、困惑、问题与需要等。在活动中,通过不同学校不同人员间及他们与教育理论者之间的交流与碰撞会生成新的重建建议、措施,回校后再进行进一步的重建工作(即每次活动的"后续")。

此外,为了改变日常研究状态和推进专题研究,以教育理论者为中介还会形成共生体内其他或整体或局部的校际合作。如学校之间的"结对子",即在某个领域或某个方面较弱的学校与在相应领域或方面较强的学校合作,学习转化外部资源促进本校发展;某两个或两个以上学校共同开展某一或某些领域的专题研究等。

(二)以本土研究人员为伙伴开展校际合作

1. 与地方教研员合作开展校际合作

各区域的教研室及其教研员是地方重要的研究力量,肩负指导中小学教师开展教研的重任,对教育实践者有重要的影响力。他们可以与大学教育理论者形成合力,也可能会相互干扰。"新基础教育"在推进过程中十分重视与这支力量的合作。一方面,我们主动开展教研员的集中研修培训活动,向他们介绍我们的理论、理念,鼓励其开展"新基础教育"理论学习,达成共识;另一方面,借助地方教育行政力量介入,为我们与教研员合作搭建官方平台和创设制度机制;更重要的是,双方一起深度介入共生体学校的研究性变革实践,在研究实践中磨合,共同学习、共同合作、共同进步。如此,使教研员成为区域校际共生体建设的重要助力,将"新基础教育"研究与教研员的本职工作整合,减少共生体学校及其教师的顾虑,从而实现研究的本土化和扎根。

2. 与兼职研究员合作开展校际合作

在与共生体学校合作中培养骨干是我们的"铁律"。一批在"新基础教育"研究中成长起来的骨干教师成为我们的兼职研究员,他们都经历过我们一对一、手把手的长期培育过程,熟悉"新基础教育"的基本理念、价值取向、研究精神,自身经历过"新基础教育"理论与其观念、实践行为间的转化过程,并积累了在具体领域开展实践研究的基本经验,是具有相当理论素养的教育实践者。兼职研究员的工作仍离不开教育理论者的指导和培养,起初的角色是教育理论者的辅助人员,帮助落实教育理论者深度介入时的工作计划(如相关专题研究的落实,日常研究的推进等);随着其自身的成熟逐渐就能成为这一区域或跨区域指导共生体学校开展研究和校际合作的主动策划者、实施者、监控者和推进者。同时,兼职研究员的指导并非单向,他们会将其他学校的经验、创造、优势吸收并转化到自己的工作和研究中去,促进自己和本校的变革。具体而言,这批兼职研究员在以下几个方面推进校际合作:(1)和教育理论者一道作为专业指导者参加由教育理论者策划并组织实施的研究活动,如作为评估组成员和教育理论者一起参加对学校不同领域研究开展状况的评估活动;(2)以工作室或工作坊的形式定期组织共生体学校不同领域骨干教师开展专题研究、交流等活动,承担培养各校骨干教师的责任;(3)直接介入共生体学校,指导开展专题研究、日常研究以及理论与实践学习;(4)及时了解不同学校开展相关研究的进展状况,与教育理论者一起策划区域共生体学校整体的或不同领域不同专题的相关研究活动;(5)不同学校的兼职研究员之间专门的或在研究活动中的以及日常的交流与合作。

(三)以优质学校为核心开展校际合作

经过多年合作,一些区域发展出了一批"新基础教育"意义上的优质学校,成为建设校际共生体的核心。以上海市闵行区为例,在2004—2009年,该区参与"新基础教育"实验的学校由原来的27所扩大到66所(小学38所,初中28所),逐步形成了由7所基地校、8所组长校、51所面上校构建的组织化的多层多维互动的以区域为单位开展教育改革的良好生态。[①] 这种校际合作的实质是根据区域内学校差异,构建校际合作的层次梯队,然后利用梯队的差异促进区域共生体的整体持续发展,即以优质学校为核心在教育理论

① 上海市闵行区"新基础教育"研究课题组.转型与创生:基础教育内涵发展的区域性实践与探索——上海市闵行区整体推进"新基础教育"成型性研究报告[C]//叶澜."新基础教育"成型性研究报告集.桂林:广西师范大学出版社,2009:218-219,230.

者指导下率先探究并积累资源与经验向区域内其他学校辐射,使其他学校少走弯路;其他学校逐步卷入,在合作中竞争,在竞争中追赶、跨越发展,最终形成不同层次学校开展校际合作的整体格局。

1. 重点培育优质学校使之成现代学校之"型"

在地方教育行政机构支持下在一定时期内(一般为3—5年)重点培育优质学校。这样的学校都须通过中期评估、普查、精品课研讨等节点活动,在整体上呈现出"价值提升、重心下移、结构开放、过程互动、动力内化、综合融通"等"新基础教育"新型学校之"型"的基本特征,有以校长为首的强大领导团队,各个领域均具备核心骨干教师,学校新型文化与研究精神等价值、意识牢固树立,积累了丰富的、多元多层的教育变革和实践研究的经验、创造和案例等资源,且具有强大的内生力、研究力和指导力。他们要在共生体建设中既能使自身优质教育资源不断辐射其他学校,又能使自身优质教育资源持续生成发展,避免资源稀释,实现在共生体的共生中共长。

2. 依"自愿报名、双向选择"原则组建校际共生体

一般将新加入的学校根据地理范围划片,每片确定"组长校"一所(一般是片内基础较好的学校),并确定一所优质校引领这一"片"学校的变革和发展,形成"优质校引领、组长校紧跟、面上校尝试"的基本格局。运作时,优质校重点辐射和支援各"组长校",各"组长校"在获得优质校各种研究资源及专业支持后积极转化为自身的发展,并负责辐射所辖"片"内的其他合作校。在这一方面,上海市闵行区创造了许多鲜活经验:(1)"自助共研"。如平南小学通过七校联手,集聚各校优秀骨干教师,组建"自助"式学科共研小组,形成一支学科门类齐全、力量相对较强的学科指导群,化校际差异为校际发展资源。(2)"龙头"带动。如七宝二中充分发挥"组长校"学科优势,由"组长校"承担研讨课和专家指导后的重建课任务,成员校上移植课,共享专家资源。(3)"引进优质"资源。如田园一小通过与基地校华坪小学结对,引进基地校这一优质资源,带领成员校围绕某一学科聘请教育理论者进行深度介入式指导,开展相关专题研究。[1]

---

[1] 杨小微.我国学校变革区域推进中合作的三种类型[J].中国教育学刊,2009(7):5-9.

3. 激活优质学校引领校际合作的积极性

一方面,在主观上优质学校校长要有开放的心态和宽广的胸怀,愿意在校际共生体中承担责任和作出贡献。我们在日常的合作与研究中就要不断渗透对校长在这些方面的要求。另一方面,在客观上地方教育行政机构要配套出台相关政策,如明确优质校与"组长校"的职责、"片"内面上校的职责、"组长校"开展"片"内校际研讨的频度与要求等,规范和指导校际合作。同时,建立共生体校长学期工作交流例会制度等,定期交流共生体以优质学校为核心的合作思路、成效、经验、问题、对策、突破点与独特性、改进建议等,强化优质学校引领改革的第一责任人意识,提升优质学校自主策划、实施校际研究的能力,确保变革研究的成效和质量。可以说,"新基础教育"研究的校际共生体中,优质学校基本上都有引领发展的自觉性。仅以上海市闵行区田园一小为例,它在 2004 年 9 月至 2009 年 1 月共组织开展校际研讨 30 次,开课 95 节,教育理论者介入 57 人次,参与教师近千人次。[①]

4. 成立专门机构直接负责校际共生体的日常运作

专门机构一方面积极利用教育理论者的专家资源、优质学校的研究资源,组织对新加入学校的教师进行各种专项培训,加强理论与实践学习,促进这些学校接触、学习、实践"新基础教育"。同时,专门机构专门成立督导室组成专项检查组对这些学校开展"新基础教育"的情况进行专项督导,强力推进。专门机构每学期还策划组织一些大型区域现场研讨开放活动,由优质学校承担开课任务,受邀的教育理论者负责指导、点评,共生体学校参与观摩学习。另外,专门机构依托优质学校研究力量(兼职研究员)组织开展对各共生体学校的诊断调研、中期评估、普查、精品课等节点活动。这些活动既给教育理论者与共生体学校教师提供了直接面对面的机会,又为优质学校提供了展示的舞台,使其优势及研究经验对其他学校形成辐射。

---

① 上海市闵行区"新基础教育"研究课题组.转型与创生:基础教育内涵发展的区域性实践与探索——上海市闵行区整体推进"新基础教育"成型性研究报告[C]//叶澜."新基础教育"成型性研究报告集.桂林:广西师范大学出版社,2009:218-219,230.

(四) 与地方院校教育理论者合作开展校际合作

随着开展"新基础教育"研究区域的拓展,一些地方院校教育理论者也加入进来。如从 2009 年开始"新基础教育"研究团队与淮阴师范学院教育科学学院教育理论者合作,在江苏省淮安市建立了由华东师范大学"生命·实践"教育学研究院、淮阴师范学院教育科学学院、淮安市教育局及地方 5 所小学构成的校际合作共生体。之后,这种校际共生体进一步拓展到华东师范大学分别与广西师范大学、云南师范大学等高校的合作,形成了较为成熟的"重点师范大学—地方师范大学—中小学"(Us - Ss)新型校际共生体。

1. 两支教育理论者团队组织上的契合

与华东师范大学研究团队对应,地方院校教育理论者成立学校管理、学科教学(语数英音体美等)、学生工作三大领域的专门研究团队并各自确立第一责任人。这一团队日常加强对"新基础教育"理论的系统学习,认同、内化其核心精神、基本理念;定期积极参加华东师范大学"新基础教育"研究团队在其他地区开展的共生体研究活动和理论研修活动,在参与中学习、内化他们的介入方式、沟通与指导的策略与技巧等,同时不断反思自我、寻找差距促进自身成长,以不断提升自身的介入水平。

2. 两支教育理论者团队介入频度与深度的互补

客观地说,华东师范大学"新基础教育"研究团队在对不同区域共生体深度介入的频度上存在不足,但有深度的优势;而地方院校教育理论者团队则常常频度有保证,而深度有所欠缺。因此,这种形式的校际合作,一般由地方院校教育理论者深度介入共生体学校理论学习、教师发展跟踪、日常研究落实和专题研究的"前移"准备和"后续"重建,华东师范大学研究团队则深度介入共生体层面的专题研究开放活动(一般每学期 1—3 次)。

3. 建立跨区域校际共生体的沟通网络

如何实现不同区域共生体优质教育资源的共生共享是我们在研究中遭遇的难题之一。于此,地方院校教育理论者有其优势。(1) 走出去。专门组织所在区域共生体学校骨干教师开展跨区域学习和研讨活动。以淮安地区共生体为例,淮阴师范学院团队经常有意识将其区域研讨活动与江苏省常州市、上海市闵行区两先行地区的共生体活动进行整合,每当常州、上海开展共生体研究活动时,淮安共生体学校都派不同领域第一责任人及其骨干教师参加,通过现场实践学习转化先进经验。(2)请进来。专门邀请其他区域兼职研究员等骨干教师来本地指导。(3)建平台。通过与其他区域相关机构(如区域"新基础教育"研究所等)合作,开展跨区域的"同课异构"等研讨交流活动,建立跨区域互动机制,实现双向交流共同进步。

三、"新基础教育"研究中校际共生体建设的策略

(一) 整体策划

正是因为有教育理论者深度介入的不同层次、不同领域的整体策划引领,使得校际共生体的发展不致陷入混乱、无序和盲目的状态,而是始终有清醒的自我意识,对自身发展的处境、问题、目标、措施不断有新设想、新推进,使共生体发展不断迈向新高度。具体而言,这些策划主要有以下几点:

1. 区域及学校的总体发展规划

与地方力量(行政力量或地方院校的学术力量)、合作中小学一起确定《"新基础教育"区域推进总策划书》,就研究的性质与任务、目标与重心、学校变革实践的领域与任务、研究推进的组织方式、推进的阶段划分等方面进行原则性、框架性和导向性的约定与规范,以此作为区域推进校际共生体建设的基本框架。然后,基于区域"总策划书"区域内各校形成自己 3—5 年的发展规划,主要就其开展"新基础教育"研究的优势、劣势、学校发展存在的突出问题、学校的办学理念、学校的文化精神、学校的发展愿景、学校推进研究的目标、学校推进研究的具体措施及阶段任务等开展深入分析与探讨,并借助规划制定过程使开展研究在学校领导团和全体教师中达成共识,凝心聚力。这一规划在推进研究的过程中可以适时作适当调整。

2. 定期研究策划与总结

每学期初,"新基础教育"研究团队都会在各区域定期召开研究推进策划会,形成新学期相关区域及跨区域共生体建设的专题研究项目,并面向全国

各区域共生体发布,作为学校安排相关研究工作的指南。在这一指南引领下,教育理论者团队再次深度介入各区域校际共生体建设的工作策划会中,与各校校长及各领域第一责任人在区域策划会上进行集中交流研讨,确定该区域各校各领域的研究实施方案。每学期末,则自下而上进行小结,各区域各校各领域分别以"领域""学校""区域共生体"为单位反思一学期工作的进展、问题、经验、创造以及对新学期工作的设想等;这些反思会集中在教育理论者团队的学期总结会再次汇总讨论,不断发现各区域的进展、差异、独特性、经验、创造、问题、设想等,然后再反映到新学期的工作策划之中。

(二)凝聚共识

共生体的运作需要形成教育理论者、教育实践者、地方教育行政力量和地方专业力量(教研员)等多方主体有效的协作,避免"搭便车"的自利行为。共识达成是共生体持续发展的内在黏合剂。这种共识有以下几个层次。

1. 组织层面的合作共识

这主要是指在区域校际共生体运作的组织管理层面,地方教育行政力量和地方专业力量须与教育理论者达成合作共识。确切地说,共生体的行动需要得到地方行政与专业力量的官方支持,否则将会举步维艰。对此,"新基础教育"研究负责人叶澜曾指出,"我们的切实体会是:凡是市、区政府、教育部门领导给予支持的,研究就有可能坚持下去,因为'新基础教育'是需要一批学校参与实践研究的团队性项目"[①]。以"新基础教育"研究为例,在上海市闵行区、江苏省常州市和淮安市及山东省青岛市崂山区等地校际共生体的发展过程中,地方政府与教育局不仅提供了研究经费和物质上的支持,而且在辖区内有专门机构和组织作为联系合作各方的纽带,也是地方共生体运作的具体领导。其间,虽然各地教育行政领导连续换了几任,但都没有换掉"新基础教育"。更难能可贵的是,这些地区教育局的领导、分管副局长等都能进入

---

① 在现实中携手走出建设新型学校的创业之路[C]//叶澜."新基础教育"成型性研究报告集.桂林:广西师范大学出版社,2009:35.

学校课堂,与校长、老师一起研究并发表意见。正是有这三方力量的有效协作,"新基础教育"及其校际共生体在各地都得到了非常好的发展。

2. 不同主体间的合作共识

首先,是教育理论者与教育实践者两类主体间的共识。教育实践者尤其是学校校长须认识教育理论者及其理论在学校发展变革中的重要作用,能自愿选择合作并与教育理论者开展持续深入的合作。没有这种共识,教育理论者对学校变革的深度介入就不可能达成。合作过程中,往往会出现各种矛盾,如教育理论者对实践变革的指导与地方教研员的要求或评价标准有差异,一些老师对教育理论者的指导不认可,一些老师对教育理论者的要求不执行、不配合、不愿意打破自己的工作状态,等等。这种时候,学校尤其是校长的定力、坚持和选择就显得格外重要。其次,是不同学校教育实践者之间的共识,以校长为首的教育实践者须认识到校际在研究上合作交流的价值与意义,能主动参与共生体建设,在吸收转化别校优质资源的同时,能对共生体建设主动作出自己的贡献,打破校际壁垒。

3. 不同主体间的价值共识

不同主体间的价值共识是对共生体意义、核心理念及追求目标、研究精神等方面达成的一致看法,是校际共生体得以存在和持续发展的强大精神力量。美国著名经济学家曼瑟尔·奥尔森(Mancur Olson)在阐述"集体行动的逻辑"时曾指出,每一个人都是理性的"经济人",个人不仅在个体活动中,而且在集体行动中,其目的都只有一个,那就是不断追求个人利益的最大化。正是由于个人的自利倾向,使得集体行动在大的集团中成为一种不可能的事。因为集团越大,就越难克服集体行动中的"搭便车"行为:人人都想分享集体行动的成果,但不愿分担集体行动中的成本。① 很明显,如果合作研究中的各方将所获利益作为根本追求,就只能形成韦伯(Max Weber)所说的"结合体"②,而非"共生体"。要克服这一点,校际共生体运作中各类主体需

---

① ［美］曼瑟尔·奥尔森.集体行动的逻辑［M］.陈郁,郭宇峰,李崇新,译.上海:上海三联书店,1995:38.

② ［德］韦伯.韦伯作品集·社会学的基本概念［M］.顾忠华,译.桂林:广西师范大学出版社,2005:54-55.

要形成共同的价值取向,须"诚意""正心"。在"新基础教育"研究中,我们一直特别强调"理论适度优先",通过系统、深入、整体性的理论学习,教师就可以形成共同的话语系统,并通过话语系统的统一凝聚研究的核心价值追求和核心理念,达到统一教师参与研究和实践变革的思想。例如,"新基础教育"研究主张的"四把四让":"把课堂还给学生,让课堂充满生命活力;把班级还给学生,让班级充满生长的气息;把创造还给师生,让教育充满智能挑战;把精神发展的主动权还给师生,让学校充满勃勃生机",在教育实践者中具有很强的认同感;另外,叶澜教授提出的"'生命·实践'教育学信条"①(共计12条)也在教育实践者中产生了很大的反响和认同。同时,我们一直强调"新基础教育"的"研究精神",即"知难而上,执着追求;滴水穿石,持之以恒;团队合作,共同创造;实践反思,自我更新"。这种精神在一定意义上成为参与合作的教育实践者持续研究的强大精神支柱。当然,价值共识的达成需要教育理论者在深度介入过程中自身的作风和行为表率来影响教育实践者。如果教育理论者自身在价值取向、核心理念、行为表现等方面缺乏足够的说服力,也不足以引发实践者的追随。

(三)制度保障

从是否有地方教育行政力量介入的角度看,"新基础教育"研究中的校际共生体大概有三种情形,即自组织的校际共生体(地方教育行政不支持不反对)、行政卷入的校际共生体(地方教育行政明确支持)、介于自组织与行政支持之间的校际共生体。不管是哪种情形,校际共生体的运作都要有制度保障。这种制度可以分成几种类型:

1. 地方教育行政的支持性制度

为了推进区域校际共生体的建设,地方教育行政部门成立专门的机构(如研究所、研究中心、研究会等),配备专门人员负责推进和管理相关工作。同时,地方教育行政部门出台专门的经费支持制度、评价考核制度、校长与教师专业发展及管理制度等。这些制度为共生体运作的"合法化"、为教育理论

---

① 叶澜."生命·实践"教育学信条[N].光明日报,2017-02-21(13).

者对合作校"合理化"的深度介入提供强有力的行政力量支持。

2. 校际共生体的生成性制度

即使有教育行政制度支持,共生体的运作主要还是靠自身发展、进化来彰显吸引力和影响力。因此,为了使共生体真正成为共生体,还必须体现"研究"性和沟通性。所以,共生体的运作还必须有不同层次、不同领域骨干的校际交流制度,如校长联席会议制度、各领域第一责任人工作策划会议制度、共生体信息发布与反馈制度、共生体各领域定期专题研讨交流制度、共生体资源共享制度、共生体学校校长轮值制(轮流承担专题研讨)等。这些制度虽然没有文字性的表达,但作为非正式制度成为共生体学校及各领域相关责任人共同遵守和实施的基本规约。

3. 共生体学校的内部制度

为推进共生体发展,各校需要对内部组织和制度进行相应的调整与重建。如为了推进"新基础教育"研究,闵行区实验小学率先取消"学科教导"建制,成立了教、研结合的"课程教学部";七宝明强小学建立了非行政性的教学质量调研与反馈中心;华坪小学重新划分教师梯队,建立了学校"阳光教师群体培养机制"等。还有学校创生出新型的研修方式,华坪小学依据本校学科教师年龄分布特点,接创造了"接力棒式"研修,即同一内容由不同梯队的教师进行"接力棒式"的研究推进,使差异成了教研组的共享资源,对不同梯队教师的发展具有直接帮助。此外,更多学校还创造了"前移后续"式研修、"滚动式"研修、"统分结合"式研修、"走进异域"跨学科研修等。[①] 这些组织、制度的创生、推行、丰富、完善,使学校的发展从"驭人之术"走向了"成人之道"。如此,共生体内部各校能够在发展内容、形式上百花齐放,实现内涵提升和发展,也为共生体的校际差异互动提供了持续发展性的各层各类研究资源。

(四)"圈圈联动"

"新基础教育"研究经过层层评估和认定,目前形成了由"'生命·实践'

---

① 程丽芳,陆燕琴.在研究性变革实践中实现教师转型发展——基于闵行十三年"新基础教育"研究[J].上海教育科研,2012(5):70-72.

教育学合作研究校—'新基础教育'研究'基地校'—'新基础教育'研究'组长校'—'新基础教育'研究'联系校'—'新基础教育'研究'面上校'"等不同层次学校组成的学校梯队,并在条件成熟的区域形成了由这几类学校构成的校际共生体"生态区"。为了利用校际的层次差异,我们发展出了校际共生体内学校互动的"圈圈联动"机制。这里我们以上海市闵行区华坪小学的案例予以说明。

在实践中,该校作为"生命·实践"教育学合作研究校,不断提升互动学习的自觉性,从原来的"关注外部资源,改善自我",逐渐转为"聚集内部资源,完善自我""关注合作交流,共同发展",积极投入区域内各校之间的听课评课研讨活动。具体而言,"圈圈联动"机制的"第一圈是凝聚本校的核心骨干,由骨干带动教师群体,做强学校自我;第二圈是通过两个工作室和区教研训基地,培养区域学校的核心骨干;第三圈是让各校的核心骨干挑大梁,带动他们自己学校教师投入'新基础教育';第四圈,组织生态区校长领衔,开展校际互动,合作开展专题系列研讨;第五圈是'半小时生态圈',即由生态区的四个核心学校负责,主动组织空间距离较短的周边几个学校进行研讨,更切实地促进各校自主自强"①。

在"圈圈联动"中,坚持"成人成事",打造理论与实践相互滋养的新型教师团队:(1)打造区域共生体"大教研圈",形成"五步骤"研讨常规,即确定主题,领头校骨干教师指导,承办校负责落实;接力研磨,承办校负责,成员校介入;现场研讨,承办校上课、汇报,各校骨干听说评课;反思重建,各校骨干带领教师两次反思多次重建;提炼报道。(2)放手让兼职研究员(包括准兼职研究员)直接负责每次活动从策划到落实到反馈的全程,从而发挥他们的主动策划和沟通协作能力,提升透析实践的理论品质和研究自觉。(3)强调立足校本,带动周边,让各学科组的核心成员走出校门,到生态区各学校指导活动,既辐射本校的经验,又学到了别校的特色。(4)关注教师队伍的可持续发展性,让第二和三梯队的教师有机会学着"挑大梁",在各种活动中"登台亮

① 唐开福,李云星.扎根学校研究 完善"生命·实践"教育学存在形态——"新基础教育"扎根研究总结交流会综述[J].基础教育,2012(8):123-158.

相",或开课,或评课,或承担项目,逐渐培养与推出一批"新人",努力实现每门学科、每个年段都有过硬骨干力量。

在生态区的"圈圈联动"中,强调关注学生成长的生态大环境,发挥学校在社区建设中的教育价值,"努力让社区、家长成为扎根研究中的有效力量;坚持'兼职校长轮值制',聘请社区和家长代表,每月到校轮值,体验学校生活,参与学校管理;通过中小学、高校、企业、社区携手共建的'和乐共生体议事会',组织师生走向社会,参与社区文明建设;举办绿色科技节、亲子阅读节等,影响了周边的教育生态圈"。① 在多重资源交互生成中,所有的参与者都能在享受、转化已有研究成果的同时,提升和创生自己的研究经验,感受到自身的成长变化和对共生体的贡献。在内外多重资源的互动中,在理论与实践的转换中,提炼新的经验与理论,提升智慧和情怀。

在区域内,通过"圈圈联动"的各类日常交流与专题研讨,不仅实现优质学校优质教育资源向区域内其学校的辐射,同时自身也向其他学校学习,不断实现优质教育资源的持续共生。

---

① 王叶婷."和乐文化"孕育幸福校园[J].上海教育科研,2013(7):59-61.

实 践 探 究

常州市"新基础教育"生态区
运行机制建设初探

李伟平　孙　敏＊

摘　要：常州市"新基础教育"生态区以区域推动与学校自觉发展的双向互动，激发内动力；以整体策划与个性设计的融通转化，激活内生力；以定期交流与共同发展的互通共赢，促整体提升；以分散个研与集中共研的互动创生，促智慧共享；以总结提炼与成果分享的转化辐射，促高位提升。一系列运行机制的研究创生，有效推动了生态区的蓬勃建设。

关键词：机制；双向动力；融通转化；互通共赢；互动创生；转化辐射

常州市"新基础教育"研究生态区是由 10 所"生命·实践"教育学研究合作校、9 所"新基础教育"基地校和 1 所"新基础教育"联系校组成的多层次、多类型的生态区。2015 年 6 月，常州市新基础教育研究会成立，标志着生态区建设走向了自主、合作、共生的新探索和新创造。我们用"一带一路"的战略思维，引领"新基础教育"生态式协作推进与区域运行机制的建设。

＊　作者简介：李伟平，常州市新基础教育研究会理事长，常州市局前街小学校长、书记，江苏省特级教师，江苏省人民教育家培养对象，正高级教师；孙敏，常州市新基础教育研究会秘书长，常州市第二实验小学副校长，中小学高级教师。

一、区域推动与学校自觉发展的双向动力机制

教育千事、万事归于"一事",那就是:培养出能把握自身命运,具有时代发展敏感性和社会责任感,能创造中国未来的一代新人。而教育者和管理者首先就要成为具有时代敏锐性、强大内生力和变革自觉的人。

(一)区域推动学校开展"新基础教育"研究

学校在刚参加"新基础教育"研究时,缺乏变革的内动力或者是内动力不足,这就需要区域的行政或者研究会的外力来推动。在成为"生命·实践"教育学研究合作校之前,区域利用生态区内丰富的研究资源,按照"新基础教育"研究的时序节点要求,组织和推动各校开展研究。同时通过自创节点,通过集中开放和自主开放等活动的申报,有效调动区域内差异资源的互动和不同层级学校在原有基础上的持续发展。

(二)学校自觉主动开展"新基础教育"研究

学校在参与"新基础教育"研究过程中,逐步形成了研究与变革的内动力和内生力。尤其是成为"生命·实践"教育学研究合作校后,在共同教育信念的引领下,学校自觉主动在各领域开展研究和变革,以丰富的实践融汇和发展教育的理念,从而形成推动团队建设和学派理论发展的不竭动力。

区域推动与学校自觉发展的双向互动中,研究与变革从被动走向自觉,内动力和内生力不断增强。

二、整体策划与个性设计的融通转化机制

作为一个以"生命·实践"为核心要义开展教育教学研究的学术团体,常州市新基础教育研究会(本篇简称研究会)以共同的价值追求引领人,以共同的研究目标团结人,以共同的实践历练凝聚人,将组织与学校自觉结成一个

命运共生体,既有整体的策划,又鼓励个性化的、创造性的转化。

(一)研究会章程与学校发展规划相得益彰

研究会建立理事会制度,通过共同商议,制定研究会章程作为长程策划的纲领性文本。章程中规定了研究会的性质和宗旨,明确了研究会的主要任务,那就是依托生态式研究,探索当代中国基础教育改革学校内涵发展与宏观均衡发展之间内在沟通、交互推进的创新之路,探索当代中国教育学与教育改革实践双向建构式发展的特色之路,探索依托非行政组织建设研究与学校实践研究互鉴共生的发展之路,由此形成整个生态区的行动准则。各校紧紧围绕研究会章程,基于不同的学校背景和发展现状,制定学校的主动发展规划。

(二)研究会计划与学校研究计划相辅相成

作为阶段突破的蓝本,研究会敏锐把握"生命·实践"教育学研究的动向,及时反思生态区建设的阶段问题,以"长程策划、阶段突破、前移后续、持续创生"的思路,确立每个学年、每个学期的研究重点和突破方向,比如2015学年的建章立制分层推进、2016学年的学科育人区域互动、2017学年的教育信条转化和四季轮转、2018学年的资源集聚研修深化,都体现了节点意识、突破意识和引领意识。各校紧紧跟进研究会学习、实践和突破的脚步,根据学校的个性制定学校计划,用自己的大脑思考,用自己的语言表达。紧扣学校自身的发展节律,在有向的探索、开放中凸显策划的魅力。

(三)研究会总课题与学校子课题分合有序

研究会以与华东师范大学"生命·实践"教育学研究院的横向合作项目为核心,确定了生态区推进的课题《"生命·实践"理念下学校新生活的构建与学校品牌的创生研究》,从常州市学校新生活的现状调研与分析、学校新生活构建与常州市区域教育文化的生态式推进和改造、学校新生活构建与常州市学校品牌创生的路径与策略、学校新生活构建与常州市品牌教师的生成与发展这几个维度形成纵向以学科为领域、横向以区域或学校为单位的研究网络。因此,基于不同学校的发展阶段和研究能力,各校进行了自主申报和扎实推进。各合作校确立了以综合融通的校园新生活为目标的研究子课题,努力探索"以集团为背景的""以校园四季系列活动为载体的""以学科育人为主线的"校园新生活构建思路与框架,各基地校确立了以各具特色的品牌创生为目标的研究子课题,不论是"诗意文化"品牌,还是"艺术教育"品牌,都有力地推动学校向着新的目标、教师向着新的领域进行实践,使生态区研究焕发出新的活力。

三、定期交流与共同发展的互通共赢机制

区域基础教育生态区的建设离不开校际的及时沟通与合作。以共同的研究旨趣为中心的、非行政组织的交流对话在区域生态区发展中具有独特而不可替代的作用,在信息互通、成果共享的同时,也为思路的澄清和路径的发掘提供了保障。

(一)紧扣时间节点,交流与促进互通

站在研究会自主开展日常研究、致力于品牌创新的崭新舞台,研究会通过每学期一次精心设计和策划的生态区计划交流会和总结交流会,促进不同层级的学校明确学期重点工作,实现研究会与各区、各成员校的有效沟通和对接,促进研究过程资源和研究成果的及时分享。如2015学年第二学期初的交流会上,一方面设计不同层级学校之间的交流分享,如戚墅堰东方小学代表合作校在机制创新和综合融通上改变思维方式,虹景小学代表基地校在长程规划和整体架构上迈向新高度,北郊小学代表联系校追寻在学校特色打造中的整体提升,白云小学代表新进校在资源盘活中打造新常规。另一方面,设计不同学科之间策划设想的相互借鉴,如语文组整体策划节点活动,数学组以骨干研修带动面上深化,英语组以结对互助提升合作品位,综合组以优势学科探索行走方式,各具智慧,各有特色。整个交流过程中,加入高一层级学校校长的即时点评,在点出工作特色,提出商榷建议的同时,助推思维的

深入。

（二）紧扣内容节点，交流与分享共赢

生态区紧扣"生命·实践"教育学理念的学习内化，开展了系列专题交流活动。2016年3月，研究会组织全体校长齐聚东青实验学校，就寒假研读的《回归突破："生命·实践"教育学论纲》一书，开展读书交流活动。校长们带着自己参与"新基础教育"研究的体会，进行了各具特色的交流。李伟平校长以《根性的思维，思维的温度》对整本书进行了导读，以专业的眼光把握全书整体的魂，以对根的敏感把握学派的根，并回到、重建、培植、自己的生命之根。10位校长分章节进行小组合作式的导读和点评，在交流中一方面梳理文本的脉络，提炼行文的逻辑，追溯思想和理论生长的源头，帮助读者把握"生命·实践"教育学派在中西教育和古今文化的沃土上生根发芽的历程；另一方面，感悟叶澜老师的学术精神，感受理论的温度，寻找理论与实践交互生成的轨迹，帮助读者寻找"生命·实践"理念下学校教育新的发展方向。还有诸如"期初衔接活动"的设计、"校园四季活动"的创新、"叶澜老师新时期再出发讲话精神"的落实等节点性的内容，研究会都以专题交流的方式组织开展，为一线骨干教师和校长理论素养的提升提供了有力平台。

（三）紧扣区域节点，交流与提升共长

为深化学科教学育人价值开发，研究会引导各区、各校传承和发扬已有的研究经验，在一学期自主研究的基础上，推出"新基础教育"四区精品课联合开放系列活动。每学期一次，连续四次活动，分别由四个区轮流承办。华东师范大学"生命·实践"教育学研究院的老师前往指导，全国共生体学校的教师也参与研讨。活动设计每半天一个区域，除了两节研讨课的呈现，在说课研讨阶段，在"生命·实践"教育学研究院专家组引领下创新使用答辩式研讨，增强思辨的深度和广度，按"上课教师说课、华东师范大学老师提问、分管副校长或教导主任答辩、市兼职研究员评课、专家组评课"这样的顺序展开。通过问—思—辩—引，帮助各区域负责人把脉本区的研究现状，帮助各学科

责任人提升教学变革领导力,帮助各学科教师发现和提炼教学中的创意与智慧,诊断和改进教学中的共性问题,从而进一步挖掘学科教学育人价值深度开发与有机融通的基本路径、策略和方法。

除了区域内部的交流互动,研究会还充分放大与其他生态区的地理和文化差势,推动自身研究和区域共生。一是全力支持其他生态区的跟岗学校,通过观摩教研活动、日常听课、一对一座谈等形式,将管理领域的变革经验、学科改革和学生工作的路径和有效策略毫无保留地传递给他们,同时主动了解和学习他们独特的学校文化、研究成果,营造"新基础人"是一家的积极氛围。二是用心组织参与其他生态区的研讨活动,通过主动联系、统一安排、分工评课等,全面参与不同区域的各领域活动,汲取不同区域的研究资源。

四、分散个研与集中共研的互动创生机制

以研究会联结的生态区建设,就是要通过构建互联互通的伙伴关系,以高质量、可持续、包容可及的研究项目或研究主题,实现学校与学校间、学校与区域间、区域与区域间的"软联通",从而实现水涨船高式的互动创生和合作共赢式的共同发展。

(一)以学校为单位,自主式研究促区域特色彰显

在共同的理念和阶段目标的引领下,学校充分发挥"生命·实践"的自觉,开发和创生学校的研究课题或主题。如花园二小以绘本研究为抓手,持之以恒开展实践研究,研究经验在由闵行区实验小学举办的第三届全国教育戏剧与学科教学研究论坛活动上进行了交流。龙虎塘小学深度介入"家校社合作"的研究,将学生工作的视角从校内拓展到了校外,实现了教育资源的集聚与辐射。而在"学科育人价值的全面深度研究"和"学科综合活动育人价值的充分开发"两个维度,各校更是进行了各具特色的策划和设计(见表1)。

表1 常州市"新基础教育"生态区各校自主研究突破一览表

	学科育人价值的 全面深度研究	学科综合活动育人 价值的充分开发
局前街 小学	遵循"儿童成长节律",通过时序再构,实现横向内容、纵向目标、学习方式评价方式、管理方式上的多层次重建和统整	"融通式架构""深入式探索"的视角整体架构,形成"长程化、序列化、综合融通地开展学生活动;年段化、班本化,传承创新地打造品牌活动;仪式化,规范化,扎实有序地建设日常活动;主题化,精品化,智慧高效地做好应景活动"
第二实 验小学	在学校培养目标引领下,通过学科育人价值模型的构建和教学内容系统开发,重建基于大主题单元的结构化教学和基于学习工具开发的自主学习	集团内:"新竹娃"系列活动的整体建构与实践 集团间:"基地＋"学生素养培育的研究与实践
新桥 小学	"童性课堂"引领下的学科内育人价值研究和学科间跨界研究	儿童参与式社区新生活的构建与儿童社会小公民品格培养
戚墅堰 东方小学	深化"三级教研"探索,依托微格分析,进行学科育人价值开发的实践引领	融通"体验课程"内容,整体架构并推进综合活动的实施
西新桥 小学	在中华文化意象主题园建设下的中国儿童素养培养的研究	"珍藏秋的记忆"——综合活动之"秋实"系列设计
花园 小学	在"快乐生活"引领下,通过学科育人价值的挖掘和转化,逐步形成具有"花小"学科特性的类结构研究	"校庆日活动""家校社协同研究"等特色项目的资源创生和育人价值的开发利用
花园 二小	指向核心素养的学科育人价值深度开发研究	"悦享四季"——深度开发校园综合活动的育人价值,培育责任担当意识
龙虎塘 小学	"幸福作业"引领下的学科育人的综合融通研究	多力驱动,多环交融,多学赋能——终身教育视界下的寒暑假生活与学期初生活重建,依托假日玩伴团,促学生领导力提升
薛家 小学	语文阅读育人价值的开发和实施策略研究	"畅玩乐享"主题活动的开发与实施

续 表

	学科育人价值的 全面深度研究	学科综合活动育人 价值的充分开发
五星 小学	以整体关联思维,融通"教"与"育",形成"一份标准、两大教研平台、四季课堂"的推进路径,以"聚力研创、融通发展"为策略,通过学科教学价值转化体现学科教学生命价值内涵,使课堂成为"人气"课堂	依托"校园四季"系列活动,开展班本化的整体建构与研究,处理好"有形与无形""有意与无意""个体与群体"的关系,不断地内生与再创造,凸显丰富的教育特性:人文性、融通性、开放性、自主性,从而形成学校综合活动新秩序

不同学校扎实深入、生动鲜活的实践探索,在教育视野和思维方式上促进了学校间的相互启发,进一步追求使校园的一切存在具有生命的质感,创造全面育人的教育新生活。

(二) 以集团(联盟)为单位,组团式研究促区域专题推进

作为基础教育改革的时代产物,各合作校基本都成为集团或联盟的领衔校,在以集团办学的方式推进均衡教育中起到了重要的作用。那么在以集团为单位的研究推进中,"新基础教育"理念起到了怎样的作用? 集团如何通过"新基础教育"研究实现不同学校的共同发展? 不同集团模式背景下有哪些"新基础教育"理念的辐射和推广策略? 局前街小学从教育理念、组织、制度、机制、平台等维度创造了集团和而不同的策略。在组团研究的过程中,集团不仅带领成员校共同探索实践,实现着专题的研究突破,更努力从相同的理想追求、相互的合作担当、自主的申报承担、菜单的需求选择等维度进行策略的创新,落实"让人人成为集团发展的责任人"这一理念,为基础教育改革贡献"新基础人"的智慧和力量。

(三) 以研究会为单位,生态式研究促整体突破

研究会横向以区域为单位落实日常事务管理,纵向以学科为单位实现研究的更新与突破。各学科在学科负责人的带领下,有计划地开展了系列活动。在形式上,数学组成立了骨干教师研修班,充分发挥兼职研究员的智力资源,组织各校推荐的骨干教师,每月1次开展学习交流、实践研讨活动,有

力推动了骨干教师的学习、表达和实践能力。在内容上,各学科也积极寻求基于地域特点和发展阶段的核心突破口,如各学科研究走过课型研究——单元整体设计研究之后,语文学科从学习内容的拓展和学习工具的开发入手,积极探索绘本研究、思维导图研究等,数学学科率先进入练习拓展课型的探索,将新授与练习、课内与课外形成一个更大的整体和关联。再如在集团化推进"新基础教育"研究的过程中,局前街小学、第二实验小学集团等积极探索"克难求进、共同创造"理念下的分层指导策略:新进校,通过理念引领与实践助推的双向联动,实现跨越式发展;联系校,通过整体入手与专题共研的日常引领,转变思维方式和前进方式;合作校,通过价值引领与协作培育的导向扶持,促使自我不断向更高的方向迈进;生态区,通过综合覆盖与重点带动的互动辐射,在有向互动中推动个体的自传和母体的公转。

(四) 以全国共生体为单位,开创性研究促个体深度介入

根据"生命·实践"教育学研究院的统一安排,各学科新专题的开创式研究在全国生态区轮流承办,交流分享。常州市也以此为契机,有力推动各学科的研究深化或各学校的研究深入。一方面,常州市的骨干教师和兼职研究员带着本地区的研究思考积极参与全国的互动分享,并把其他地区的优秀经验带回常州,进行再研究、再深化。另一方面,常州市各学科也积极承办全国的专题研讨(见表2),承办校、各学科用一天高效的研讨活动,让一群有教育情怀的老师,围绕一个有意义的主题,进行深入浅出的研讨,呈现一个学期的扎实研究,推动一个专题的深度思考。常州市"新基础教育"生态区为能够提供这样一个研究场、智慧场,并为在此中得到促进和生长而自豪。

表 2　近四年常州市"新基础教育"生态区开放或承办
全国共生体专题研讨活动情况一览表

时　间	学科	主　题	参与人数
2015 - 11 - 02	各学科	全国"新基础教育"成果推介会	800
2016 - 04 - 21— 2016 - 04 - 22	数学	练习课型研讨活动	200

续　表

时　　间	学科	主　　题	参与人数
2016-05-26— 2016-05-27	各学科	学科教学育人价值深化研究交流会——常州四区联合开放活动(一)	400
2016-10-10— 2016-10-11	数学	小学数学"关联递进性设计"专题研讨活动	250
2016-12-08— 2016-12-09	各学科	学科教学育人价值深化研究交流会——常州四区联合开放活动(二)	400
2016-05-23— 2016-05-24	各学科	学科教学育人价值深化研究交流会——常州四区联合开放活动(三)	400
2017-11-15— 2017-11-16	各学科	学科教学育人价值深化研究交流会——常州四区联合开放活动(四)	400
2017-12-08	英语	"新基础教育"共生体第三届英语专题研讨会	150
2017-05-11	数学	数学学科育人价值交流研讨	400
2018-05-28	英语	"新基础教育"英语教学研讨活动	150
2018-06-04— 2018-06-05	班队	"新基础教育"研究共生体"学生工作与学科教学的综合融通"暨"学校日常生活中学生发展"第五次全国现场研讨会	200
2018-06-08	语文	"育人价值视野下的思维导图与语文教学方式变革"专题论坛活动	200
2018-10-27— 2018-11-02	管理	全国共生体"学校整体转型性实践变革"专题研修	360
2018-11-14— 2018-11-17	班队	全国共生体"学生工作"专题研修	540
2018-11-21— 2018-11-24	语文	全国共生体"语文学科"专题研修	320
2018-11-27— 2018-11-30	数学	全国共生体"数学学科"专题研修	230
2019-04-14— 2019-04-17	管理	全国共生体"中层管理"专题研修	290

续　表

时　　间	学科	主　　　　题	参与人数
2019－03－25— 2019－03－27	数学	全国共生体"数学学科"专题研修	260
2019－04－25— 2019－04－26	英语	全国共生体"英语学科"专题研修	220
2019－05－06— 2019－05－07	综合	全国共生体"综合学科"专题研修	200

五、总结提炼与成果分享的转化辐射机制

研究会汇众智、聚众力,为研究推进提供强劲动力和广阔空间。学校研究的深化创新为研究会和生态区的建设注入了源源不断的动力,研究会的全方位开放、全过程支持为学校独立自主建设和经验成果提炼提供了信心。研究双向推动中适时的总结提炼为认识和理解的提升提供了更高的平台,而经验成果的及时分享又为进一步转化和辐射提供了崭新的舞台。

(一)"全实深"与"精特美"双向互动,促成果凝聚

研究会一方面依托人,结合"生命·实践"教育学研究院兼研究员改选的契机,鼓励各校推荐成熟的骨干教师,聘为研究会兼职研究员,在更日常、更深入的日常区域研究、学校变革中发挥重要力量,促进区域和学校研究向着"精特美"攀升。一方面依托事,以基地校回访、创合作校调研等为抓手,努力捕捉成长中学校的亮点和特点,授予不同奖项,在推动学校从"全实深"向"精特美"转变的过程中,进一步凸显个性自主和差异发展。同时研究会积极搭建成果展示的舞台,促不同层面、不同领域成果的提炼。

(二)学校经验与常州经验同生共长,促转化提升

学校的自主研究累积到一定的点,需要及时梳理和凝聚,形成可表达、能借鉴的显性成果,研究会通过每学期末的总结研讨和专家的互动点评,帮助

学校进行总结提炼。在此基础上,依托各种平台,及时辐射常州市的研究成果(见表3),寻求共生体学校的第三只眼睛和专家的进一步引领,使之提升为常州经验。

表3 近四年常州市兼职研究员参与全国
共生体会议发言情况一览表

时间	会 议 主 题	报告/发言人
2015-05-09—2015-05-11	互惠学习与共生发展——促进跨校、跨区域、跨文化的推进学校发展改革的国际学术研讨会	李伟平、魏迎九、周 云
2015-06-05	全国"新基础教育"生态式推进第二阶段策划研讨会	李伟平
2015-06-05	常州市新基础教育研究会成立大会	庄亚洁、陈建伟、叶伟锋、朱新颜
2015-10-30	"新基础教育"生态区负责人联席会议	李伟平
2015-11-01	全国"新基础教育"研究成果推介会	李伟平、王冬娟、魏迎九、袁文娟、许嫣娜、陆 芳、姜明红、孙 敏、金东旭
2015-11-02	全国"新基础教育"研究成果推介会	李伟平、叶伟锋、魏迎九、黄乃君、韩燕清
2016-04-27	全国"新基础教育"第七次共生体会议	王冬娟、魏迎九、耿群志、郭玉琴、王 薇、袁文娟
2016-06-17	"新基础教育"生态区负责人联席会议	李伟平
2016-11-03	全国"新基础教育"第八次共生体会议——综合学科育人价值研讨活动	耿群志、钱亢
2016-11-04	全国"新基础教育"第八次共生体会议——"学校四季系列活动"策划研讨会	李伟平、叶伟锋、许嫣娜
2017-05-06	学校建筑与教育空间的育人价值研究	李伟平、叶伟锋
2017-05-18	"新基础教育"生态区负责人联席会议	李伟平
2017-05-20	全国"新基础教育"第九次共生体会议——教育信条的解读与实践转化	孙 敏、郦少春

时　间	会　议　主　题	报告/发言人
2017 - 09 - 30	"生命・实践"教育学研究合作校校长专题研讨会	叶伟锋、姜明红、韩燕清、蒋玉琴、黄乃君、金松武、吴春燕、魏迎九
2017 - 05 - 11	"新基础教育"生态区负责人联席会议	李伟平
2017 - 05 - 11—2017 - 05 - 12	"生命・实践"教育学研究院年会暨全国"新基础教育"第十次共生体会议	李伟平、周志华、王冬娟、邵兰芳、姜明红
2018 - 11 - 04	全国"生命・实践"教育学研究合作校校长研修班	李伟平、叶伟锋、朱新颜、韩燕清、郭兴华、黄乃君、金松武、吴春燕、魏迎九、钱丽美
2018 - 11 - 30	第四届"新基础教育"全国共生体英语专题研讨会	刘　琴
2019 - 03 - 30	全国"生命・实践"教育学研究合作校校长研修班	李伟平、叶伟锋、朱新颜、韩燕清、郭兴华、黄乃君、金松武、吴春燕、魏迎九、钱丽美
2019 - 04 - 12—2019 - 04 - 13	"新基础教育"共生体"学校四季综合活动"研究——暨"学校日常生活中的学生发展"第六次全国现场研讨会	王文娟、汤皎丽、陈亚兰

(三) 日常积淀与节点绽放有机融通,促辐射推广

研究会基于常州生态区近 20 年的积淀,以"新基础教育"研究示范区为标准,在向内托举学校发展的同时,向外辐射研究经验和研究成果,在一个个节点绽放中提升"生命・实践"的内定力、内生力和生命自觉。如 2015 年 11 月,由《人民教育》主办的全国"新基础教育"研究成果推介会在常州市举行。

(四) 研究会与研修学院合力推进,促成果分享

在华东师范大学"生命・实践"教育学研究院的信任和指导下,"新基础教育"首家研修学院在常州市隆重成立。研究会一方面征集各校资源,引导各校分学校管理、学科教学、学生工作三大类别梳理成型研究和成熟课型,在此基础

上进行汇总,形成了 173 个专题报告、200 多节课例,40 多项特色活动和 130 多名兼职研究员队伍的研修分类资源库;另一方面,撰写《常州市"新基础教育"研修学院课程方案(讨论稿)》,从课程背景、课程理念、课程目标、课程结构与内容、课程实施(开发、选择和推进)、课程管理与保障、课程评价等维度对课程方案进行了初步架构。在此基础上,以研修学院为主体,独立推展各领域不同类型的专题成果分享活动(见表 4),既全面呈现了常州生态区近 20 年的研究成果,更手把手指导了专题研究的策划和组织,为后加入地区提供了有效的示范引领。同时研修学院还将研修课程全部向常州市开放,各校可以根据课程安排,有选择地安排适当的人员参与,有效地促进了温故知新和与时俱进。

表 4   2018 学年常州市"新基础教育"研修
学院各领域研修情况一览表

领域	天数(天)	专题报告(个)	研讨课(节)	专题研讨(个)	共生体地区参与人数(人)	常州市参与人数(人)
管理	7	15	5	3	160	200
中层	4	5	15	4	150	140
语文	4	5	6	3	120	200
数学	7	13	13	6	250	200
英语	2	4	4	2	120	100
综合	2	6	4	2	100	100
学生工作	4	17	6	3	140	400
合计	30	65	53	23	1 040	1 340

常州生态区因着 20 所学校的差异、14 个地区的需求呈现出丰富的形态,我们要做的就是,正视差异、利用差异、在助推差异的流转和分享的过程中,促进生态区和谐互动、整体提升、特色鲜明。站在新起点上,我们将坚持共同发展的大方向,继续秉持共商、共建、共享的"黄金法则",积极打造互联互通伙伴关系,建设多层次的合作架构,推进更多高质量的合作研究,创造更多有特色的研究成果,共同构建起更为自觉、开放的研究共同体。

20 年"新基础教育"研究中的区域教学改革与机制创新

程丽芳　陆燕琴*

摘　要: 上海市闵行区的"新基础教育"研究从 1999 年起的"决战课堂",到 2004 年起关注"学校整体转型",再到 2012 年开始的"生态区建设",我们通过组织结构的调整,推进策略的完善、活动机制的更新,既推进了教师课堂教学改革的步伐,又从学校到区域层面,加强了基于教学改革的组织机制的创新,促进了教师队伍的整体发展,优化了区域教育的和谐生态。这 20 年我们努力回答了如何将素质教育落到每一所学校,如何真正实现区域教育内涵式优质均衡发展的问题,只有深度的教学变革才能够产生持久效果。

关键词: "新基础教育"研究;教学改革;区域推进;机制创新

一、问题的提出

1993—1998 年,上海市闵行区(下称闵行)领风气之先,开展了区域性整体推进素质教育的改革研究——大胆尝试中招制度、人事制度、办学体制改革,建立了一套行之有效的政策体系,从宏观上为实施素质教育创造了良好的环境。但这只是素质教育的"上篇文章"。

要写好素质教育的"下篇文章",其核心问题在于:如何将教育改革深入

---

　*　作者简介:程丽芳,闵行区新基础教育研究所常务副所长,中学高级教师;陆燕琴,闵行区新基础教育研究所副所长,中学高级教师。

本区的每一所学校,落实到学校内部的日常教育实践中去。1999 年 5 月,正值叶澜教授主持的"新基础教育"探索性研究结题,其成果在国内引起了很大反响。该课题从时代高度和理论深度揭示了我国基础教育存在的最主要弊端在于,缺乏生命活力,忽视甚至抑制了学生主动性、创造性的发展,在此基础上提出了具有鲜明时代特色的"新基础教育"价值观、学生观以及学校教育活动观,并从生命的高度、以动态生成的观点建构了充满活力的课堂教学新模式。与此同时,"新基础教育"研究也走向了发展性阶段,需要扩大试验的规模,寻求更广阔的实践土壤。

经时任上海市教育委员会副主任张民生牵线搭桥,叶澜教授选择了闵行,闵行也选择了"新基础教育"。20 年来,闵行教育希望通过这种真诚、共赢的合作,对如下几个问题进行攻坚克难。

一是区域宏观层面上的行政指令和制度设计,只能从外围和高处促进学校的教学改革,难以进入学校内核并切中学校推进教学改革的关键要素和核心问题,难以改变学校改革对宏观管理的过分依赖,区域需要通过内外研究力量和研究资源的整合,帮助学校在外部力量的支持下,培育和提升内部生长力。

二是针对学校素质教育只通过科技、体育、艺术等课外活动推进的现实问题,帮助学校树立推进素质教育的主阵地在课堂的观念,并以"新基础教育"的教育理念指导课堂教学改革,从根本上改变教师头脑中根深蒂固的教育观念和习以为常的教学行为。

三是针对学校教学改革点状推进,校际缺乏互动关联的问题,在十多年"新基础教育"研究过程中,在实验学校数量不断扩展的背景下,需要在区域层面上重建推进研究深化的策略和方法,创新区域推进教学改革的研究机制。

二、解决问题的过程与方法

从 1999 年"决战课堂",到 2004 年开始的"学校整体转型",到 2009 年聚焦"学校扎根研究",再到 2012 年开始的"生态式推进",闵行 20 年的"新基础教育"研究,始终坚持"协作式引进"的合作方式,教育行政主动作为,集聚高校专家、本土教研人员和基层学校教学改革力量,以整体策划和阶段推进相结合的策略、日常研讨与节点推进相转化的策略、行政组织与非行政组织相促进的策略,深度介入到学校教学改革中,将学校"日常实践"转变成"研究性变革实践",更新课堂教学形态,打造新型教师队伍,完善教学改革创新机制,促使广大教师实现理论与实践的双向转化,实现累进发展式的教育观念和教学行为的真实改变。

(一)"决战课堂":聚焦突破,创造性落实素质教育

1. 主要任务

以"决战课堂"为突破口,在推广"新基础教育"研究成果的过程中,帮助实验教师铲除头脑中陈旧的教育观念,建立新的课堂教学价值观、过程观和评价观,形成首批骨干实验教师、实验学校,推出一批优秀示范课例。

2. 实施方法

通过自愿报名,双向选择的原则确立实验学校,并组建由 27 所学校组成的实验团队;以在闵行成立的新基础教育研究所为枢纽,组织、策划区域的"新基础教育"研究活动;把每周的星期二定为区级"新基础教育"研究活动的法定日,切实开展现场研究指导;在借助高校专家资源的同时,大力培训区内研究力量,提升本土专家的指导能力(组织结构及运行机制见图 1)。

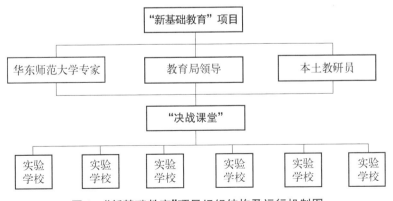

图 1　"新基础教育"项目组织结构及运行机制图

3. 推进策略

理论学习先行,确立新参照。在全区开展大规模的培训活动,通过专家报告,普及"新基础教育"历经五年取得的研究成果。与此同时,以区级培训带动实验学校开展各种类型的学习活动,使"新基础教育"理念及其改革策略迅速传播开来。以集中性的理论学习,帮助校长、教师在头脑中重新"织"起了一张"网",形成了新的观念系统,确立了新的参照系。

现场研讨聚焦,清晰新认识。每个星期二,专家组成员、区教研员和教育局领导组合成几路,到实验学校,深入实验班级,进行广泛的听课、评课活动,与实验教师进行面对面的交流研讨,聚焦改革的核心问题,帮助教师在新旧观念的碰撞中理清思路。专家入木三分、一针见血的评课,不只是指向教师教学行为中呈现出的问题,而且还指向问题背后的思想观念剖析,帮助教师逐渐从封闭、困顿、迷茫中走出来,产生越来越多的"喔"效应,从而对何为"新基础教育"课堂教学改革的要求有越来越清晰的认识。

节点活动突破,形成新骨干。通过"地毯式"调研、"中期评估"等节点活动,对一个阶段的实验情况进行回溯,总结亮点,提出问题,并进行集中推进。在"地毯式"集中调研的基础上,选择投入力度大、课堂教学变化明显的实验教师,开展"现场研讨",形成一批带有"新基础教育"特质的好的课例;在扩大优质研究资源效应的同时,迅速形成骨干群体。

(二)"整体转型":梯度推进,创新教学改革组织制度

1. 主要任务

主要任务是使课堂教学改革呈现更加整体、系统的特征,引领实验学校开展基于教学改革的学校整体转型研究,实现更多学校的转型发展。

2. 实施方法

闵行区政府、区教育局继续提供政策、经费等支持,扩大实验学校队伍,由原来的27所实验学校扩大到56所,建构起"基地建设和区域推进"两个层面的改革体系,逐步形成8所基地校、11所组长校和37所面上校三类学校梯度推进的整体格局,实现学校间的相互学习、扬长补短和资源共享(组织结构及运行机制见图2)。

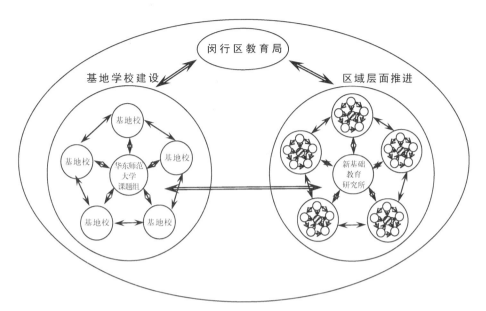

图 2　闵行基地校建设和区域层面推进组织结构及运行机制图

说明：区域层面推进组织图中的大圆圈表示"以组长校为核心自组织运转的校际研究共同体"，里面带阴影的小圆圈表示组长校，不带阴影的小圆圈表示实验校。华东师范大学课题组不仅直接指导基地校开展"新基础教育"成型性研究，而且还参与并指导区域层面的研究活动。基地校、组长校、面上校三个层面的学校不仅与华东师范大学课题组、新基础教育研究所进行互动，而且学校之间、学校内部各部门之间也在进行着互动。

3. 推进策略

校长研修先行，重构教学改革制度。推进教学改革只有一支实验教师队伍还是远远不够的。教学改革与学校的整体转型变革之间有着内在的系统关联。为此，通过举办校长研修班，提高校长作为学校教学改革"第一责任人"的意识，帮助校长提升引领学校变革的能力，重新架构推进教学改革的组织和制度，为学校的教学改革提供保障。

组长培训跟进，降低教研重心。由华东师范大学课题组开展面向学科组长的培训活动，通过培训，帮助组长明确教学改革要求，树立学科改革"第一责任人"的意识，提升教研组长组织开展校本研修活动的能力；以区级培训带动学校研修重心的进一步下移，实现学校校本研修方式的进一步转型。

骨干辐射引领，丰富教研组织。通过骨干教师协助撰写《"新基础教育"学科改革指导纲要》，开设精品课等活动，自主提炼研究成果，引领面上校的教学改革;通过区级及校级骨干研修基地的建设,形成了以专业引领为特质的一系列非行政性研修组织,形成了富有"新基础教育"研究特征的校本研修方式,"从课堂内生长出来,又作用于课堂改进"的学科研究新形态初步形成。

校际互动提升,放大教研资源。 鉴于面上校数量多、进入实验相对晚且不均衡等特点,组建校际研究共同体,在三类学校的梯度推进中,基地校"探索、研究",组长校"发展、引领",面上校"学习、跟进",每一类学校都能找到自己的发展空间。在推进过程中,通过结构开放、过程互动,资源集聚、经验辐射,引发了学校之间的相互学习与创造。

(三)生态区建设:创新机制,区域教学改革内涵式均衡发展

1. 主要任务

开展生态区建设,变校际差异为资源,在校际合作研究的过程中,推进各个层面学校的共生发展;建立华东师范大学和区级两个层面的兼职研究员队伍,培育本土化的教学改革指导梯队和研究梯队;形成区内跨校教研组梯队发展的格局,建设良好的区域生态。

2. 实施方法

基于自愿参加、自主选择原则,将全区参与实验的66所学校,组建成以组长校、核心校为骨干校,面上校为成员校的6个生态区。以"行政推动、专家引领、自主发展、合作共生"为原则,创建区域内部的生态区。同时,构建梯度化的组织机构和运行机制,形成不同发展梯度学校之间的合作关联,在自主、合作开展生态区常态化的研究性变革实践中互补共生,深入推进学科教学改革(组织结构与运行机制见图3)。

3. 推进策略

校际合作,集群发展。 基地校作为各生态区建设的第一责任人,全面负责生态区建设工作的总体组织与策划,轮值组长校、骨干校协作跟进,借助由兼职研究员组成的生态区各学科核心推进小组,推进校际合作研修,形成生态区自组织力,实现集群发展。

自主实践,校本转化。 每所学校在生态区建设过程中,拥有独立发展的空间。通过制定"新基础教育"三年发展规划,明确自身研究目标和推进策

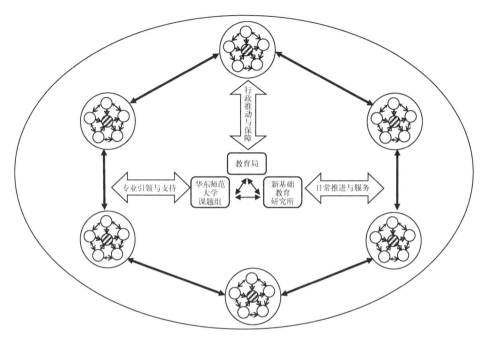

图 3　生态区建设组织结构与运行机制

说明：该组织图中的大圆圈表示闵行教育的大生态，里面的 6 个小圆圈表示 6 个以常任组长校为核心的生态区，6 个带有阴影的小圆圈为各生态区的核心校（核心学校由常任组长校、轮值组长校、骨干校组成），不带阴影的小圆圈表示生态区的成员校。在项目推进过程中，由教育局从整体上提供行政推动与保障，华东师范大学课题组提供专业的引领与支持，新基础教育研究所负责日常推进与服务。各生态区核心学校和成员校之间开展互动，同时，生态区与生态区之间也有互动。

略，开展自主实践，将"新基础教育"教学改革的研究成果转化为校本实践的生长点和创新机制，实现学校不同程度的新优质发展。

评价激励，"成事成人"。从区教育行政部门到各生态区及学校协调建立，健全与生态区建设相匹配的评价与激励机制。通过区级中期评估以及生态区内部的结对式评估和评估式调研等活动，在关注"事"的同时关注"人"的发展，形成具有闵行特色的骨干教师群体与团队发展机制，将之内化为学校转型发展的真实力量。

三、主 要 成 果

闵行 20 年"新基础教育"研究，在区域层面建立了更贴近学校发展的推动与保障机制,使区域的教学改革要求成为学校机体"存在"与"呼吸"的方式,也转化成了师生新的在校生存方式;反过来,越来越多教师、学校的高质量参与,在丰富理论建设的同时,也积淀着区域改革的基础与氛围。其成果主要表现为以下两方面。

(一)形成区域教学改革的新态势

经过 20 年的研究,"新基础教育"的精神、气质和智慧已经深深扎根于闵行的土壤,融进了教师新的课堂教学行为以及新基本功的锤炼中,也落实在不同层面的教研文化的建设中,以"新基础教育"理念为指导,全区逐渐形成了新的教学改革态势。

1. 确立了新的课堂教学形态

将课堂教学看作学生生命成长中的一个重要的场域,不断开发并放大学科教学的育人价值;以"学生立场"为出发点和落脚点,在深度解读教材、解读学生的基础上,从教师活动、学生活动两个方面对课堂教学进行弹性化设计,为学生的主动学习、合作学习留下空间;以"有向开放—交互反馈—集聚生成"为内在逻辑展开课堂教学,关注并尊重学生课堂学习的即时表现,对学生中呈现出的资源进行及时的回收与反馈,基于教学目标对课堂教学进行动态化的推进。

2. 清晰了教师发展的目标路径

与传统定位的教师发展不同,"新基础教育"研究背景下的教师发展路径主要包括多元学习、变革实践、自我超越三个层面的内容。多元学习不仅指向书本,还指向实践,包括在他人的实践现场学习,在自我的实践体验中学习等;变革实践指的是具体的实践之功,如研读学生之功,研读教材之功以及更为重要的变革教学之功;自我超越指的是教师日常反思重建的习惯与功力。

3. 明确了教研团队的转型要求

无论是校内的各教研组,还是生态区校际的教研团队,其功能都在发生重要变化,形成了具有"新基础教育"特质的团队目标,即从事务性的管理走向自主性的研究实践,教研团队责任人的角色定位发生变化,其研究能力、组织策划能力和指导能力都得到提升;同时,教研团队中的人际关系也从竞争关系中走出来,形成了相互学习、协作共进的团队氛围。

(二)创新区域推进教学改革的实践方式

1. 创新日常化研究方式

闵行 20 年"新基础教育"研究对教学改革最直接的经验莫过于长期且深度地开发高校学术资源,并使之高质量介入区域性教育决策和教学改革的全过程。华东师范大学专家直接进学校、进课堂,参与到教师教学研究的实践过程中来,使得"经院式"的理论通过这种"贴地式"的实践介入方式,慢慢影响教师的教学观念和教学行为,最终深深扎入广大教师的日常实践中。教育局也从指令性的行政管理,转变为宏观调控管理,形成科学决策、专业引领、尊重学校自主的新型领导方式,激活更多学校的办学活力,形成生气勃勃的教学改革局面。同时,高度综合区内教研、教师培训、考核评价等资源,使实验不仅在点上开花,也能在面上推进,促进了"新基础教育"研究的本土化、日常化。

2. 形成系列化推进策略

我们在整体策略、分段实施每阶段研究任务的过程中,还创造了在日常实践持续开展的前提下,结合节点性活动集中推进的策略。15 年来,专家团队坚持每周"相约星期二"去学校开展研究指导,这带动了更多学校作出了相应的活动组织与安排,逐步形成了定期学习、现场研讨、总结交流等基于校本的研修形式与常规制度,极大增强了学校日常研究的频度;在日常实践积累到一定阶段,又会通过中期评估、全面普查、精品课展示等一系列活动进行集中推进。而这些节点性活动,又会融入学校日常的实践中,转化为学校内部不同年级、不同学科交流、推进和检验"新基础教育"研究的一种有效方式。日常持续与节点推进成为区域"新基础教育"研究特有的节律,每一所学校也都能和着这一节律,在日常持续中拓展,并在节点推进中深化自身的教学改革。

3. 生成梯度化培育机制

通过"重点突破和梯度放大"的策略来培育推进教学改革的积极力量。"重点突破"不仅指实验开始时对实验年级和实验学科的选择,如实验年级将小学阶段作为突破口,再延伸到初中阶段;实验学科从语数英学科开始,再拓展到其他学科;还指的是对实验学校和实验骨干教师的持续关注,通过跟踪式的合作研究,帮助其在教学改革中呈现出新的状态。当他们对其他学校和教师能产生积极影响时,就让他们在更广泛的同伴研究中发挥积极引领和推进作用,这也就是这一策略中的"梯度放大"。这种放大,更是指一种新生的积极力量在改革环境中的扩大与增生,是经历了一定时间的改革实践、反思重建之后的"累进性"变化,是有梯度的,而非跨越式的。所以,我们一方面十分注意组织、引导、推进教师和学校中第一梯队的持续变革与发展,不断向他们提出新的挑战,兼职研究员以及基地校、组长校、核心校职责等赋予他们更大的责任,使之承担更加丰富的角色,通过多种形式和不同范围的包括校内、校际、区域的评价激励,在培育骨干的同时,放大其发展效应;另一方面,则采取多种方式加强不同发展梯度之间的积极互动,提倡互动中的主动呈现和相互学习,营造了区域"新基础教育"研究群体独特的奋发状态。

四、效果与反思

(一)带来了对区域教学改革的新认识

回望这20年走过的路,我们得到的最深切的体会是,有深度的教学变革才能够产生持久效果。教学改革不是"刮一阵风",需要区域持续深化,达成价值共识;教学改革不是"空喊口号",需要深入每一所学校,形成推进路径;教学改革不是"做做花样",需要进入课堂和班级,追求真做真改;教学改革不止于"完成任务",校长、教师的成长更关键。

(二)推进了区域教学改革的进程

通过20年研究,形成了不同学科的课型研究成果,如语文的识字、阅读和作文教学,数学的概念教学、规律探究和计算教学,英语的文本创编教学等。课型研究从单一走向贯通,从分散走向以单元为整体的结构化思考和策划,聚焦学生学科素养的整体培育。与此同时,广大教师也逐渐清晰地认识到,"新基础教育"的课堂教学没有固定模式,不能简单模仿,必须重视学科特质以及同一学科的不同学习目标与课堂形态的匹配性,教学改革要尊重课程性质、学科特点以及学习类型,才能达到"教无定法"的最高境界。

(三)促进了区域各类队伍的整体发展

1. 校长和教师队伍的发展

一批教学改革骨干校长、骨干教师成长起来,逐渐在上海市乃至全国产生影响力。在近 10 所的核心学校中,有 5 位校长被评为特级校长,涌现出省(市)优秀教研组 22 个,名师工作室和学科教师培训基地 28 个。

2. 本土研究人员和教育行政人员的发展

除本土研究人员全程参与实验外,教育局行政领导也率先垂范,局长、相关科室负责人直接高频参与听课、评课和专题研讨活动。这使得区域业务指导部门和教育行政职能部门对学校改革的整体状态相当清晰,行政人员参与并指导教学改革的能力大大提高。

(四)优化了区域推进教学改革的生态

1. 学校办学品质在各美其美中提升

围绕"新基础教育"教学改革的要求,学校在内部制度建设方面进行全面深化研究,新型的研修制度与研修文化正改变着学校的教学改革生态,实现着学校的文化创生。蔷薇小学的校本研修受到了国内外的广泛关注,美国《纽约时报》报道了"蔷薇现象";七宝明强小学 2009 年获得"全国教育系统先进集体"称号;实验小学、华坪小学、汽轮小学、闵行四中等 9 所学校先后被评为上海市文明单位;闵行四中、新梅小学等多所学校被评为上海市新优质学校;田园外小获"上海市家门口的好学校"称号。

2. 区域教育生态在美美与共中生成

各校原本深陷闭门办学的"孤岛"状态,如今却打破了校际壁垒,以坦诚之心开放校园,借学习之力推进自身发展。校际变竞争为合作,区域呈现出美美与共的教育生态。

(五) 社会效应

1. 得到了上级领导的肯定

2006 年,教育部在《共同的关注——素质教育系统调研》中,充分肯定了闵行开展"新基础教育"实验、坚持不懈实施素质教育取得的成效,并把闵行列为全国推进素质教育的七个先进典型地区之一。2008 年 4 月,教育部陈小娅副部长在闵行区实验学校调研时,赞扬"新基础教育"研究引领校长关注学校内涵发展,带给师生蓬勃向上、自由开放的精神状态,对闵行开展素质教育的实践与探索给予了高度评价。2002 年 12 月,区域"新基础教育理论"成果推广研究被评为上海市第二届普教科研成果推广一等奖。2009 年 11 月,上海市闵行区教育改革实验区荣获中国教育学会系统先进单位。2009 年 12 月,《转型与创生:基础教育内涵发展的区域性实践与探索》荣获上海市教育科学研究院第三届学校教育科研成果二等奖。2013 年 12 月,《十五年"新基础教育"研究中的教学改革与机制创新》荣获上海市首届基础教育教学成果特等奖。

2. 得到了各类媒体的关注

《人民教育》《中国教育报》《文汇报》《教育发展研究》《中小学管理》《基础教育》等杂志和媒体多次专题报道"新基础教育"研究给闵行教育带来的新气象、新变化。

(六) 问题反思

1. 目前,闵行教育已进入体量扩张与内涵发展的"双高期",面临着人民群众日益增长的教育需求与教育内涵发展水平不相匹配等矛盾,如何以教学改革为突破口,有效解决上述矛盾,是今后一段时期内闵行教育发展的重要任务。

2. 需要更加系统梳理 20 年丰富研究成果,在更好实现研究成果本土化的同时,继续提升培育本土研究与指导队伍的能力。

3. 进一步强化区域教学研究机制和学校内部研究机制的融通共生。

"五轴联动"推进共生体高品质发展

——"新基础教育"研究情境下区域教育改革探索与实践

郑兰桢　陈贻宇　范锡光　朱志衡[*]

摘　要："新基础教育"把握时代精神，以培养主动、健康发展的人为目标，从"价值提升、重心下移、结构开放、过程互动、动力内化"等方面开展学校整体转型性变革的实践研究，为创建21世纪新型学校提供了教育思想和行动研究的方向、路径和范式。南海区转变教育教学改革观念，以深度推进"新基础教育"实验研究为驱动，创建"五轴联动"工作机制，实现公转与自转有机融合，形成雁阵式"新基础教育"研究学校共生体；在学习、吸收"新基础教育"系统理论与实践经验基础上，逐步转化和生成品质课堂本土教育教学改革观念、思路和实践策略，并以此为抓手，推动区域"课堂革命"行动，从而实现"理念重植、教材重构、课堂再造、评价重塑、教学相生"。

关键词：新基础教育；"五轴联动"机制；品质课堂

一、问题与瓶颈

佛山市南海区是"推进基础教育高水平均衡发展"国家教育体制改革试点和首个"广东省教育综合改革示范区"创建试点单位，是全国首批"义务教

---

　*　作者简介：郑兰桢，佛山市南海区教育发展研究中心副主任，英语高级教师。研究方向：教育管理及英语学科教学。陈贻宇，佛山市南海区教育发展研究中心教研室主任。研究方向：思想政治教育。范锡光，佛山市南海区教育发展研究中心教研室副主任，中学物理高级教师。研究方向：物理学科教学。朱志衡，佛山市南海区教育发展研究中心教研员。研究方向：语文学科教学。

育发展基本均衡"县区。南海区有幼儿园 538 所,中小学校 212 所,其中有 17 所普通高中(公办高中 14 所),10 所是国家级示范性普通高中,在校学生约 48 万人,教职工 2.5 万人。南海区教育始终坚持"为学生的终身发展奠基"的核心理念,以立德树人,促进教育公平,提高教育质量,办好人民满意教育为基本目标与任务,全面推进教育综合改革,不断提高教育品质,成效显著。但是,发展逐步进入"高原状态",发展瓶颈日益突出。

2017 年 4 月,南海区教育局邀请华东师范大学"生命·实践"教育学研究院的老师来南海区调研把脉基础教育发展状态,寻求解决之道。经过调研,确诊南海区基础教育发展主要存在五个方面的问题:

1. 南海区中小学校已进入内涵发展阶段,全面提升教育质量成为教育改革发展的核心任务。如何建立更加公平、优质和充满活力的现代化学校是南海区未来发展的主要挑战和当前面临的紧迫的现实课题。

2. 整体上,学校教育缺乏有深度、系统的、内在一致性的学校变革理念与教育教学思想。一些办学理念是市面上流行的口号,缺乏内生式、富有学校自身特色的发展理念,拼杂现象较为普遍。

3. 结果取向、品牌取向的办学价值取向,让学校与教师都忽视教育过程的价值,缺乏内生式发展路径的成长体验。教师教学封闭化、训练化、知识唯一化,教学缺乏从育人的高度进行思考与审视。

4. 各校教师队伍结构或趋老化,或趋年轻化,以老带新推进教师专业发展的路径从另一角度又造成了新教师被老教师落后或传统的教学理念与教学方法同化,问题严重,亟待高水平的"教练"引领发展。

5. 教育投入取向偏重硬件设施建设,软件投入、教师专业发展投入明显不足。

综合以上调研,华东师范大学"生命·实践"教育学研究院把"新基础教育"在南海区域推进的性质定位为:城市化进程中区域性现代学校整体内生式变革研究。

二、目标与任务

2017 年 11 月,在南海区委区政府"品质教育,学在南海"教育发展战略牵引下,南海区教育局与华东师范大学"生命·实践"教育学研究院签署"新基础教育"实验研究合作协议,以 6 所中小学校作为整体性转型变革研究的实验学校,努力探索南海区基础教育高品质发展之路。精准确立了三大方面的目标与任务:

1. 为南海区打造一批"新基础教育"研究基地校并成为南海区新型的现代化标杆学校,引领南海区中小学校内生式变革发展。

2. 为南海区培养一批具有"新基础教育"新基本功的研究型教师队伍,为学校持续变革提供坚实保障。

3. 为南海区培养开展"新基础教育"研究的本土指导力量,为今后南海区持续自我开展研究创造条件。

三、"五轴联动"推进策略

自"新基础教育"研究项目在南海区实施以来,在华东师范大学"生命·实践"教育学研究院老师的悉心指导下,南海区教研室和实验学校经过一年半的实践探索,构建了"五轴联动"推动区域共生体高品质发展模式,机制运转顺畅,已见成效。

"五轴联动"是数控术语,五轴联动数控机床是一种科技含量高、精密度高专门用于加工复杂曲面的机床,这种机床系统对一个国家的航空、航天、军事、科研、精密器械、高精医疗设备等行业有着举足轻重的影响力。五轴是指在一台机床上至少有五个坐标轴,联动是数控机床的五轴按一定的速度同时到达某一个设定的点,而且可在计算机数控(CNC)系统的控制下同时协调运动进行加工。

南海区教研室借助这个数控术语,融通各领域各时段节点研究,创建"五轴联动"工作机制,实现公转与自转有机融合,深度推进"新基础教育"在南海区的实验研究工作。

(一) 构建五轴

一轴(核心):实验学校领导团队

二轴(主力):学校学科教研组研究团队

三轴(中枢):华东师范大学"生命·实践"教育学研究院指导老师

四轴(协同):南海区教研室学科教研员

五轴(辐射):南海区20所共生体学校("手拉手"学校)

(二)形成联动机制

1. 以实验学校领导团队为核心驱动,成立"新基础教育"研究中心,加强研究管理

为进一步扎实推进"新基础教育"研究工作,各实验学校成立"新基础教育"研究中心,明确主要职能。

(1)落实校长是中心负责人,学校班子成员蹲点负责学科推进;落实推进制度,明确工作目标、任务,监督、管理"新基础教育"研究常态化落实情况,通过推门课、集体备课、定期与不定期检查、组织研讨活动、立课题、写论文等方式促进"新基础教育"理念常态化的落实,确保"新基础教育"研究形成整体变革的局面。

(2)完善各项机制,形成研究文化。

(3)搭建研究平台,促进教师成长。为给教师搭建更多的成长平台,学校开展一月一反思,一期一分享,每月各学科核心成员开展"新基础教育"研究月反思会议,将本月研究过程存在的问题进行研讨,找到解决问题的办法和措施;每学期各学科教师参与学期总结汇报以及个人成长分享,学科责任人汇报一学期的"新基础教育"研究学科工作情况,各学科教师分享个人成长情况,全体老师自主分享总结会后的研究感言。

(4)总结研究经验,构建理论成果。

2. 以学科教研组为主力,实施重点突破,打造"前移后续"的共生研修模型

以课堂为主阵地,把学生潜能转化为学生真实的发展,做"真"研究,推进课堂教学变革实践,构建多维、立体的研讨模式,培育"研究型教师群体";充分发挥骨干教师的辐射作用,构建"前移后续"的共生研修模型,分梯度推进教师梯队内生式发展。主要做法如下:

(1)构建"三建"研究流程,形成教研新思维。各实验学校重视华东师范大学"生命·实践"教育学研究院老师对学校研究课的现场指导机会,各学校

学科研究团队中各梯队教师形成"初建研究—再建探讨—重建汇报"的研讨任务；以"前移后续"为研究原则，专注一个问题，研究一个专题，聚焦一个主题，基于日常，着力课堂，构建"主题—专题—课型—课例—范式"的 Z 结构研究模型，形成相互支撑、互动生成研究新体系，在磨课上下功夫，打造一个，成熟一个，放大典型，示范一批。

强化备课组群体意识，协同研究，一同探讨，共同备课。充分利用每次节点研讨活动，让每位老师都有具体的学习内容和研究工作，实现得到不同程度的发展，力求用集体的智慧尽可能去创造出本年级组的"精品课"。

（2）组建"T"结构骨干教师队伍，创新梯队共生体的发展路径。构建由"课堂教学优秀者—教学能手—学科带头人"组成的骨干教师队伍，由骨干教师制定适合自身特点的自我实现方案，自觉向名师靠拢，主动策划，带领成员自主开展工作，以更专业的方式对各梯队的改革实践进行引领驱动，推进实现整体嬗变。

通过制度更新保障梯队共生体的发展路径。例如：灯湖小学修改和完善的《青蓝结对制度》通过多种路径促进教师成长：一个骨干教师指导三个潜力教师的"1＋3"重点辐射方式；对于有教学困难的教师采取"多带一"重点帮助式；有共同研究兴趣的教师采取"多带多"联动式等，着力促进教师的成长，使梯队成为有发展生命力的团队。

（3）强化共生体能量的吸收转化。各学校让教研组的老师在"新基础教育"输入与输出的内化模式中一同成长。在各个生态圈以及生态圈组学校、在华东师范大学"生命·实践"教育学研究院老师节点研讨活动、全国"新基础教育"试验区学科研讨活动和区教研室组织各种"新基础教育"研讨会等各种培训和学习活动中，各校学科教研组参与的老师，将听的内容进行整理、总结、自我内化，完成较好的理念输入过程。然后，利用教研组活动的时间，让老师们通过二次转达、理念解读、再现研究课设计等形式，把自己的收获输出，传递给教研组，让大家一同受益，共同提高。

（三）建立联席会议制度，成立区和镇（街道）"新基础教育"研究室，推进协同研究

1. 由主管副局长牵头，成立区和镇（街道）"新基础教育"研究室，组成人员主要有有关区和镇(街道)教育局及教研室领导、学科教研员、学校校长等。主要任务有：一是进行"新基础教育"理论学习与研究；二是依据华东师范大学"生命·实践"教育学研究院工作计划研究制定南海区域和镇域推进"新基础教育"研究计划、实施策略和路径；三是区、镇和校三级研究工作协同，分析与解决问题等。

2. 学科教研员以浸泡方式与华东师范大学"生命·实践"教育学研究院老师一起深度参与各实验学校研究，再以蹲点教研、学科直联等方式锤炼，从而培养"新基础教育"本土研究指导力量。

(四) 共生体驱动,形成雁阵模式

以华东师范大学"生命·实践"教育学研究院专家为引领,以 6 所"新基础教育"实验学校为依托,牵手 7 个镇(街道)共 20 所中小学学科基地校组成"新基础教育"研究共生体,而每所基地校又和若干学校形成"新基础教育研究共生圈",最终形成专家团队—实验校—基地校—学科名师部落群,形成雁阵式"1+6+20+N""新基础教育"研究共生体,形成辐射增效机制,在全区产生强大辐射力。

(五) 借全国"新基础教育"研究之力,搭建学研行平台

以"新基础教育"研究为平台,激发教师主动发展意识,提升教师专业素养。借助 6 所学校组成的共生体平台,取长补短,促进不同层次的教师的自我发展。同时组织了 20 多次核心团队外出观摩课例、专题报告、生态区"新基础教育"中期评估等学习。每次外出,实验学校要做前置研讨,带着问题、困惑去观摩学习,学习过程中要深入思考,会后均组织区域学习心得分享会,进行反思、深化、课例重构等研究活动。区域与跨区域"新基础教育"学研行极大提升了教师专业发展成效。

四、"新基础教育"与区域融合创新

"新基础教育"研究历经近 30 年理论与实践交互创生的过程,形成了对

中国教育变革的宏观、中观、微观相关的"通关"式理论,构建了新的教育变革主题论,提出了当代中国学校内涵发展的理论,揭示了学校教育变革过程的多重转换、互化、生成的创新本质,形成了成熟的扎根研究与生态推进,内生长与内涵均衡的实践研究策略等,所有这些都为南海区学习、吸收、转化和生成本土教育教学改革观念、思路和实践策略提供了宽广的理论视野、深厚的实践基础和丰沛的创新自信力。

3年来,南海区逐步探索出"新基础教育"理论实践和区域融合与创新、转化与生成的路径,简而言之,以"新基础教育"理念为指导,以打造品质课堂为抓手,推动区域"课堂革命"行动,从而实现"理念重植、教材重构、课堂再造、评价重塑、教学相长"。

(一) 培育南海区品质课堂核心价值观,凝练南海区新课堂理念

南海区课堂教学变革在"新基础教育"理论与实践双向培育下,逐步淬炼出南海区新课堂教学变革理念,引领和指导全区域"课堂教学革命"。品质课堂的理念是:

温润如玉(立足学生立场,全面育人,关注每个学生,温润学生心灵);

兴趣内化(学生学习兴趣、自主学习力持续稳定和增强、元认知策略不断优化);

情境活化(教学任务问题化、教学内容情境化、教学情境生活化、生活情境结构化);

过程灵动(教学过程推进富有节奏感,活而有效,动而勤思);

结构有形(形成知识结构、框架结构;培养学生结构化、系统化的高阶思维能力);

深度学习(具有挑战性的学习内容;学生感知、思维、情感、意志、价值观全面参与、全身投入的活动);

互动生成(师生互动呈现出多元、多层、多向、多群的状态,教学因互动而创生、教师入课与出课因学生高阶思维生长程度不同而产生成效差异);

真实发展(充分发掘学生潜能,明确学生最近发展区,努力把学生潜能转化为真实发展)。

（二）重塑品质课堂评价机制

2012年开始,南海区教研室率先开展"高效课堂"评价研究探索,创建了评价工作机制和操作规范,建立了学科评价指标体系,形成了基于南海区本土课堂教学变革实践的镇域和学校教学变革模式。但随着我国基础教育教学改革的不断发展,提升教学质量成为课堂教学改革的主题,"新基础教育"理论与实践科学回答了如何提升教学质量的新时代教学改革命题,以"新基础教育"理念为指导,在"高效课堂"评价基础上,进一步发展提升课堂评价对课堂教学改革的导向、引领、链接和赋能作用,推进品质课堂评价,成为南海区的必然选择。其主要策略是：

1. 评价组织：区内名师广辐射

南海区教研室成立高效课堂评价领导小组和工作小组。领导小组由区教研室和各镇(街道)教研负责人组成,工作小组由区、镇(街道)义务教育阶段各学科教研员和区名师组成。

为保障评价公平,各镇(街道)学科教研员和名师不对本镇参评学校进行评价。

让全区各学科名师跨镇(街道)参与品质课堂评价活动,实现区、镇(街道)、校名师联动,发挥了区名师在全区范围内的辐射、示范和引领作用,打破了名师的校际、镇域局限,促进了优质教学资源全区共享,助推解决镇域、学校之间的教育教学质量不均衡问题。

2. 评价学科：国家课程全覆盖

开展学科评价旨在促进小学考试科目与非考试科目、初中中考科目与非中考科目均衡优质发展,引导义务教育阶段学校开齐、开足、开好国家课程,公平评价学校,进而实现评价学科全覆盖。在课堂教学改革实践中,开展学科评价一方面有利于促进学校开齐、开足、开好所有国家课程,促进考试科目与非考试科目,中考科目与非中考科目的教学质量更加均衡,另一方面也有利于促进学生的全面发展,增强学生到高一学习阶段后的发展后劲。

3. 评价程序：优质学校真示范

为促进区、镇(街道)、校三级教研工作联动,调动镇(街道)和学校开展品

质课堂研讨活动的积极性,真正让课堂教学效率和效益高、教学品质好的学校率先脱颖而出,特确定以下评价程序:

(1)义务教育阶段学校向各镇(街道)教研室提出申请;

(2)各镇(街道)教研室根据区的评价要求,进行综合考评后,根据区分配参评名额,择优推荐参评学校;

(3)区教研室根据参评学校磨课情况择机组织区名师进行评审。

学校自主申报、镇(街道)初评推荐,有利于镇(街道)选拔出品质课堂优秀学校,并发挥其在镇(街道)内的引领示范作用。

4.评价对象:校内教师全参与

根据广东省教育厅发布的《广东省义务教育课程(实验)计划表》,计算各学科课时占总课时的比例,各学校各年级班额,确定各学校、各学科听课的具体数量。学校听评课数量为学校当天课时总量的30%,且不重复听同一教师的课。各学科听课比例与数量计算具体见《广东省义务教育课程(实施)计划表》。

南海区还明确规定,听课总量的2/3为学校推荐课,1/3是推门课,由评委老师随机选择。还明确要求,参与"高效课堂"评价学校的所有教师,无论是上汇报课的教师,还是不上汇报课的教师;无论是上学校推荐课的教师,还是上评委推门课的老师,都要认真参与品质课堂研讨活动。这种大规模的听课与评课,有利于促进学校和全体教师聚焦课堂教学,提高学科组建设和教师业务水平。

5.评价形式:听课评课求实效

南海区教研室采取听课、评课的形式开展品质课堂评价活动。

上午:各学科评委分学科听课。

下午:进行听课情况反馈与结果统计:第一段,分学科反馈,评委对上午教师的课堂教学进行比较详细的评价与反馈,主要是反馈课堂教学中存在的主要问题,并就如何解决问题、提高课堂教学效率与效益提出具体改进建议;第二段:集中反馈,南海区教研员简要向学校行政和学科组长、年级组长反馈听评课情况。

教师间相互听评课,即时反馈,互学互鉴,不仅了解了自己和其他教师课堂教学的优缺点,明确了今后努力的方向,促进了教师专业素养和教学质量的不断提升,也增进了相互之间的了解与感情。

6. 评价奖励：行政激励再跟进

各学科评委严格根据评价量表单独给分，总分 85 分以上的课为优秀课，75—84 分的为良好课，60—74 分的为合格课。

优秀课达到听课总量 60% 以上，良好课 90% 以上，合格课 100% 的学校，为品质课堂示范学校；优秀课占听课总量 50% 以上，良好课 80% 以上，合格课 100% 的学校，为品质课堂达标学校。

对品质课堂示范校、达标校，由区局领导在一年一度的全区教育行政干部学习会上，授予"义务教育阶段高效课堂示范学校""义务教育阶段品质课堂达标学校"的牌匾。

开展品质课堂评价，已成为南海区教研室年度常规教研工作。对达到品质课堂评价示范校要求的，要充分发挥带头与辐射作用，每年为镇（街道）内的学校提供品质课堂教学观摩；根据区教研员的要求，每年为全区提供品质课堂教学观摩。

（三）形成品质课堂三维评价体系

在"新基础教育"理念培育下，南海区逐步形成了品质课堂价值观和评价观，指导和引领全区课堂教学变革（见图 1）。

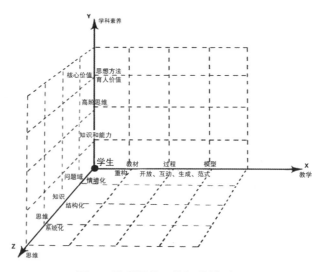

图 1　品质课堂三维评价模型图

五、"新基础教育"阶段性成效

老师们对"新基础教育"执着追寻,对专家们如蝶恋花,在研究实践中收获满满(见表1)。

从上可见,"新基础教育"实验研究在南海区呈现蓬勃发展的态势,为南海区教育教学变革注入了澎湃的驱动力,对南海区基础教育育人方式改革产生了极其深刻的影响。主要表现在以下几方面。

一是确立基于学生立场的"新基础教育"价值观。2017年4月以来,南海区与华东师范大学"生命·实践"教育学研究院合作开展"新基础教育"实验研究,以"育生命自觉""成事成人""主动生成"等为核心价值取向,以建设中国现代新型学校、改变师生在校生存方式为目标,以落实"价值提升、重心下移、结构开放、过程互动、动力内化"为策略,以专家引领、同伴互助、融合创生、整体推进为原则,坚持理论适度优先,理论与实践交互生成,坚持贴地式深度介入式的日常化、高频率的现场研讨方式,在持续不断的反思与重建的螺旋往复中进行课堂革命,提升学校教学质量。在6所实验学校和20所核心素养研究基地校开展了波澜壮阔的学校转型变革研究,课堂教学发生了颠覆性变革,教师"新基础教育"理论素养、教材重构意识、学科育人价值发掘意识、课堂教学生成性实践能力、教学诊断能力、学生工作水平等都得到质的提升。

二是"新基础教育"研究精神逐步彰显。持之以恒、水滴石穿、价值提升、重心下移、锐意创新、团结协作、自我超越等"新基础教育"研究精神逐步彰显,教师们努力成长蔚然成风。

三是形成雁阵式"1+6+20+N"学校研究共生体。构建品质课堂深度研究机制,以华东师范大学"生命·实践"教育学研究院专家为引领,以6所"新基础教育"实验学校为依托,牵手7个镇(街道)共20所中小学学科基地校组成"新基础教育"研究共生体,而每所基地校又和若干学校形成"新基础教育研究共生圈",最终形成专家团队—实验校—基地校—辐射圈学校(共126所学校),这种雁阵式"1+6+20+N"研究共生体,在全区产生强大辐射力。

表1 2019年第一学期"新基础教育"学校变革研究成果表

学校	专家指导课（节）	试教课（节）	重建课（节）	校本研讨会（次）	教师论文获奖（篇）	教师教学设计获奖（篇）	教师课例获奖（篇）	教学成果发表（篇）	学生获奖（人次）
桂江一中	60	252	132	231	区一等奖11 区二等奖11 区三等奖12	市二等奖2 市三等奖1	市二等奖2 市三等奖1 市级优课 区特色成果三等奖1	核心期刊数学论文1	国一等奖29 国二等奖45 国三等奖6 区特等奖2 区二等奖19 区二等奖33 区三等奖50 区优秀奖6 街一等奖8 街二等奖14 街三等奖6
灯湖小学	62	194	138	220	省一等奖2 省二等奖2 省三等奖2 市一等奖1 区一等奖16 区二等7 区三等7 街一等奖1 街二等奖3 街三等奖3	省二等奖2 省三等奖1 市二等奖5 区一等奖2 区二等奖2 街特等奖2 街一等奖1	部优课1 省级优课3 省三等奖1 省一等奖3 市二等奖4 市三等奖2 区一等奖2 区二等奖3 区三等奖2 街一等奖1 街三等奖1	核心期刊2 省级6 市一等奖3 区一等奖7 区三等奖1 街特等奖3	国一等奖22 国二等奖1 省特等奖1 省一等奖1 市特等奖4 市一等奖4 市二等奖4 市三等奖6 区一等奖143 区二等奖66 区三等奖33

续　表

学校	专家指导课（节）	试教课（节）	重建课（节）	校本研讨会（次）	教师论文获奖（篇）	教师教学设计获奖（篇）	教师课例获奖（篇）	教学成果发表（篇）	学生获奖（人次）
灯湖小学									区级综合荣誉称号 121 街一等奖 20 街二等奖 16 街三等奖 4
恒大学校	64	249	176	121	市一等奖 2 市二等奖 4 市三等奖 1 区二等奖 2 区二等奖 5 区三等奖 5 镇二等奖 10 镇三等奖 7	市一等奖 1 区一等奖 1	市一等奖 2 市二等奖 1 区一等奖 2 区三等奖 1	省期刊《广东教育》2 区一等奖 9	国一等奖 5 国二等奖 5 国三等奖 20 市一等奖 8 市二等奖 14 市三等奖 11 区二等奖 10 镇二等奖 36 镇三等奖 8
旗峰小学	66	215	114	190	市二等奖 1 区一等奖 5 区二等奖 21 区三等奖 18 镇一等奖 3 镇三等奖 11	国三等奖 3 市三等奖 1 区二等奖 4 区三等奖 2	部优课 1 市一等奖 2 市二等奖 1 市三等奖 7 区一等奖 2 区二等奖 3 区三等奖 8	"生命·实践"教育学研究专刊第三辑专刊 1篇 区一等奖 1 区二等奖 1	省一等奖 13 省二等奖 51 省三等奖 73 市一等奖 1 市二等奖 2 市二等奖 2 市三等奖 46 区二等奖 76 区三等奖 75

续　表

学校	专家指导课（节）	试教课（节）	重建课（节）	校本研讨会（次）	教师论文获奖（篇）	教师教学设计获奖（篇）	教师课例获奖（篇）	教学成果发表（篇）	学生获奖（人次）
松岗中心小学	62	171	73	285	省三等奖 1 区一等奖 4 区二等奖 10 区三等奖 13	省一等奖 1 市二等奖 2 区二等奖 2	市二等奖 3 镇特等奖 1 镇一等奖 2 镇二等奖 1 镇三等奖 5	区一等奖 2 区二等奖 3 区三等奖 1	国级金奖 3 国级银奖 7 国级铜奖 5 国级一等奖 1 国级三等奖 7 省一等奖 5 省二等奖 17 省三等奖 27 市一等奖 21 市二等奖 32 市三等奖 61 区一等奖 15 区二等奖 34 区三等奖 63 镇特等奖 1 镇一等奖 16 镇二等奖 25 镇三等奖 19 片特奖 5 片金奖 2 片一等奖 18 片二等奖 15 片三等奖 13

续　表

学校	专家指导课（节）	试教课（节）	重建课（节）	校本研讨会（次）	教师论文获奖（篇）	教师教学设计获奖（篇）	教师课例获奖（篇）	教学成果发表（篇）	学生获奖（人次）
小塘中心小学	58	380	72	244	市三等奖 1 区一等奖 2 区二等奖 1 区三等奖 7 镇一等奖 6 镇二等奖 2 镇三等奖 4	区三等奖 1 镇一等奖 2	区一等奖 8 区二等奖 5 区三等奖 1 镇特等奖 8 镇二等奖 3	区一等奖 1	国一等奖 1 国二等奖 7 国三等奖 6 市一等奖 1 市二等奖 3 市三等奖 5 佛山市优秀学生 2 区金奖 1 区一等奖 20 区二等奖 13 区三等奖 67 区优秀学生 36 区优秀干部 9 镇金奖 1 镇铜奖 1 镇一等奖 5 镇二等奖 12 镇三等奖 2

续 表

学校	专家指导课（节）	试教课（节）	重建课（节）	校本研讨会（次）	教师论文获奖（篇）	教师教学设计获奖（篇）	教师课例获奖（篇）	教学成果发表（篇）	学生获奖（人次）
合计	372	1 461	705	1 291	省级 7 市级 10 区级 157 镇（街道）级 50 共 224 篇	国级 3 省级 4 市级 8 区级 17 镇（街道）级 5 共 37 篇	国级 2 省级 4 市级 29 区级 36 镇（街道）级 24 共 95 篇	核心期刊 4 省级 8 市级 3 区级 26 镇（街道）级 3 共 44 篇	国级 170 省级 188 市级 170 区级 949 镇（街道）级 194 片级 53 共 1 724 人次

注：表中数据统计到 2019 年 7 月。

四是创生"新基础教育"课堂教学实践的多种形态。构建了基于本土实践的"新基础教育"课堂教学研究新范式,形成"一校多型、一科多模"新常态,构建了基于"新基础教育"的品质课堂教学评价体系。

五是形成"学研型"新型教师研修体系。形成"前移后续"教师研修新样态,以学科教研员和学科教研组为依托,双轮驱动,构建"备课—说课—上课—评课—反思—重建""前移后续"的"双驱六环"教研模式;形成"主题—专题—课型—课例—范式"的 Z 结构研究模型,形成"新基础教育"研究新思维。

六是学生工作研究呈现新气象。

一条准则。坚持以每周开一次班会为研究的基本准则。6 所实验学校在这一准则的标准下,已经逐渐完成从学会开会到开好班会的转变。

二种模式。每月一次的专家现场节点研讨与每周一次的校内研讨模式相结合,达到学生工作研究的常态化开展。

三层梯队。6 所实验学校本学期逐渐形成了以骨干教师为核心,第二、第三梯队为补充的三层梯队发展状态。

四项突破。分别为研讨会议效率上的突破,班级活动方式上的突破,家校合作深度上的突破,深入假期和走进社区的时空突破。

七是学科育人价值发掘有新思路,学校综合活动育人价值有提升。实验学校教师开始在学科教育视野下研究学科教学和发掘学科育人价值,开始把研学与学科教育融合发展,开始更加聚焦学科高阶思维培养和育人方式改革等。

结　束　语

在华东师范大学"生命·实践"教育学研究院的直接引领和指导下,"新基础教育"实验研究在南海区教育人坚韧不拔的实践研究中,实现了成人与成事的相互转换,孕育出了南海区品质课堂八大核心理念,南海区教师逐步树立了基于学生立场的"新基础教育"价值观,学校发展的内生力不断提升,

"新基础教育"研究精神和文化日益彰显。

南海区"新基础教育"实验研究将会在区域推动、学校主动、共生体"五轴"联动、"公转"与"自传"交互融通、理论与实践交互生成、教与学交互成长的研究之路上继续问道、聚力、共生长。

"新基础教育"区域研究中的一坪亮绿

——上海市闵行区华坪小学生态群建设的机制研究

王叶婷[*]

摘　要： 近年来,华坪小学作为华坪小学生态群的组长校,在加大辐射力度的同时,加强生态群机制研究,以有效的群落组织、严谨的保障制度、动态的推进策略以及鲜明的团队文化,打破校际壁垒,推进真实研究,努力建设一个关联协同、逻辑严密、能量流动顺畅的生态圈,为闵行区的"新基础教育"研究贡献了一坪亮绿。

关键词： 华坪小学生态群;"圈圈联动";生态群建设

1999 年,华东师范大学叶澜教授领衔的"新基础教育"研究落户闵行,开启了地方教育局、大学研究人员、地方教育研究所与基层学校合作探索学校变革的模式。1999—2009 年间,从"决战课堂"到"聚焦学校整体转型",闵行区建成了 10 所"新基础教育"品牌学校。2011 年起,闵行区以《国家中长期教育改革和发展规划纲要(2010—2020 年)》为指导,明确把提升质量、促进公平作为战略目标,开始探索"学校生态群"模式。

---

　　* 作者简介：王叶婷,上海市闵行区华坪小学党委书记、校长,上海市特级校长,获全国"新基础教育"研究卓越贡献奖。研究方向：学校管理。

一、构建"圈圈联动"的群组织

生态群,原指生活在一个生境中的生物种群的集合,群落中不同个体虽呈现多样性,但彼此不是杂乱无章地散布,而是有序协调地生活在一起,成为相互作用的有机体。"学校生态群"建设,是指以1所"新基础教育"的优质学校为核心,与周边10多所成员校结成发展的共同体,以"新基础教育"学校变革的基本理念为指导,共同开展学校合作研究的一种方式。

华坪小学生态群就是这样一个有机构成。为了保证生态群内13所各具特质的普通学校能够实现物质循环和能量流动,我们构建了以"圈圈联动"为基本形式的群组织,确立目标,形成组合,建立制度,以促成校与校、校与群之间更加多样、多层、连续且动态变化的联系,从而不断激活这一有机体。

(一) 明晰多元多层的目标

生态群的良好推进,既要尊重群内不同学校的个性,又要形成相对共性的目标追求。这就需要每一所学校在明确生态群建设总目标的基础上,根据自身条件,明确自我发展的定位,并在更为紧密而贴切的互动交流中不断发展。

华坪小学生态群的总目标是:依托生态群内跨领域多层级的"圈圈联动",开展基于校本的变革研究,激活校长与教师的变革自觉,实现"成事成人"的价值追求,提升每一所学校的内生力。

研究初期,我们通过调研,对群内所有学校的发展状态做了具体分析,整体策划了生态群的建设,明确了每所学校在生态群中的主要任务,并通过各校"三年规划"的制定,提高了校长们的主动发展意识与整体策划能力,将"新基础教育"的核心思想真正落实到学校三大领域六个方面的工作之中。

生态群里不同的学校又呈现出多元多层的目标。如组长校:加强研究能力和引领水平;骨干校:提升自我转型和辐射功能;成员校:体现参与质量与贡献力度。

例如,华坪小学和田园外语实验小学的语文组挑重担,成为区学科教研训基地及区骨干教师培养基地;数学组增锐气,敢于不断探索课堂教学的新路,多次承担全国"新基础教育"开放研讨活动;学生组不断突破,建立了工作室带徒机制,如华坪小学陆敏成为市班主任名师工作室主持人;英语组换新貌,在日常实践中练本领,如田园外语实验小学英语组是市、区领头羊;综合学科组努力创特色,将培育全人的目标落实到每一堂课,承担了全国"新基础教育"综合学科育人价值的开发研讨活动。

其他成员校把"新基础教育"作为指导思想,主动投入生态群活动,认真实践,积极研究,加速骨干队伍培养,分阶段有重点地推进"新基础教育"研究实践,形成自身特色,促进了学校师生的主动健康发展。

(二) 确立灵活有机的组合

确立便于交互联动的有机组合,是帮助不同梯队的学校达成发展目标的基本保障。我们的组合以灵活的圈圈作为划分,并依据"职责担当""研究领域"和"地域时空",构成了大小不一、性质不同、进程有异的一个个小的有机体,在不断地互动中实现有机体的活力再生。

"职责担当"层面:第一圈:组长校、核心校结合区域活动,在课堂、班级与管理三大层面进行合作探索,做强学校自我。如建立班主任工作研究室、学科研修基地等。第二圈:由组长校、核心校牵头带领生态群各校学科负责人与骨干教师开展研究,形成生态群核心研究力,共同承担研究课题。如组织生态群语文学科负责人和学生工作负责人对教材进行了梳理,结合各年段学生工作教育主题,探讨班级文化与学科教学的整合等。第三圈:由各校学科负责人与骨干教师带领全体教师积极投入校本研究,促进各校的实践转化。如每学期开展校内读书和校本系列的专题实践活动,如上学年我们进行了《学科育人价值的开发与解读》《以最初的心,走最远的路——学习实践"教育信条"分享交流》等专题研讨活动。

"研究领域"层面:第一圈:学科育人价值的研究(学科核心小组,深入变革课程与课堂,挖掘学科的育人价值);第二圈:学科与班队的整合实践(学生工作小组,持续整合学科教学与班级建设);第三圈:校园四季综合实践活动研究(全员参与探索"校园四季"系列活动开发,综合改造校园日常生活)。这三圈的研究领域从学科到与班队的整合,再融通校园的综合实践,而且在校际互相影响与渗透,富有活力,灵动有效。

"地域时空"层面:又称为"半小时生态圈",主要指地域上比较接近的几个学校,自发结对,形成更日常化、更具活力、更加灵动的联动组织,资源共享、平台共建,开展专题系列研讨,培育骨干力量等。如浦江二小与文馨学校的结对、碧江小学与丽江小学的结对等,开展校际互动研讨,凸显各所学校的校本特色。

(三)形成有效互动的制度

在确立目标,形成组合,以丰富生态群研究样态的基础上,还需建立基于有效互动的规程和准则,使得目标—组合—制度之间形成一个有效的闭环,构建起相对稳定的组织体系。

华坪小学生态群遵循"新基础教育"研究的"三大铁律",建立了"三大制度",以保证生态群研究的正常运作和健康发展。

一是"校长负责制":校长是学校变革的第一责任人制度,负责开展校本调研,制定"新基础教育"研究中长期发展规划。

二是"生态群信息联络制":每校设立一名联络员,负责联络沟通和研究报道;生态群再设一名总联络员,负责提炼信息、沟通协调事务。

三是"研究资源共享制":集聚生态群各校优质资源,运用班主任名师工作室、学科教研基地、骨干教师培养基地、科研课题研究小组等平台,分层培训骨干。

二、推进环环相扣的群研究

近年来,我们发挥生态群各校的研究强项和优势成果,在推进教育教学整体变革的基础上,重点关注"语数英课型研究""学科育人价值开发""教师新基本功锤炼"等实践。2014年,我们共同策划了"学科教学与班队活动融合共生,创造学校教育新生活"的主题研究,开展内容关联、主题对接、学生共生性组织建设和学校文化引领下的全息融合等研究实践,并在此基础上积极开展"校园四季"综合活动研究,以四季为时间纵轴,依托中国传统的自然节气、人文节庆,将其与学科相关内容统整,从培育时代新人的角度出发,对学校教育活动进行整体系统重构,形成融自然、科学、社会、人文为一体的综合实践活动。

　　除了通过逐步深化的研究内容来凝聚学校、锻炼队伍之外,我们还不断建构更为清晰、合理的路径推进研究,让研究伸展到每一所学校之中。

(一)明确上下对接的行动框架

　　从区域层的政策学习,到学校生态群的联动沟通,再到校长间的愿景勾画、教师层面的创造性实践,华坪小学生态群形成了上下对接、协同发展、合力共推的行动路径(见图1),有助于形成从一所学校到多所学校,从一位校长到多位校长,从一位骨干教师到多位骨干教师的"级联效应"。

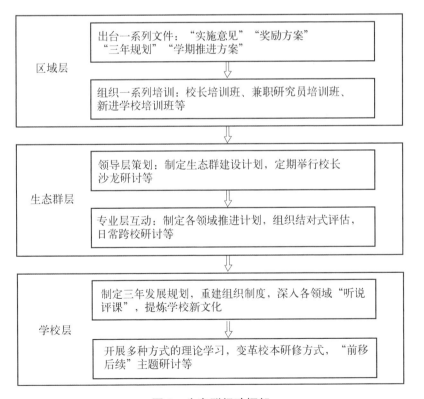

图1　生态群行动框架

(二)践行学研一体的研修方式

华坪小学生态群坚信,生态群发展的最优秀的基因就是"新基础教育"的基本理论。为此,华坪小学生态群坚持学研一体的研修方式,以保证生态群发展的可持续性。生态群在开展深度学习时,一方面将《"新基础教育"指导纲要》作为指导性文本,组织生态群团队合作磨课与进行重点课例分析,让"三观十性""学生立场""重心下移""长程两段""有向开放""互动生成"等核心理念深入人心;另一方面,印发了比较具体的调研表,让各校骨干教师回本校开展"组本调研",通过"认清目标""摸清家底",自主制定计划,分领域进行研修。在各校的分领域研修中,项目组更加注重"前移后续"的过程性和实效性,创造了"五步骤""三带三做"等生态群研修方式(见表1)。

表1 "五步骤""三带三做"生态群研修方式

名　称	步　骤	内　容
"五步骤"	确定主题	组长校骨干指导承办校负责落实
	接力研磨	承办校负责成员校介入
	现场研讨	承办校上课,汇报各校骨干听、说、评课
	反思重建	各校骨干带领教师两次反思,多次重建
	提炼报道	各校联络员沟通报道,总联络员提炼再报道
"三带三做"	活动前策划	带着建议做好预设
	活动时研讨	带着思考做好现场学习
	活动后重建	带着学习做好二度反思重建

这种新型的研修方式,凸显了过程的亲历性、团队的互助性、成长的真实性,让更多的"旁观者"变成"亲历者",放大了研修的过程价值,促进了教师在日常研究性变革实践中的真实成长。

各领域第一责任人不仅组织老师们深化学习,共享资源,而且还运用资源,指导变革,在校内开展校本研修,磨课练功;骨干教师角色多元,价值感提升;生态群内互相支持,一起学习、实践、攻关。

（三）运用持续内生的推进策略

生态群的研究除了要明确行动框架、研修方式之外,还需要更为精心的谋划,形成实现目标的方案集合,培育更具传播性的优势因子,提升生态群的内在生长力。我们形成的基本策略如下:

一是放大节点,形成种子效应。我们充分利用区域"新基础教育"研究活动,将之当作生态群研究的最好节点,全员参与,全力以赴,全程反思,而且放大成果的内核,形成"种子效应",促进每一所学校自我提升与发展,不断扩大生态群核心学校的数量与质量。比如,2013年,田园外语实验小学成为生态群"轮值组长校",带领所有学校分别完成了三类评估,主动而有智慧地运用"三大策略"(见表2),探索了同类学校相互走访、联合开放的创新机制,提升了学校自组织、自发展的能力。

表2　走访、联合"三大策略"

类　型	策　略	目　　标
核心回访中期评估	前紧后升	实现四个提升:提升工作品质,提升日常研究,提升骨干力量,提升真实发展
结对式评估	联动推进	实现三个推进:推进实践研究,推进骨干发展,推进整体变革
调研式评估	滚动突破	实现两个突破:突破重点领域研究,突破骨干队伍培养

"前紧后升""联动推进"和"滚动突破"的策略有效树立标杆,使得生态群的节点活动发挥了更大的影响力。2014年11月,在闵行区首届教育学术节活动中,华坪小学生态群承办了"新基础教育"专场活动,交流了在"创造学校教育新生活"的实践中推进学科教学与班队活动融合共生、融汇创生的策略与路径,得到大家的一致好评。

2016年11月,在全国第八次共生体会议中,我代表生态群做了题为《滴水映光辉、自然修慧心》的发言,介绍了学校的绿色科技教育。田园外语实验小学赵瑛群校长则做了题为《构建"学校四季"　奏响"成长和弦"》的发言,和大家分享了四季活动设计与实施过程中的思考与行动。发言真实反映了生态群研究发生的变化:整体思考和重心进一步下移,学生工作研究走向新的高度,开始探索更为有机综合、富有教育品性的校园生活建设。

二是无缝对接,持续加温蓄力。在推进过程中,我们遵循"注重日常,持续加温;把握契机,趁热打铁;反思实践,升温创新"的策略,以实现生态群建设的"热锅炉效应"。

首先是积薪待燃:每一所学校都加强个体和团队专业培训及日常研修,并在过程中积蓄能量,始终保持良好的蓄势待发状态。

其次是点火助燃:以生态群集中式专题研讨活动为契机,以组长校指导,现场研讨,各校骨干点评的"标配"机制,实现从集聚能源,点燃热情(关键在于日常积蓄的能量整合),到传递热能,积极创生(关键在于集中研讨的智慧碰撞),再到完成汽化,形成动能(关键在于自觉变革的内在动力),这是从量变到质变的飞跃。

最后是续火保温:为了让生态群的"热锅炉"烧过之后不冷却,进而转变成各校自己的"保温机制""持续创生机制",更为重要的是进行"深层反思"与"深度实践",在各校校长的全盘策划、亲自领导下,开展更自觉地"再学习、再实践、再提升",锤炼骨干团队,优化"燃烧、传热、汽化与保温"的能量生成与传递的全过程。

近年来,生态群建设打破了学校优质资源单位使用、单位发挥作用的局限,而是在生态群这样一个时空中,注重优质资源的流转与分享,既不稀释优质学校的骨干团队,又帮助更多学校形成校本骨干。我们的生态群,从最初的"便于接触、方便活动"的"地域性划分组织",发展为一个"多元融合、圈圈联动,互惠共生"的研究群,始终保持"热锅炉效应",生成、传递和升华了智慧、情感与正能量。生态群由原来的"火车头"带领效应变成了"动车组","每一节车厢"都有各自的动力源。

三、建设"层层创生"的群文化

叶澜教授说,学校教育中的文化要被作为动词来理解。同样,学校生态群的文化也要系统架构在生态群的组织、制度的建设之中,形成有意义的关联,从而实现文化的层层创生。在"新基础教育"理念的引领下,华坪小学生态群开展了灵活有序、全息融合的研究实践,在多元联动中共生共长。渐渐地,形成了"大气、灵动、和谐"的生态群文化,它带着自己的体温与气息,有着独特的脉络和基因,成长在整个生态群的发展进程之中。在合作共进中,我们逐渐深化对"六字文化"的理解——大气:生态群是个共生体,需要资源分享、多重担当的气魄和气度;灵动:生态群是个生命体,需要主动智慧、整合融通的灵敏与灵活;和谐:生态区是个发展体,需要强己助人、梯队共进的和善与和乐。"大气、灵动、和谐"的生态群文化创生了灵动高效的运行机制,而灵动高效的机制又催生了新的文化特质,在潜移默化中影响每一位教师,让每一所成员校焕发变革的活力。如今,我们的生态群被市教委列为"上海市学区化集团化办学试点项目",还有计划地与国际接轨,进行互访与交流,承担过相关的"国际研讨会",扩大了"新基础教育"的影响力。

(一)放开心态,提升格局

在实践中,校长们不断提升格局,在专业支持中增进了友谊,结伴同行,每所学校的特色与创造,已经不是个人的"经验财富",而是集体的"智慧宝藏",总能够在第一时间进行分享与完善。教师们也改变了专业发展观,开放心态,乐于进行资源分享、团队合作,在多元的成长平台上,增强了研究自觉性和现场学习力,参与更广泛、更深刻的研究讨论。

(二)群策群力,集聚智慧

华坪小学生态群充分发挥所有成员的力量,群策群力,优势互补。通过互动学习,信息交流,集中攻坚,让"新基础教育"的精神和核心理念连续不断地介入日常的教育生活,犹如层层涟漪波及生态群的每一所学校和每一个人,产生灵动智慧。经过一次次合作研究与持续探索,生态群一次次攻坚克难,创造新的成果。

2019 年 4 月 12 日,在"新基础教育"共生体"学校日常生活中的学生发展"第六次全国现场研讨会上,华坪小学生态群核心校的三位校长,分别介绍了如何以"圈圈联动"的研修机制来推进"学校四季综合活动"的实践和研究,如何从活动的整体设计策划走向"育人价值的开发与转化"，如何通过综合思考与勾连融通促进师生实现自觉而灵动的成长等创新成果，并启动了更高层次的新课题研究，努力开展自然节气、社会节庆与生命节律的融通研究，对自然有了更为深入、全面、立体和丰富的认识。

（三）能量转换，自觉共生

在生态群建设中，大家认识到，只有让每一所学校都能在多元多向、多层多群的互动中既丰富自我又贡献他人，让能量在校际流动，才能在相互的"给予"或"获取"中实现共同成长，才能焕发出生态群建设的勃勃生机。如今，生态群内各个学校之间呈现出一种良性的共生发展与和谐自主。无论是日常变革还是节点式活动，师生们都能积极参与，这与以前等待上级指定或者领导组织的专业检查完全不一样，越来越充分地体现出"大圈小圈一起转"的联动氛围。

我们认为：生态群不仅是一种组织机构，更是一种文化形态。各类活动中呈现出来的思想和智慧，通过交流、提炼和提升，成为熏染校园、改变师生生存状态的教育生态。

未来，我们将从三个方面继续努力：

1. 加强多层次的校长专题研修和多形式的教师校本研修，让干群打破思想藩篱，激活群脑智慧，提升变革转型的群自觉。

2. 通过学科教学联合研讨和新一轮的合作校、基地校申报，凸显有向研究与节点引路，促进立足校本的群研究。

3. 深化日常研究，通过学校管理系统的再变革、学科教研系列的再融合、校园四季新生活的再创生，实现"精作创特"的群发展。

总之，华坪小学生态群日益成为教师的精神家园和成长乐园，是我们的心之所系，情之所归，行之所追，才之所显！我们将继续自觉地凝练变革智慧，"成事成人"，不断提升内生长力，持续创造教育新生活。我们坚信：依"教育所是"而行，必达"自然而然"之境，生态群也一定会呈现出勃勃的生命样态！

从"价值重塑"到"生态引领"

——来自上海市闵行区汽轮小学数学学科教研组建设的实践案例

王培颖　姜仁建*

摘　要: 党的十六大以来,党和政府不仅把教育公平列为教育的最核心主题,而且提出了义务教育优质均衡发展的新历史任务。上海市闵行区汽轮小学在近十年的转型变革中,重塑"教学研究要促进学科教学与学生生命连接"这一价值理念,以数学学科育人价值开发为突破口,通过骨干示范引领、集体深研实修、提炼典型经验等举措,推动研究的日常化、制度化、精品化,并从价值重塑到生态引领机制创新,做强自己,做好辐射,实现了教育公平意义上的共生共赢。

关键词: 课型研究;教师成长内生力;优质均衡;生态区建设

作为首批"生命·实践"教育学研究合作校,上海市闵行区汽轮小学(本篇简称汽轮小学)始终秉承"新基础教育"的"32字研究传统""遵循三大铁律""关注赢在中层""锤炼教师新基本功"以及"成事成人成文化"的管理理念,以叶澜教授的《"生命·实践"教育学派的教育信条》的变革理论作为日常工作的参照系,注重"清思定向,顶层设计""学习浸润,实践共长""转化融通,创生品质"等内涵型发展的关键因素。汽轮小学数学学科教研组通过调研

---

　* 作者简介:王培颖,上海市闵行区汽轮小学校长,中学高级教师。研究方向:学校管理与教师发展、家校合作等。姜仁建,上海市闵行区汽轮小学数学教师,华东师范大学教育学原理硕士,小学高级教师。研究方向:校本研修、学科育人价值开发。

"寻力"、学习"赋力"、积聚"内力"、研修"增力"、创造"活力"五大实践策略,致力于提升研究的日常化、制度化、特色课型精品化,自觉提升核心内生力,达成了教师个体与群体的互惠共生、学校与区域的协同发展,推进区域教育优质均衡发展的教育目标,有效促进了教育优质公平。

一、价值重塑:在"破"与"立"中促进
学科教学与学生生命连接

价值定位决定着行动导向。以教研组建设为例,在开展工作之前,我们势必要对教研工作的根本价值、各学科的教育价值及其能够发展人的哪些素养等本源问题进行深入思考,否则就缺少了有效的价值引领。

2009年,学校成为"新基础教育"基地校后,曾对教师的教学问题进行查摆,分析数学教研组的现状、优势、劣势以及发展潜势。通过调研,我们掌握了教研组现状的第一手真实资料:

第一,从优势分析来看,其一,以校长为首的学校领导层已经成为学校向优质公平发展的策划与领导者团队,学科教研组有整体发展的长期策划,又要有分领域、分阶段的策划,规划过程重心下降;其二,学科教师整体学历较高,研究生学历占比33.1%,拥有1名区学科带头人及2名华东师范大学"新基础教育"兼职研究员,教师专业素养好,教学变革态度好。

第二,从存在的问题来看,其一,在学科教研组建设过程中,如何从个体到群体、再到学校整体来共同思考自我发展的过程,如何挖掘这股提升学校发展的内生力?尤其是在课堂教学过程中,教研组依然围绕着对知识的理解、掌握与运用进行,更多是围绕"教学点"来备课和教学,而缺乏对知识结构的深层认识。因此,教研组很少站在"教育者"的高度来指导实践。其二,课例是经过反复试教、精雕细琢的,脱离了日常教学的真实性,因此难以在实践中推广并促进日常教学的改进。对研究内容价值思考的缺失和对知识结构把握的割裂,也使教师过多关注对零散知识的理解应用以及授课过程的完整精致。其三,在教研工作的过程中,教研组承担更多的是"上传下达"的"传声筒"功能,较少考虑和真正发挥其对教师发展的作用。具体而言,教研组的侧

重点也往往是研究一节课如何上、如何设计教学过程，而对为什么选择这个内容、这一节课要解决什么问题、对师生的成长有何促进作用等本源性问题并没有足够重视，最后的结果是教师只能上"一节好课"，却不会上"一类好课"；学生只会用好"一个知识"，却用不好"一串知识"。最终导致学生认为数学是一门晦涩难懂、枯燥乏味的课程，学科育人价值自然无法得到发挥。其四，教师理论、实践素养发展极不均衡，表现为教师整体理论水平不高，缺少用理论指导实践的意识和能力，缺少把教学经验上升到理论的能力，缺少对自身教学实践反思和重建的意识和能力等。基于上述现状，我们发现：教师发展是教育教学日常工作实现优质的根本所在。

"生命·实践"教育学派创始人、当代著名教育家叶澜教授指出，"已有教学理论传统之长、深入实践主根之深、形式硬壳之坚、传习的可接性之强，都使今日教学改革面临着强劲的真实'对手'，它要改变的不只是传统的教学理论，还要改变千百万教师的教学观念，改变他们每天都在进行着的、习以为常的教学行为。这几乎等于要改变教师习惯了的生活方式，其艰巨性不言而喻"①。通过调研，我们清醒地认识到，必须要做到"破"与"立"。"破"什么？我们必须破除教师面临教学变革时的种种消极心态，必须破除传统的教学观念，必须破除教师点状的思维方式等。"立"什么？"新基础教育"教学思想"其意义在于将知识学习与生命健康成长内在地融通，引导教师在教学中解读和关注学生，为学生的发展提供及时、动态的教育引导，促进教学的过程生成与转化"②。

学校的教学工作需要帮助学生养成主动发展的意愿、结构迁移的能力，促进学生对于研究方法的把握、思想文化的感悟以及各学科独特思维方式的形成。而要实现这样的目标，势必要改变传统的以学科知识为教学轴心的观念，努力向每一节具体的课堂教学设计和实施转化；必须改变学科教学与学生成长需要割裂的误区，认真分析、把握各学科对于学生成长的独特价值，在

---

① 叶澜."新基础教育"论——关于当代中国学校变革的探究与认识[M].北京：教育科学出版社，2006.

② 卜玉华.论"新基础教育"教学思想的问题意识与方法论立场[J].中国教育学刊，2017(6)：11-16.

此基础上对教学内容进行加工重组,最大限度地实现书本知识与学生经验世界的连接。通过调研,我们从调研中"寻"教师专业发展的支点,思考如何突破现有的师资制约,"应为"与"可为"空间在哪里,而后去研制适切的教研组发展的路径与策略。

二、实践研究:以"课型研究"
推动课堂教学整体转型

(一)编织学习之环,为教师专业发展赋力

叶澜教授指出,"个体层面内在理论与实践的关系,是作为外部存在的理论与实践两大领域之间沟通、转化的必不可少的中介。教育改革的理论不进入到教师个体层面的内在理论的重建与实践行为的更新,就不可能产生真实、持久的效应"[①]。在教育教学研究性变革实践的开展过程中,数学学科教研组采取了"理论先行、实践跟进、迁移内化"的转化策略,逐渐提升教师的学习力和理论及其转化水平。

首先,我们采取的策略就是加强系统学习。数学学科教研组围绕"提升现场学习力"和"提升校本学研力"两大要素,将理论融入日常"学—思—行"和"实践—反思—重建"等研究性变革实践中。学习过程不仅关注学习途径多维性,学习过程多元性,更多聚焦学习目标和学习内容之间的相关性和融通性,把学习素养和学科素养作为核心议题,通过"自我教学现场""他人教学现场""跨学校经验交流现场",找到日常教育教学中的真问题,再经过团队合作学习,确立新的学习参照系,形成了校内外、区内外、圈内外"一起教学设计""一起活动策划""一起听课评课""一起说课反思""一起二度重建"全员、全程、全学科学习研究成长系统以及不成文的"三学"制度(每学期的理论学习、每月的报刊学习、每周的教学反思)。教师在一次次的"输入"与"输出"过程中多维度解读课例,研究学生,建构起自己与学生的"起点意识""步骤意

---

① 叶澜.我与"新基础教育"——思想笔记式的十年研究回望[M]//丁钢.中国教育:研究与评论:第7辑.北京:教育科学出版社,2005:44.

识""阶段意识"和"年段意识",教师在"建构"中发现"研究的关键不是解决问题,而是发现新问题",锤炼教师反思问题的能力。

为了让系统学习切实有效,在边学边行中形成了学习活动"四原则":一是要体现学习目标和学习内容之间的相关性和融通性;二是学习领域需关联到"理论学习、现场学习和实践学习"领域;三是学习主体自上而下"骨干领头学,全体浸润读",在学习过程中既有个体的自读,又有群体的合作交流与分享;四是学习重点得关注"提升现场学习力",多维度促进学习能力的自觉发展。

其次,加强理论读本的个性化学习。我们认真组织教师认真学习《"新基础教育"教师发展指导纲要》《"新基础教育"数学教学改革指导纲要》《〈回归突破:"生命·实践"教育学论纲〉续研究之二(上编)》《"新基础教育"研究手册》《"生命·实践"教育学派信条》等理论读本,每位教师要制定个性化的读书方案以及设计学习路线,并进行持续地反复学习。其间,我们要求每一位教师撰写读书笔记。例如,在"聚焦教师新基本功"这个主题单元学习中,教师们根据李政涛老师在明强小学的报告实录,用思维导图呈现读书笔记。在交流会上,有的老师将新基本功各个要素用树状图表示,寓意教师新基本功的练就是自我成长系统中重要之源;有的老师把新基本功要素遍布在自然界中,环环相扣,彼此照应。原本沉闷的学习现场一下子活跃起来,不少中年教师也改变了以往对学习的认识,体会到了学习的过程是一种创造,可催人奋进。

最后,不同梯队的教师分层推进。根据教师们对"新基础教育"研究性变革理论的理解以及实践的深度,我们对不同梯队的教师提出了不同的要求,比如,我们要求第一梯队的教师要不仅读懂、读透,还要在反思性学习中不断进行着对理论着的实践以及实践着的理论的思考,一定要逐步打通理论与实践的关联,实现课堂教学的新质;对于第二梯队的教师,要不断深入领悟理论的核心理念,在实践中努力去内化;第三梯队的教师要能够初步读懂、搞清楚核心理念的内涵,并且尝试在课堂教学中进行实践。

教研组还充分关注教师"自觉、日常、系列化、创品质"等关键因素,先后制定了《汽轮小学"数学教师专业发展"指南》《汽轮小学提升校本"学研力"方案》(见图1)等,有针对性地发挥不同教师群体的作用,通过相关书籍分层、分类学习,提升教师的基本功与素养。不同层面、不同领域开展的辅助性、勾连式的阅读,让教师自觉成为"读懂学生的分析师",成为"重组课程的设计师",成为"联结世界的策划师",让师生的生命在愉悦的土壤中拔节生长,让学校教育"更鲜活、更生动、更温暖、更精彩"。通过扎实的学习,为教师专业发展"赋"力。

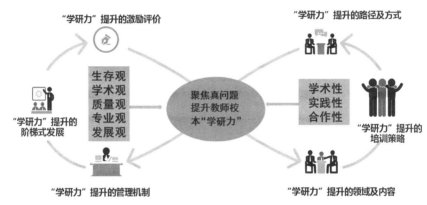

图1   汽轮小学提升校本"学研力"方案

(二)夯实实践之力,为教师新基本功聚力

在经历了价值重塑与队伍锤炼后,教与学方式的转变自然成为教研组关注的核心问题。在前面的调研中,我们发现教研组的日常教研活动散点较多,常停留于每个老师上自己准备好的一节节课,但为什么上这些课、这些课之间有什么内在关联性等问题并未引起充分的关注,要改变这种状态就必须从散点式的安排走向专题式的聚焦。考虑到前期教研组已经积累了大量成熟的教学设计和教学课例,但还未充分挖掘、放大这些典型课例的研究价值,于是我们选择以课型研究为突破口,攻克教学改革难点。在此研究过程中,逐步形成了将研究课题系列化、课程内容教学化、研究活动日常化、研究行为制度化,使教师能够拥有"三底""三力"和"三思"。①

1. 组建骨干团队,先期示范引领

课型是结构化的教学目标、结构化的教学过程以及教学目标与教学过程

---

① 李政涛.贴地式介入,推动学校整体转型[N].中国教育报,2016-12-07(05).

内在有机组合关系的总称。每一课型都包含对教学目标、内容、过程方法以及评价方式等要素及其关系的整体性理解。① 之所以选择课型作为研究的突破口,是因为课型研究是改进教学方式的重要抓手,它能够很好地帮助教师对某一类课型的育人价值、教学过程结构、推进逻辑以及教学原则等进行整体把握,从而促进教学方式的转变和课堂教学的转型。

我们开展课型研究的第一步是成立核心骨干团队。核心骨干团队先是对数学教材进行深度研读,基于教材某一领域或某一单元知识结构的内在关联进行整体梳理和系统长段策划,跳出已往知识点教学的认识框架,努力从更深层次认识和开发知识间的内在结构并使之产生联系,从而使课型研究从以往的"点状"研究逐步进入整体策划。在此基础上,核心骨干团队主要围绕"小学数学学科'线·面·体'类结构的教学策略研究课型""计算课型""数量关系课型""建模课型"展开课型研究,其中既有骨干教师的参与,也有教研员的"下水课",同时分不同层面开展课堂教学课型展示活动。在此过程中,汽轮小学数学教研组逐步摸索出了一些课型研究方法,并且进一步辨明了课型研究的价值与方向。

2. 集体深研实修,推动教学转型

经过骨干教师的示范课型展示后,我们开始引导更多教师在课堂教学中进行探索展示,将课型研究具体化到日常教学中。同时,我们将所有骨干教师的优质课型、课例进行梳理汇总,形成可以学习模仿的"范本"。教师有了可以参照和比对的榜样,对课型研究的认识开始不断更新。

"专题研究不断推进的过程中,如何发挥每位教师的智慧和力量,使常态化的专题研究能够持久、深入、高效地开展,并形成与日常研究相融互促的研究机制显得格外重要。"② 为此,教研组进行重心下移,将把控的研究权下移到每个年级备课组中,下移到每位教师身上,并确立了"四定、三段、五意识"的研究机制。所谓"四定",就是定人(课型执教教师)、定向(梯队人员培养方向,要多让二、三梯队的老师多多实战,登台亮相,或者开课,或者评课,或者

---

① 卜玉华.课型研究:架起理论与实践之间的桥梁[J].人民教育,2016(Z1):51-55.
② 伍红林.当代学校转型变革中的教研组建设[J].教育发展研究,2014(24):70-74.

来承担项目,能逐渐培养推出一批新人)、定时间(课型研讨日期)、定主题(课型研讨主题)。所谓"三段",第一段是研究前确定研究主题;第二段是过程中经历第一、第二、第三棒的集体备课、展示以及反思重建的过程,最终形成比较完善的课型;第三段是在研究后,主要是经过集体反思、专题研讨形成案例或教学资源库。所谓"五个意识",是指教师在课堂上要具备"开放意识、互动意识、资源意识、提升意识和结构意识"。

与此同时,我们还以课型研究中的问题记录与分析为切入点,要求教师进行自我剖析,共同研究教学改进方法。为此,我们开展了"四通"行动,即"通备课通学情,通听课通课型,通研讨通问题,通设计通评价",以典型课例和专题课教学教研为媒介,结合本组实际开展教学研究。同时在华东师范大学吴亚萍教授的指导下,我们认识到,要能够从学生素质养成的长远意义上去备好一类课,上好具有关联意义的每一节课,[①]依据学生是否有素质养成来评课。教师通过一次次的磨课、听课、评课活动,教学水平明显提升。

在每次课型展示后,我们还会组织教师开展基于课型教学反思的学习交流与分享,在此过程中对反思要点进行逐条内化。我们还开发了课堂教学反思评价表,要求教师仔细对照评价表进行反思;并邀请专家、教研员、骨干教师轮流主持并承担解读和指导任务,帮助教师形成课型反思的内容框架、思考路径、要求指向。在对话交流中,我们倡导"讲真话、摆真问题、提真建议",多讲问题和缺点,少讲长处和优点。通过一次次的交流对话、思想碰撞,教师对课型研究的认识不断走向深入。在这样的过程中,参与研讨的教师都感受到一种巨大的专业召唤,产生不断提高自身教学能力的强烈渴望。

3. 提炼典型经验,打造教研品牌

经过一次次的课型研讨展示后,数学教研组形成了很多独具特色的课型,此时进行必要的梳理和提升,并扩大研究应用范围,进而形成学科教学变革的特色与品牌,就成为我们关注的重点。为此,数学教研组围绕课型研究中存在的共性、典型性的"点"展开长过程的专题反思,并提炼出具有推广价值的教学范式。例如:在"形概念"课型研究中,我们发现几位教学骨干不约

---

① 吴亚萍.学科教学育人价值的开发与转化[J].人民教育,2016(Z1):45-50.

而同地提到了一个关键词：结构，提出要"教结构、用结构"，即在教学中，教师要能够把某一领域教学内容的起始或单元的起始课看作"教学结构"阶段，后续的看作"运用结构"阶段。在"教学结构"阶段，教师要善于运用探究方式，让学生从现实问题出发，在问题解决过程中发现和建构知识，充分感悟和体会知识间具有内在关联的结构性存在，逐渐形成学习方法结构；而在"运用结构"阶段，则主要是让学生通过运用学习方法和步骤结构，主动拓展掌握与"教学结构"类似的相关知识。

以"平面图形面积计算的教学"为例，我们以平行四边形面积计算教学为"教学结构"阶段，努力引导学生掌握学习的方法结构；以三角形、梯形及其他图形面积计算教学为"运用结构"阶段，引导学生运用方法结构进行主动迁移和类比创造。在此过程中，教师借助平面图形面积计算的教学，帮助学生对"面积的大小"及其相应的度量单位建立整体认知，把握平面图形的特征及其相互间的内在关联，使学生在掌握平面图形面积计算方法的同时，真切体悟渗透其中的转化思想（化未知为已知），以此开发和提升学生的类比模仿等创造能力，并帮助他们建立起关系分析的思维习惯和方式。

那么对于"教结构·用结构"这种教学范式，我们如何对其进行更加清晰的界定？在做课型推广时，应该注意什么问题？在不断追问和思考下，汽轮小学的《小学数学"形概念"单元主题教学设计指导手册》产生了。数学教研组的老师从 2013 年 7 月正式策划，从列出提纲到选择课例，利用寒暑假时间反复推敲、构思和修订，前后经历了整整 3 年。

三、生态引领：联动发展为优质均衡"增力"

2012 年 4 月，"新基础教育"生态区［是指以"新基础教育"合作校（合作校是"新基础教育"特质最为突出和发展水平最佳的学校）为组长校，与周边10 多所成员校结成生态群，将"新基础教育"成果辐射到成员校，实现所在区域学校共同发展的生态式做法］成立。作为常任组长校，汽轮小学数学学科教研组采用"走出校门，联动研修"的方式，成立了数学研究核心团队，把研究落地各个成员校，通过创建机制、课型研究、成果辐射等方式，带动区域内学校共同发展。

(一) 创新联动机制,差序中多元发展

我们通过机制创新、管理创新的文化理念,聚焦核心发展问题,以"联席互动""联动发展""资源联享"的方式进行推进,突破了原来单向意义上的辐射、输出,具体有以下联动机制:第一,研究日常化推进机制。要变散点、形式化的研究为踏实性的日常研究。其二,教师分封培育机制。做好"问诊"工作,读懂教研组每一位教师,明晰问题发展现状,形成发展愿望单。其三,教研活动整体策划机制。做好思考策划,新学期要有计划有准备,可以通过梳理行事历的方式予以保障。其四,生态研修反思机制。做好反思提升,从类型课入手,学会总结和积累。

在研究过程中,生态区先后创新实施了"课堂观察与诊断"观课议课新方式、"三环四落实"管理运作机制("三环"是指研训活动的三个基本环节或阶段,即确立研修主题,课例实践研究,形成案例反思。这"三环节"既是活动的基本形式,又是提高活动有效性的重要途径。"四落实",是指在每一个环节中都有相应的四落实要求)、"单元主题系列"课例研究等方式。

我们要求各成员校要将生态区工作与学校整体工作相关联,做到无缝对接,同时要明确自我角色定位,主动把握背景现状,形成领导团队合力,实现共性与个性的和谐统一,强化个体意识和能力;在策划研讨活动时,要将参与的教师相关联,促进教师们在生态区的平台上得到进一步成长;我们打破了"一刀切"的活动策略,采取分层推进,一方面建立一个以"合作校"为核心内核的骨干研究组,通过主动申报和承担开放活动为生长路径,提高自觉与创造力;另一方面对部分成员校的学科育人价值开发进行调研和督促,差序推进,实现不同学校不同教师群体的综合梯度发展。

(二) 深化课型研究,开发学科育人价值

让责任主体在做成事的同时,促进自身的发展和成长。没有教育中生命主体的真实、主动发展,就不会结出优质公平教育的丰硕之果。

在研究的初期,我们以生态区建设为核心研修网络,重点围绕"小学数学

学科'线·面·体'类结构的教学策略研究"展开实践研究,以系列专题的形式开展了形概念、形知识的实践研究。随着研究的推移,生态区重点围绕"计算课型""规律探究课型""形概念课型""统计课型""建模课型"等,摸索出课型研究方法,实现了课堂教学的整体转型。从项目驱动到自主创生,不仅将教学研究改革的着力点放在研究之事的达成上,还放在了教师团队的发展壮大上。

在近几年的生态推进中,汽轮小学生态区相继开展了中外交流层面的中英数学交流项目、跨区域层面的"上海—淮安"两地学科育人价值深度开发的现场研讨会、参与教育部"1+11"新疆喀什泽普县成长互助行教育项目,以及跨校的闵行小学、曹行小学、景东小学、吴泾实验小学、浦江一小、双江小学、花园学校等二十几所学校之间的互动交流。据统计,共开展课例研讨 300 余节,近 6 000 人参与各级各类现场研讨会。

(三) 强化资源转化,创造教育新活力

通过"理论学习—课前研讨—听课评课—反思重建"这一系列的来回滚动式的研究,我们的课型研究逐步深入。教师对"长程两段"的教学结构通过实践再一次得到理解和深化。在研究过程中,教师对课型的价值、资源的生成利用、课堂教学的策略以及教学的提升点都逐渐清晰,并通过对课堂的实录以及反思、提升形成了教学案例和专题总结。这些研究无疑都提高了每一位教师的研究和教学的能力,极大提升了教研组的文化内涵。在此过程中,教师对课型的育人价值、资源的生成利用、课堂教学策略以及教学提升点都逐步清晰,并形成了举一反三的教学转化能力。同时教师开始突破对于"课型"意义的探究,关注从单元视角整体把握每个单元的教学目标与每个课时目标之间的关系,实现了"从'单元'教学到'单元类结构'教学的突破"[①];关注年段、学段横纵之间的整体性建构,以及不同学科间的育人价值开发及实践逻辑等问题。这样的思维方式和行动方式引领教师不断走向研究的深入和生命的自觉。在此过程中,汽轮小学数学学科教研组也达成了三个发展目

---

① 李政涛.从"单元"教学到"单元类结构"教学[J].江苏教育,2011(13): 7-9.

标：一是连续两年被评为"区优秀教研组"，并形成校内互动、校际联动的深度融合共生的研修生态；二是积累了一些比较成熟的改革课型，将研究过程中呈现的经验和案例汇编成册，作为各梯队教师教学设计的指导手册；三是实现研究方式的重心下移，有向开放，形成了教师梯队整体推进的格局，实现了成事、成人、成文化。

叶澜教授指出，"实现优质公平教育的实施主体与路径在于，做好教师日常实践的研究和日积月累的变革：深耕课堂教学，深变班级建设，让师生真正在自己的日常教育实践中主动成长，最终成为自我主动、自觉发展的主体"[1]。未来，汽轮小学将进一步推动教研组研究的日常化、制度化、精品化，在提升自身核心内生力的同时，达成个体与群体的互惠共生、学校与区域的协同发展，努力促进教育优质公平，使"研究着工作"成为教师的生存状态，并不断实现新的突破与超越！

---

[1] 叶澜.关于教育优质公平发展的三重思考[N].光明日报，2019 - 10 - 16(13).

提升发展内生力　打造合作共生体

——"新基础教育"明强小学
生态区建设的实践及思考

姚　凤　沈新红[*]

摘　要：明强小学生态区建设始终坚持"让每一所参与校都在团队互动中实现主动生长",一是通过明确三级"第一责任人",探索三项"推进机制",形成三个"研习习惯",使生态区运作更具内在机理;二是通过过程突破提升生态区各校的内生长力;三是通过合作共生凸显"明""强"生态区共生文化,即学科研究方向明,校本发展后续强;四是通过反思重建融通由内而外的生态营造。明强小学生态区的"生态式研究"使学校发展由"单体突破"逐渐走向"集群转变",也使教育变革由"行政引领"慢慢转化为校长、教师发自内心的"自觉需求"。

关键词：明强小学生态区;机制建设;过程突破;合作共生

2011 年,为推进"新基础教育"在闵行区的本土化研究,经闵行区教育局正式发文,各校主动报名加入,"生态式研究"成为闵行区中小学"校群"集结发展的一个独特机制:由华东师范大学专家组核心引领,区教科所服务推进,一所区域内公认的"新基础教育"组长校牵头,一批主动报名的学校加入,组成一个基本的研究单位"生态区",携手同发展。全区 66 所中小学自由选

---

　　* 作者简介:姚凤,上海市闵行区七宝镇明强小学校长兼党支部书记,中学高级教师,闵行区小学语文骨干基地主持人。研究方向:劳动教育、教育发展和语文学科教学。沈新红,上海市闵行区七宝镇明强小学副校长兼党支部副书记,中学高级教师。研究方向:学校管理、校本研修等。

择分别加入了 6 个"生态区",明强小学生态区就是 6 个"生态区"中的一个。明强小学生态区目前由 8 所学校组成,包括 3 所合作校、2 所基地校、3 所成员校,8 所学校中包含 1 所农民工子弟学校。

虽然明强小学"生态区"内部学校基础差异大,但生态区的建设始终坚持"让每一所参与校都在团队互动中实现主动生长",校际师生间形成了彼此相融共生的生态式氛围与特点。相对于依靠行政命令"被动执行"的教育变革,这种非行政性的校际合作研究,让更多学校从"被动发展"走向了"主动变革",也使更多校长、教师从"完成教育任务"走向了"创生教育发展"。

明强小学生态区在"生态式推进"过程中,从起初的"积极加入"到如今的"主动发展",每一所学校、每一个人都在经历中悄然转变。这种变化有的镶嵌在校长与团队共同反复修订"三年规划"的字里行间,有的散落在共生体成员精心磨课、反思重建的过程里,更多的是在校长、教师常态的推进与日常坚守中。

明强小学生态区的成长体验和明显变化主要集中在三个方面:机制建设初见成效;过程突破初立愿景;合作共生初显形态。

一、"三三"机制使生态区运作更具内在机理

(一) 明确三级"第一责任人",各成员校初步实现校本自主发展

叶澜老师曾强调,进入生态区,学习获取固然重要,但也要有贡献率,基础是每一所学校都要自主发展。学校内部三级责任人分别为"校长、分管副校长、各领域骨干",其中校长负责整体引领学校改革发展,副校长密切关注日常落实改进,各领域骨干则主动践行本领域改革目标。这使每一所学校都形成了清晰的"自主发展式"三级领导团队,三者中校长是灵魂,校长决心不下、思路不清,学校发展就没有方向;副校长是关键,副校长责任不明、落实不力,改革就会架空;骨干是创生主体,只有骨干投入实践创造,才有可能产生真实的感悟,开出智慧火花。学校内部,三级第一责任人是纵向深入研究的"默契搭档";学校之间,不同学校的同级第一责任人又成了横向密切交流的"合作伙伴"。目前,明强小学生态区呈现出"大小组

活动有序开展,校本化研究主动推进"的常态,正是得益于这样的三级领导团队。

(二)探索三项"推进机制",合作共生从自然状态走向探索规律

明强小学生态区建立初期,组长校、核心校更多是在满足需求,那时出现了各校因发展动力不均衡而导致的差异。于是,我们逐渐探索出以下机制使生态区合作更有序。

1. "校长负责、同生共长"的校群整体发展机制

"生态区"刚建立时,校长之间比得较多的是现有条件,而如今,似乎这一切都已不再重要。究竟是什么动力最终促使校长不再埋怨办学基础条件和生源、师资的不公,毅然敞开胸怀,迈开变革脚步?我们归结为"校长负责、同生共长"的机制研究。明强小学生态区的校长大多富有管理经验,因此生态区实际没有真正意义上的"导师",有的只是平等合作的伙伴、志趣相投的盟友。曾经有一个学期,大家的突破点共同聚焦在从"议规划"到"见行动",在研究上遵循了"整体推进、重点突破"的策略。围绕"课堂教学变革"核心,航华一小作为组内代表,承担了"语文、数学、英语、班队"全天、全学科的生态区研讨。一次开放,我们看到的不仅是各学科研究品质的提升、课堂上师生生命活力的绽放,还有精神文化流淌在校园、渗透到人骨子里的踏实感以及两校办学品质的整体提升。我们可以清晰地感受到,与两年前的状态相比,这种变化是跨越式的。其中,虽然有华东师范大学专家、明强小学骨干教师的过程性指导,但更关键是学校找到了自身发展的立足点和自信,校长、教师主动担起了更新自我的责任和发展自我的挑战。

2. "系列整合、分域推进"的研究突破更新机制

为使研究动力进一步内化到各校,各学科总体确立了"生态区研究目标明确、各校研究主题清晰、过程推进体验丰富、阶段提升作用明显"的发展任务。

语文学科关注了对发展势头强劲学校的重点扶植和生态区骨干梯队培养。一方面对发展迅速的学校进行重点关注,帮助培育校本核心骨干教师,在研讨过程中体现"介入早、指导实"的特点;另一方面持续提高自身研

究品质。定期提供高品质的共生体现场研讨供生态区全体成员学习借鉴，近期分别对低、中段语篇教学进行整体重构，重点体现学生自主学习能力的常态养成。借一次活动推一批人，通过"节点式策划"，不同学校的教师都能在共同的研究中重塑自我，不断产生新的发展需求，甚至有痛苦后重获新生的感觉。

数学学科以"专题式研讨、教研文化熏陶、新骨干培养"策略实现了校际更"紧密、深刻、常态"的互动。每学期要在六七所学校开展专题研究，通过对每一次研究资源效应的持续扩散，帮助各校梳理生成新型教研文化，关注各校数学核心团队的发展与提高。定期辅导和跟踪指导带动了各校新骨干的快速成长，各校出现了争先恐后申报研讨课的状态。

英语学科以"历练新基本功、提升内生长力"为主题，一方面关注单元整体设计和单课有效实施背景下，教师个体、团队新基本功的养成；另一方面通过生态区互动研究，与其他生态区组长校进行深入互动交流，共同探讨有效教研的内容与途径。随着核心力量的成长，生态区骨干的角色意识、引领能力在持续提升。

学生工作借助班会主题研讨，聚焦成员校班主任团队建设及对以往研究成果的转化应用，将"新基础教育"班级建设七条作为生态区班主任开展班级建设的基本要求，共享系列主题班会设计方案，帮助不同梯队班主任提升对研究的价值认同，学会从自己岗位出发，转变思维方式，改进实践行为，提升工作品质。

3."学校自主、常态改进"的自我成长转化机制

"新基础教育"研究无法作秀，只有坚持把研究日常化，才可能出成果。明强小学作为"生命·实践"教育学研究合作校，在新三年规划中明确了新的发展任务，但课堂一直是核心，通过"再提升式"的课堂教学自我普查，分学科分层历练教师新基本功，研究重心进一步下移到每一个人。目前，学科育人的价值追求已初步内化在教师心中，外显在学生生活里。航华二小围绕"寻找课堂中的生命活力"主题，以系列行动实现自我成长，通过"听和搬、找和问、议和梳、研和磨、提和写、化和升"，借学生之眼发现课堂症结，集教师合力进行专题突破，使课堂更开放，研究更扎实。

（三）形成三个"研究习惯"：共生体创造的行为准则

1. 活动必到

生态区的校长、教师都敏感地体会到，每一次"新基础教育"研究都是高质推进，舍不得缺席。全程参与磨课、听课、评课，进入的是真实场景，提升的是"现场学习力"。因此，每次生态区专题研讨，各校校长、骨干教师无一缺席，大家已逐渐养成"从他人身上反观自己"的研究习惯，参加生态区研讨也逐渐从"任务观"逐渐转化为"学习资源观"。

2. 听课必评

刚加入生态区时，很多成员校老师怕评课，主要是觉得自己的价值观还不够"新基础教育"，怕说错。随着研究走向深入，教师的开放性、投入度和研究水准也随着实践提升。渐渐地，教师明白了一个道理——听课不如上课，听评课不如去评课。有了这样的行为准则，每次活动时间总觉不够，各校争着抢着评课的现象普遍，教师成长也得到加速。

3. 回校必转化

我们发现，学校之间的发展差异与各校是否具备对学习资源的转化应用能力有关。校长、骨干教师听完报告之后的及时传达，各类现场活动过后的内化迁移，要有一定的校本设计，让自己的师生也能亲身经历全过程，这样才能避免"听听很激动，过后不再动"的现象，一所学校的研究转化意识与能力往往代表着学校整体学习力与发展的"再生力"。

研究习惯虽小，却关乎每一次研究主体的投入度与研究的有效性，值得如今每一个活动组织者与参与者深思。

二、过程突破提升生态区各校的内生长力

通过"想、做、议"规划进行了自我清思，每所学校都找到了真实的自我。从原先的单点进入，发展到如今的整体转型。之后各个学校以生态区各类研究活动为载体，学科第一责任人、教研组长、各年级骨干教师之间自主结对，过程中骨干教师之间形成定期的互动帮带，互相参与教研活动等方式使生态

区学科骨干尽快脱颖而出。在校本突破中提升学校内生长力,推进校际合作及学校整体转型性变革。

(一)合作共研,强化共生式引领

为进一步加强生态区意识,助推教师梯队发展,提升日常研究质量,促校际教师之间的合作分享,生态区建立了核心研究小组,着重抓学科负责人队伍,加强整个推进过程的调研、策划、沟通、资料积累以及成果辐射等。

在生态区骨干教师核心研究小组基础上,抓住组长校明强小学"新基础教育"回访活动契机,进一步组建各学科回访课核心研究小组,确立成员名单,落实语文、数学、英语、班队学科研讨推进安排,从前期备课、过程磨课到上课评课等均有生态区各校第一梯队成员进入。明强小学近几年"合作校"研究时期的课堂生态及师生状态,激励了生态组内的每一位成员,明强小学的教师在培养学生兴趣、方法、习惯、能力的同时,彰显了学科特有的魅力,而前期研究成果的扎实内化,使教学过程得以持续的生成和推进,面向每一位学生,有效提升了师生的日常生命质量。

在整个学习研讨过程中,各校骨干教师全程参与,将现场磨课、研讨、点评资源、实践研究成果带回各自学校进一步学习、分享。各学科组的核心成员走出校门,到生态区各学校指导活动,既辐射本校的经验,又学到了他校的特色。以"过程性提升"育"生命·实践"教育学的"研究性实践质量",逐步实现各学科老骨干教师力量的成熟及新骨干教师的养成。

(二)持续改进,强调接力式提升

在实践中,除了不断提升生态区内互动学习、合作共研的自觉性,也强调聚集各校内部资源,完善自我。例如,在生态区内航华二小开展普查活动之前,学校在总结上学期中期评估经验教训后,将中期评估中已开过课的教师作为本次普查校本研究核心指导力量,指导本校其余开课教师的备课磨课工作。学校能再次发现自身的问题并找到新的生长点,不断改进,不断发展,力求关注学生真正体验的互动性;并针对普查活动中发现的问题,请来专家帮助改进。例如,请来华东师范大学吴亚萍教授对数学教学工作进行指导,以解决资源捕捉、师生互动、重心下移等问题。

接力式提升在全面提升校本研究质量的同时,更促进了每学科一支校本核心研究团队的形成,实现了区本、校本指导力量的逐步养成及本校全体教师课堂的"新基础味"。

(三)育新生力,着力会诊式参与

为促进生态区各校之间的沟通、协调,深化、内化"新基础教育"理论,发现和提升学校发展的典型经验,总结经验、发现问题、寻找差距,生态区自主开展各类评估调研活动,让不同层面的学校进行更为积极、有效的互动,从而进一步明晰生态共生责任,夯实各校发展内力。

例如,生态区内虹桥小学参加中期评估活动,学校从转变办学的定位、转变管理的方式、转变课堂的形态、转变师生的精气神入手开展三大领域六个方面的实践,有计划地系统推进内化;关注核心文化的凝练;注重每一个节点活动"前移后续",让每次活动促进教师成长。学校先后邀请华东师范大学李家成教授、明强小学校长、闵行区新基础教育研究所陆燕琴老师做专题报告,持续不断的学习让教师更加明确了如何关注班级建设中学生的发展,怎样积极落实主题班队活动(课)的设计、组织和推进。生态区学科核心推进小组积极参与指导,培育虹桥小学校本核心研究力量,由外向内转化合作研究资源,落实对各科开课老师的备课磨课指导工作。在本学期学校中期评估活动中,虹桥小学有效的课堂设计、精彩的教学推进、敏锐的资源捕捉、积极的课堂互动、生动的学习状态、灵动的智慧激发,体现出这一阶段学习与实践以来,教师在课堂教学变革、班级建设推进中的真实成长,得到评估专家组的一致好评。

三、合作共生凸显"明""强"生态区共生文化

(一)学科研究方向明

根据生态区建立之初提出的"自主研究、合作共生"的文化建设目标,我们突出了三个注重,即"在自愿加入的基础上更注重自主研究;在个性鲜明的

基础上更注重团队合作;在理念分享的基础上更注重日常实践"。"生态式日常研究"以学科为单位进行,明强组长校与梅陇核心校的骨干教师组成了语文、数学、英语、班队、术科5个"学科研究核心推进小组",与各校相应学科负责人保持密切联系,经常深入到各校帮助解决学科与教师发展问题。各学科推进小组围绕目标分析了自我推进中的亮点与不足,并提出了改进建议:

1. 语文学科领域

亮点:主要表现在以下三个"基本形成"。(1)"整体策划、理念引领、实践指导"三方面影响各校语文学科发展状态的核心力量基本形成。(2)"大小组交替,诊断与研磨交织"的良性生态式研究氛围基本形成。(3)放大每一次研讨资源的效应基本形成。这保证了每次活动对承担任务的学校教研组都是一次触动,一次推动,对承担任务的教师都是一次有生命感的实践历练,一次价值观的理念重建。

后续改进:(1)学科研究推进小组研究合力,特别是核心校的骨干力量还有待增强。(2)成员校的研究质量要进一步体现,要在提升教师现场学习力,促进研究交流的主动性,及日常化、系统性研究实践能力上花工夫。

2. 数学学科领域

亮点:(1)大多数学校研究热情高,认真组织开展活动。(2)各校组员参与积极,群体之间有效互动。对问题诊断越来越清晰到位,反思越来越具体深刻,重建越来越具针对可行性,认识也越来越聚焦核心。(3)每次活动各校从课前指导备课—试教后反思重建—二度实践反思重建,各兼职研训员和核心组成员都参与其中,在生态区内发挥了积极的作用。

后续改进:(1)研究内容主题还缺乏专题性、持续性。一些学校的研究比较零散,整体化、结构化不足。(2)照搬组长校的研究成果,对比较成功的研究结果(如成功课例)进行学习和效仿,但还限于模仿其过程和方法,没有根据自己学校老师、学生的实际进行有效的转化,未对这些成果进行充实和完善。(3)校际差异大。有的学校教师队伍缺少领军人物,队伍没有梯队感,缺少核心教师引领,难以形成合力。

3. 英语学科领域

亮点:(1)资源共享多。生态区各教研组有丰富的研究资源,如团队建设资源、课题研究资源、课型研究资源、生态区合作资源等,在推进研究中都成为共享的资源。(2)研究频次高。本学期大组和小组研究相结合,增加组内交互实践研究的层次和频度,形成多层次、深层次的互动机制,研究的氛围较好。(3)研究效果好。每一次研究的前期备课、磨课研究,现场的上课、评课,以及研究后的二次反思都能体现教师和团队的研究能力,每一次的研究都能关注教师个体和团队的联动发展。

后续改进:(1)学科自主研究推进小组的研究能力和引领水平有待增强。骨干教师在面向生态区所有教研组学科领域研究的整体策划、理念引领、实践指导的能力尚不足,研究方向把关能力要进一步提升。(2)各校教研组重视程度不一,导致发展不均衡。成员校教师缺少过程中的主动交流和反思,有的教研组缺少核心教师引领,难以形成合力。

4. 学生工作领域

亮点:(1)生态区内教师都能动起来。各成员校学生工作"第一责任人"主动联系组长校,根据建议,在校内自行组织学生工作研究。(2)各校都有班主任骨干1—2名。(3)研究的品质有较大提升。本学期航华二小承担了一次"学生工作变革与学生发展"生态区活动,无论是班会课的质量还是整个活动的氛围、评课的内容都得到了华东师范大学专家、新基础发展研究中心以及生态区内外老师的一致好评。(4)组长校发挥了更为重要的引领作用。特别是在主题班会的研讨、学校学生工作负责人明"第一责任人"意识,建立的网上互动机制方面,充分利用网络与组长校沟通(制定规划、学生工作方案等),实现研究资料共享。组长校为生态区的学校提供了许多学习资料,如主题班会系列活动设计方案、生态区活动教案、评课实录等,为生态区所有学校的班主任提供了学习素材,解决了不能实地学习的问题。

后续改进:(1)各校差异较大。(2)教师还缺乏系统思考的意识和能力。各校应以班队活动研究为切入点,重点关注师生日常班级生活的自主经营,逐步形成各校班级、年级、校级三级学生成长平台。(3)骨干教师数量较少,骨干团队还未形成。各校应结合生态区最新格局,以"成熟一个推出一个"为原则,重新选拔骨干教师,充实新的研究力量,组建自主研究推进小组,承担所在学校学生工作领域研究的整体策划、理念引领、实践指导等任务。

(二)校本发展后续强

上面分析了推进中的亮点与不足,各校明确了研究目标,明确了本校的研究主题,研究动力进一步内化到各校,校长之间、骨干教师之间更加频繁和主动的接触,除了分享工作体会,还交流思想和情感。除了定期和不定期的沙龙、会议外,电话、短信、邮件等也成了交流手段。这也使校长、骨干教师、学校间渐渐从对对方外围的了解走向内涵的关切,关系变得更坦诚,不再怕别人看到自己的短处,想借助生态区整体力量成就别人,也做强自己,这种乐于分享的气度,也造就了欣赏并支持同伴发展的大气,这为今后的持续研究打下了更扎实的基础。每学期,结合"前移后续"的校本研究,各学科组内交互的深层互动,生态区内的相关研究活动至少达到五六十次,多的时候达到了一百多次。我们感觉到,这样的分层交互有侧重地锻炼了核心骨干教师的引领能力,也发现和培养了更多生态区内的骨干教师。明强小学生态区提出的"在务实中坚守,在坚守中突破"的合作共生文化日益凸显,生态区内的各成员校也呈现出不同程度的自主发展态势。

明强小学(组长校):明强小学规划,由校长领衔、骨干教师承担、全体参与,梳理前期经验成果与不足,立足当前学校发展之现状,畅想未来生命实践之愿景,已上下互动了多次,关键是想在任何工作中都凸显"生命·实践"教育学特性,凸显生态式推进的新路径。抓住全国首批"生命·实践"教育学合作研究校成长契机,通过"内化育人目标,更新领导管理,创新实践课程,改善生活品质",创新落实"审美超越、两明两强、国际理解"三级育人目标。学校教师自觉变革育人行为,坚持"学科育人",重视开发本学科独特的育人价值,在"学科内涵"建设中坚持了"和美课堂"的研究与实践,更致力于练就"研读学生、变革教学、绿色评价、反思提升"等新基本功。

梅陇小学:把"和静怡真"的核心要领物化到每一个研究领域。(1)利用好区域资源,提升骨干团队组织策划力。(2)学研方式多样化,促进梯队协调发展。如有教师个体的"自主阅读",有核心组的"主题阅读",有成长团的"差异阅读"等多样化的学习方式,帮助教师逐步转化观念,建立行为参照标准,为各层面教师提供发展空间。加强校本研修的广度与深度,通过"跨学科主题研修"促进学科教学之间的整合融通,让教师能在完整意义上看到学生的生命完整性的成长需求,建立更宽泛的学科育人价值观。以"三新"融合,创造学校新生活。

虹桥小学:从少先队到学生工作,从美化环境到在美化环境中育人,重新梳理制度,更新管理。在抱团发展中明晰价值,共生发展。学校以"智慧课堂"教学研讨活动为载体,聚焦基于"有向开放"的大问题设计促学生养成的实践研究,全体教师结合在每一轮磨课活动中跟踪一个执教教师做一个教学环节的两次对比评析,由听课教师通过观察,记录执教教师面对不断涌现的各类资源,如何及时捕捉反馈,如何实现"五还",如何进行"收放",然后站在学生立场上反思评价教学过程,与上课教师、与自己原有的经验进行比较,帮助每一位教师常态化地进行自我反思、自我重建、自我训练、自我更新,在实践中转化"新基础教育"理念,从而提升课堂教学的有效性。

明强二小:针对该校年轻教师特点,将基本功细化成十几项新基本功,以每月基本功竞赛的方式,锻造和提升新基本功。例如,评价之功,以"及时予以评价反馈,积极促进对话交流"为主题,围绕着"学生发言、学习习惯、课堂倾听、提问质疑"四个方面展开,对照这些观察点关注教师在这些点上对学生实际状态作出的评价,以及评价之后对课堂推进的作用。这不仅是听课观课教师的观察点,也是执教教师教学设计、课堂预设的思考点。课后,教师将研究和探讨的重心放在课堂教学评价的即时、评价的有效、评价的作用上,由于关注点聚焦,讨论积极深入,也让课堂微格研究更扎实有效,课堂诊断的关注点更聚焦。

黎明小学:把书法等特色项目转化为学校整体发展的办学特色,让学校体现出文化高度,全力真做"新基础教育",以此推动师生面貌发生全新变化。做好校本教研的四个"重心下移"。在组织校级层面教研活动时,将活动重心下移到教研组、备课组,注重让教师经历"问题—设计—行动—反思"的校本教研方法和过程,即开展"提升教学理念"的课题研究,注重"转化重建"的课堂教学设计,指向"学生立场"的教学行为观察,指向"问题解决"的教学反思重建。

航华二小:师生潜心阅读的独特心境——"童话伴成长"的教育梦已经在学校起航。教育、教学、管理紧密"粘贴":"童真阅读"校本课程——唤醒学生阅读自觉和生命自觉;"童心教师"校本培训——催生教师专业水平不断提升;"童趣课堂"校本研究——激活儿童情趣的生命童心。如今,"童话育人"已经成为航华二小教育变革实践的鲜亮名片,师生在航华二小这块沃土上汲取养分,拥抱希望,快乐学习,自信成长。

航华一小:规划清晰,扎实实践。明确研修主题,逐科系列推进。各学科针对本学科在"新基础教育"中存在的一些问题,制定出教研组的研究主题,引领教师从专业角度进行文本解读,以学生的成长需求为基准来挖掘和定位文本中的独特育人价值,加强对课堂资源的捕捉与利用;开展基于学生立场的有效互动,等等。各学科结合教研主题开展研讨活动,充分调动教师参与研究的积极性和主动性,使得教师之间的互动和交流更有效,研讨质量得到提升。同时,各梯队通过课堂实践,实现自我发展,体现出骨干教师分享智慧,青年教师课堂践行,成熟期教师自我成长的特点。

华虹小学:围绕"师资队伍建设、班队活动改革、课堂教学实践、特色文化传播"四大工作重点,在"新基础教育"研究组长校的指导下,与生态区各成员校相互协作,充分尊重教师的能动性和首创精神,提升研究层面并改变现有的教师、学生生存状态和发展前景,丰富教与学的精神内涵,在"成事"中实现人的主动发展。

四、反思重建融通由内而外的生态营造

内生态(校内):进一步提高研究频度,强化自主与日常研究。特别围绕历练教师新基本功,提升学校内生长力。

中生态(生态区内):(1)进一步强化校长和骨干的第一责任人意识,尤其加强对副校长及其余领导团队负责人的培训。(2)更明确生态区建设主题,形成区域特色文化。定期建立主题交流节,以课堂、交流、头脑风暴等形式交替进行,使研究生态更受欢迎,在过程中浸润校长与教师。(3)跟进对学校和教师的评价,以评价促发展。(4)更关注提升各校师生的生存状态。

拟开展各领域专题研究,聚焦问题,征集主题。以校本突破为主关注各校师生成长与研究的相关度。

外生态(区域内): 增进与生态区各学校的主动交流分享,在学习中改进自身。

多年来的"生态式研究"不仅是强化教师队伍建设,推动基础教育高质、均衡发展的一次重要突破,也是推动区域、学校办学水平提升的合力行动。它使学校发展由"单体突破"逐渐走向"集群转变",也使教育变革由"行政引领"慢慢转化为校长、教师发自内心的"自觉需求"。

一路走来,我们渐渐悟到"生态式推进"的独特之处在于:组长校和成员校之间的关系并不局限于领跑与跟跑,它更看重其中每一个个体基于自身的主动发展,相互间多元的思维碰撞、情感交流与行为互动,最终构成了这个"成长、互促、互助"的"共生体",也为将来形成富有发展共性与个性的北片学校发展群落打下了良好的根基。对明强小学教师来说,无论是主动持续推进校本育人内容与方式的变革,在成就学生发展中成就自我,还是努力承担"生态式研究"的引领与分享重任,在成人中强己,都有"收获大于付出"的惊喜。我们相信,这些惊喜正在转化为教师后续再次提升的境界与动力,让我们可以真正体会到教师职业背后的价值、意义与尊严!

"共生式"教师发展路径研究

——以深圳市王婷教育科研专家工作室教师共生发展模式探索为例

王　婷　张静慧　陈笔峰*

摘　要：深圳市光明区在区教育局的推动下，有 4 所学校于 2014 年 7 月正式加入华东师范大学"新基础教育"实验，成为"新基础教育"区级"共生体"学校。5 年多来，在"新基础教育"专家的引领和区教研中心的推动下，开展学校的整体转型变革。2016 年，深圳市王婷科研专家工作室的成立，将 6 所学校管理成员聚集在一起，再次将互惠互利共同变革推向高潮，从上级部门组织的"共生实验"向 6 所学校"内需共生"的美好愿景前行。本文以深圳市王婷科研专家工作室领衔的深圳市光明区"新基础教育"变革校教师共生发展模式为例，阐述"共生式"教师发展路径。

关键词：共生；教师发展；"新基础教育"；共生模式

一、问题提出：当下教师发展的新挑战

教师发展已成为当今世界教师教育的重要议题。教师自主发展是教师发展理论的新兴理念，不论是从国际教师教育发展的总趋势，还是基于新课

* 　作者简介：王婷，深圳市光明区玉律小学校长，深圳市教育科研专家工作室主持人。研究方向：学校管理和教师发展。张静慧，深圳市光明区玉律小学副校长，深圳市教育科研专家王婷工作室成员。研究方向：教师发展与学生发展。陈笔峰，深圳市光明区玉律小学英语科组长，深圳市教育科研专家工作室成员。研究方向：学科组文化建设。

程改革的召唤和需要以及现有师资培训中出现的弊端,都要求教师能够自主、自为地成长,即教师要寻求自主发展。光明区 6 所中小学目前正在践行着华东师范大学叶澜教授首创的"新基础教育"理念,对实现学校转型变革中的教师发展问题展开了理论探讨与实践研究。笔者团队在最初研究时发现,当下教师发展存在两大问题:一是学校散点关注教师发展。各校都越来越重视教师专业发展,但实践中却存在"点状、片段"的做法,如通过师徒结对、以赛促成长、校本研修、公开课、外出观摩名师课堂等方式展开,学校层面更多的是从活动方式的形式、多样化角度思考,而对于何种教师应该发展何种能力思考甚少,没有采取有针对性、长程设计的发展规划,教师的发展也成为一种被动状态,"指哪打哪",专业发展随意化、随机化,缺乏系统构建;二是区域内各校教师发展相对封闭。区域内各校在教师发展上,更多是各自为营,造成外部资源与内部条件的浪费。

针对以上问题,我们开始思考:学校如何长程性、系统性指导各类教师发展? 区域内学校教师发展能否打破校域,更高效地促进更多学校教师的发展?

二、概念界定: 共生视角下的 "共生式"教师发展

(一) 共生理论与"共生式"教师发展

共生理论给了我们很好的解决思路,区域学校共生促进教师发展,并且或许能更科学、高效地促进各校教师的共同发展。

共生(symbiosis),源于希腊语"sumbioein",意为共同生活在一起(to live together)。1879 年,德国真菌学家德巴里(Anton de Bary)首次在生物科学领域提出"共生"概念,意为"不同种属的生物按某种物质联系共同生活"[1]。此后,共生理论不断被社会各领域借鉴延伸,根据华东师范大学卜玉华教授

---

① 刘志迎,郎春雷.基于共生的产业经济分析范式探讨[J].经济学动态,2004(2): 29 - 31.

分析①,共生事物或组织往往具有相互依赖性②、共赢共振性③,以及各方能够优化组织,以自愿、有序、适度、平等、互惠、互利为基本原则协调可持续发展。

"共生式"教师发展就是基于以上特质发展而来,成员内各校在共生的作用下,共同促进各校教师发展。

(二) 共生视角下的工作室"共生式"教师发展特征

几年来,部分区域教育行政部门和部分意识到问题的学校之间开始考虑集团化办学、帮扶结对、优秀教师轮岗交流等,也取得了一定的经验及可推广价值。但这些无一例外,在教师发展上都存在一种帮扶和被帮扶的关系。处于"高位"的学校在师资抽调的过程中增加了流出负担,更多的只是关注本校骨干教师、名师的历练与提升,对本校其他教师发展没有太多关注。当然对"低位"校而言,不可否定,他们的教师在专业发展上得到了较大指导及帮助,但也存在指导经验与本校校情、生情存在落差,难落地的情况,出现消化不良的浪费现象。这种共生是卜玉华教授提到的"寄生模式""偏利共生模式"④。

三、案例列举:科研专家工作室引领下的 "共生式"教师发展路径

(一) 工作室背景

"共生式"教师发展路径,是深圳市王婷科研专家工作室基于工作室成员结构背景提出的。该工作室由深圳市光明区玉律小学王婷校长于 2016 年成立,成立初衷为更好地促进区域学校教师发展,而这一初衷也得到了其他志同道合的本区域内其他 5 所"新基础教育"转型学校管理层成员的认可,并自

---

① 卜玉华.共生理论视角下我国区域教育均衡化发展研究——以上海市闵行区"学校生态群"模式为例[J].教育发展研究,2015(24):15-23.

② Douglas, A. E. Symbiotic Interactions [M]. Oxford: Oxford University Press, 1994: 1-111.

③ 朱俊成.基于共生理论的区域多中心协同发展研究[J].经济地理,2010(8):1272-1277.

④ 卜玉华.共生理论视角下我国区域教育均衡化发展研究[J].教育发展研究,2015(24):15-23.

愿加入本工作室,其中包括光明区马田小学、光明区光明小学、光明区实验学
校、光明区李松蓢学校、光明区爱华小学。工作室"共生式"教师发展路径研
究力求在各校自愿平等、互助互惠、共建共生的基础上,共同促进区域教师
发展。

(二)工作室共生条件

1. 区域共性

深圳市光明区位于深圳市西北部,原属于宝安区,前身光明新区成立于
2007 年 8 月,是深圳市设立的第一个功能新区。2018 年 5 月,国务院同意设
立深圳市光明区。光明区目前暂时处于深圳经济发展洼地,流动人口多于常
住人口,且主要为外来务工人员,其中爱华学校所在地多为越南难侨。

2014 年 7 月,光明区与华东师范大学"生命·实践"教育学研究院开展
深度合作。工作室成员中玉律小学、实验学校、光明小学、爱华小学为当时第
一批加入学校,李松蓢学校、马田小学为 2017 年 7 月第二批加入学校。6 校
同为"新基础教育"合作变革战线的"同行者",这为本研究的开展提供了重要
条件。

2. 师资共性

六校教师结构相似,教师偏年轻化,平均年龄在 32 岁左右,其中李松蓢
学校作为刚从小学扩校为九年一贯制的新学校,其教师更加年轻化。另外,
由于地理位置的特殊性,光明区一向人员流动较大,每年都有相当一部分入
职 6 年左右刚稍微成型的老师流出到发展较先行的其他区。因此,6 所"共
生校"共同面临着教师年轻化,成熟教师断层、流失,校内骨干指导力量薄弱
等问题。

3. 生源共性

深圳市光明区人口结构以非常住人口为主,截至 2018 年,常住非户籍人
口占比 87.6%,学校外来务工人员子女均在 90% 以上。而这一部分学生原
始家庭教育意识较薄弱,家长对于孩子的教育几乎全盘"托付"给学校,这为
学校教师的教育教学、教师的能力及发展带来了更大的挑战及压力。

（三）工作室"共生式"教师发展的含义及特质

"共生式"教师发展，是指通过工作室的带动，工作室成员校间以"对称互惠共生"的模式，共同促进各校教师发展与学生成长。"共生式"教师发展具有以下特质：

其一是去"领导与被领导"。通过去"领导与被领导"，实现各校平等互惠，各校间平等对话，相互认可。各校形成平等互惠的合作关系，在交往中相互包容，各取所需，互促成长，共同进步。

其二是自愿共生。由于去"领导与被领导"，教师发展更多是在共同愿景的感召下自主参与，并积极主动共享、互助。

其三是在共性互补中鼓励创新。在校际教师发展路径研究中共性互补，相互促进，但同时由于校际差异，鼓励在共生中创生"新我"，形成自己独有的教师发展路径。

（四）"共生式"教师发展的路径策略

1. 组织结构策略

深圳市王婷教育科研专家工作室借力光明区教育科学研究中心引进的华东师范大学"新基础教育"专家指导，在原有华东师范大学"生命·实践"教育学研究院专家教授、光明区教育科学研究中心、光明区教研员"三驾马车"的基础上，从工作室的角度，延续每学期 3 次左右的集中专业指导频度，进一步深化教师发展研究。工作室从各校领导决策层、学校中层、学科领域层三个维度展开互惠互利的系列措施，共谋发展。

2. 路径策略

（1）工作室对各校决策层的推进策略

由于六校加入"新基础教育"学校转型时间有先后差别，各校处于不同发展阶段，工作室首先从学校决策层间的互助开启"共生式"教师发展路径研究的第一步。"生命·实践"教育学研究院专家会从理论高度、学术专业上对各校三年规划、学期计划总结进行指导，但如何真正落地转化为本校的顶层设计，更需要在相同背景下正处在同一发展阶段或已经走过当下阶段的学校决策层"抱团"互助。例如,如何通过校内组织结构调整更有利于在重心下移中促进校内教师发展,如何通过调整绩效考核制度激发教师发展内动力等。

（2）工作室对各校部门管理者的推进策略

学校整体规划的落实下一步需要部门管理者的细化,因此工作室指导的第二步重点放在部门管理者身上。同样,各学校发展阶段存在差异,校际各部门、各部门管理者也存在着发展差异。工作室为各校各部门管理者搭建共生平台,维度包括分管教师发展的副校长、负责教师发展的部门主任、负责各学科领域教师发展的学科教研组长。三个层级管理者从三个维度纵横"织网",互助制定组织管理策略,相互借鉴管理成功经验,互助答疑解惑。

（3）工作室对各学科领域骨干辐射的推进策略

工作室"共生式"教师发展的最核心环节是直接促进一线教师的发展。在专家离开之后的日常教研及节点"前移后续"中,工作室以自愿为原则,为各校搭建互助互惠整合各校各学科领域骨干教师的平台,各校向一些发展较快的学科领域优秀教师发起邀请经验分享、专业指导、诊断把脉,让优秀教师资源优势放大,打破校域,实现共生发展。

（五）"共生式"教师发展的基本成效

1. 加快校际转型速度

"共生式"教师发展路径缩短了各校由于加入"新基础教育"转型变革时间先后造成的差距,各校决策层在共生中建立了"革命友谊",在平等、融洽的共生关系中经验互补,在分享互助中建立了自信。新加入校马田小学和李松蓢学校在共生中快速适应并转型,目前李松蓢学校早已在学校管理组织架构上完成重组,新组织架构也已进入有序运作阶段;马田小学学校管理模式正逐步由粗放模式转向精细化模式,可以把更多的资源和精力投入到内涵式发展中,学校"千里马文化"逐渐成为光明区学校教育的又一张新名片。

2. 重组差异化共享资源

"共生校"差异化的教师发展活动在工作室共同愿景的影响下,各校工作室成员主动、积极开放本校活动。如李松蓢学校外聘专家为本校大批量的新进教师做系列岗前培训时,向各校发布活动信息,邀请其他几所学校的新进教师参加岗前培训。这一因差异化而重组共享资源,大大减少了各校人力、物力、财力支出,最大化"共生式"教师发展合力。

3. 放大优势教师资源

骨干教师是整个团队发展的"动力源",各学科领域的骨干同时"点燃"了"共生式"学校教师的发展。"共生校"各领域相对优秀的教师在校际流动指导教学,分享经验,诊断把脉,让教师发展真正打破校域。2019 年 6 月,光明区"新基础教育"区内班队普查工作以各校自行开展的形式进行,玉律小学学生工作团队主动邀请光明小学班队骨干林小燕老师作为普查评委指导,这一多元共生交流方式更加科学理性地评估和探讨学校学生工作的开展与班主任的自觉成长。

同时,我们惊喜地发现,优秀教师的交流也激发了他们的职业幸福感与成就感,从而进一步促进他们不断地自我提升与成长,同时也让互助互惠成为一种自愿、主动的良性循环。玉律小学英语科组骨干教师、原学科组长杜新添老师应邀到光明区实验学校、光明小学做关于学科组管理经验的讲座分享,外校教师对杜老师的高度评价快速提升了他在整个光明区英语教师队伍的知名度和影响力,杜老师也变得更加自信了,更愿意分享交流,快速拉近了"共生校"之间英语教师团队的距离。

4. 提升学校教研质量

"共生式"教师发展大大提升了各校各学科领域教研质量。优秀学校及优秀学科团队的示范、分享让暂时薄弱的团队有了参考和借鉴的对象,同时在交往中也可能碰撞出新的"最近发展区"。在"共生校"英语学科教学领域,光明小学的结构化写作教学引发了玉律小学单元整体教学下的学生话题结构化思维能力的培养,而玉律小学的思考实践又促发了爱华小学复习课型中结构化块状复习课型的思考及完善课堂实践。

5. 促生学校个性创新

工作室 6 所成员校在"共生式"教师发展中实现在差异互补、资源共享、互惠互利中成长,在求同中也不忘创新求异,形成具有本校特色的个性化教师发展路径。爱华小学启动了"滚动式教师成长平台"策略,促进每一种发展状态下教师的自主发展;玉律小学"层级研琢"重构了教师发展新格局,从学科组备课组层级联动、骨干教师联动、品牌课型联动,从学校管理、节点研讨、日常教研层层促进学校教师发展;光明小学"1＋N＋1"校本教研模式构建了教师发展共同体,学校各个学科领域通过共同打造"1＋N＋1"读写一体化教学课型捆绑各阶段教师发展。在特色教师发展项目研究中,各校综合融通他校教师发展路径,充分发挥共生体学校资源互补、共生共长的优势,形成稳固的"生态链",从而实现6所共生体学校教师发展速度更快,发展规模更大,发展质量更好。

以优质均衡为导向的
多校区办学模式探寻

何学锋 *

摘　要： 在我国快速城镇化进程中，城市人口的持续导入引发了民众对优质教育的刚性需求激增，不少地区将新建学校变为有较大影响力的名校或强校的新校区，以此作为应对之策。这一做法无疑也扩大了名校或强校的校区数量和办学规模，从而引起学校管理负荷超载、教师文化认同感降低、校区间同质化严重等问题。上海市闵行区实验小学通过持续而系统的变革，以整体优质、校区均衡为行动导向，探寻多校区办学的新路径，主要举措是以持续的组织变革破解管理负荷超载难题，以团队研修增强教师的文化认同，以"同而自主"原则促进各校区特色发展。借鉴集团办学思路，学校展开了推进学校治理现代化的路径探索，具体表现在：动员各种力量形成"多主体参与"格局，强化顶层架构的同时倡导"多中心治理"，融汇中外办学理念，从"治理"走向"善治"。

关键词： 多校区；办学模式；治理；现代化；优质公平

---

* 作者简介：何学锋，上海市闵行区实验小学校长，正高级教师，上海市特级校长。研究方向：学校管理、教师发展等。

以公平为导向的义务教育均衡发展在中国大地上的推进如火如荼,呈现出基本均衡、优质均衡、多样化优质均衡的不同梯度状态。在东部地区,出现了以"委托管理""名校集团化""一校多区"等为标志的、通过优质资源共享来促进教育均衡、优质和多样化的高位发展,[①]这里以上海市闵行区实验小学 10 余年多校区办学为样本,探讨"一校多区"办学的问题、经验及未来走向。

随着我国工业化和城镇化的快速推进,出现了农业人口和非农产业人口持续向城市集聚、城市地盘迅速向农村扩张的"双向运动"。农业人口大量涌入城市,给城市的基础教育带来巨大的挑战;城市地盘的不断扩张,又使大量的农村或郊区学校在"变身"后亟待整体提升。相应地,不同的应对之策也被激发出来。例如,杭州市在推进"名校集团化"的过程中,先是用主城区的中小学名校资源来带动薄弱学校,当越来越多的农村或郊区学校变为城区学校之后,城市优质教育资源明显不敷急用,于是将目光转向大学和教育科研机构,探索出多种大学与中小学合作创建教育共同体的新路径。[②]而上海等地则以新建优质学校新校区的方式,应对人口导入带来的压力,如闵行区作为人口导入区,每年要净增 5 000 名中小学生,往往要新办若干所学校才能消化这些增量。面对新增白领阶层对优质教育越来越高的需求,一般的新办学校无法满足,因而地方政府和教育行政部门不得不采取将新增学校作为名校的一个校区的策略来缓解择校矛盾。

闵行区实验小学是一所创始于 1905 年的百年老校,进入 2000 年以后,在区教育局统筹下,学校分别于 2004 年和 2008 年新开办了两个校区。2014 年,在兼并 1 所九年一贯制学校小学部的基础上,又开办了一个新校区,形成了一个法人代表下的"一校四区"办学规模。这既是应对人口持续增长压力的无奈之举,又是解决民众对优质教育刚性需求,同时推进义务教育优质均衡发展的创新之举。

---

① 杨小微.以"多样优质均衡"回应"高端需求"——我国发达地区义务教育促进社会公平的新思路与新实践[J].基础教育,2013(2):5-10+16.

② 费蔚.从管理到治理:区域推进义务教育优质均衡发展的体制机制创新[J].教育发展研究,2014(Z2):13-20.

一、"一校多区"式的办学规模
扩张带来的诸多管理难题

学校规模不断扩展带来的严峻挑战可以概括为：新进教师剧增，骨干相对稀释，教师对学校文化的认同减弱，教师之间和干群之间的沟通与交流变得复杂，学校管理负荷超载以及各校区之间的发展呈现同质化现象。在这种种挑战中，最为突出的是以下三大难题。

(一)校区数量增加导致校级层面管理负荷超载

校区数量越多，则管理负荷越重。首先，从横向的管理幅度而言，随着校区数量的逐步增加，校区之间的空间位置不断拓展，管理层面用于协调与统筹的时间和工作量也在持续增加；其次，从纵向的管理层级而言，校区数量的不断拓展，使得信息的收集、处理与反馈变得复杂，原本相对扁平化的管理方式显得力不从心；再次，从运行机制的层面看，因管理幅度的拓展与管理层级的增加，学校原来行之有效的领导管理方式也开始捉襟见肘，必须作出改变或调整，才能适应新的变化；最后，大量新教师的入职，使得学校各项基础性管理工作的急迫性明显提升，并需要管理人员在培训、磨合等方面投入更多的精力。这些都需要耗费大量时间和精力，直接导致了领导管理团队创新能力的下降。

另外，随着校区数量的增加，中层管理团队本身的体量也变得越来越庞大。以课程教学部为例，在"一校三区"的时候，该部中层干部数量已经达到1正13副(每校区主管语文、数学、英语和综合学科的主任各一，加上1名负责学籍的副主任)，如果沿袭这种设置方式，到四校区则将增至1正17副。由此可见，管理团队内部的协调配合难度会进一步加大。

(二)大量新教师入职导致教师文化认同度降低

2004年至今，学校的教师人数从最初的90多人增至现在的近450人，平均每学年新入职教师有30—40人。这样一种新教师的引入规模和速度，一方面使得教师群体内部的差异性不断加大,这集中表现在价值取向、教学理念、专业素养、思维方式、研究基础以及实践能力等方面;另一方面也使得整体教师团队的梯队结构发生显著变化,尤其是以职初教师为主的底部群体数量显著增加,进而使得骨干教师比例在一定阶段内呈现出稀释和下降的趋势;更具挑战性的方面是,在短时间内集中进入的大量新手教师,他们对学校原有的价值理念与文化传统的认识不深入、体验不透彻、领会不系统,进而对学校的认同感、依恋感和归属感都较为缺乏,学校的凝聚力与内生长力面临严峻挑战。

(三) 多校区统筹管理导致同质化现象

"一校三区"办学运行的初期,为充分保证三校区的同步均衡发展,学校提出了"统分式条块交叉管理"模式,即"一校三区"实行集中统一领导,运行中实行部门、校区交叉管理,校区作为"块",侧重协调监督;部门作为"条",侧重研究策划。日常运行中,各项工作都首先由部门"条"拿出策划方案并统一发放到各校区,各校区的条线负责人则按照方案严格执行。在这样的发展策略指导下,部门"条"的作用得到了特别的强化,确保了"一校三区"业务推进中步伐与内容的一致性,但过程中我们也越来越意识到,这种运行方式犹如赤壁之战中连成一片的曹军战舰,三校区捆绑在一起,看似步伐整齐,行进稳当,但明显缺乏对差异性和个性化问题的关注,更缺乏对校区发展的整体性思考与统筹,校区副校长在管理运行中不断被边缘化,各校区的中层管理团队和教师变得也越来越墨守成规,缺乏主动变革的意识与竞争创新的精神。在这种情况下,各校区发展的同质化现象越来越明显,然而同质化不是均衡发展,而是多校区发展的低层次阶段,这严重阻碍了优质均衡发展目标的实现。

二、多校区办学的路径探新与难题破解

面对上述种种挑战,学校领导层感到多校区办学的困难不仅表现在"量"的骤然增加,而且体现在"质"的缓慢下降。所以,学校必须在原先办学经验的基础上,寻求新的突破,既破解校区增多带来的难题,又要充分发挥多校区

办学的优势。

(一)以持续的组织变革解决管理负荷超载难题

一所大规模、多校区的学校,就必须有一个强有力的中层组织,才得以健康有效地运转。学校中层组织机构的职能定位与结构形态,在一定意义上决定了一所学校日常管理运行的方式与整体办学的效能。在多校区办学发展的进程中,总有原有组织机构设置、分工及其职能定位不能适应和满足办学发展需求的时候,也总是需要进行适时的调整与重建。

2005年2月,在"一校两区"运行半年后,学校开始了第一次组织机构的变革,将原有的教导处、科研室、德育室、校务办公室、总务处和寄宿部6个中层组织机构调整为课程教学部、学生工作部、信息技术部和校务管理部4个中层组织机构。第一次组织机构的变革,主要是从横向结构层面对各组织机构的名称与功能作出新的适应学校转型变革需求的调整,使学校整体工作的分割从时空领域来看更具完整性,更有利于各部门对两校区工作的整体性策划以及资源的集聚优化,也使每个部门成为学校管理网络中最重要与最具活力的"核心节点"。

2008年9月,随着第三个校区的开办,我们明显感觉到由于校区分散、教师众多和管理层级增加,各类事务处理的程序与环节更为复杂,三校区间需要协调与统筹的事务也急剧增加,校长、书记以及各部门主任的工作精力极大分散。在此背景下,学校酝酿成立了"管理发展中心",由校长助理担任主任,部门的主要职责是统筹协调党政事务,视导督察教育质量,整体规划教育科研,研究制订政策制度,开发建设人力资源以及宣传校内外文化等。这一部门的设置,对教师发展、教育科研以及质量监督等领域的宏观管理进行了整合,也增强了部门和校区间的协调、沟通与配合,较大地提高了整个学校组织机构的运行效率。经过整合后形成的三校区中层管理架构如下(见图1):

2014年秋,随着第四个校区的开办,校区、部门以及教师间的互动频率不断加大,管理的幅度与成本也不断提升,集团化办学的特征也越发明显。如何借鉴和利用集团化办学的优势来进一步创新办学管理体制,学校进行了第三次的组织机构变革。

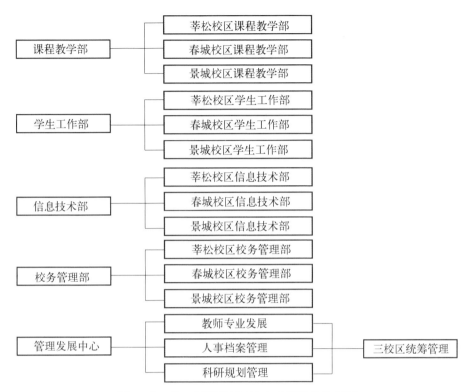

图1 "一校三区"架构下的中层管理机构框架

这次变革,一是在四校区层面设立"三大中心",凸显宏观战略管理,即将原来的管理发展中心改为管理评估中心,以进一步增强四校区的整体管理协调与自我质量调研监控;新增课程研发中心,以进一步强化课程建设层面的集中研发优势,不断形成与打造各校区具有特色的品牌校本课程;新增教师发展中心,以进一步统筹与规划教师校本培训课程,凸显集团化办学过程中教师培养优势。二是将课程教学部、学生工作部和校务管理部的设置下移至校区内部,落实"条块交叉,以块为主"的发展策略,增强各校区工作策划与推进的整体性、自主性与创新性。

(二)以团队研修增强教师的文化认同

基于闵行区实验小学每年大量新教师的入职及其带来的思想理念、思维方式、研究基础、话语体系以及实践感悟等方面的巨大差异,使得学校变革与创生校本研修方式的需求变得更为紧迫与强烈。

回顾十年多校区发展的各个阶段,我们探索创生了多种方式的校本研修。如"统分结合式"校本研修、"滚动式"校本研修以及"案例对比式"校本研修等,而其中最为成熟且对不同梯队教师的差异发展和团队的主动成长起到支撑性作用的是"前移后续"校本研修方式。

"前移后续"校本研修方式中的"前移"是指正式研究开展之前进行的相关性、预备性、铺垫性研究,"后续"是指正式研究开展之后进行的延伸性、拓展性和提升性研究。"前移"与"后续"构成一个螺旋向上的回路,形成一种连续性的事件以保证教师专业知识扩充和专业能力提升,以及专业情感的培养与陶冶。这种研修方式以学校教育和教师工作中存在的实际问题为切入口,以促进教师专业发展为根本目的,以学校自身力量和资源优势为主要依托,使研修活动可以分阶段、有层次地推进,并实现"研"与"修"的相互促进与滋养。

"前移后续"校本研修充分关注教师发展中的问题,关注教师的发展需求,关注教师的个性化参与,并及时给予差异性引导。在每一次研修过程中,都充分关注对话平台的建立,关注互动的有效性,关注资源的生成与利用,充分激发起每一位教师的内在发展自觉。

"前移后续"校本研修方式,活动由指向"事"转变为指向"人",对"成事"与"成人"进行有机融合,将一次性活动变成连续性活动,将点状研究更多地融入日常的教学实践之中,将以往只是一两个参与者的研究任务,变为更多人乃至整个教研组、学科组的自觉行为,让研修活动中的旁观者变为亲历者,提升了团队资源共享效应,将研究贯穿在教学之中,将工作、学习和日常生活融为一体,使"研究着工作"成为学校教师的一种生存状态,让教师实现由承担"教育工作"向享受"教育生活"的转变,从而逐步形成具有特色的研修文化。

概言之,校本研修为课堂教学改革、班级建设、教师专业发展寻找到一条基本路径,这就是"学习研究—实践体悟—反思重建"。"学习研究"主要是基于日常实践开展多元学习,如组建学习沙龙,开展专题性学习与回顾性学习等,常常会从共同性难点热点问题中提炼出研讨主题,再以全校或学科大组为单位开展专题研讨。在"实践体悟"环节,以年级教研组为单位建立日常研究制度,以学期或学年为节点,提出阶段性研究目标,构建日常研究实践的"节点式、系统性"推进机制。教师得以通过学科教材的系列性解读,提升教学设计能力,锤炼基本功。在"反思重建"环节,学校重点建立日常性的说课、评课制度,促进教师的反思自觉,持续推进"教学随笔"的互评与分享制度、每年一届的校"耕耘杯"教育科学研究成果评选,以此引领教师的专业反思与重建变得日常化。

持久的校本研修,还催生了非行政性的新型组织,如学科专业委员会、名师(导师)工作室、磨课俱乐部、青年教师沙龙等,这些组织不仅有力地促进了教师的专业发展,而且酝酿出越来越浓烈而和谐的组织氛围,促使教师对学校文化的认同感更加强烈和稳定。

(三)以"同而自主"原则促进各校区特色发展

"一校三区"时期,强调了各中层管理部门的"条"的管理(见图1),较为忽略作为校区的"块"的特色,过于重视"同"而忽略"异",这造成了校区间的同质化问题。鉴于此,学校在扩展了第四个校区之后,提出了"一校四区同而自主,均衡优质特色发展"的办学原则。

学校步入多校区办学之初,采取的是"单向辐射"的策略,如第二个校区即春城校区开办的第一年,老校区即莘松校区承担起向新校区植入优良管理和优质资源以及促进其快速成长的重任,连续几年向新校区输入得力的管理人员和优秀教师,并为其培训新教师。其中不仅有人员输送、经验复制,也有思想引领,在春城校区开办的前三年,两校区几乎所有的会议和教学研究活动大都在老校区进行,且教学研究活动的主要承担者一般也以老校区教师为主。

这种"单项辐射"型的两校区发展策略持续了约三年。2007年10月,春城校区举行的新一届"少代会",从方案策划到过程实施,都有校区自己的思考与特点,过程中学生参与充分,民主意识凸显,整个活动在很大程度上超越了老校区的"少代会"。这引起了我们新的思考,其实,在新校区开办的第三年,很多领域的实践推进已逐步呈现出新校区的一些个性与特点,且在一定的意义上是对老校区原有制度与经验的补充与丰富。因此,在两校区办学发展三年左右,我们逐步提出了"同生共长"的校区发展策略,即新老校区资源共创,成果共享,相互滋养,共同生长。

在"一校三区"办学运行的后期,学校从"统分式条块交叉管理"模式转向"条块交叉,以块为主"的运行策略,即在保持"条块交叉"运行优势的前提下,适度强化校区"块"的整体统筹功能与自主创新能力,进一步激发在执行校长带领下校区领导管理团队以及全体教师的创造智慧与发展自觉。到第四个校区开办后,学校更加强调要在"同而自主"的原则下,办出各校区自己的特色。经过几年的努力,各个校区在执行校长率领下,形成或正在形成校区自己的文化特色,如莘松校区孕育出都市田园风格的上海老城文化特色,春城校区形成了兼容并包的苏浙沪融合的文化特色,景城校区则在英语学科特色基础上发展出国际理解教育的文化特色。由于畹町校区2014年刚刚成立,其文化特色尚在培育之中。

概言之,设立四校区后,学校体制结构和运作方式都发生了较大的变化,其基本架构如下(见图2)。

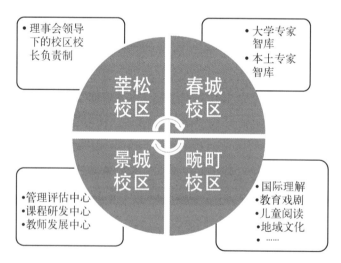

图2 "一校四区"办学体制及运行机制图

上图可以简略地概括为:"一个体制",即理事会领导下的校区校长负责制;"两个智库",即大学专家构成的"外脑"和本土专家构成的"内脑";"三个中心"，包括管理评估中心、课程研发中心和教师发展中心；"多种实验"，即进行国际理解、教育戏剧、儿童阅读、地域文化、科—体—艺综合等多项实验。

三、借鉴集团办学思路推进学校治理现代化

（一）动员各种力量形成"多主体参与"格局

闵行区实验小学在多校区办学历程中，得到高校、科研和教研机构、国内外中小学同行以及其他社会人士的广泛参与和支持。在我国，家长及全社会对基础教育高度重视，尤其是对优质教育的普遍渴求，固然给教育带来了巨大的压力，但也给学校广泛吸纳社会力量带来了难得的机遇，这使得更多的社会支持进入学校治理结构和运作过程成为可能。如杭州市的名校集团化，初衷是使"择校热"降温并在更大范围内共享优质教育资源，开始利用的主要是主城区中小学名校资源，[①]但发展到后期，则开始重视广泛争取高校和科研机构的智力支持以及第三方评估机构、家庭和社会的实质性参与，使得越来越多的主体介入到学校的办学活动中来。这改变了过去那种由单一主体——政府自上而下的指挥和管理，从而使原来的"统治"（government）模式变为多个主体（也包括政府）共同参与的"治理"（governance）模式。多校区办学格局发展到一定阶段，势必呼唤建立一种类似理事会或董事会的机构，吸纳家长、企事业单位、高校及科研机构专业人士和本校教师和学生等作为代表，这就客观上形成了一种吸纳社会第三方力量介入（即多主体参与）学校办学过程的机制。闵行区实验小学在20多年的改革历程中，渐渐形成了大学人员、科研与教研人员、企业及其他社会组织、家长等多方参与和协作办学的格局。

（二）强化顶层架构的同时倡导"多中心治理"

社会第三方力量进入学校治理过程必然带来的情形，一是形成新的顶层架构，二是形成"多中心治理"的格局。国内多地的集团化办学经验表明，无

① 王凯.名校集团化：区域义务教育均衡发展策略[J].基础教育,2013(2)：17-21+28.

论集团学校的结构是紧密,还是松散,都会形成理事会、董事会这类"顶层架构"及其下属的管理、评价、研发和培训等多个中心或平台。而这又势必会形成有第三方参与或领衔的多中心治理格局,如闵行区实验小学的校本课程研发经常邀请外来的课程教材科研和教研专家参与或主持,构成一个具有专业性质的治理中心;又如,管理与评价中心也时常会邀请管理专家或第三方评估机构代表,这就构成另一个中心;再如,教师专业发展中心等,也都是本土与外援、"内脑"与"外脑"的合作与协同的治理平台。

"多中心治理"意味着管理过程的权力运作方式由以往那种单一的垂直向度的管理转变为上下互动的管理,它主要通过合作、协商、伙伴关系、确立认同和共同的目标等方式实施对公共事务的管理。闵行区实验小学从管理评估中心、课程研发中心和教师发展中心这三大中心起步,在尝试、验证中逐步深化和扩展。

(三)融汇中外办学理念,从"治理"走向"善治"

在我国的传统文化中,蕴含着丰富的管理思想和不少成功的管理实践,既有宏图大略的"合纵连横",又有细致入微的"用人之术";既有顶层决策的"合谋共断",又有具体实施的"规矩方圆"。中国古已有之的"善政"(即"良好的政府"或"良好的统治")思想,与西方的行政学理论有异曲同工之处,都强调严明的法度、清廉的官员、很高的行政效率和良好的行政服务。然而,20世纪90年代以来,"善治"(good governance,直译为"良好的治理")成为英语、法语政治学文献中高频使用的术语之一。那么,"善治"究竟意味着什么呢? 根据俞可平的观点,"善治就是使公共利益最大化的社会管理过程。善治的本质特征在于,它是政府与公民对公共生活的合作管理,是政治国家与公民社会的一种新颖关系,是两者的最佳状态"①。综合学界观点,"善治"大致有如下几个特征:合法性、透明性、责任、法治、回应和有效,这些无疑是为学校走向治理现代化指明了方向和原则。如果我们把"善治"理解为公共利益最大化的管理过程,那么随着民间组织的日益壮大,各种非国家或非政

---

① 俞可平.治理与善治[M].北京:社会科学文献出版社,2000:7.

府所属的民间组织，包括非政府组织（NGO）、公民组织的志愿性社团、协会、社区组织、利益团体和公民自发组织起来的运动等，也将遵循上述特征和原则，积极地介入到基础教育学校治理过程中来。闵行区实验小学也将在"一个体制、两个智库、三个中心、四个校区、多种实验"的基本架构下，在不断深化和优化学校治理的过程中，从载体、机制、评估等方面加以配套，力求在体制机制方面有所突破和创新，探索出一套小学多校区集团化管理制度体系，走出一条有效治理、民主决策、科学管理、自主合作的规模化教育集团办学之路。这将不仅在教育组织创新上有所作为，还将富有实效地促进优质教育资源的充分分享，为中国教育稳步走向"善治"积累经验，也为中国教育健康迈进现代化贡献力量。

强化专业治理　实现共创共享共发展

——优质公平背景下教育联盟
办学发展的实践探索

何学锋　　徐太生*

摘　要：2015 年 11 月，上海市教委发布《关于促进优质均衡发展、推进学区化集团化办学的实施意见》（沪教委基〔2015〕80 号）。随后，闵行区教育局在《区域教育综合改革方案》和《推进义务教育学校集群式发展实施方案》的背景下，启动筹备并于 2016 年 6 月成立闵行区实验小学教育联盟。作为松散型的教育联盟，5 所学校秉持"共创共享共发展"的发展理念，走出了一条聚焦现代集团治理的以组织、制度、机制、平台、策略等为一体的"专业治理"之路，打造了当代东部发达地区小学教育集团发展的新范式。

关键词：小学；集团化办学；教育联盟；专业治理；六联

随着提高教育质量和促进教育公平的社会需求和政策导向，集团化办学逐渐成为创新义务教育发展机制的重要措施。2015 年 11 月，上海市教委发布《关于促进优质均衡发展、推进学区化集团化办学的实施意见》（沪教委基〔2015〕80 号），之后，闵行区教育局也相继出台《区域教育综合改革方案》和《推进义务教育学校集群式发展实施方案》。在此背景下，为进一步扩大优质教育资源的覆盖面和辐射带动作用，2016 年 6 月，在闵行区教育局统筹下成立了以

---

　　*　作者简介：何学锋，上海市闵行区实验小学校长，正高级教师，上海市特级校长。研究方向：学校管理、教师发展等。徐太生，上海市闵行区实验小学管理评估中心副主任，闵行区实验小学教育联盟秘书长，中学高级教师。研究方向：小学语文教学、集团化办学治理等。

闵行区实验小学为领衔校,莘松小学、申莘小学、鑫都小学、马桥实验小学 4 所学校为成员校的闵行区实验小学教育联盟(本章简称实小教育联盟)。教育联盟与教育集团在实践意义上属同一类型,只是因地制宜,在提法和称谓上的差别。

教育联盟为松散型组织,5 所学校都有独立的法人代表,办学历史长短不一,闵行区实验小学为百年老校,其他 4 所成员校开办时间在 9—20 年不等。如何实现这样 5 所学校的优势互补、共建共享和抱团发展,即如何进行教育联盟的"治理",成为摆在联盟决策层面前最重要的课题。

所谓"治理",一般是指包括政府在内的多方主体遵循一定的规则和程序,采用协商、对话等多种互动方式,对组织内各方利益主体进行协调或调节的一种过程,其性质是行政意义上的治理。而实小教育联盟是一个不改变原有学校所有权的宽松式组织。因此,在经过了多方咨询、考察以及论证的基础上,实小教育联盟把推进办学发展的抓手聚焦在"专业治理"上,即强调联盟的共建共享和抱团发展,主要围绕制度创新、课程开发、教师发展、教学研究等专业性活动来展开,过程中强调每一所学校的平等协商,讲求每一所学校对教育联盟的"贡献率",进而实现真正意义上的"共创共享共发展"。

一、立足学习研究与评估论证,优化联盟顶层设计

早在 20 世纪末和 21 世纪初,集团化办学就已出现雏形,到 2016 年,全国先行先试集团化办学的城市已经不在少数,集团的形式也丰富多样。实小教育联盟设想通过优化顶层设计,使得联盟工作推进在起步阶段就能在前人实践探索的基础上有一个科学的高起点定位。

(一)学习借鉴,共商互议,制定联盟章程

章程是教育联盟运作的纲领性文件,其制定必须符合教育联盟的办学实际和目标定位。实小教育联盟是松散型组织,不改变原有学校所有权,不妨碍原有学校正常教育教学活动,力图在平等自愿基础上,通过构建机制和搭建平台,实现共建共享、优势互补和合作发展。鉴于此,在查阅大量文献资

料,与联盟各校充分共商互议,向华东师范大学和复旦大学等学校相关教授咨询论证的基础上,几易其稿修订了《闵行区实验小学教育联盟章程》(简称《章程》),并经第一届理事会二次会议审议通过。《章程》明确了实小教育联盟的性质与宗旨,推出了联盟标识,明确了"共享成长·共创未来"的文化共识。

(二)调研考察,多方研讨,制定三年规划

在完成《章程》制定的基础上,办学规划的研制便成为最重要的工作。2016 年 10 月,实小教育联盟委托第三方教育评估机构对所有联盟学校进行"发展性初态评估",充分了解每一所学校的发展基础、优势与不足,出具"一校一报告",为三年发展规划的制定提供最原始的资料。之后,实小教育联盟实地考察上海、杭州等地多个教育集团,召开由高校专家智库成员、教育主管部门以及联盟校所在街镇分管领导等参加的各类研讨会,在充分听取意见的基础上,制定形成了《闵行区实验小学教育联盟三年发展规划(2017—2019)》。

(三)聚焦专业治理,确立课题助力联盟发展

实小教育联盟在成立之初,就确定把推进联盟办学发展的着力点聚焦在专业治理上,但具体如何能有序有效推进,始终缺乏有力的抓手。在经过校际和专家组成员多次讨论的基础上,决定以课题研究为抓手来引领与助力联盟的"专业治理"。2016 年 10 月,"学区化背景下教育联盟专业治理体系的研究"申报成为区级重点课题,2017 年 3 月,被列为上海市规划课题。课题研究重点聚焦"合作校关系的定位、协商互动与共同行动、自主内生的状态以及利益共享与协作增值问题"等,围绕管理与领导、课程与教学、教研与教师发展、班级建设与学生发展、信息技术与后勤服务保障、学校与家庭、社区共建等方面的成果、经验和问题展开专业的探索。

二、探索组织架构与管理制度,
构建常态运行机制

实小教育联盟坚持全面、协调、可持续发展的教育理念,以"自愿平等、优

势互补、共建共享、合作发展"为核心宗旨,过程中持续探索基于专业治理的组织架构和管理制度,努力构建基于日常的有效运行机制。

(一)构建教育联盟核心组织

理事会是实小教育联盟工作最高决策机构,设理事长 1 名,由领衔校校长担任;设副理事长 4 名,分别由四所成员校校长担任;设理事若干名,由各街镇(工业区)分管镇长(主任)、教育局分管局长等担任。理事会下设秘书处,负责教育联盟日常运行。同时,组建联盟专家智库,作为理事会最高层次的决策咨询机构。智库成员主要聘请高校专家教授以及市内外知名人士、有关领导担任。

(二)成立专业领域五大核心推进小组

实小教育联盟聚焦"专业治理",是主要围绕专业性活动,如制度创新、课程开发、教师发展、教学研究等活动展开的治理行为。因此,实小教育联盟成立了"课程教学、学生工作、教师发展、科艺体、后勤保障"五大领域核心推进小组。每个推进小组的成员是由联盟各校派出的一名主管组成,领衔校主管担任组长。五大推进小组在组长的统筹下,根据实小教育联盟三年发展规划和学年工作计划,以学期为单位分领域策划与推进具有系列性和节点性的活动。

(三)实行"1+1"紧密结对

为进一步增强领衔校与成员校之间基于日常的紧密联动,进而实现教师团队与个体在形成共同教研文化基础上的深度交流和共创共享,实小教育联盟将领衔校的四个校区与四所成员校组成"1+1"的结对模式。每学期初,"1+1"两所结对校(校区)的全体中层召开联合会议,共同商定结对校(校区)各领域基于日常的交流研讨与合作推进项目。

(四)建立日常工作"发布与反馈"制度

一是根据实小教育联盟学期工作校历,每周发布各领域工作安排,同时,由秘书处负责,每周以电话回访的方式反馈每一项工作的推进情况,如参与面和活动效果等。二是由秘书处每月书面汇总工作推进情况,每月编印一期《实验小学教育联盟工作简报》,寄送理事会全体成员、上级教育主管部门以及联盟各校。

(五)形成"常态互动＋节点推进＋过程反馈"的运行机制

基于联盟相关组织架构的建立以及相关工作制度的完善,联盟逐步形成了由"常态互动＋节点推进＋过程反馈"构成的具有循环往复和螺旋上升推进特征的日常运行机制。"常态互动"是指"1＋1"结对校(校区)展开的基于日常的基础性和个性化互动;"节点推进"是指五大核心推进小组以学期为单位,分领域重点策划推进的具有系列性、节点性的活动;"过程反馈"是指实小教育联盟每周的工作发布与电话回访,每月的工作汇总与《实验小学教育联盟工作简报》的编印。

三、聚焦"六联"发展策略,
扎实推进共创共享

三年来,实小教育联盟在不断完善与优化日常运行机制的过程中,重点以"管理联席、研修联动、特色联创、活动联合、平台联通和资源联享"的"六联"发展策略,全力推进联盟各领域基于"专业治理"的内涵品质的持续提升。

(一)管理联席:坚持共商共议,强化管理团队共识

管理联席,是实小教育联盟领导管理决策方面的一种制度设计和运行方式,旨在实现联盟各类决策性事务的充分沟通、交流与研判,同时在此过程中持续达成领导管理团队成员价值理念以及共识愿景的趋同性。

管理联席的主要内容,一是"管理联席会议",每学期召开 2—3 次,由全体正副理事长和正副秘书长参加,主要商议联盟的阶段性工作;二是"管理圆桌会",这是实小教育联盟全体中层以上领导管理团队成员的共同研修平台,每学期举行 1—2 次聚焦"集团化管理发展"的主题性研修,至今已举行了"赢

在中层""化进去、说出来""直面真问题""共识、智慧、未来""聚力共进,共创未来""在大视野大格局中思考教育"6 次专题研修活动,累计 800 人次参与;三是"理事会全会",每学年举行 1—2 次,全体理事参加,主要是汇报和审议联盟工作计划和总结等。

(二)研修联动:聚焦专业,关注差异,研修融合

研修联动,是在联盟层面展开的一种联合互动研究,主要聚焦学科研究、课堂变革、班集体建设以及校务后勤保障等专业领域,旨在实现联盟各校之间研修资源的互动分享、研修品质的共同提升以及研修文化的逐步生成。

研修联动的主要内容,一是"1+1"结对校之间的研修联动,它以"常态互动"为标志,重心低,接地气,针对性强,满足个性化需求,以每两周 1 次的学科联动教研、学生工作节点活动交流为主。据不完全统计,春城校区与马桥实验小学三年互动 63 次,马桥实验小学参与研修达到 591 人次,春城校区参与研修达到 1 017 人次;畹町校区与申莘小学互动了 57 次,参与研修达到 1 160 人次。二是由五大核心推进小组开展的联盟各校层面的研修联动,它以"节点推进"为标志,注重系列性、专题性、引领性,如教材解读、备课与说课、评价与命题、作业设计等,重点关注骨干教师培养。三是后勤保障领域的研修联动,主要聚焦"校园安全管理、财务财产管理、卫生、消防安全、食堂、卫生环境管理、安全管理平台、安全月工作"等主题,通过请专家来做专题讲座、内部组织参观交流、互动研讨等形式展开,三年来参与人次超过 80 多人次,基本实现后勤保障人员的全覆盖研修。

(三)特色联创:提升已有经验亮点,共创共建特色品牌

特色联创,一方面是聚焦联盟各校已有的特色项目或课程,依托联盟的团队力量来进一步提升各自的经验亮点,并实现联盟内的自主分享;另一方面,是聚焦联盟内各校学生成长的共性化需求,由联盟来自主研发或引进相关课程,进而实现联盟层面基于课程(或项目)的特色品牌创建。

因此,特色联创的主要内容,一是在联盟内分享与做强已有的特色课程与项目,如莘松小学的"曲棍球课程",申莘小学的"航天育种课程""海量阅读

课程"，鑫都小学的"手风琴课程""航天体验课程"，马桥实验小学的"中国象棋课程""书面课程"，实验小学的"教育戏剧课程"等。二是逐步探索联盟特色共享课程，如"STEM课程"的研发，成立了实小教育联盟的"STEM研究中心组"，并借助"上海市STEM研究中心"的力量，逐步打造属于实小教育联盟的STEM课程项目。同时，三年来，在区域街镇的助力下，实小教育联盟持续开发"走进大型企业社会实践体验课程"，2019学年已经启动第三期课程。此外，实小教育联盟根据学生的需求，近两年来持续引进了各类优质课程，如二年级的"达达机器人"，三年级的"长征水火箭"，四年级的"未来之城"等。

（四）活动联合：提供更多个性化参与和体验的学生特色活动

活动联合，主要是在联盟层面搭建更丰富多元且有特色的共同性学生活动，以增强联盟层面更多学生基于共同兴趣爱好的互动交流，也更多满足学生的自主参与和体验，更好地促进学生的个性化发展。

学生的联合活动，由联盟各校自主申报，每学期各自承办1—2次各校最具特色的学生活动，目前已逐渐形成了实小教育联盟的学生活动校历。如莘松小学的"篮球嘉年华"和"美术绘画"，申莘小学的"育太空种子"和"中华古诗词小达人赛"，鑫都小学的"小组唱"和"手风琴"，马桥实验小学的"中国象棋友谊赛"和"民间体育游戏趣味大赛"，实验小学的"钢琴单项赛""数学智力游戏""英语诵读""乐高机器人挑战赛"等。三年来，27场活动惠及联盟学生13 000多人次。

（五）平台联通：拓展教师成长空间，完善信息沟通平台

平台联通，主要是为联盟内教师培养提供更丰富、更适切、更优质的共同平台，为联盟内信息的沟通、交流、分享与宣传提供更便捷与更优化的共同平台。

首先，持续拓展联盟内的教师培训平台。一是开展教研组长浸润式跟岗培训，至今已连续举办了四期，每期由领衔校选派经验丰富的组长带教，成员校根据梯队建设情况选派组长学员，四期共带教了近60人次的组长学员，成

效明显。二是开展骨干教师委托培养,依托领衔校6—8个区级骨干教师培养基地的优势,以委培方式帮助联盟各校培养学科骨干,第一期培养了近40名有潜力的优秀教师,第二期56名学员正在基地里开展学习与活动。三是开展见习教师规范化培训,领衔校作为上海市教师发展专业学校,每学年带教联盟各校的见习教师,三年来共带教了48名学员,帮助见习教师站稳了讲台。

其次,搭建联合展示与表彰平台。近两年来,领衔校将一年一度的"蒙正金秋教学研讨会"拓展为联盟层面的研讨展示平台,将联盟各校共同卷入。同时,举行教育联盟年度优秀教师评选与表彰活动,2017学年和2018学年共评选表彰"优秀管理奖"71人次,"优秀教师"150人次,18个团队被授予"优秀项目团队发展奖"。

最后,不断完善信息沟通平台。建立实小教育联盟网站和微信公众号,及时发布实小教育联盟各类活动信息、活动报道,至今网站已经发布各类信息150多条,微信推送重大节点性活动56期,编印每月1期共20期《实验小学教育联盟工作简报》,近17万字。

(六) 资源联享: 推进优质资源的共创共享,强化贡献率

一是分享校内优质研讨展示活动。四所成员校着力提升教研活动质量,每学期向联盟内发出不少于1次观摩优质教研活动的邀请。三年来,近40场活动在联盟内分享,近30场聚焦一定主题的学科研讨活动在区内辐射;领衔校80多场主题活动在联盟内分享,70余场在区内分享辐射。

二是分享特色学生活动。主要聚焦各校举行的"六一"儿童节、十岁生日活动、校园四季活动、少代会、入队入团、元旦迎新等学生活动,由主办校发出邀请,其他学校根据需求派出师生代表参与活动或进行观摩。

三是校舍场馆资源共建共享。五所联盟校的图书馆、创新实验室,莘松小学、鑫都小学、马桥实验小学、实验小学的羽毛球馆等场馆设施资源,都在联盟内充分共享;莘松小学的曲棍球专用场地以及"曲棍球体验课程"在联盟内进行共享,近200名五年级学生参与体验;鑫都小学"航天体验教室"刚刚打造完成就在联盟内进行共享,近百名热爱航天的学生前往参与体验。

在集团办学中彰显
"生命·实践"的魅力

叶伟锋 *

　　摘　要：集团办学,是一个全新的命题,尤其是对一所还不到而立之年的科研型学校而言,更是要以研究的视角,以发现问题、分析问题、确立目标、实践创生、反思重建的螺旋递升,通过价值提升、重心下移、结构开放、过程互动、动力内化的"新基础教育"理念与"生命·实践"教育学理念的转化创生,化挑战为机遇,化困难为创造,实现了从学校到集团的成功转型,并带动多所薄弱学校走向了新的教育生活。

　　关键词：集团文化;管理品质;管理活力;管理空间;持续发展

　　常州市第二实验小学自 1987 年开办以来,坚持科研兴校,全面推进素质教育,实现了跨越式发展,赢得了良好的办学声誉,1997 年创建成为江苏省实验小学,1999 年加入"新基础教育"研究。2011 年 6 月,与邻近的翠竹新村小学组建成二实小教育集团,并逐步走向一体化办学;2014 年 8 月,区内紫云小学(一体化)和新北区香槟湖小学(跨区合作)同时并入集团,2014—2016 年,区内其他 5 所学校先后加入成为联盟校。

---

　　*　作者简介：叶伟锋,常州市第二实验小学校长、书记,中小学高级教师。研究方向：小学体育教学、学校管理等。

一、背 景 与 认 识

迷惘：常州市第二实验小学是在改革开放、城市格局扩张的大背景下产生的一所位于城郊接合部的普通新村配套小学。在世纪之交全面推进课程改革的宏观背景下，学校加入华东师范大学叶澜教授领衔的"新基础教育"研究，依靠科研兴校走上了跨越式发展之路。在 2010 年教育部发布《国家中长期教育改革和发展规划纲要（2010—2020 年）》、推进义务教育均衡发展的宏观背景下，2011 年 6 月，学校管理体制整体移交下放到天宁区，并与相邻不到两百米的翠竹新村小学组建成为二实小教育集团。

可以说，常州市第二实验小学就是一所因变而生、因变而兴的学校，"变革"就是其生命力所在。但对于一所建校仅 24 年的学校来说，如何担负起新的历史使命——通过教育集团的组建和运行促进优质资源效益的最大化和每一所成员校的新攀升，还是一个全新的命题。

寻路：纵观基础教育领域集团办学的发展历程，我们既不像由行业、企业和学校共同组建的职业教育集团那样，以追求短期利益为目标，也不是民办教育集团的连锁式经营，更不可以是挂羊头卖狗肉给人民以精神安慰式的假合作。面对现实，不可避免的心态问题、各校迥异的文化背景、社会人民的观望质疑，都是集团办学中面临的巨大挑战。

因此，作为集团办学的主负责方，基于人民的期望，我们要通过集团形式，使优质教育资源的辐射作用得以固化，促进薄弱学校教育水平的提升，使整个社区的学生都能公平地享受到优质的资源。同时，基于学校自身发展的需要，也要拓宽学校教育视野，促进学校优势互补，实现学校高位提升的有益探索。

二、问 题 与 挑 战

在短短 30 年的办学历程中，常州市第二实验小学由一所城郊接合部的薄弱小学发展为一个领衔 9 个校区的集团校，承载了更大范围的责任与使命，同时也面临着许多的问题与挑战。

（一）合作校的使命与任务

通过 13 年的努力，常州市第二实验小学于 2012 年 5 月被授予"生命·实践"教育学研究合作校。作为"生命·实践"教育学研究合作校，向内——要以集团为阵地，不断深化自身研究，在变革发展之路上创生新经验、新成果，并整体凝练形成集团品牌；向外——以生态区为单位，自觉承担孵化器和助推器的职责，整体推广"新基础教育"研究成果，不断扩大"生命·实践"教育学研究魅力。

（二）新形势的需求与挑战

作为集团办学的领衔校，首先在一体校规模急剧扩张，中层干部、骨干教师不断分流，新进教师大量涌入的过程中，常州市第二实验小学需要思考：如何在发挥原有骨干力量的同时给予他们新的成长平台？新的一批骨干力量如何在传承研究的基础上融入新的智慧和创造？如何建立一整套新进教师快速认同和融入"新基础教育"研究的研训机制，实现集团底盘的稳定与提升？其次，联盟校需求不断提升，需要策划：如何带动具有相同研究项目但研究基础和水平差异明显的三所集团联盟校（朝二、北郊、东青），依托一个个节点实现自我攀升，并在学习与借鉴常州市第二实验小学经验的过程中实现丰富与发展？如何在成员校中渗透"新基础教育"理念，成功推广"新基础教育"，在带动协同发展、丰富师生成长的同时，促进集团自身品质的提升？

常州市第二实验小学人紧紧抓住"管理变革"这一主动脉，以"新基础教育"现代新型学校五大特质为主方向，积极主动并踏实有效地行走在集团探索与建设道路上。

三、思考与行动

在"教育是促进人的生命发展的一种独特的实践活动"的"生命·实践"教育学理念引领下，常州市第二实验小学人不断更新管理的价值观、时空观、功能观和人际关系观,不仅把管理作为激活和推进集团变革的过程,还将其视之为促进人的生命成长的过程,使管理变革呈现出"成事"与"成人"在"层次"与"品质"上的超越。

(一)价值提升:在共建愿景中重塑集团文化

在"新基础教育"理念引领下,我们深知集团办学不是工业复制,每个成员校都有自身的发展历史、文化印记、办学特色和成长需求,要通过教育集团的组建和运行,促进集团内各校优势互补,才能实现高位提升。

二实小教育集团成立之初,两校区不论是硬件装备、师资配置,还是团队文化,都存在较大差异。于是,我们从均衡入手,改善办学条件,优化资源利用,推动文化融合。

1. 硬件配置,让均衡看得见

二实小教育集团统筹配置硬件资源,有计划、有步骤地对两校区进行建设。一方面以迎接省义务教育均衡检查为契机,对翠竹校区所有普通教室和专用教室的设备进行了更新;另一方面,抓住省品牌项目——体育课程基地建设,使翠竹校区田径场、篮球场焕然一新,并增加了多个开放式活动区,使该校区的各类硬件资源达到集团校的先进水平,让学生在不同的校区都能享受到相同的硬件资源。

2. 软件共享,让均衡有可能

一是从集团层面出发,对教师资源进行统筹安排,从一开始教师按比例配置到所有年级打通一体化安排,教师逐渐从"学校人"走向"集团人",团队在打破后重建并带来新的活力。二是充分开发两校课程建设中的资源,借鉴两校区教育教学管理的经验,实现六统一:统一组织管理,统一课程设置,统一教师研训,统一教学秩序,统一质量评价,统一绩效考核。三是发挥网络优势,集团充分利用校园网站、部门文件夹、校园信息平台、各团队 QQ 群,积极开展跨校区备课、网上研讨、精品课例共享,交流工作体会,取得良好的效果。

3. 文化交融,让均衡有根基

二实小教育集团充分挖掘常州市第二实验小学"乐"文化与翠竹"和"文化在精神内蕴上的共同之处,通过管理层对集团章程的研讨、全体教师对集团规划的修订，凝聚"乐群奋进·活力创新·立己达人·自我超越"的集团文化，清晰了"以创新为主旋律，以融合为主色调，以发展为主阵地"的新思路，通过"管理联席渗透理念，集中研修引领突破"的策略，彰显了常州市第二实验小学科研强校办学特色在推进集团办学中的独特魅力。

一是联席会议渗透理念。盘点集团优势和问题，强化第一责任人意识，通过观摩常州市第二实验小学"管理微课题与双专业发展"开放式主题行政例会，渗透研究意识，通过集中反馈和策划联合活动，渗透节点意识。

二是集中研修引领突破。如2014年暑期"赢在中层"管理者研修主题为"在一起：为梦想而战"，活动通过"集团：我想对你说"主题沙龙，发挥二实小教育集团大脑每一分子潜在积极性和创造性；通过"品牌：我为你推荐"，分享各校特色品牌项目，孕育集团新文化；通过"爱自己，就要栽培自己——我和岗位有个约会"主题演讲，引导各级管理者梳理了岗位工作的经验，坚定面对未来挑战的信心和勇气。

三是多元载体辐射文化。一方面通过翠竹之形、翠竹之彩等楼道文化，年度记忆、班级名片等班级文化，渗透办学理念和师生文化；另一方面通过"集团春晚""集团名师讲坛""集团庆典活动"等文化活动，浸润集团精神，并面向全体师生、家长免费发放集团校报《新竹》，使集团成为社区文化的集聚地和辐射源。

价值提升，就是聚魂，在自我坚守的基础上引领集团的价值追求，建设具有共同信念和目标的新型教育集团。

（二）重心下移：在组织变革中提升管理品质

"重心下移"在集团管理上，表现在向全校师生下放管理权，调动广大师生参与集团管理的积极性和主动性。集团确立"资源共享、优势互补、因需而联、个性发展"的原则，通过组织变革，使各校区常态管理呈现出高品质、高品位。

1. 组织结构：从点面结合到纵横交错，育整体思维力

二实小教育集团成立之初，面对一个集团两个法人，一个年级两个校区，同一岗位不同绩效的尴尬局面，我们以点面结合的方式试行集团管理。在点

上：一年级统一学区、统一招生、统一师资、统一管理；在面上：其他年级通过开放所有活动、自主选择参与的方式孕育相互尊重、主动分享、共同发展的集团氛围。

2012年，二实小教育集团正式走向一体化办学，面对一个陌生校区的管理，集团充分利用原有的管理力量，组织集团首届中层岗位竞聘，以"纵向条线贯通，横向校区切块"的方式，两校区分别设置相同的职能部门，以"教结构、用结构"的方式渗透管理理念，渗透责任合作、统分结合的管理方式。

2013年，二实小教育集团组织基层岗位竞聘，形成"四部一中心"高效运作的良好态势。探索"纵向条线贯通、横向年级蹲点、执行校长校区轮岗"的管理模式，启动校级领导"年级蹲点制"，搭建纵向专业引领、横向综合管理的"复合成长模式"，提升统揽全局、创新变革的领导力。

2. 主题例会：从主题聚焦到主题开放，育现场学习力

随着集团办学的深入，需要在集团层面进行集体决策、智慧碰撞的议题也在不断增加。于是，集团行政例会通过"自上而下的布置任务式—由点及面的主题研讨式—上下互动的统分结合式"的三次更新，不仅实现了行政例会从"接受任务，明确分工—聚焦问题，分析诊断—积聚智慧，创生思想"的功能提升，更实现了从"校长个体领导"到"校长是领导团队的首席，每个中层都是学校大脑一分子"的角色转型和文化自觉。

管理者根据本领域推进需求，自主申报需要主题研讨的行政例会，自主选择相关领域的人员参会，在主持人主题汇报、参会者互动研讨的基础上，随机选出2—3位"点评嘉宾"做5分钟总结性、提升性的点评。置身于主题开放式例会现场的每个人，都要经历会前自主学习提前备会、会中现场学习互动生成、会后策略跟进反思重建的磨砺，而对于"点评嘉宾"而言，不仅需要在现场学习中及时吸收内化，还需要与自己前期的学习、经验等进行互动重组和创新提炼，才能使自己的点评点明方向、点出新意、点活思路，进而实现更高层面的价值引领和实践创新，使受众得到一种提升式的再学习和再思考。

3. 微课题研究：从节点他培到过程自培，育实践创造力

一方面，集团学校以"长程两段"的视角和"统分结合"的思路创新研训策

略。所谓长程两段，长程——将变革实践的过程作为培训的主要载体，提出过程即培训；两段——一段是集团层面对核心领导团队（中层）的培训，一段是由他们对自己职责范围内管理者的培训（如学科部长要承担对教研组长、备课组长的培训等）。所谓统分结合，统即暑期集中研修对学校发展性问题的聚焦分析，分即每周的行政例会。

另一方面，集团以"管理微课程"的方式，促进每一位管理者在变革实践中实现自我培育。如"常规调研不常规"让课程部找到了推进日常教学质量的抓手，"校园电子屏，一本育人的电子阅览书"让人力资源部找到了育人的新平台……随着日常化的课题推进，管理者逐步形成了依据本职能部门教师结构和发展差异创造性地策划和组织各项活动的意识和能力，也构建了管理智慧资源库，实现了管理者思维方式的更新和管理品质的提升。

重心下移，提升了管理者在岗位历练中提升统揽全局、创新变革的领导力，使同一校区能基于自身问题和需求进行持续关注和改进，不同校区生成同一工作的不同推进和解决策略。

（三）结构开放：在角色重建中激发管理活力

新型学校的内部结构是开放的，因需而生，因时而联，在教育实践的不同层面之间实现积极互动，使集团内部结构整体呈网络状态。

一是向专业领域开放，从"赢在中层"走向"成在基层"。二实小教育集团在语、数、英学科分设年级教研组长，并提出年级组长要成为"小校长"、教研组长要成为"校本学科专家"的职责要求。集团通过自主竞聘，使一批有需求、善挑战、能实干、敢创新的骨干教师走上基层管理岗位，最大限度地激活了教师团队基层细胞的活力，他们的发展自觉、责任担当、实践创造生动诠释了"成在基层"的管理价值观。

二是向非行政组织开放，从"固化组织"走向"动态组织"。一类是因阶段工作需要成立的管理型组织，如校庆筹备组、校刊创编组、展板策划组等，让具有不同优势和特色的教师主动参与到集团管理中来；另一类是指向日常推进的研究型组织，如教学常规调研组、数字化研究项目组、青年教师成长营等，使更多教师成为自己工作和专业发展的自觉决策者，促进集团整体呈现出创造、生成和内在发展的活力。

结构开放,使原来少数人的管理变成多数人的管理,最终变成集团所有成员的共同管理,从而放大集团整体领导力。

(四) 过程互动：在问题解决中拓展管理空间

学校各项教育实践活动和各领域间工作不是孤立存在的,过程推进中也会产生各种各样意想不到的问题。叶澜老师曾说过:"发现问题,就是发现发展的空间。"从这种意义上说,发现问题和解决问题是集团管理的重要使命和方式方法。需要通过有目的的积极、有效互动,拓展思路,创生策略,互动分享,进而探索集团背景下的管理新机制,取得整体优化、持续深入、自觉自生的长效,促进各项管理工作产生综合渗透效应。

1. 因需而生：日常教研创生机制

二实小教育集团成立之初,面对研究基础迥异的教师群体,学科组层面创新教研机制,启动"双循环教研",通过年级教研组内渗透"单元整体"小循环,学科组内"聚焦年段关键能力"大循环,促进"新基础教育"理念在集团的生根开花。随着一体化的推进,各学科组又根据团队结构创生"集散式教研""微教研""走进异域",充分调动了"每一个人"的积极性、参与度和贡献率。随着教研的日常化推进,集团采用总—分—总的教研方式,通过"年段与年级交错""月规划与月展示呼应""月调研与月考核跟进"的方式将策划组织的主动权、扎根日常的责任观下移到教研组,在实践研究中建立新秩序,历练新基本功。

2. 因人而新：教师成长考核机制

集团在运行过程中定期进行制度修订研讨,从制度价值的导向性、内容的合理性和实施的必要性出发,一方面对原有秩序中的不利因素进行内涵更新和模式创新,赋予制度在集团不同发展阶段的新使命;另一方面对被实践证明是有效的、反映新质的新经验转化为新常规,做到常规不死、创新不乱,引领集团人在变革中立序,在立序中变革。如在践行"前有策划设计,中有组织指导,后有反思总结"的管理要求下,特别增设每一领域"责任人"与"合作者"履行职责的自评与他评。如在教师绩效评价中加大教科研考核中"横向比贡献,纵向比发展"的价值引领,真正实现制度引领人、发展人的价值导向。

3. 因特而立：教师知识管理机制

集团以"发现教师"这一课题的生成、申报为主线,以发现的眼光让合适的人做合适的事,让专业的人做专业的事,通过"纵向三阶梯"(校外名师领衔成就风格、集团名师讲坛展示特色、校内"成长营"锤炼技艺)、"横向三平台"(荣誉课程、项目领衔、新竹社团)为不同梯队、不同个性的教师搭建专业发展舞台,加速他们的专业成长。"含'英'咀'华'——黄一华教学风格研讨活动""马美南与她的 e＋幸福团队"特色研讨活动、"品菊赏月"特色研讨活动彰显了教师职业的幸福。"钱亢名师工作室"和"李娟名班主任工作室"的成功运行为名师搭建了自我展示、自我超越的舞台,也为集团对教师的专业知识、专业能力、专业态度进行知识管理奠定了扎实的基础。

"问题就是资源。"正是在发现和解决问题的过程互动中,各级管理者在提升能力的同时,也为集团发展赢得了更多的空间。

(五)动力内化：在理想追寻中实现持续发展

"发展动力的转换是学校变革最深层次的转换,动力内化意味着学校形成自己内在的发展需求、动机和动力机制。"在向着这一理想进发的道路上,集团管理也在不断走向成熟。

一方面,在"新基础教育"理论与实践的双向滋养下,集团凸显了"围绕发展目标、研究真实问题、创新管理方式"的独特思维方式,形成了"学习研究(形成新认识)—策划设计(新认识转化成新方案)—实践反思(新方案转化成新行动,发现新问题)—重建创生(形成新经验,产生新资源,达到新思考)"的管理路径,循环往复,构成一个闭合的生长系统,呈现出"原创"的最强的生命力。

另一方面,二实小教育集团以"四季"的自然性为基础,以亲近自然、融入社会为主线,打通学科课程和活动课程的壁垒,沟通书本小世界与天地大世界,在培养学生综合融通思维和智慧创造能力的同时,将教师全员卷入"校园四季系列活动"的研发过程,引领管理者和教师、学生一起重新审视熟悉的校园生活节律,创造性地激活和融通已有成果,为学生提供最优化的教育教学内容,使学校特色活动与师生生命同生共长,促进全体学生的综合发展。

二实小教育集团赋予年级联席会议以新的内涵,本年级所有学科教师汇聚一堂,每月一次围绕"校园四季系列活动"进行专题研讨,凝聚教师合力,促进智慧分享。一是通过自上而下的价值引领和集中策划,自下而上的二次论证、学科融合,激发教师参与的愿望。二是以学生熟悉的自然四季为载体,以实践探索为核心,建构"访春""嬉夏""品秋"和"暖冬"四个专题,引导教师梳理不同年龄学生的认知和实践能力,构建"校园四季系列活动"的递进性目标和内容体系,征集实施过程中师生、家长、社会的反馈,及时进行调整。三是指导教师将新竹服务公司、七彩童年这两个学生工作品牌中的体验特色和分层理念落实到"校园四季系列活动"的开发中,"访春"重在发现体悟、成果展示,"嬉夏"重在过程体验、经历分享,"品秋"重在品味秋实、感恩回报,"暖冬"重在爱心辐射、合作创造,并发动教师的智慧,对活动的过程实施和评价进行了积极的探索,春天的学科日记、点赞牌、游园卡、毅行章等应运而生,形成富有时代气息又利于学生珍藏的成长记忆。

"校园四季系列活动"的实践与探索深受师生的喜爱,更赢得了家长和社会的广泛赞誉,家长撰文《访春,是一堂生命美学课》发表于《常州日报》,"嬉夏"的体育活动项目登上江苏省第六届学生阳光体育运动的开幕式节目展演,"品秋"形成的精品成果以节目会演的形式在全国"新基础教育"研究成果推介会上与1 500名专家、老师见面,得到了华东师范大学专家组、《人民日报》编辑部、常州市教育局等各方的肯定,"暖冬"在锤炼学生身心的同时更播撒了新竹娃的爱心。"校园四季系列活动"探索实施的过程,更成为激发教师创造潜力,提升师生校园生活品位的大舞台,洋溢着师生成长的幸福。

常州市第二实验小学各领域创生的经验成为常州市乃至省内媒体、集团的关注焦点。"目标清晰、策划智慧、践行扎实、引领超越"的管理文化,激活了教师群体主动变革的巨大张力,支撑着集团的可持续发展。

四、成效与反思

"生命·实践"教育学研究合作校研究五年来,二实小教育集团人以昂扬的姿态、积极的行动、扎实的成效赢得了社会、上级的认可和赞誉,更获得了集团师生的不断成长和超越。2012 年 8 月 10 日,二实小教育集团在常州市义务教育阶段集团办学总结研讨会上做了"探索中前行、合作中共赢"的专题汇报。2014 年,二实小教育集团被评为"常州市集团办学先进集体"。2016年,集团联盟校朝阳二小、北郊小学也以较好的发展态势成功晋级为"新基础教育"基地校。集团多次接待来自深圳、厦门、山东、云南等全国生态区学校来校跟岗、观摩,主动向青海、新疆、陕西、金坛等结对共建学校宣传和辐射"新基础教育"理念和成果。集团 6 位骨干教师成长为省区市名教师工作领衔人,一批青年骨干教师脱颖而出分别在省区市大赛中荣获一等奖。在近30 名新教师涌入的基础上,市五级梯队比例也由 2012 年集团的 41.8% 上升为目前的 45.2%,实现着稳定而持续的成长。

(一)成效变化

1. 对教育的理解变了

在"理念认同、文化融合、资源共享、优势互补、分步推进"原则的指导下,管理团队秉承知难而上、执着追求的"新基础教育"精神,以创新为主旋律,以融合为主色调,逐步认同并努力践行"教天地人事、育生命自觉"的教育理念,使集团办学呈现出主动发展的生命自觉。

2. 对管理的理解变了

在持续的研训和实践体验中,管理者逐步达成了共识,学校领导与管理的变革,具有双重指向:一是指向人(领导与管理层本身)的重建,一是指向事(学校变革)的领导与管理。只有将管理者的"自我发展"(成人)与"管理变革"(成事)统一于积极的研究性变革实践之中,在亲历、持续和可改变的管理实践中孕育并发展,才能成为提升集团领导力并使之成为推动集团发展的力量。

3. 日常行走方式变了

管理责权的下移和对"成事成人"的关注,最大限度地激活了教师团队基层细胞的活力。节点研讨统一愿景形成策划,过程推进发现问题推广经验,期末回顾反思总结更新完善,已经成为集团管理的展开逻辑。蹲点校长、学科部长、年级组长、教研组长日常的组织策划、反思推进与质量把关,形成了不同校区、不同学科、不同年级分享中竞争、互补中共进的良好态势。"让研究成为变革的自觉,让研究成果转化为集团发展的生产力"成为集团管理者共同的价值诉求。

(二)反思困惑

1. 集团办学需要更多外部支持

集团办学的模式越来越多元与成员校的不断加入,带来骨干力量的分流和新进力量的大量涌入,客观上快速稀释着优质资源,集团造血机能远未能跟上需求。因此,我们希望相关行政部门能在师资配置上给予更多支持,在集团的过程管理中给予更多自主空间,在集团办学的成果提炼中给予更多专业引领。

2. 集团办学需要更多专业引领

一方面,集团办学虽不是一个新生事物,但由于组织方式的不同与成员单位的差异,具体推进中又会千差万别,随时需要基于现实的管理创新,并没有统一的模式可循。因此,我们希望行政牵头,组建非行政组织——集团办学研究共同体,通过定期交流、提炼分享,实现策略、经验、资源等多层互动。另一方面,随着一些集团办学先行组织的解散,我们不禁疑惑,合作的"度"究竟该如何把握? 合作的"路"究竟能走多远? 这对于集团内的人的精神归属、事的创新推进都将起到关键的作用,希望能得到行政或专业的角度的指点。

资源共享　优势互补　合作共赢

——集团化办学背景下学科教研实践范式例谈

张勇卫　姜明红*

摘　要：集团教研是集团化办学纵深发展的关键,也是集团办学品质提升的主要途径之一。在集团教研中如何避免核心校教研组的"一大独尊"和成员校教研组的"跟着走"的教研依赖心理呢?本文主要通过教研案例呈现,阐述了诊断式、合作式、自主式、切磋式等教研范式,并对活动开展的经验进行了系统的反思。

关键词：资源共享；集团教研；教研范式；例谈

集团化办学,是把优质学校的教育理念、课改成果、优秀教师、办学影响力等教育资源通过不同形式配置到一定区域的一个或多个学校,是当前实现优质教育资源均衡化的一种新型办学方式。在集团化办学的初期,就有学者和家长担心,当一所名校集团化扩张后,优秀教师将被"稀释",可能会导致教育质量的下降;成员校在文化的传承延续方面,容易加剧文化趋同,使成员校丧失个性,缺乏创新创造,进而担心培养出的学生也"千人一面";集团学校的过度膨胀,也容易形成"一大独尊"的格局,固化的办学模式有时还会成为教育改革创新的阻力。[1]　因此,如何推进集团化办学向纵深发展迫在眉睫。

---

*　作者简介：张勇卫,常州市局前街小学教育集团凤凰实验小学副校长,中小学高级教师,江苏省特级教师。研究方向：校本研修及语文学科教学。姜明红,常州市局前街小学教育集团中山路小学党支部书记,正高级教师,江苏省人民教育家培养对象,江苏省特级教师。研究方向：学校发展与课程教学,教师发展等。

①　徐娟.名校集团化办学看上去很美[J].青年教师,2012(11)：6.

集团教研是集团化办学向纵深发展的关键,也是集团办学品质提升的主要途径之一。在集团教研中如何避免核心校教研组的"一大独尊"和成员校教研组的"跟着走"的教研依赖心理呢? 常州市局前街小学自实行集团化办学以来,在教育理念、学校管理、课程设置、教育科研、师资培养、教育评价等方面一体化管理的同时,十分重视集团核心校与成员校、成员校与成员校之间的学科优质资源共享,多种方式开展集团教研。其中,既有统一的协调和管理,以保证同样的教育品质,又有各校之间在集团指导下的相对独立的教研。这不仅提升了成员校各学科组利用集团化办学资源开展多种层次的校本教研的主动意识,促进了成员校的教研特色化发展,更架构起了集团核心校与成员校交流互动、相互促进学科集团教研的多向通道,实现了学科建设合作共赢、在传承中创新的集团教研目标。

一、实践范式例谈

下面以日常体育学科教研为例,谈谈学科教研组开展集团教研的几种范式:

(一)诊断式教研

在刚加入集团时,成员校不可避免会对各项工作进行重新审视和规划,学科课堂教学变革是其中重要的一部分。俗话说"当局者迷",学校的学科教学的骨干教师与教学名师对体育课堂进行诊断把脉不失为一种好的办法。在他们的专业诊断下,能帮助成员校更好地确定体育教学改革的方向。通过"呈现课堂—'捉虫'指导—问题聚焦—策略指导—实践改进—内化提高"等步骤,有效提升教师的反思能力和实践智慧。

首先,通过分批观摩成员校体育教研组教师的课堂教学,发现学校教师课堂教学能力比较薄弱。其次,他们就和教研组教师进行座谈,并请集团名师代表有针对性地做了"小学体育教学常见问题及解决策略"的专题讲座,重点从师生间的"时空"关系、互动工具和倾听回应等方面展开"捉虫",逐步提炼出课堂教学的改进要"还时空、还场地器材、还评价权"等策略。最后,引导教师进行对系列课堂教学的重建,再结合实例进一步完善课堂,让青年教师真实地体验了校本化课堂改进策略的提炼过程,促进了教师内化和提高。

(二)合作式教研

集团教学深化课改的研究项目需要扩大研究范围和研究对象,针对成员校教师和教学条件等优势,合理地指导成员校承担相关研究,实现校本教研的合作共赢。2013年,局前街小学体育组自主申报了省级重点资助课题"小学体育学科育人价值的挖掘与教学行为转换的研究"。结合阶段研究目标,学校体育组针对常州市龙城小学和华润小学体育场地器材充裕的条件,指导青年教师分工从田径、篮球、足球、棒垒球、排球等项目着手,分别开展了"游戏拓展学习"系列案例研究。

在小学体育教学中游戏法运用比较频繁,但在实际教学中存在教师游戏法运用随意性较大,与教材的吻合性弱等问题,针对这些问题,我们积极组织集团"提高游戏的育人价值"的主题沙龙活动,逐渐梳理形成了"技能学习拓展游戏教学"概念,提炼出了"技能学习拓展游戏教学"游戏设计递进性、开放性等策略;然后,与集团体育组教师一起分工进行相关"游戏拓展学习"的教学游戏活动的设计。认真组织分校区组织成员校开展专题教学研讨,在此基础上组织集团体育学科围绕专题进行了多轮的会课,促进各成员校体育组通过研讨不断完善设计与实施,逐步形成成熟的课例。张勇卫的《技能学习不忘游戏活动》等论文发表于《江苏教育》2014年第29期;正因为这次系列的合作教研,随后,我们又与集团成员校各体育组合作深入开展了具体的教材整体开发系列拓展游戏,形成了系列化的"体育技能学习拓展游戏课程"。2015年11月,在集团举行的相关市级教研活动中,集团体育教师张勇卫与成员校华润小学青年教师钱小琴一起进行了教研课的展示和专题交流发言,有效提升了学校体育教学的水平,促进了诸多青年教师的成长。"项目引进—学习研讨—开发设计—交流研讨—总结提炼—集中展示"的合作式集团教研范式也日渐成熟。

(三)培育式教研

随着集团教研的持续开展,成员校的教师逐步成长,自主发展的意识也逐步增强。他们在结合校本的体育教学改革与自我发展的实践中遇到许多问题,在展开自主实践的过程中,他们会结合自身实践的需要对集团体育组提出要求,此时集团核心校学科组就需要加以扶持与培育。如常州市龙城小学体育学科组结合国家深化课程改革,对"指向体育学科核心素养的校本课程建设"产生了兴趣,但不知如何深入。应他们的要求,集团体育学科主任、教研组长开始介入他们的研究,为"指向体育学科核心素养的校本课程建设"课题的申报出谋划策,最终确立了以球类教材为例率先进行体育学科核心素养的研究方向。有了方向,教研组先后进行了"体育学科核心素养"的文献研究和研讨,然后,笔者结合大家都熟悉的教材指导他们进行了"小学体育球类教材学科核心素养培养的课例研究"的校本微型课题的申报与论证。随后,每位体育教师选取各自的年级进行一项球类项目展开子课题的设计和研究。在研究过程中,龙城小学各年级体育学科备课组与集团备课组、教研组通力合作,展开多种形式的协同教研,在龙城小学体育学科组自主式教研的各个环节中协调合理运用集团名师群体资源,确保了研究活动的连续性和有效性。通过研究,形成了"围绕主题、思考交流—指导交流、自主设计—实践反思、自主完善—搭建平台、多向互动—形成课例、展示推广"的培育式引入的教研范式。在此基础上,逐步开展"指向体育学科核心素养的校本课程建设",截至目前,该校已经完成《棒垒球》《排球》和《足球》等教材的校本化架构,促进了学校特色化发展。

(四)切磋式教研

集团核心校各教研组虽然年龄结构层次丰富,有较强的实践经验,教研机制也比较完善,但不能高高在上,应该清晰地认识到:无论是集团核心校还是成员校的教研组与教师都各有所长。成员校大多青年教师居多,勇于创新,充满活力。集团核心校应加强与成员校之间的交流,其中切磋式教研就是一种很好的教研方式,包括:一可以开展集团教师基本功培训与比赛,开展教学评优课等;二可以根据研究的主题,邀请成员校的教师一起进行会课、沙龙,在实现智慧共享的同时,相互促进,共同提高;三当成员校专题研究出现困难需要集思广益的时候,可以合作开展切磋式教研活动。利用这样的活动阶段性集中教研组的力量,开展专题攻关,在提高教研团队凝聚力的同时,更促进了团队教研水平的提升。这样的切磋式专题攻关教研活动主要分成两类:一是主题论坛,即围绕体育组研究专题或教学热点难点开展专题论坛研究。通过自拟提纲,分工进行专题发言,系统展示本校的阶段研究成果,与集团其他学校进行思想碰撞。二是同题异构。围绕一个主题或一本具体的教材,各校区出1—2位教师进行课堂教学展示和研讨,提高教师的实践智慧和理论素养。活动的开展基本遵循了"确立主题—分头研究—分校研讨—集中展示—比较分析—提炼总结"的序列确保了研究的前沿后续,为集团教研和教师的发展服务。当然,因为校区的分散,这样跨校区、跨区域的集团教研有时还会通过网络途径进行,比如通过主题论坛、直播室或QQ群等进行网上沙龙。

(五)引领式教研

成员校教研组大多教研力量比较薄弱,教师专业发展也缺乏相应的氛围,集团核心校的各学科组可以应各成员校的实际需要开展导师引领式的教研。聘请集团知名教师领衔成立学校的学科教师工作室。常州市龙城小学有近10位青年体育教师,该校聘请集团知名教师领衔成立体育教师工作室,形成校本化的工作室方案,有序地开展系列的教研活动,不断提高学校体育教学、学生活动和教师专业发展。

在实际教学中,还存在青年教师学科教学缺乏系统的理念支持,教学基本功需要锤炼,学校教学秩序、课堂常规与学生活动还需要重新架构等问题。因此,工作室在制订方案时主要从以下几方面进行设计:一是课堂教学与科研。着重确立了"小学体育教学设计与教学"为研究项目,有序设计了理论学习围绕"教学目标设计""教学内容选择""教学方法运用"等方面展开沙龙研讨,围绕"教师讲解与示范""课堂组织与调控""教师评价与反馈"等方面展开课堂教学研讨,最后形成相关案例和总结。二是学校群体活动的校本化架构。结合学校的资源特点,校本化整体设计和实施大课间、球类联赛、体育节等,序列化整体设计既充分考虑了项目的全面性,又突出了传统项目的特色化建设。三是专业发展规划。引导教师科学进行个人专业发展规划,阶段目标达成展示小结等。经过一轮工作室的运作,学校体育工作质量和教研组教师工作的状态有了明显提升。目前,该校体育组主动发展的生长形态基本形成,教师的日常生活不断更新,体育组教研文化逐步形成。近两年来,共进行了跨校区的教研活动 17 次左右,教师执教各级各类研究课 40 节,教师主动申报研究课题 5 项,有 6 位老师在省区市评优课、基本功比赛中获奖。

二、成绩及反思

经过几年的努力,集团核心校和成员校实现了双赢。教师把握学科育人价值教学的意识和能力不断提高,课堂教学质量显著提升,体育学科课程实现了整体架构,教师专业发展取得了长足的进步。集团体育学科组在全集团体育教研组的协调努力下完成了国家体育校本化的教学纲要的整体架构,集团核心校架构起了"形体""篮球"等校本课程,常州市龙城小学和华润小学合作完成了《足球》教材的校本化架构。此外,常州市龙城小学还加入了常州市整体深化课程改革项目,启动了"四至六年级"的体育课选修工作,校本课程建设呈现出百花齐放的良好局面。教师共上区级以上研究课 20 多节,7 人次在全国、省区市教学竞赛中获一、二等奖,其中,王杰老师获得全国中小学体育教学观摩展示活动二等奖;欧园明、王杰先后在江苏省小学体育教师基本功比赛中分获第一名和三等奖,在 2013 年 8 月举行的全国十四个城市体育教师教学技能比赛中又双双获得一等奖,并双双成为全国中小学体育教学权威杂志《中国学校体育》2013 年第 9 期封面人物。30 多篇研究论文在《江苏教育》等杂志发表,钱小琴等 8 位教师先后在常州市教师专业发展"五级阶梯"中更进一步。"生命关怀"理念下的学校体育文化特征正在逐步形成,提升了学校体育文化水平。学校体育正走向综合化长程设计,体育正在成为局前街小学每一位师生生命成长的精彩体验。2013 年 8 月,集团核心校体育组被评为常州市优秀教研组,被江苏省教育厅确认为"江苏省小学学生体质健康试点校"。常州市龙城小学与华润小学双双被评为"全国校园足球实验学校"。常州市龙城小学还先后成为"中国软式垒球实验学校""常州市体育传统学校"等。

回溯几年的成功实践,我们不断追问成功背后的收获:

(一)适切性的介入提升校本教研的品质

集团优秀教师介入成员校的时机是校本教研的关键。一是适时诊断,关注真问题。问题是研究的开始,每学年集团核心校均要求集团成员校结合自身实际申报集团教研项目。申报之前,集团教研组核心成员召开成员校教研组长与骨干的座谈会,帮助梳理教学困惑,筛选梳理并抓住一些核心问题。二是适时示范,打开思路。刚刚接触研究主题时教师往往不知所措,若由集团优秀教师解读、示范,生动的案例往往能使教师茅塞顿开。三是适时碰撞,拓宽思路。教无定法,课堂教学方法与手段的选择是校本教研的主要内容。在实践研究中,集团优秀教师的评课议课,适时与成员校教师进行碰撞,或许能打开他们新的思路。四是适时归纳,形成智慧。青年教师的思考往往停留在表层,在校本教研的总结阶段,集团优秀教师资源的介入,往往能提升教师对问题策略的认识,促进他们系统化整理思考,形成自己的智慧,进一步增强校本教研参与的成就感。

(二)多样性的展示交流是教师成长的真正途径

集团学科教研的一个重要的载体就是课例研究。课例研究关注教学实践问题的解决,以行动研究为方法,以课堂为主要研究场所。集团优秀教师作为区域学科名师具有较广的教研资源,这为教师搭建了许多校际、区级、市级乃至跨区域的教研活动平台。2014—2015年,集团核心校还先后组织了两次全国性的网络教研,这为教师创造了许多机会,促进了教师专业素养的全方位提升。

(三)规范性的教研管理助推教研文化的形成

学科教研要激发集团教研组的主动性,仅仅靠教研组长或几个骨干教师的热情是不够的,建立集团化办学背景下学科校本教研的管理制度尤为重要。一是要建立学校集团教研申报、实施和奖励制度。采用项目责任人制度,由教研组长等责任人牵头各成员校教研组完成集团教研资源引入的校本教研的活动项目设计,每学年进行申报,一经学校审核批准,就纳入学校教研组活动进行过程性管理和考核,每学年评选优秀教研组进行表彰奖励。二是建立学校学科工作室管理制度,由学校聘请学科名师成立工作室,并给予工作室运作一定的管理经费,对工作室成员进行过程科学管理。管理规范的建立营造了教师积极参与教研的良好氛围,促进积极进取、和谐共生教研文化的形成。

他 山 之 石

从薄弱到卓越

——一所学校变革历程的叙事研究[*]

孙元涛　孟月芳[**]

摘　要： 学校变革既有抽象的共同性规则,也有因每一所学校独特的历史、文化、发展愿景等形成的个性化特征。很多时候,理论的抽象表达有助于阐释学校变革中的一般性特征及其背后的文化脉络,但如何深入到学校内部,揭示其变革背后更为鲜活、丰富的文化心理因素,则往往是一般的理论研究所欠缺的。引入教育叙事,并不是要替代理论研究对时间形态的把握,而是试图补充性地揭示和呈现作为典型案例的学校在具体变革情境中的真实样貌。基于此,以一个具有多重典型意义的学校作为研究对象,展示学校在变革过程中复杂的历程和某些特征,既有助于揭示作为研究对象的"这所学校"的变革历程和征象,也期望能够为一般性的学校变革问题提供一定的借鉴。

关键词： 学校变革;教育叙事;校长领导力;学校变革内生力

教育变革的复杂性及其随时间流逝的变迁性和不可预测性,对理论研究提出了更高的要求。一般性的理论研究在抽象共同征象方面有其重要价值,但是在表达典型案例内部的特征和流动性、交互性、生成性等个性化的变革

* 本文系全国教育科学规划国家一般课题"学校变革常态化背景下'教师抵制变革'研究"(BAA160014)的阶段性成果。
** 作者简介：孙元涛,浙江大学教育学院副院长、教授,博士生导师;孟月芳,浙江大学教育学院研究生。

历程时,往往力有不逮。教育叙事研究是一种从质的研究出发,关注具体的教育事件,并用叙事的方式呈现其情节和情趣的研究方法,它立足于真实生活,立足于实践。在当前学校变革如此兴盛的时期,通过对一所学校进行教育叙事解剖,可以更清晰地呈现出变革在具体实施过程中的复杂性,与教育相关的各个主体也可从中寻找到与自身相似的经历、现象,并从中获得一定的警示或启示。这样的叙事研究,其首要目的是揭示作为典型案例的"这所学校"的复杂性;其次,我们也希望能够借助深度的叙事研究,产生一定的外推效应,从而对学校变革的复杂历程以及其中可能纠缠着的利益、价值旨趣等有更深入的了解。

个案研究是否具有典型意义,取决于它是否具备某一类共性的集中体现[①],集中性越强,个案的外推力度就越大,典型意义也就越大。集中性的标准分为突出性、平均性和系列性。在质性研究中往往以突出性为衡量标准,即选择特征最突出的个案作为研究对象。教育叙事研究属于质性研究,因此也参照这一标准。

杭州 D 校经过十年左右的学校变革,在政府义务教育均衡化政策和 U-G-C-S 模式应用的影响下,从全区倒数第一的弱校发展为全区公办学校中的口碑名校。此外,在学校不断发展的过程中,校长的角色发挥了关键的作用。杭州 D 校的变革特征具有突出性以及极强的典型意义。

一、U-G-C-S——基于高校介入的教育新共同体实践范式

杭州市是全国集团化办学的先锋城市,在 D 校建立之前,名校集团化已经成为杭州市推进义务教育均衡发展的最主要的区域教育制度创新经验。杭州市下辖的各个区,都建设了类型、数量不同的教育集团。有的区域还在发展教育集团的过程中创造了新的变式,组建了"紧密型教育共同体"。D 校

---

① 王宁.代表性还是典型性?——个案的属性和个案研究方法的逻辑基础[J].社会学研究,2002(5):123-125.

所在集团运行的 U－G－C－S 发展模式,对 D 校的变革历程产生了重要推动作用。它集中融合了高校、政府、社区、学校的力量,是教育新共同体模式的有益探索。

(一)名校集团化成为杭州学校发展潮流

名校集团化和教育新共同体,都是学校在办学模式上的实践探索成果。在义务教育均衡发展理念的驱动下,政府开始支持集团办学,一大批名校集团拔地而起。在名校集团化发展过程中,由于资源输出主体过于单一,集团成员合作意识不强,学校的自主能动性受到限制。教育新共同体模式强调优质资源的多样化,尊重每一所学校的能动性,以区块为单位带动共同体内所有成员共同发展,为学校发展提供了新的借鉴意义。

随着杭州市城市化的快速发展,教育规模不断扩大,新学校不断增加,百姓的教育困境已从"上学难"转变为"上好学校难"。为了让孩子能够上一所好学校,从每年的四五月份开始,家长就开始各显其能为孩子择校,"择校热"已经成为一个社会现象。为了满足百姓"上好学校"的需求,缓解幼升小、小升初阶段的"择校热",杭州市率先在全国范围内开展以政府带动区域义务教育均衡优质发展的名校集团化模式。

2002 年,杭州市首个公办基础教育集团——求是教育集团成立。以杭州市西湖区求是小学为龙头,带动竞舟小学、星洲小学两所新学校共同发展,形成了"名校＋新校"的全新办学模式。2004 年,中共杭州市委、杭州市人民政府发布的《关于进一步推进基础教育改革和发展的若干意见》(市委发〔2004〕42 号)中第一次正式提出要实施名校集团化战略。[1] 2005 年,杭州市江干区采荷二小教育集团应运而生,江干区名校——采荷第二小学与江干区的农村小学笕桥中心小学、清泰门小学三校联盟,探索出"名校＋农校"的全新集团化办学模式,提升了区域教育的整体水平。杭州绿城育华教育集团还开创了"名校＋民校"模式,育华中学原来是一所民办中学,由于学校缺乏资

---

[1]　中共杭州市委、杭州市人民政府关于进一步推进基础教育改革和发展的若干意见(市委发〔2004〕42 号)[EB/OL].2004－09－02[2020－03－22].http://www.9ask.cn/fagui/200409/262132_1.html.

金,一直依靠租校舍办学。杭州绿城教育投资有限公司成立后,为育华中学提供校舍资源,双方合作办学,将育华中学打造成了民校中的名校,并依托这一资源,成立绿城育华教育集团。这种模式将民营企业的投资和名校办学相结合,通过吸收民间资本,来扩大优质教育资源的辐射面。

有了前几个名校集团的成功示范,杭州市加大了名校集团化的宣传力度,加速集团化学校发展。截至 2010 年底,杭州市已经成立了超过 200 个名校集团,主城区的名校集团化覆盖率已经超过 70%。近年来,在原有"名校+X"联合模式的基础上,杭州市部分区域、学校开始探索一种新的优质资源整合融通的办学之路,即将大学专业资源引入集团化办学框架,成立基于U-S伙伴协作的集团化办学框架,这越来越成为一些区域谋求学校快速发展的重要途径。

(二) 从名校集团化到教育新共同体

共同体,并不是一个全新的概念。"学习共同体""教师合作共同体""科学研究共同体"等在基础教育改革领域频繁出现。共同体是一个社会学概念,指有共同理想、共同目标和共同利害关系的人在专业性规则的引领下组成的一个社会团体。德国著名社会学家斐迪南·滕尼斯(Ferdinand Tonnies)曾在他的著作《共同体与社会——纯粹社会学的基本概念》中第一次发现并阐明在人类的群体生活中的两种结合的类型:共同体与社会。滕尼斯认为:"共同体是建立在有关人员的本能的中意或者习惯制约的适应或者与思想有关的共同的记忆之上的。共同体是一种持久的和真正的共同生活,是一种原始的或者天然状态的人的意志的完善的统一体。"① 他强调共同的、有约束力的理想信念的重要性,强调共同体内部共同法则的重要性,为理解和学习教育共同体提供了重要的参考框架。

名校集团化虽然促进了优质教育资源的均衡化发展,但在实施的过程中也引起了学界和社会界的广泛非议,如"牛奶稀释""赢者通吃"等批评性的意

---

① [德] 斐迪南·滕尼斯.共同体与社会——纯粹社会学的基本概念[M].林荣远,译.北京:北京大学出版社,2010:2.

见。以名校为主体的集团化，难免出现资源输出过于单一的问题，并且参与学校的发展也容易出现趋同现象；在集团化内部，学校之间的合作意识尚未成熟，原有学校的固有文化和名校的强势化入驻难免会发生一些冲突。在对名校集团化的客观冷静分析后，教育共同体理念被提出。和集团化办学一样，教育共同体同样强调教育资源的传递与互补，但更加强调共同体内部每所学校的自主能动性，尊重每所学校的办学特色和办学实际，形成共同体内部学校之间平等、互动、合作的新格局。

教育新共同体，是在注入外来优质资源的基础上，学校之间以平等互助为原则形成的教育教学共同体。教育新共同体主要具备以下三个特征：

第一，体现在学校主观能动性上。以往的"名校＋X"模式，名校力量过于强势，深具"以强带弱"的性质，其他成员校相对处于被动和弱势地位，教育新共同体强调成员校之间的平等地位。在共同体内部，各个学校发展情况类似，校情差异不大，在成绩上也没有明显的强弱之分，这为学校发展的积极性和主动性提供了保障，促进了共同体内的和谐发展。

第二，体现在注入的优质资源的多样化上。教育新共同体不再是简单的"学校＋学校"模式，而是向共同体内部注入其他的优质资源，如高校资源、培训名师资源、科研机构资源、社区资源、企业资源等，为共同体的发展提供更为扎实的理论支持和物质保障。

第三，体现在乡镇教育的整体拉动上。教育新共同体不是以一个共同体为着力点，而是从整个区块着手，以一个乡镇或一个街道为整体，对这个整体内部所有的教育资源进行科学规划，目的是带动整个乡镇或街道的教育发展。教育新共同体更加具有地域针对性和空间上的全局性。

综上所述，教育新共同体是基于学校、教育行政部门、教育研究界以及社会力量等多方利益主体的相互合作而形成的相对稳定的、具有共同理想信念和价值目标的、科学的、开放的改革共同体。它是当前教育改革新形势下出现的共同体创新形式，体现了教育共同体发展的新思路和新方向。

（三）U‐G‐C‐S——U‐S伙伴协作的一种扩展模型

U‐S(university-school)模式，即院校合作共同体模式，是以高校命名，由其深度介入,全盘托起一所或几所学校,实施教师专业发展、学生综合发展、教学质量提升等全面管理的教育新共同体。"它的基本特点是高校引领、政府主导、社会参与、连片发展,适合于城市化快速推进、资源迅速扩张、老校教育质量不高、新校集中交付的城郊区块;它的重点在于高校介入的深度、广度和力度,难点在于处理好教育局行政领导、集团业务领导和校长负责制的关系,使集团内部各学校的领导力和执行力得到和谐统一。"①

U - G - C - S(university-government-community-school)模式,是在 U - S 院校合作共同体基础上更加强调政府和社区力量的新发展模式。该模式是根据 D 校发展实际总结的一个概念,具有以下特征:第一,U - G - C - S 共同体学校采取理事会管理模式。理事会集高校领导与专家、教育行政领导、中小学校长和教研机构领导多方力量于一体,不仅负责集团内办学重大事项的决策及校长的选拔、评估工作,还在学校管理、教师发展、教学改革等方面为集团内各校的发展提供专业指导。D 校所在的集团由高校领导担任理事长,由教育局领导担任副理事长,各中小学校长担任理事。这体现出多方办学的特征,并且在成员的组合方式上具有独特性。传统理事会领导下的集团结构分为紧密型和宽松型。紧密型集团只有一个独立法人,一个校长,所有学校都在一个人的领导之下;宽松型模式是指集团内每所学校都有各自的校长,每所学校都有自己的独立法人,在多个校长之上还有一个理事长。D 校所在集团采用的是宽松型的结构,只要不违背集团共同的发展理念,每所学校可以根据自己的实际情况采取适当的发展措施,这给了各个校长一定的自主权,提高了校长的工作积极性,也为每所学校的发展提供了多样化的可能。

第二,U - G - C - S 模式关注教师的差异化需求,重视教师发展生态。教师是学校变革发展的主力军,学校的变革发展能否取得成功在很大程度上取决于教师团体的整体素质。只有教师认可学校变革的理念,积极投入到学校变革的各项措施中去,并且在学校的变革过程中不断获得自身各项能力的

① 费蔚.从管理到治理:区域推进义务教育优质均衡发展的体制机制创新[J].教育发展研究,2014(Z2):13 - 20.

提升,变革才算真正落地生根。一所学校的发展一定离不开教师队伍的发展,教师素质的提高一定会带来学生素质的提高,这是 D 校的 Z 校长坚信的道理。为了促进教师专业发展,提升教师队伍的整体素质,D 校所在集团建立了教师发展学校,由大学教育专家和教研室、教科所的学科教学专家作指导,以项目制的方式推进。同时因为教师个体与教师所在专业具有差异性,因此每位教师在专业发展上的学习或培训需求也有差异性。传统的所有老师一起听讲座的师资培训模式已经无法满足教师发展的需求。教师发展学校为教师提供了 18 个不同的学习项目。在年段上,分为小学教师项目和初中教师项目;在学科上,分为语文、数学、英语、科学、体育、艺术等学科项目;在内容上,有名师培养工程、名师大讲坛、课堂教学诊断、科研能力提升、教学心理调适等专业项目;在项目层级上,同样是教师科研项目,还分为初级班的教师科研能力提升项目和高级班的科研之星培育项目。D 校的教师可根据自身的学习需求选择相应的项目,在自己的专业发展上获得真正的提升,从而提升教师的职业幸福感。

教师的幸福莫过于自己的劳动有价值,专业得到发展,水平得到肯定。D 校的王老师是一名科学老师,她已经完成了初级科研班的学习,现在在名师班和中层干部管理班进行学习。在对王老师的访谈中,她表示:"我自身的发展和学校是完全离不开的。学校为我们提供了一个很好的发展平台。只要我们想有所作为,只要我们想进步,学校都会想方设法让我们去获得提升。比如我想去参加某一个培训班,学校会帮助我调整好课时,让我没有后顾之忧地去培训,在经费上学校也会给予全力支持。在培训的过程中,也没有太大的压力,老师和我们都是像朋友一样互相探讨,让我的精神世界有一种山外有山的扩张感。这在一定程度上是因为教育局对教师发展的重视,教育局越重视,学校就会越重视,学校越重视就越发展,学校发展得好了教育局也就更加重视,这样就形成了一个良性的循环。"

谢老师是 S 大学的英语教授,她花了两年时间在 D 校跟踪了每一位英语教师的课堂教学。针对不同教师的教学风格,她进行一对一的指导。这种接地气的指导,打开了一线教师的视野,尤其是与各地名师的同课异构,让教师们看到了自己的不足之处,自我提升的欲望越来越强烈。集团内像谢老师这样的教授还有很多,他们亲自走进中小学课堂,用教育教学最前沿的理论进行指导,并与一线教师结成师徒关系,通过时间和实践的累积,彼此都取得了很大的进步。

除了集团内的培训,D校校内也建立了教师的培养梯队。学校内部有自己的资深教师,以资深教师为中心,开展"任务驱动式名师辐射工程",根据教师的特长量身定制任务菜单,针对不同的学科或教师群体开展辐射引领,期末进行考核评估,奖励优秀的教师。对新教师而言,学校建立了"青蓝工程",新教师在开学前进行师徒结对,由资深教师或名教师做好帮带工作;在期中和期末进行新教师的教学诊断,由各位校长、主任以及备课组长听课,指出课堂教学中存在的问题与不足,通过期中和期末两次诊断,提高新教师的课堂教学能力。新教师不仅要拜师,三年之后还会举行"出师"仪式,以高度的仪式感让教师从中体会到收益。以这样的方式,帮助每一位老师真正成为学生喜欢、家长认可、同事信任的优秀教师。

第三,U-G-C-S模式关注社区力量的加入。community,意为社区或共同体,这里取社区之意。社区是若干个社会群体或社会组织聚集在某一个领域里形成的一个生活上相互关联的大集体,是社会有机体最基本的内容,是宏观社会的缩影。本文中所指的社区不是狭义上的社区——居民的住宅小区,而是广义上的一大块区域,针对D校而言,就是整个街道(镇)所在的区域。自20世纪80年代开始,随着改革开放政策的推进,社区教育也逐步发展起来。社区教育作为学校教育的补充力量,主要采取成人继续教育、职业专业教育等形式,强调社区力量对教育的支持。本文提及的社区力量,同样包括社区为教育提供资金、人才以及其他方面的帮助,但不是以社区办学的形式,而是以社区辅助学校办学的形式。D学校所在的区域,人才力量雄厚,科技产业发达,为了给当地适龄儿童提供优质的教育,当地的企业每年都会为D校提供一定的办学资金,用于学校日常开支以及学生的生活补助。除了资金支持之外,早晚上下学期间学校区域的交通疏通等工作,也都由当地的社区力量主动承担。综上所述,社区力量的加入,为D校发展提供了充足的资金支持和全面的后勤保障,更营造了一种良好的学校办学生态。

二、学校变革中的校长领导力

"我知道所有改进的学校无不具有擅长领导改进的校长。"[①] 学校校长,尤其是中小学校长,是决定学校变革成败的关键因素之一。随着教育环境中复杂性和不确定性因素的增加,校长被要求必须具备驾驭不确定环境的能力,以及能在复杂环境中作出富有科学性的决策。下面主要对校长领导力作出概念界定,并结合 D 校实际,分析校长领导力在实施过程中遇到的困境。

(一) 重识校长领导力的重要性和复杂性

关于"校长领导力"的概念,国内学术界作过很多种界定。邱心玫认为:"校长领导力是在特定的领导体制、领导环境下,校长个人素质和团队领导力等因素共同作用的一种综合作用力。"[②] 赵明仁提出:"校长领导力是校长影响师生实现共同目标的能力。"[③] 通过归纳学者从不同角度出发给出的定义,我们得出:校长领导力是在特定的领导环境下,为实现学校发展目标而形成的一种综合能力。校长领导力强调校长的综合素质;校长领导力以学校发展为目标,并且围绕学校日常事务展开;校长领导力与全校师生、家长等群体息息相关;校长领导力强调团队,是一种团队领导力。

迈克尔·富兰(Micheal Fullan)在《教育变革新意义》中引用纽曼(Newmann)关于"学校能力"的辨析,认为"学校能力"主要由以下五部分构成:教师的知识、技能和态度;专业共同体;计划的一致性;技术资源;校长领导。富兰指出,在这五个因素中,校长的角色会使前四个因素变得越来越好,如果没有校长高质量的领导,学校能力将会受到严重的削弱。[④] 一个世纪之前,我国著名的维新派学者张之洞等人曾在《学务纲要》中提出:"学堂所重,

---

① [加] 迈克尔·富兰.教育变革新意义(第三版)[M].赵建中,陈霞,李敏,译.北京:教育科学出版社,2005:150.

② 邱心玫.中小学校长领导力研究[D].福州:福建师范大学,2008.

③ 赵明仁.论校长领导力[J].教育科学研究,2009(1):40-42.

④ [加] 迈克尔·富兰.教育变革新意义(第三版)[M].赵建中,陈霞,李敏,译.北京:教育科学出版社,2005:155.

不仅在教员,尤在有管理学堂之人,必须有明于教授法、管理法者实心从事其间,未办者方能开办,已办者方能得法;否则成效难期,且滋流弊。"① 校长作为学校行政的第一负责人,对外代表整个学校,对内负责全面校务。校长对于一所学校的发展起着关键性作用。

校长的目标规划和评价会影响教师效能感和教师发展。我国教育部于 2013 年 2 月制定了《义务教育学校校长专业标准》(以下简称《标准》),提出对中小学校长的六大要求:规划学校发展,营造育人文化,领导课程教学,引领教师成长,优化内部管理,调适外部环境。② 《标准》将"规划学校发展"置于首位。学校的发展规划影响到每一位教师,对他们的自我学习、专业发展都会起到重要作用,不合理的发展规划会阻碍教师的发展,科学合理的规划则会促进教师的发展,从而促进学校的发展,因此,校长在制订学校发展规划时,需要倾听教师的声音,让规划能做到掷地有声,增强教师的工作积极性。此外,校长还担负着引领教师发展的责任。对教师而言,校长就是学校家庭中的大家长,校长对教师的教育与评价会深刻影响教师的工作效能感。校长对教师的足够尊重和信任,能极大地提高教师的工作幸福感。

(二)从 D 校案例看校长领导力

2009 年,Z 校长在全国校长海选中拔得头筹,担任 D 校校长。虽然当时 D 校办学基础较为薄弱,但 Z 校长看到了杭州市尤其是 D 校所在行政区尊师重教的良好氛围,于是在 D 校扎下根来,开始了长达十年的学校建设。为了实现"办有品质的优质学校"的目标,Z 校长确立了学校发展的三步走战略:第一步,用 3 年时间抓规范,打基础,完善各项规章制度,制定出学校《管理指南》;第二步,用 3 年时间抓精细,重过程,强化规范,落实规范,使执行规范成

---

① 叶澜."新基础教育"论——关于当代中国学校变革的探究与认识[M].北京:教育科学出版社,2006:339.

② 教育部关于印发《义务教育学校校长专业标准》的通知(教师〔2013〕3 号)[EB/OL].2013 - 02 - 04[2020 - 03 - 22].http://old.moe.gov.cn/publicfiles/business/htmlfiles/moe/s7148/201302/147899.html.

为工作常态,强调只有过程完美才有结果的完美;第三步,用3—4年时间抓精致,求品质。在D校成立的第一个学期,校长就决定紧抓体育和艺术课程,优化体艺课程的教师队伍,在区体育比赛中获得了多项荣誉。2010年,D校中小学衔接工作成果显著,留生率达到100%。2015年,D校重高上线率已超过50%,跻身区教学质量一类学校行列。在《杭州日报》进行的"家长最满意的学校"评比中,D校位列全区第二。经过十年的磨炼,D校已经成为教学质量高、教师队伍素质高、家长满意度高的优质品牌学校。

在对D校教师的访谈中,当问及影响学校发展的主要因素时,几乎所有老师都会提到校长的领导作用,而且,高达90%的教师将校长的领导作用放在首位,认为校长是一所学校的核心,一个好校长就等于一个好学校。洪老师在D校工作了十三年,用她的话说:"D校从一所乡村学校蜕变成如今的重点学校,其中离不开Z校长的功劳。"

D校的发展背景较为特殊,建校初期,学校的师资力量和生源质量都相对较弱,再加上学校的大规模重组,让整个学校呈现出纷乱的状态,Z校长担任D校校长后的两三年时间内,学校并没有突飞猛进的发展。尽管面临着教育局和学生家长的双重压力,Z校长并不心急,用他的话说,"教育是一个静待花开的过程"。Z校长将学校的发展分为快速发展和慢速发展两类,在D校刚成立的前几年,Z校长采取慢速发展的方式,将更多的精力用于教师培养上,"一个学校想要改变,只能先等教师改变。教师改变了,学生自然就改变了",Z校长如是说。D校教师队伍的迅速发展,离不开学校管理层对教师的尊重与赏识。在对一位教师的访谈中,他提起一件事:"有一段时间,我家里出了点事儿,连着好几个星期早上上班都是踩着到点。相较于其他七点就到校的同事,我少了一个小时的上班时间。每次走进校门,看到校长早早地站在门口,都只能不好意思地尴笑。心中很是愧疚。连着几天这样之后,校长单独找我谈话,在了解了我的实际情况之后,校长表示非常理解,并让我不需要有愧疚感,落下的工作等事情料理完补上就行。我非常感动。我觉得自己在学校里工作有自由,有尊严。领导通情讲理,愿意赏识我。有这样的工作氛围,我没有理由不努力工作。"同样是关于上班时间,有一位新教师,早上上班比较拖延,经常迟到,校长将此事看在眼里,但从未在公众场合作出批评。在连续迟到几次之后,校长把他叫进办公室进行严厉批评。但批评完之后,校长从未在其他场合说过此事。校长一直坚持,对待教师,表扬的时候人越多越好,批评的时候人越少越好,要给教师尊严,要给教师面子。在 Z 校长阐述他对教师的看法时,他说:"教师的需求其实真的很低,他需要的精神愉悦远远大于物质愉悦。人的第一需求是安全感,有了安全感之后有归属感,然后才有成就感,最后才有幸福感。学校要提供给教师的,就是这样一步一步发展到后来的幸福感。"

D 校是一所九年一贯制学校,师生数量庞大,在此情况下建立一支高绩效的管理团队,是学校变革时期实现跨越发展的必由之路。对此,Z 校长采取了条块结合、分层负责的扁平化管理模式,将一到五年级归为教学一部,六到九年级归为教学二部,每部都有一个副校长专门负责。中层管理干部实行教学德育一人主管,另有两个副主任分管,减少其中层级环节,使管理重心下移,责任分工更加明确具体。在全校的师生管理上,纵向上以年级为管理单位,横向上以教研组为管理单位,形成全方位的教育教学体系。

Z 校长通过对 D 校的历史、特长、队伍等因素深入分析,制定出符合 D 校实际的分阶段发展规划,实行规范、精细、精准的干部管理机制,成为 D 校在变革时期发展的有力抓手。

三、学校变革中的阵痛

在 D 校变革的十年历程中,承受着来自内外环境的双重挑战。首先,在学校变革的大背景下,校内的教师队伍呈现出两种截然不同的状态:一部分教师期待变革,在新的工作中十分积极、兴奋,另一部分老师安于现状,只想逃离变革。此外,以一所薄弱学校为起点,如何在短时间内满足社会、家长对学校升学率的期待,尤其在变革前期,D 校应专注于学生成绩的提高,还是在学生的多元化发展中花精力,现实中两者之间的权衡工作极难开展。在课堂改革进入攻坚战的大环境下,如何结合本校实际,在变革政策的引领下实施有效的课堂改革,对学校来说困难重重。下面将通过呈现 D 校变革中教师队伍出现的双重生态、在变革中遭遇的现实困境这双重阵痛,在广大变革学校中建立认同感。

（一）面对变革,教师队伍中出现的双重生态

1. 抓住变革机遇

D校的信息技术老师洪老师,在D校建立前,一直在乡村小学任教。2009年,洪老师进入D校。之后洪老师积极参与了学校集团组织的多个项目,在项目专家的指导下,不断地改善自己的课堂风格,提高教学能力。在项目制学习的过程中,洪老师也斩获了多项荣誉。2013年,她获得了市优质课特等奖;2014年,她获得了省优质课特等奖;2015年,她更是获得了全国信息技术优质课特等奖。在被问及准备比赛或者获奖过程中印象最深刻的地方,洪老师这样回答:"这次能获奖,除了自己的努力之外,其实还有以下几方面的因素。第一是学校为我搭建了很好的发展平台;第二是学校同事的互助,这次比赛历时六个多月,其间我的个人状态起起伏伏,学校的同事就像是自己的兄弟姐妹一样,不仅仅给予我心理疏导,还会很主动地参与到我的准备过程中,包括课堂的准备、说课以及专业考试的准备,让我备感温暖;第三是学校领导的支持,其实在准备过程中很多时间是和学校的工作时间冲突的,但学校领导一直都把我的比赛放在第一位,只要我有困难,领导都会站在我的角度来思考,为我提供足够的支持与理解。"

D校中学部的数学备课组,一直被称为学校的智囊团。2009年,学校迎来第一批初中数学老师,但其中多数是应届毕业生,都没有太多的教学经验,为此学校引进了优秀的数学高级教师,由资深的老教师带动新教师发展。近几年来,学校的数学成绩上升速度十分明显,根据数学组的董老师描述:"学校不仅引进高级教师,并且还经常组织我们去其他地方进行学习,看看他们的上课方式有什么可借鉴的地方,学习过后再回来服务我们自己学校的学生。用一个字形容我们数学组的老师,就是拼。不仅新教师非常努力,老教师也在不断学习,我们有一位同事在家里的卫生间还备着数学试卷,时刻在做题! 学生们看到我们老师那么努力,他们受我们的感染也非常用功。因此这几年学校的数学成绩飞速发展,这与上述因素都有关系。"

以洪老师、董老师为代表的学校教师,在D校变革的大潮流中抓住发展

机遇,充分利用各项资源,不仅提高了自己的专业素养和教学能力,也为自己赢得了丰厚的荣誉。

2. 教师抵制变革

在 D 校变革的过程中,教师队伍中也有抵制性力量的出现。2009 年,D 校在集团的支持下,举办了第一届课堂节。在课堂节期间举办了多次论坛,每场论坛都邀请了大学的专家。在一次分论坛上,一位专家由于讲的内容较多,过于投入,没有考虑到时间问题。当时天已经黑了,教师也早应该下班回家。专家讲完之后,邀请现场的教师提提自己的问题,供大家讨论。这时候有一位年轻教师突然举手,拿到话筒后,他说"我来说句话。散会!"讲完之后现场一片喧嚷,专家甚是尴尬,在场的教师也都是面面相觑,最后这场论坛在喧闹声中结束。这位年轻教师显然在情绪上带着愤怒,只是采取了较为极端的形式表现出来。其实当时下面也有很多有着像他一样想法的老师,只是没有将自己的意见表达出来。对于这一部分教师而言,参加论坛、专家指导等活动,都只是学校布置下来的任务,自己本不愿意参与,也无法从中获得任何提升,因此没有任何意义。

随着 D 校的不断发展,知名度不断提升,越来越多的人来学校参观考察,这给一部分学校教师带来了烦恼。小学部的一位教师反映:"从我第一年进入学校以来,就觉得自己十分忙碌,到现在工作七年多了,只觉得情况愈演愈烈,丝毫没有能闲下来的趋势。除了常规的教师培训,现在很多学校来我们这里参观访问,每一次参观都需要安排一次公开课,但其实大家都没兴趣去上,时间一长大家都有埋怨。最关键的是,我们连日常的上课和批改作业就已经焦头烂额了,完全没有时间去搞这些,学校要是再这样占据教师的时间,最后吃亏的肯定还是学生,因为我们没有时间进行作业反馈,也没有时间认真备课。"

从 D 校教师的访谈中,笔者了解到教师抵制变革的很多原因。从变革本身来讲,部分变革理念的科学性和可操作性亟待加强;在变革的推进过程中,过于激进也会引起教师的抵制;频繁的变革扰乱了学校的教学秩序,导致了教师的不适应。从教师角度分析,变革带来的繁重的工作压力是抵制变革的首要原因;对变革缺乏信心,认为变革只是"绣花枕头",也让教师对变革态度冷淡。如何让教师在变革中获益,在变革中成长,是学校领导者领导变革的关键所在。

(二) 多元化人才评价观难以落实

"教育处于包围之中",这是美国俄勒冈大学戴维·T.康利(David T. Conley)教授在他的《谁在管理我们的学校——变化中的角色和责任》中的一个醒目标题。康利教授阐述:"过去,教育系统在应对相互冲突的改革目标时,总是采取慢条斯理的态度,学校不必在规定的时间内完成任务。现在形势完全不同,教育工作者的变革压力来自四面八方——州、联邦政府、商业社会、公众以及其他机构和利益集团。"① 的确,随着社会的发展,人们对教育的关注度与日俱增,教育变革不可避免地受到多种因素的影响。可以说,当前学校变革之难,也正难在影响因素的复杂性上。

D校在发展的前几年,由于学生基础较为薄弱,师资力量也不雄厚,学校的发展速度一直趋于缓慢。虽然对学校来讲,这是发展的必经过程,但对学生和家长来讲,教育是不可逆的,最为看重的依旧是中考升学率。同样还有教育局,往往仅用刚性的指标来衡量学校教育质量,对于考得好的学校给予表扬,对考得差的学校施加压力。卢宝祥曾评价当下学校变革面临的困境:"地方政府对学校的评价没有能够充分反映教育的'本真',有明显的'亲市场'倾向,以市场显而易见的标准去评判教育潜在的效果。比如用市场的经济效率衡量学校的经济效率;用短期效率衡量学校的长期效率;用刚性指标套在学校的柔性指标。"② D校的王老师也有过如下反映:"家长来找我们,谈的往往都是孩子的成绩问题,几乎不会和我们讨论孩子的兴趣爱好、课外发展;对家长们来说,他们对学校唯一的希望就是我们能够帮助孩子进入一个优质的高中,孩子其他方面的能力譬如创新能力、人际交往能力都是次要方面。现在整个社会都是这样,都是这样的风气,大家对孩子的成绩越来越关注。这么多年来,学校经历了那么多场改革,最大的感受就是升学的竞争越

---

① ［美］戴维·T.康利.谁在管理我们的学校——变化中的角色和责任［M］.候定凯,译.上海:华东师范大学出版社,2005:89.

② 卢宝祥.学校变革面临的现实困境探析［J］.广西师范大学学报(哲学社会科学版),2010(5):9-13.

来越激烈,老师和孩子都越来越忙,越来越累。"

1996 年 10 月,国际 21 世纪教育委员会向联合国教科文组织提交的报告《教育——财富蕴藏其中》中提出教育的四大支柱:"教育要让学生学会认知、学会做事、学会共同生活、学会生存。"[1]这些多元化的人才培养目标和社会对学校评价的单一性标准之间的矛盾,让许多学校在变革中难以抉择。

四、学校的变革内生力培养

学校变革应是以学校为基本单位的自主、主动的动作与过程。"就学校拥有的资源而言,物力和人力资源都是基础性资源,这种基础性资源能否转变成学校的发展性资源,则需要一些激发条件,而这正是学校发展应着力培养的新力量,这样的发展性力量应是由学校培育出来的内部力量,这里简称为学校发展的内生力。"[2]学校要想发展、进步,必须要有内生力。叶澜教授将内生力的含义分成两大方面:一是"成人成事"的目标,"成人"是指学校中人的发展,"成事"是指学校的整体转型。两者都是学校的目标,不能只顾学校转型而忽略人的成长,也不能只想成为怎样的人而不做实事。"'成人'是在'成事'的过程中实现,成长起来的人又能更好地促进转型变革事业的实现。"[3]两者相辅相成,互相作用。二是"发展自觉"的培养。本文将跳出 D 校的典型性框架,分析变革中的学校应如何凝结出自己的校园智慧,培养自己的变革内生力,从而促进学校的发展。

(一)培养时代性、全球性思维格局

思维方式的创新对于推动合作具有重要意义。面对日新月异的教育世界,不能总是用中国传统的"传承"去刻板地复制和粘贴,[4]这势必被淘汰。

---

① 联合国教科文组织.教育——财富蕴藏其中[M].联合国教科文组织总部中文科,译.北京:教育科学出版社,2014:49.

② 卜玉华.变革力的生成——学校转型性变革的内生路径研究[M].北京:教育科学出版社,2014:27.

③ 叶澜."新基础教育"内生力的深度解读[J].人民教育,2016(Z1):33-42.

④ 邢阳阳,赵聪聪."内生力"对生命教育的意义探析[J].教育教学论坛,2018(46):204-205.

在新的教育转型期,要培养自己的时代感和全球性思维格局,重视教育变革的未来。

叶澜教授提出的"四个读懂",一直贯穿"新基础教育"发展始终,即"读懂时代、读懂学校、读懂教师、读懂理论与实践的关系"。[①] 其中首要的就是读懂时代,唤醒投身教育改革的自觉。对时代有独特的感知、领悟和适应能力,是对变革中的教育主体的要求。20 世纪末,在改革开放的影响下,我国的产业结构发生了重大改革,科学技术成为第一生产力,随后,新科技产业日渐崛起,我国的经济获得蓬勃发展。同时,从 20 世纪 80 年代开始,教育作为社会的重要组成部分,也一直处于不断变革的状态之中。"落后就要挨打""发展才是硬道理",基础教育的认识和实践经历了一次又一次的创新和改变。时至今日,社会依然处于快速转型变化中,教育变革也进入新时期、新阶段。不论是学校还是教师,都应该准确把握时代精神,调适自身的发展状态,促进变革的有效生成。

1994 年,叶澜教授在《时代精神与新教育理想的构建——关于我国基础教育改革的跨世纪思考》一文中提出"新人素养"概念,从认知、道德、精神三个维度阐明新时代教育应该培养怎样的人,这一理念今天看来依旧没有过时。这里的"新人"标准既适用于个体的人,也同样适用于教育变革中的各层主体。随着教育变革的不断推进,对各层主体而言,培养全球性思维格局是新时代的新要求。联合国教科文组织在《学会生存——教育世界的今天和明天》《教育——财富蕴藏其中》以及《反思教育》中贯穿着"全球性思维",这是教育者、学习者面临的新格局、新挑战。《反思教育》中提及的全球学习格局,强调学习场所的"全球性"、学习内容的"全球性"、学习方式的"全球性"和学习评价的"全球性"。首先,学校和教室虽依旧是学习的主要场所,但已不是唯一场所,愈来愈多的非正式学习空间和教育机构意味着学习者可以在世界上任何一个角落进行学习。其次,在学习内容上,不同国家、不同民族的优秀文化都已融合成完整的知识体系作为教育的内容。再次,在学习方式上,随着全球物联网技术的变革,我们进入信息化时代,慕课、微课、翻转课堂等形

---

① 叶澜."新基础教育"内生力的深度解读[J].人民教育,2016(Z1):33-42.

式都以全球化为发展视野,就如同李政涛教授所指出的:"这种以网络平台为基础的学习方式新格局,在保留输入性、接受性、消费性的同时,增添了更多的输出性、研究性和创造性。无论是输入和输出,接受和研究,消费和创造,其对象、背景和平台,都是全球性和世界性的。"① 最后,大数据时代的到来为学习评价的全球化提供强有力的支撑。可以说,未来的教育和学习,都将以全球化的视野来审视。对于学校而言,要以全球化的思维格局开展教育合作促进教育变革,才能生成学校可持续发展的内生力。

(二)变革学校管理制度

管理制度的变革是推动学校发展的重要力量,在学校变革的大环境下,每所学校的管理制度都在发生着或大或小的变化。管理制度是管理思想的产物,变革管理制度的前提就是要更新学校领导群体的管理思想。

第一,从现状来看,目前很多学校的管理制度"年龄"已经很大,很多是建校初期或校长上任时制定的较为传统的管理制度,早已无法满足学校的发展需求。每项制度都有一定的时效性,教育政策、学校发展状况、教师队伍素质等因素的变化都会对学校管理制度提出新的要求。因此,及时地调整学校管理制度是增强学校发展活力的重要保证。同时,制度要做到系统清晰、简捷有效,目前"大部分学校的管理制度种类繁多、数量庞大、层次不清,制度文本让人眼花缭乱。"叶澜教授曾介绍了基地校——上海市闵行区华坪小学的案例,这所学校对原有的 92 项学校管理制度做了逐项分析和系统梳理,通过删、补、改、并,最后形成 34 项制度。这有利于提高工作效率,也有效地解决了"制度杂糅,悬于空中不落实"的困境。

第二,研究学校现状,是创新管理制度的重要抓手。目前有很多学校,为了体现创新,全盘地将名校的管理制度迁入,或是全盘照搬政策规章,不断地给学校的制度做加法。所有的制度创新,都应建立在对学校科学的诊断、预测和规划的基础之上。首先,应通过明确的量化分析或全面的质性研究,对

---

① 李政涛.人工智能时代的人文主义教育宣言——解读《反思教育:向"全球共同利益"的理念转变》[J].现代远程教育研究,2017(5):3-11.

学校管理制度存在的不足作出判断，确定要清理的对象；其次，通过对学校外部环境的观察，了解最近的政策制度，对其中的无意义内容作出必要的舍弃；再次，了解其他学校变革的最新动态，预测未来一段时间内学校发展可能面临的趋势和挑战，确定要调整的对象；最后，管理制度的规划必定是校长引领下的全校教职工集体商议的结果，这可以有效弥补校长个人管理思想的非系统性，也可提升校内教职工的主人翁意识。

第三，制度要强调对教师、学生的尊重。教师的幸福感不仅来源于职业收入、职业成绩，也来自在学校环境中获得的职业认同和职业尊重。教师在学校中不是企业中螺丝钉般的存在，而是作为学校的主人、学校工作的最重要的执行者。在学校管理制度的变革过程中，首先要在决策之前认真听取教师的意见，充分考虑教师需求，提升制度对教师而言的适切性。在制度实施的过程中，始终把尊重、理解放在首位。同时，人文管理要多为教师提供实现自我的机会。学校要根据教师需求开展系列培训，提升教师的专业水平；要鼓励教师外出进修、比赛，增加教师的职业荣誉感和对学校的归属感。让每位教师将自己的潜能发挥到极致，为教师提供更高更大的舞台。

学校"成人成事"目标中的"人"，不仅包括教师，还包括学生。学生是学校一切活动的出发点和落脚点，学生工作是学校管理工作的重要组成部分。但是在现实中，我们往往将学生作为一切变革活动的受益者，很少将他们看成是变革过程的参与者。富兰曾说过："儿童的特征和需要是多样化的。他们不仅必须成为解决方法的一部分，而且在一些情况下，他们甚至有更好的解决方法的建议。"[①]可见认真倾听学生的意见，站在学生的角度改善教育管理实践，具有重要的现实意义。

（三）培养教师内生力，提升教师自觉

拥有发展自觉的教师，多以积极、创造性的态度面对各种教育场景，在他们的教育生活中，自我实现和教育活动价值的实现是一体的。在具体的教学

---

① ［加］迈克尔·富兰.教育变革新意义(第三版)[M].赵建中，陈霞，李敏，译.北京：教育科学出版社，2005：172.

实践中,教师的创造自觉非常重要。首先,教师需要结合学情对知识进行创造性的选择、整合、归纳和提升。教材仅仅是知识的罗列手册,不能将教材上的知识不加选择地进行教学,要分析学生的潜在学习需求,让知识对学生来说既可接受,又具有学习的意义和价值。同时,教师还需要创新教学形式。学生个性各异,教师要思考如何在最大程度上提升学生的课堂参与度,让最多的学生掌握知识。叶澜教授曾提出:"为了让课堂教学的过程同时成为学生的发展成长过程,还要以知识的创生过程来激发学生的创造兴趣,培养学生吸收、进行知识自我建构的能力。"[①]教学情境的复杂性要求教师不仅要具备过硬的专业知识,还要有创造性的智慧,让课堂教学的过程真正对学生有益。

教育的根本目标是立德树人,教育活动在一定意义上也是一种道德活动,教师所做的每一件事都包含着道德的分量,并影响着学生的利益。教师作出道德决策的出发点,都是考虑:"什么才是真正为了学生好?"教师必须具备道德人格,具体表现为明晰的道德认知、丰厚的道德情感和坚定的道德意志。只有充分认识到教育中的善与恶,明确行为规范的价值评判,才能把握住道德决策的大方向;同时,道德认知只有在道德情感的认同下,才能转化为正确的道德意志,即使在面对教育环境中的重重障碍时,也能作出理性的决策。

结　语

叙事研究中的样本选择,是研究极其重要的前提。之所以选择 D 校,是因其在学校变革研究中具有多重典型意义:首先,D 校所在的区域正处于城市化飞速发展的阶段,家长素质不断提高,对学校教学质量的要求也日益提升,经过十年的变革,D 校已从全区倒数第一的弱校发展为全区公办学校中正数第一的卓越学校;其次,在全市推进义务教育均衡发展的进程中,D 校融入集团化办学的大潮流,并开创了新的伙伴协作模型——U－G－C－S 模

---

① 叶澜.改善发展"生境",提升教师自觉[N].中国教育报,2007－09－15.

式;校长领导力在D校的变革实施中也起到了很大的作用。但是,尽管D校有着多重典型意义,始终只是一个学校。叙事研究中一个常常被诟病的问题是,个别性如何具有代表性。笔者认为,代表性的强弱,主要在于样本选择是否具有典型意义。另外,如同案例研究专家王宁指出的,这种选择典型案例做的深描性研究,重要的是突出其典型性,而不是过度追求其代表性。在一定意义上,如果我们能够将D校的典型经验解释清楚,并提炼出一定的"结构性"特征,则在一定程度上完成了叙事研究的初衷。

值得关注的是,本文以D校的变革历程为题,并非简单地呈现在十年发展过程中,D校在具体某个时间段取得了哪些显著的成绩,而是将十年作为一个整体的历程,比较真实、生动地呈现了一个学校如何在集聚资源的基础上,通过内部的"善治",实现由薄弱到卓越的跨域。笔者相信,这样的一段变革历程,尽管未必具有普遍外推的价值,但对其他学校具有可能的借鉴意义。

指向优质均衡目标的区域
教育改革制度设计
——以《罗湖区深化教育领域综合改革
实施方案(2018—2020)》为例*

孔　苏**

摘　要: 制度设计是区域教育改革的核心举措,指向优质均衡目标是区域教育制度设计的重要方向,优质均衡内涵的特殊性在于,这既是一个设想目标,又是一种过程状态,是围绕区域教育改革全方位多层面的优质均衡。优质均衡目标的制定,表明区域教育改革不再单纯追求均衡和单一追求优质,深圳市罗湖区2018年出台区域教育改革实施方案,其中总体目标对标国家教育战略目标、地方教育规划目标,分项目标聚焦优质均衡薄弱的资源配置、队伍建设、体制机制、育人模式和家庭教育五个方面,具体目标重在逐一破解五个薄弱环节的单个难题,目标分类明确、层级清晰,是一项可借鉴参考的指向优质均衡目标的区域教育改革制度设计文本。

关键词: 优质均衡;区域教育;制度设计

世纪之交,我国义务教育实现了基本普及;2011年,我国义务教育实现

* 本文系国家社科基金教育学重大课题"中国特色社会主义教育理论体系研究"(编号:VAA190001)部分成果。
** 作者简介:孔苏,华东师范大学基础教育改革与发展研究所博士研究生。研究方向:教育基本理论。

了全面普及;2018年,我国小学学龄儿童净入学率达到99.95%,初中阶段毛入学率达到100.9%,九年义务教育巩固率达到94.2%,我国义务教育已经进入由普及到均衡再到优质均衡的高质量发展的新阶段。① 从教育结构横向和纵向两个方向来看,义务教育的优质均衡目标属纵向范畴,区域教育的优质均衡目标则在横向范畴内,区域教育改革是实现优质均衡目标的主要路径,制度设计又是区域教育改革的重要内容。教育优质均衡目标的出现,既是教育均衡与优质教育两条不同发展路径融通的产物,又是对我国新时代社会主要矛盾发生变化的教育方面的回应。

一、以往区域教育改革的目标梳理

区域教育是指占有一定地域的人口集体与自然区域构成的区域社会中客观存在的相对独立而又基本稳定的教育实体。② 区域教育改革是指发生在一定行政区域内的,以人的更好发展为目标,有目的、有计划地对既存的一些不合理的教育思想和教育实践施加影响,使其获得有意义转变的改革行为,具有系统性、复杂性和自组织性特征。③ 区域教育改革的复杂性主要包括改革目标的复杂性。④

梳理以往区域教育改革的目标,有大量理论总结与实践经验。理论方面主要阐述区域教育改革目标的特殊性和复杂性,以及如何在学理层面制定并检验目标;实践经验主要指向已经实施区域教育改革的地区如何具体制定和细化达成目标的路径,如上海市静安区由"九五"期间的"素质教育实施"到"十五"期间的"课程教学改革"及"十一五"期间的"学业效能提升"至当前走

① 杨银付.全党全社会协同努力 提高义务教育质量[EB/OL].2019 - 07 - 11[2020 - 03 - 22].http://www. moe. gov. cn/jyb_xwfb/moe_2082/zl_2019n/2019_zl55/201907/t20190711_390038.html.

② 顾建军.区域教育发展不平衡的理论探讨[J].内蒙古师大学报(哲学社会科学版),1999(4):17 - 23.

③ 徐金海.区域教育改革的内涵、特征及实践策略探析[J].天津师范大学学报(基础教育版),2015(3):9 - 13.

④ 徐金海.区域教育改革背景下教育局长领导力刍议[J].教育研究,2018(10):64 - 69.

向"个性化"。^① 有学者指出,区域教育改革目标在于区域教育一体化,既可以是县区教育一体化、城市群教育一体化、省域教育一体化甚至是国家之间教育一体化等行政层级范围内的一体化,也包括职业教育一体化、义务教育一体化、高等教育一体化等行政区域之间教育类型的一体化。^② 冯大生从江苏省教育经验和实践出发,认为区域教育改革需要实现区域教育现代化。^③ 在文本政策解读方面,张天雪基于《国家中长期教育改革和发展规划纲要(2010—2020 年)》,将"区域内义务教育均衡发展"作为未来十年的战略性任务。^④ 有学者从教育体制创新为主要目标的视角出发,认为区域教育改革已成为当前教育改革的重要形式,体制创新是影响区域教育改革走向的关键。^⑤ 区域教育改革可以是在某一具体问题上设定目标,如孙元涛指出,山东以省为单位推进素质教育,实现全面素质教育的目标。^⑥

二、罗湖区深化教育领域综合
改革实施方案目标梳理

全国第一个贯彻落实党的十九大精神的区域教育领域综合改革方案《罗湖区深化教育领域综合改革实施方案(2018—2020)》(以下简称《实施方案》)提出 1 个总体目标、5 个分项目标和 25 个具体目标,详情见表1。

《实施方案》设立三级目标体系,总体目标对接党和国家重大战略部署,如总体目标提出"办好每一所学校,成就每一位师生,惠及每一个家庭,辐射

① 陈宇卿.区域教育走向个性化:行动与反思——以上海市静安区教育改革为例[J].教育发展研究,2016(6):58-62.
② 李学,张勤.区域教育一体化改革:内涵、动因与路径[J].现代教育管理,2013(12):38-42.
③ 冯大生.区域教育现代化的发展特征及建设路径——以江苏省为例[J].教育研究,2018(4):150-154+158.
④ 张天雪.区域教育均衡发展的实践模式、路径与政策理路[J].教育发展研究,2010(2):81-86.
⑤ 徐金海.推进区域教育体制创新研究——以杭州市下城教育综合改革实验区为例[J].中国教育学刊,2013(5):39-42.
⑥ 孙元涛.省域推进素质教育的政策分析与理论思考——基于山东省区域推进素质教育的经验[J].教育发展研究,2010(16):76-80.

表1 《实施方案》目标分类表

总体目标	到2020年，罗湖区教育领域综合改革取得显著成效
	基本实现以精致、创新、优质、品牌为特质的"精品教育"目标
	办好每一所学校，成就每一位师生，惠及每一个家庭，辐射每一片社区
	优质学位供给充足，教育公平有效保障；治理结构科学高效，教育活力全面增强；各类教育协调发展，教育质量稳步提升
	努力实现每个学生在教师心目中都是好学生，每个教师在学生心目中都是好教师，每所学校在家长心目中都是好学校，大幅提升人民群众对教育的满意度与获得感
	形成与罗湖区振兴发展、高质量全面建成小康社会相适应的充满活力、富有效率、更加开放、有利于科学发展的教育体制机制，办出具有深圳特色、全国一流的现代化教育
分项目标（领域）	资源配置改革、队伍建设改革、体制机制改革、育人模式改革、家庭教育改革
具体目标（项目）	保障学位供给，建设"美丽校园"，创建"智慧校园"，创新教师管理，加强师德师风建设
	促进教师专业发展，打造五支骨干队伍，实施集团化办学与联盟式发展，创新学前教育办学体制
	促进民办教育优质特色发展，推动职业教育融通发展，实现特殊教育融合发展，推动学校治理结构变革，创新教育督导模式
	建设和谐的师生关系，构建"一体化"大德育体系，加强学校课程建设，全面落实"课堂革命"
	扎实推进"四大行动"，大力开展作业创新，深化学生评价改革，做好午餐午休与课后延时服务
	规范校外培训行为，加强国际理解教育与文化交流，推进"家长终身学习"

每一片社区"呼应党的十九大提出的"努力让每个孩子都能享有公平而有质量的教育"；《实施方案》中的"优质学位供给充足，教育公平有效保障"呼应党的十九大提出的"发展素质教育，推进教育公平"。分项目标对应教育政策文件，如"队伍建设改革"提到的"建设一支师德高尚、业务精湛、结构合理、充满活力、高素质专业化的现代教师队伍"对标《关于全面深化新时代教师队伍建

设改革的意见》中"弘扬高尚师德,提升教师专业素质能力,优化教师资源配置,提升教师社会地位"要求。具体目标则落实总体目标和分项目标,旨在切实解决社会关切的重点难点问题。

教育改革目标维度包括教育公平与教育效率。有学者指出,教育公平与教育效率是两个并行不悖、不可偏废的教育目标,是教育改革与发展的双重目标。[①] 美国近20年来较为成功的两个基础教育改革法案——《不让一个孩子掉队法案》《每一个学生成功法案》都显示在优质牵引下的教育公平与效率目标。《实施方案》目标兼顾效率与公平,如具体目标"实现100％学校厕所改造升级,100％学校成为垃圾分类示范学校","100％"基于公平视角指向所有学校,又基于效率尺度完成所有任务。

关注和分析教育目标,是教育改革实施的前提,更是教育改革方案制定的"路标"。基于文本分析,在微观层面对教育目标进行多视角的解构,从而有利于完善教育改革方案。多视角的解构教育目标主要是指向效率与公平、层次与类型、兼容与适切。

(一)《实施方案》目标指向效率与公平

教育改革关乎效率与公平,可以说教育改革的整体发展过程,就是效率与公平之间博弈的过程。从党的十一届三中全会之后全面开启发展一批"重点学校"培养"拔尖人才"工作,到党的十八大、十九大提出"大力促进教育公平,合理配置教育资源……让每个孩子都能成为有用之才""发展素质教育,推进教育公平……努力让每个孩子都能享有公平而有质量的教育"。从文本上看,我国教育改革的深入,已走出效率与公平对立的误区,党和国家对教育工作的战略部署,已有意识地协调和融合效率与公平。《实施方案》注重效率与公平,强调既要"教育公平得到有效保障",又要"教育质量稳步提升"。

(二)《实施方案》目标兼具多层次与类型

从系统论视角来看,一项教育改革的实施,其目标设定应具有多层次性,

---

① 褚宏启.教育公平与教育效率:教育改革与发展的双重目标[J].教育研究,2008(6):7-13.

包括宏观目标(总体目标)、中观目标(分项目标)和微观目标(具体目标)。教育改革目标类型,笔者认为可以大致分为教育改革理念、教育改革数字、教育改革体认等。《实施方案》在目标层次上分为三级,层次鲜明。总体目标偏向宏观,定位合理;分项目标聚焦五大领域,有效连接总体目标与具体目标;具体目标针对现实难题,可操作性强。《实施方案》涉及教育改革三种目标类型,此次教育改革是一次教育的综合改革,强调综合性;在"学位保障供给""建设美丽校园"和"创建智慧校园"等具体目标中明确改革的数字标准,要求可量化;努力改善学生、教师、家长和社会对教育改革的满意度,实现获得感。

(三)《实施方案》目标显现兼容与适切

教育目标既然具有多维性与综合性,就必然涉及目标间的兼容与适切问题。这具体表现在:总体目标与分项目标之间是否存在矛盾,具体目标是否围绕分项目标展开落实。《实施方案》25 项具体目标分别嵌入 5 类分项目标之中,资源配置改革对应 4 项,队伍建设改革对应 3 项,体制机制改革对应 7 项,育人模式改革对应 10 项具体目标,家庭教育改革对应 1 项具体目标。以"资源配置改革"为例,可见表 2。

表 2　"资源配置改革"目标分解表

资源配置改革	项目 1: 保障学位供给	新建 3 所中学、3 所小学,改扩建 29 所中小学校,力争所有学校均达到国家规定的最新建设标准。保障学位供给,实现小学平均班额 45 人以内、初中平均班额 50 人以内
	项目 2: 建设美丽校园	实施 30 所"美丽校园"建设,提高学校美丽指数。建设 30 所校园文化精品学校,提高学校文化内涵。开展"厕所革命",实现 100%学校厕所改造升级,100%学校成为垃圾分类示范学校
	项目 3: 创建智慧校园	100%学校进行图书馆改造升级,30 所学校达到深圳市"智慧校园"标准,100%学校实现无线网络高密覆盖,建成统一的微课数据库和数字化教学与管理平台,构建泛在学习环境。开展人工智能教育试点,高标准建设 1 所未来教育实验学校
	项目 4: 创新教师管理	每年引进 10 位以上名优教师,区内名优教师每年至少有 10%实行统筹流动,邀请 20 位以上区外名师在我区中小学校设立工作室,每校均按照要求配备心理健康教师和校医,建立一支稳定优质的民办学校教师队伍

以分项目标之一的"资源配置改革"为例,具体目标关键词分别为"学位供给""美丽校园""智慧校园"和"教师管理"。四项之间并无明显矛盾冲突,相反"美丽"与"智慧"校园、学位供给与教师管理之间兼容性强,主要表现在:一是"美丽校园"侧重校园人文环境建设,"智慧校园"偏向校园智能设施建设;二是"优质学位供给"指向学生和父母人群,"创新教师管理"对准教师群体。校园在美丽和智慧方面的建设不可偏废,学位供给与教师管理使资源配置双管齐下,只有更多的学位供给,才需要更多的教师人数;反之,只有教师数量和质量的提升,才可能有更好的学位供给。

三、区域教育改革目标制定的主要路径

20 世纪 50 年代以后的教育改革,都是由国家、政府发动或支持的,主要以国家领导人的讲话、政府的政策文件或法律、法规的形式表现出来。[①] 这表明,教育改革目标的制定受到政治因素的影响和制约,不仅如此,多项研究也表明教育改革同样受到经济、文化等多因素的影响。具体到区域教育改革,其影响因素则具体至区域政治、经济和文化领域。区域教育改革关联教育改革整体状况,从系统论视角看,区域教育改革目标是教育改革目标的子系统,而其独特性在于"区域"。这种区域独特性一方面是指教育历史和基础的独特性,另一方面也指教育与政治、经济和文化等共生状态的独特性。

传统研究路径包括横向和纵向两种模式。横向模式关注区域教育改革目标与区域政治、经济等目标的关联性,纵向模式聚焦区域教育改革目标的继承性与一贯性。围绕《实施方案》教育改革目标,分别从横向和纵向两种路径考察影响目标制定的具体因素。

(一)横向路径: 区域教育目标与区域政治、经济等目标的关联性

罗湖区是深圳市经济特区最早开发的城区,也是中心城区之一,

---

① 袁振国.教育改革论[M].南京:江苏教育出版社,2005:104.

2018 年末,罗湖区常住人口为 103.99 万人,其中常住户籍人口 60.64 万人,占全区常住人口的 58.3%,常住非户籍人口 43.35 万人,占全区常住人口的 41.7%。从学历上看,具有大专及以上文化程度的人口为 216 545 人,占全区常住人口的 20.8%,比 2010 年末下降 2.3 个百分点;具有高中(含中专)文化程度的人口为 307 910 人,占全区常住人口的 29.6%,提高 0.5 个百分点。数据显示,罗湖区外来人口数量超过 40%,外来人口的教育问题涉及面广,复杂程度高。外来人口原先接受教育程度以及在罗湖区正在接受教育状况直接关系到区政治、经济和社会安定和谐;罗湖区整体吸纳外来人口的质量,又会影响该区的教育发展水平和教育目标制订。外来人口成为协调教育目标与政治、经济目标的重要因素,特别需要强调的是外来适龄教育人口的数量和质量。横向路径重视区域教育与区域政治、经济间的密切关联,但也易于使区域教育目标受到区域政治、经济等目标因素的强势干预。

(二)纵向路径:区域教育改革目标的继承性与一贯性

区域教育改革目标的理路自成系统,目标的变迁与更新具有继承性和一贯性。从目标的宏观、中观和微观层面来看,《实施方案》分别遵循《国家中长期教育改革和发展规划纲要(2010—2020 年)》《广东省中长期教育改革和发展规划纲要(2010—2020 年)》《深圳市中长期教育改革和发展规划纲要(2010—2020 年)》设定的目标依据。区域教育改革目标的纵向路径反映了区域教育改革的内在发展,这种内在发展是一种自主的过程,自觉关注区域教育改革的传统,立足区域实际,设定改革目标。具体包括:区域教育改革的背景分析、区域教育改革的优势分析和区域教育改革的历史传统分析。背景分析考察区域教育整体所处环境现状,衡量区域教育发展状态;优势分析侧重厘清区域教育改革的必要性和可行性;历史传统分析旨在凝练所在区域教育改革的历史经验,以所在区域惯常的改革方式设定目标及展开工作。详情见表 3。

表3 《实施方案》总体目标聚类一览表

总体目标文本	关键词	聚　类
到2020年,罗湖区教育领域综合改革取得显著成效	精致、创新、优质、品牌、活力、协调、质量、师生、满意度、获得感、开放、特色、现代化	1. 对接党和国家教育方针政策目标:办人民满意的教育(满意度)、扎根中国大地办教育(深圳特色)、教育强国(现代化)
基本实现以精致、创新、优质、品牌为特质的"精品教育"目标		
办好每一所学校,成就每一位师生,惠及每一个家庭,辐射每一片社区		2. 对应教育政策文件目标:《关于深化教育体制机制改革的意见》(充满活力、富有效率、更加开放、有利于科学发展的教育体制机制)
优质学位供给充足,教育公平有效保障;治理结构科学高效,教育活力全面增强;各类教育协调发展,教育质量稳步提升		
努力实现每个学生在教师心目中都是好学生,每位教师在学生心目中都是好教师,每所学校在家长心目中都是好学校,大幅提升人民群众对教育的满意度与获得感		3. 本土特色(立足罗湖地区,创建"精品教育"目标,与罗湖区振兴发展、高质量全面建成小康社会相适应)
形成与罗湖区振兴发展、高质量全面建成小康社会相适应的充满活力、富有效率、更加开放、有利于科学发展的教育体制机制,办出具有深圳特色、全国一流的现代化教育		

四、指向优质均衡目标的特殊内涵

"优质均衡"一词在教育视域内具体指涉义务教育和基础教育。杨启亮把义务教育的优质均衡发展解释为底线均衡。[1] 冯建军认为,教育优质均衡是以教育质量为指向的差异性均衡。[2] "优质均衡"具体可以解释为教育均衡

---

① 杨启亮.底线均衡:义务教育优质均衡发展的解释[J].教育理论与实践,2010(1):3-7.

② 冯建军.优质均衡视域中的基础教育模式的改革[J].教育科学研究,2012(8):5-10.

发展的高级阶段,也称为"高位教育均衡"。以教育均衡为基础,但又不同于教育均衡。在优质均衡中,"优质"不是指向教育资源,而是指向教育质量。[①] 何克抗将利用信息化教学创新理论用来实现义务教育优质均衡发展。[②] "优质均衡"既是一个设想目标,又是一种过程状态。作为设想目标,无论是义务教育、基础教育或区域教育等都可将其纳入范畴之内;作为过程状态,教育措施、程序或制度等都应以此作为标准和规范。因此,制度设计作为一种过程状态,指向优质均衡具有可行性和独特性。

中国特色社会主义进入新时代,2019 年 8 月,中共中央、国务院发布《关于支持深圳建设中国特色社会主义先行示范区的意见》,对深圳全方位发展作出一系列制度设计,在教育领域强调支持深圳在教育体制改革方面先行先试,高标准办好学前教育,扩大中小学教育规模,高质量普及高中阶段教育。这是中央对以深圳为区域的教育优质均衡发展的制度安排,同样《实施方案》是深圳以罗湖为区域的教育优质均衡发展的特殊设计,优质均衡具有区域性、差异化的特征。《实施方案》在总体目标、分项目标和具体目标三个方面都围绕优质均衡展开,主要分成四个维度:发展目标体系、发展实施体系、发展保障体系和发展评价体系。以"发展目标体系"为例,优质均衡主要表现在三个领域,一是"全面发展——综合素养",具体涵盖阅读素养、运动素养、艺术素养、语言素养等;二是"能力为重——关键能力",具体包括认知能力、合作能力、创新能力和职业能力等;三是"以德为先——核心价值观",详细内容有爱国、敬业、诚信和友善等。三个领域之间不是割裂对立的,只有三者兼具优质均衡的状态,才可能实现学生教育、学校教育乃至区域教育的优质均衡发展。优质均衡由关注物的存在到关注人本身,作为过程状态,需要树立德育为先、能力核心和全面发展的系统性理念。

学校教育要从培养目标、课程教学、校园文化和师生评价等方面坚持优质均衡目标导向,《实施方案》构建十类实施项目体系:建设和谐的师生关系;构建"一体化"大德育体系;加强学校课程建设;全面落实"课堂革命";推

---

① 冯建军.义务教育优质均衡发展的理论研究[J].全球教育展望,2013(1):84-94+61.
② 何克抗.教育信息化是实现义务教育优质、均衡发展的必由之路[J].现代远程教育研究,2011(4):16-21.

进大阅读、大艺术、大体育、大创客"四大行动"；大力开展作业创新；深化学生评价改革；加强国际理解教育与文化交流；做好午餐、午休与课后延时服务；规范校外培训行为。

五、基于制度设计实现区域
教育的优质均衡

区域教育发展离不开区域教育规划，特别是区域教育具有涉及面广、利益主体较多的特点，更加需要统筹规划。没有高品质的区域教育规划，就不可能实现区域教育高质量发展，制度设计作为教育规划的核心内容，已成为区域教育质量的关键性因素。

（一）以政府为主导，优化制度设计成员构成

区域教育发展规划的特殊性要求制度设计成员来自多领域，包括政府部门、中小学、当地社区、高校专家等，但政府作为规划主导者具有多重优势，如统筹能力强、资源配置效率高等。《实施方案》具体目标"保障学位供给"责任单位涉及区发改局、教育局、财政局、住房建设局、规划土地监察局、城市更新局、物业办、建筑工务局、前期办、市规土委罗湖局。如此大规模的责任主体如果没有政府部门统筹规划，制度设计文本的可行性必然下降。以政府为主导，保障了制度设计成员之间的角色划分清楚，权责明确。政府协助分配前期调研任务，汇总研判成员间结构合理度和整合度，具备调整成员准入资格的责任权力，是优化制度设计成员构成的重要主体。

（二）以目标为牵引，细化制度设计层级落实

区域教育改革目标的类型区分带来制度设计上有不同的责任主体，目标的层级落实成为达成目标的关键。《实施方案》设定 1 项总体目标、5 项分项目标和 25 项具体目标，其中具体目标有明确的责任主体单位和目标完成时间，分项目标和总体目标并无明确责任单位，总体呈现出自下而上责任机制的制度设计。当目标层级越微观、指向越具体，责任主体越易于落实。而在

目标的中观层面和宏观层面,责任主体过大过多,即使确立主体单位也缺乏有效的制度落实。因此,以目标为牵引并不是要求一切目标都找到一一对应的责任主体,而是设定多维度目标,以具体目标作为责任主体落实的核心,全面推进综合施策。在《实施方案》具体目标中,有 13 项目标责任主体超过5 个,细化落实本身涉及责任主体间的互动和权责明晰问题,需要有进一步的补充方案。

(三)以设计为核心,协调区域教育资源配置

区域教育改革目标指向优质均衡,前提假设是该区域教育未达到优质均衡,其中包含教育资源配置还不够优质均衡。在制度设计环节,有效调节区域教育资源配置需要设计智慧,目前有效助推区域教育优质均衡发展的重要手段是集团化办学,主要模式有:加入型、内生型、联盟型和委托管理型。如与罗湖区毗邻的深圳市南山区,以"公办主导、多元模式"的集团化办学形式有效协调区域教育资源配置,目前成立基础教育集团 7 个,覆盖全区公办学校数 54.3%,学生总人数占比 60%。《实施方案》在"体制机制改革"部分,倡导实施集团化办学与联盟式发展,在制度设计方面有意识地优化资源配置。集团化办学优势在于,可以利用名校优势扩大优质教育资源覆盖面,集团统筹使用各学校教育经费,实现师资和信息资源的共建共享。

制度设计是区域教育改革达成优质均衡目标的重要支撑,制度设计反映目标指向的基本思路,是具体实施阶段的政策引导。《实施方案》作为一项区域教育改革指向优质均衡目标的制度设计文本,其区域教育目标与国家教育战略目标及地方教育规划目标的匹配程度、目标本身的层级性与适切性、目标与实施间的对应程度等,都是值得借鉴和参考的范本。但优质均衡的区域教育改革只停留在制度设计层面还远远不够,需要落实措施和评估督导等一系列举措,具有周期长、难度大的特点。综上所述,制度设计是改革的必要做法,一个科学合理的制度设计会对改革起到事半功倍的效果,《实践方案》目标设定 3 年,目前正处于落实制度设计构想的攻坚阶段,达成优质均衡目标也许非 3 年之功,但指向优质均衡却应是区域教育改革与发展目标的长久设计。

优质均衡目标下小学与大学
合作办学的思考与实践
——以中国传媒大学附属小学为例

张丽荣^{*}

张丽荣[*]

摘　要：我国义务教育已由基本均衡进入优质均衡阶段，为促进学校更快速发展和为师生搭建更高、更好的发展平台，中国传媒大学附属小学与中国传媒大学在四个方面进行深度合作：一是加强合作文化建设，实现价值引领：强化顶层设计，强化文化宣传。二是加强课程体系建设，强化育人载体：突出特色课程建设；突出环境文化的课程支撑。三是加强教师队伍建设：建构特色教师体系与层次；结合传媒特色走专业化发展之路；搭建平台提升科研水平。四是加强合作机制建设：扎实推进"调研协调机制、组织保障机制、督导评价机制、时时宣传机制"等。合作办学促进了学生的全面发展和特色发展，促进了教师的专业发展，促进了学校的高位发展，提升了学校的品牌影响力，极大促进了区域教育的优质均衡发展。

关键词：合作文化；特色课程；教师队伍；合作机制

基础教育关系到每一个人，是提高国民素质、实现国家富强的基础性工程。党的十九大报告提出，"努力让每个孩子都能享有公平而有质量的教育"。从基本均衡到优质均衡，从教育机会公平到追求有质量的教育公平，构

---

　　[*]　作者简介：张丽荣，中国传媒大学附属小学校长，高级教师。研究方向：学校管理、教师发展等。

成了新时期中国基础教育的主旋律,它们共同指向教育的应有之义:关注人的全面发展,让每个孩子都有人生出彩的机会。以 2017 年《县域义务教育优质均衡发展督导评估办法》(教督〔2017〕6 号)的发布为标志,我国义务教育已由基本均衡进入优质均衡阶段。贯彻党中央的决策部署,着力在提高质量、促进公平上下功夫,努力办好人民群众满意的基础教育,成为未来基础教育发展的最强音符。

中国传媒大学附属小学,原名北京市朝阳区定福庄第二小学,始建于1954 年,20 世纪 60 年代就曾荣获"北京市教书育人先进校"等诸多荣誉,有着比较深厚的历史文化积淀,在当地享有很高的办学声誉。为了促进学校更快速发展,为师生搭建更高、更好的发展平台,进一步用好社会资源,特别是邻近的中国传媒大学优质资源,为学校发展提供强大助力,2014 年 4 月,在市区教委和朝阳区政府的鼎力支持下,朝阳区定福庄第二小学与中国传媒大学合作办学,更名为中国传媒大学附属小学(以下简称传媒附小),并被市区教委纳入了"高校支持附中附小发展项目"和"高校、社会力量参与小学体育美育发展工作"项目(以下简称高参小)。2015 年 4 月,根据区教委整体安排,传媒附小整合周边两所小学,形成一校三址、2 000 多名学生的办学规模。合作办学以来,双方从"合作文化建设、特色课程建设、教师队伍建设、合作机制建设"几方面扎实推进,取得了丰硕成果,极大促进了区域教育的优质均衡发展。

一、加强合作文化建设,实现价值引领

(一)强化顶层设计,明确合作文化

中国传媒大学作为享誉中外的部属高校,一直以来都全力支持基础教育发展,在与朝阳区教委签约后,大学相关领导和传媒附小领导班子研究商讨确定了合作办学的具体实施方案,传媒附小进一步树立了以"精品化、现代化、国际化"的办学模式引领学生全面发展,努力培养具有"美好的品格心灵、活跃的创新思维、鲜明的个性特长、开阔的国际视野、自主的学习能力、博雅的素养品质"的育人目标,确立了以师生发展为动力、以特色品牌为先导、以务实创新为追求、以合作质量为核心的合作办学思路。通过合作共建,努力提升学校办学品质,形成品牌教育资源,进而带动区域教育优质均衡发展。

(二) 强化文化宣传,形成目标共识

合作之初,传媒附小就召开干部教师会和不同形式的研讨会,宣传合作意义,引导全体教师认识到,合作办学绝不是简单的更名换校牌,而是要不断提升办学品质,促进内涵发展,办人民满意的教育,要以"高目标、高定位""扎实工作和务实努力"以及全方位的丰硕育人成果,来实现合作办学的最终目标。学校要求全体干部教师"珍惜传媒品牌,确立更高定位,聚焦实际获得,充分用好资源"。引导三个强化:强化师生高效发展和实际获得的目标意识,强化分析资源、重点发展的特色意识,强化融通资源、积极发展的主动意识。明确了"主动作为,融通资源,提升品质,实现共赢"的合作思路,使全体干部统一思想,明确目标,形成共识,实现合作办学价值引领,为下一步工作打下坚实基础。

(三) 加强课程体系建设,强化育人载体

学校的课程体系是学校顶层设计的核心内容,是学校培养目标的直接反映,统领着课程变革。传媒附小基于国家课程标准和学校的育人目标,建构起学校"美的教育"的课程体系。合作办学后,学校进一步分析了大学资源,从课程体系的完善和课程建设的支撑保障两方面做了不少工作,重点突出特色课程建设,完善传媒附小课程体系。

传媒附小在"美丽童年"课程体系的基础上,深入挖掘大学资源,进一步突出特色课程建设,使学生有更多实际获得。在特色课程方面,通过与大学领导的深入分析,对学校原有课程体系进行了进一步的融合和拓展,体现以下特点。首先根据年龄特点建设课程,一年级是打好素养基础,形成学习习惯的关键期,因此我们在低年级全员开设了"国学朗诵、音乐欣赏、绘画创作和英语童谣"课程,中高年级开设了"媒介素养、戏剧和微电影"课程。其次,普及与提高相结合。既有面向全体学生的普及型课程,又有面向部分群体学生的个性化社团类课程,覆盖 6 个年级共计 14 门特色课程,学生受益面达到

100%。如 2018—2019 学年，中国传媒大学在传媒附小支持的课程项目见表 1。

表 1 2018—2019 学年中国传媒大学支持传媒附小课程

序号	课程名称	实施年级	实施时间	实施途径	执教教师	传媒附小对接人
1	高参小"美术设计与生活——儿童绘画创作与赏析"	一年级（全员）	周二 3：40—4：20	课后一小时 (1)下午 3：40—4：20 (2) 5 个班上美术课程，5 个班上国学诵读课程。每个学期两个月一交换	中国传媒大学＋班主任	赵艳红
2	高参小"国学经典诗词诵读"	一年级（全员）	周二 3：40—4：20		中国传媒大学＋班主任	赵艳红
3	高参小"音乐器乐赏析"	二年级（全员）	周四 3：40—4：20	课后一小时 (1)下午 3：40—4：20 (2) 低部 3 个班上音乐，中部 7 个班上英语童谣。每学期两部一交换	中国传媒大学＋班主任	赵艳红
4	英语童谣	二年级（全员）	周二、周三、周四		中国传媒大学＋班主任	马冬梅
5	诵读	三年级（全员）	周五 3：40—4：20	课后一小时	中国传媒大学＋班主任	马冬梅
6	媒介课程	四年级（全员）	周二	班队会	中国传媒大学张洁老师团队	温建新
7	微电影	五年级（全员）	周一、周五 15：50—16：40	课后一小时	中国传媒大学＋班主任	陈希思
8	戏剧表演	四年级（全员）	周一 15：30—16：30	课后一小时	中国传媒大学	陈希思

序号	课程名称	实施年级	实施时间	实施途径	执教教师	传媒附小对接人
9	口述历史和电影赏析	四年级(两个社团)	周三15：50—16：50	课后一小时(第一学期口述历史,第二学期电影赏析)	中国传媒大学＋品社教师	薛宝卫
10	媒介课程	四年级(社团)	周三15：30—16：30	课后一小时	中国传媒大学张洁老师团队	温建新
11	微电影社团精英班	四、五年级(社团)	周一15：50—16：40	课后一小时	青少年传媒学院	陈希思
12	多媒体艺术	四、五年级(社团)	周三15：50—16：40	课后一小时	中国传媒大学魏冬教师	陈希思王超然
13	小主持人	四、五年级(社团)	周二15：30—16：30	课后一小时	中国传媒大学教师	陈希思
14	高参小摄影	四、五、六年级(社团)	周三15：40—17：50)	课后一小时	中国传媒大学教师	温建新

其中,媒介素养课程是适应时代发展提升学生信息素养的重要课程。传媒附小的传媒特色课程体系有基本的、面向全体学生的通识性课程,有适合对传媒感兴趣并希望通过广泛尝试和实践寻找自身兴趣点和专长的学生的个性化课程,也有适合对传媒专业技能有特殊兴趣,希望将来进入传媒领域进行专业化发展的学生的专业化课程(如图 1 所示)。

虽然这三类课程面向的对象不同、教学的目标不同,但是在传媒特色课程体系中,起到了紧密关联的作用,犹如互相契合的齿轮,只有它们彼此契合,互相促进,才能带动整个体系的均衡、长效发展。

这三类课程的课程名称、授课对象、课程性质及课程概要如表 2 所示。

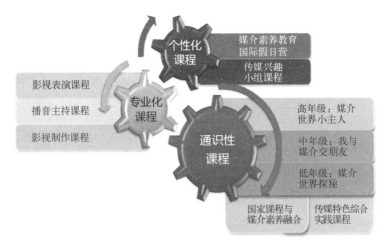

图1 传媒附小特色课程体系

表2 传媒附小通识性课程、个性化课程和专业化课程概况

课程类别	课程名称	授课对象	课程性质	课 程 概 要
通识性课程	媒介素养教育校本课程	全校学生	校本课程	面向全校学生的媒介素养教育通识性校本课程。根据学生的认知特点,我们将: 1. 在低年级开设:"媒介世界探秘"媒介素养入门课程(12课时) 2. 在中年级开设:"我与媒介交朋友"媒介素养中阶课程(12课时) 3. 在高年级将开设:"媒介世界小主人"媒介素养高阶课程(12课时)
	媒介素养教育与学科融合课程	全校学生	国家课程校本化	国家课程校本化实施:结合语文、数学、音乐、美术、计算机等学科,注重学科实践能力的培养,开展项目式学习研究,进行学科与媒介素养教育融合的尝试,使传媒附小的国家课程在实施过程中具有鲜明的传媒特色

续 表

课程 类别	课程名称	授课对象	课程性质	课 程 概 要
通识性课程	传媒特色综合实践课程	全校学生	综合实践活动课程	借助中国传媒大学丰富的实践教学资源,带领学生通过参观、考察各类传媒实验室,参与媒介产品的生产,了解媒介产品制作的技术,帮助学生发现自己的兴趣和特长,培养学生的学习兴趣及个人发展理想
个性化课程	传媒兴趣小组课程	中低年级传媒类兴趣小组学生	选修课	结合并拓展学校现有社团和兴趣小组,逐渐培育出摄影、动漫、声乐、表演等传媒特色兴趣小组,让中低年级学生有机会在亲身体验的过程中逐步明确自己的兴趣爱好,为今后的专业化学习、职业理想等奠定基础
	国际媒介素养教育假日营	全校学生	选修课	将为有条件的学生提供前往媒介技术、产业发达的地区,通过亲身感受学习媒介知识的机会
专业化课程	影视制作类课程	高年级特长生小组	选修课	面向有绘画、声乐、表演等特长的高年级学生,借助中国传媒大学相关专业的师资资源,为这些学生提供专业指导,帮助他们提升专业技能,为今后进入传媒领域进行专业化发展做准备
	播音主持类课程	高年级特长生小组	选修课	
	影视表演艺术类课程	高年级特长生小组	选修课	

在中国传媒大学专家的指导下,学校通过中国传媒大学出版社,已经正式出版了8本校本教材:《平板电脑》《我的镜头会说话》《Hello! 录像信》《自制MV》《我的新闻我来做》《玩转广告》《一起制作电视剧》《我的大动画》。另外,还积累了媒介素养融合课程"媒介素养与品社学科融合课程"(30课时)、

"媒介素养与语文、数学、英语、美术等学科融合课例"（30 课时），媒介素养社团选修课"梦幻演播游乐园"。

二、加强学校环境建设，为特色课程提供有力支撑

环境作为学校文化内涵和文化底蕴的重要承载者，是无言的课程，其作为育人的重要资源有着不可替代的作用。传媒附小于 2014 年 9 月搬入新校，在建校之初，传媒附小就提前介入，学校领导班子邀请中国传媒大学课程专家，与施工方一起研究如何在建设中凸显学校的办学理念以及环境的育人价值，为学校课程提供支撑和保障。传媒附小整体环境建设名称：美好家园，环境建设遵循"儿童性""教育性""主体性"的设计原则，体现"安全现代、温馨典雅、展现个性、学生舞台"环境文化理念。楼道空间每一处设计都凸显学生的需要，都在展现学生的学习成果和多彩活动，每一处景观都做成课程园地，充分实现育人价值。

在整体设计的基础上，中国传媒大学专家向传媒附小和施工方介绍了国内外现代学校环境课程建设经验，运用现代环境教育理念，整体设计、分步实施。如根据中国传媒大学专家传递的"未来教室"的设计理念，建设了适合移动学习的媒介素养专用教室；在楼道设计了适合学生非正式学习"媒介空间"，在专家的指导下建设了专业的虚拟演播室，极大地助力了数字化学习和媒介素养课程的实践学习。除此以外，中国传媒大学专家还为传媒附小引入多家公司的优质资源，为学校提供了驻校工程师以及很多硬件和软件方面的大力支持。

学校的快速发展、特色课程的开设与开发对传媒附小教师提出了更高的要求。一支具有传媒特色、多层次、可持续发展的教师队伍，是传媒特色课程体系能否形成和丰富，传媒特色学校文化能否建立和发展的核心要素。因此，结合学校自身特点及特色课程体系，需要打造一支适应和促进学校特色发展的队伍。一支具有传媒特色、多层次、可持续发展的教师队伍，是上述课程体系能否形成，课程内容能否落实，学生能否受益的关键要素。

（一）传媒特色教师队伍建设的体系与层次

图 2　传媒特色师资队伍体系示意图

作为一所小学来说,完全依靠自身现有的师资来完成特色化发展,是相对困难的,进展也相对迟缓。因此,需要建立一支层次丰富的教师队伍,并通过项目开展和深入,提升学校现有师资的整体素质和专业能力。

针对传媒特色的课程体系,学校提出 3 个层次的教师队伍建设,包括特聘专家团队、学校教师团队以及志愿者团队,共同来推进传媒特色课程的开展(见图2)。

传媒特色教师队伍建设的体系与层级,详细情况见表3所示。

表 3　传媒特色教师队伍体系

概况 体系	教　师　来　源	负　责　内　容
特聘专家团队	国内外媒介素养教育、传媒教育领域的知名专家学者(主要由中国传媒大学负责联络、邀请)	(1) 积极参与学校项目的研讨会等活动,为学校传媒特色发展规划提供专家意见; (2) 为学校传媒特色发展提供更为丰富的资源、平台; (3) 特色创立前期,负责大部分学生的专业化课程教授; (4) 对学校教师进行专业化课程的培训,为后期学校教师自主进行专业化课程教授奠定基础
学校教师团队	学校现有教师队伍,可从担任语文、音乐、美术、计算机等学科教师或艺、体、科、社团及兴趣小组方面的指导教师中进行选择和储备	(1) 积极参与学校课程体系建设及具体课程内容研发; (2) 参与学校组织的教师培训; (3) 负责学校通识性课程及部分专业化课程、个性化课程(兴趣小组部分)的教授; (4) 撰写与项目实验相关的论文或文章
志愿者团队	主要通过专家学者的力量,从传媒类高等院校招募相关专业的大学生志愿者,也可以从学生家长中招募	(1) 参与学校组织的任课教师培训(志愿者培训); (2) 负责学校通识性课程及专业化课程、个性化课程(兴趣小组部分)的教授

（二）学校教师结合传媒特色走专业化发展道路

在上述教师建设的体系中，最重要的力量依然是学校现有教师队伍的建设。因为只有学校自身的教师队伍得到了发展，学校才能得到根本的、可持续的发展。因此，学校教师传媒特色的专业化发展是创建传媒特色学校的重要环节和必经之路。

为了使教师走上专业化发展之路，就需要为教师度身定做结合传媒特色内容、学校发展实际的培训课程，通过系列课程、专家讲座与互动答疑等形式的结合来促进教师的专业化发展。

表 4　传媒附小三类课程教师培训方式

	通识性课程教师	专业化课程教师	个性化课程教师
数字时代教育理念培训	必选	必选	必选
校本课程研发培训	必选	必选	必选
媒介素养教育通识及课程培训	必选	必选	必选
传媒专业教育课程培训	可选	必选（依据所承担的课程差异，专项培训有所不同）	

（三）为学校教师的搭设展示平台

作为国内少数系统开展传媒特色课程的学校，项目经验十分宝贵。因此，传媒附小鼓励参与项目实验的教师撰写学术论文，并参与国际国内会议，为教师的专业发展搭设展示的平台。

（四）加强合作机制建设，强化可持续发展

合作办学以来，中国传媒大学与传媒附小共同建立了一系列制度，但是光有制度是不够的，还要建立能使制度有效运行的合作办学机制，因为机制是使一个工作系统的组织或部分之间相互作用的过程和方式，建立有效的机制保障，才能让高品质合作成为常态，促进合作的可持续发展。合作签约后，

中国传媒大学与传媒附小共同建立了合作办学理事会,确定了章程、管理办法和一系列合作机制。

调研协调机制,把好立项关。大学和小学除学制以外,管理方式、运行模式都存在很多差异,而师生们的时间是宝贵的,为了提高实效和更好合作,相互了解、共同调研非常重要。首先是合作之初的调研。传媒附小积极了解中国传媒大学的丰富资源,并进行深入的分析,评估运用于小学的可行性;中国传媒大学也对传媒附小的管理模式、师资情况、教学方式等进行调研,分析哪些资源可以为传媒附小所用,经过共同汇总选取高校的优质资源同时又适合传媒附小实际的项目进行合作。其次是合作进程中的调研。在项目实施过程中,及时了解双方师生的感受、建议和意见,及时解决问题或对项目进行调整改进。

组织保障机制,把好责任关。每个合作项目中国传媒大学和传媒附小都有总负责人和具体责任人,明确落实分工和责任,确保事事有人管、有人做、有人协调、有人负责。

督导评价机制,把好绩效关。设定阶段汇报、过程督查和成果展示、评价反馈等制度,让合作成效真正在师生发展中得到体现。

时时宣传机制,把好舆论关。传媒附小与中国传媒大学都建有合作工作大事记,在总结、成果和宣传报道上,两个学校及时沟通共享,在学校网、教委网和报纸杂志积极宣传,扩大品牌的影响力,使社会更多层面地了解合作办学的成果。

三、取得初步成果

在区委区政府和朝阳区教委的高度关注和大力支持下,传媒附小抓住机遇、加速发展,真合作、勤交流、共发展,使合作取得最大效益,成为全区、全市乃至全国的排头兵。4年来,传媒附小与中国传媒大学合作项目10余个,涉及教师200余人次,受益学生3 000余名,获益家庭3 000余个,传媒附小与中国传媒大学的合作经验,在全市总结会上进行交流和分享。

(一)学习方式变革促进国家课程的学习更实效,学生更积极主动

在中国传媒大学专家指导下,传媒附小承担了"北京市学习方式变革"项

目,北京市课程中心和教研中心多次在传媒附小召开全市研讨会,展示经验成果。学生的学业成绩一直非常优异,学校蝉联教育教学优秀奖。学习方式的变革提升了国家课程学习的实效性,促进了学生更主动、更自觉地学习,使学生们有精力、有时间去学习感兴趣的特色课程。

(二) 特色课程的学习激发了学生兴趣,促进了学生全面发展

丰富多彩的特色课程给不同智能特点的学生以选择的机会,去发现自己的兴趣特长,不断开阔学生视野,为学生搭建了更广阔的发展平台。

以微电影课程为例,微电影以其放映时间短、制作周期短、投资规模小(使用摄像机、iPad,甚至手机都可以进行创作)的独特优势,成为学生的新宠。微电影浓缩校园生活,讲述身边故事,蕴含真善美的道理,凝聚和传播正能量,为充分满足学生的成长需求,在中国传媒大学支持下,传媒附小鼓励学生用视频记录"最美瞬间、最美人物、最美活动、最美童年"。学生们兴致勃勃地经历了"观察生活,触发灵感—提炼大纲,完善剧本—选拔演员,角色体验—自导自演,拍摄实践—视频编辑,后期制作"这一电影制作的全过程,微电影社团共创作作品 12 部(见表5)。

学生们拍摄的电影频频获奖,共获得全国奖 2 个、市级奖 9 个、区级奖 10 个,并参加了北京国际电影节,两部影片荣获青少年科学影像单元一等奖和专项大奖。明晃晃的奖杯、金灿灿的荣誉固然可喜,更重要的是,孩子们在看电影、评电影、写剧本、组团队、拍电影、演电影的过程中,感受影视教育的独特魅力,在逻辑与审美、理性与激情中碰撞出耀眼的火花,遇到最美的自己,收获幸福和成长。

在中国传媒大学的支持下,学生通过学习艺术、科技、体育等特色课程后,不仅在各种比赛中频频获奖,更重要的是,还学会了审美,陶冶了情操,懂得了合作,树立了自信,培养了持之以恒、坚持不懈的良好习惯和优秀的个性品质。丰富的实践活动在传承民族精神、树立文化自信的同时,使学生陶冶了心灵,开阔了视野,增长了见识,也为其成人之后的高质量、高品位的生活打下了坚实的基础。

表5 传媒附小微电影社团创作作品表

时 间	作 品 名 称	作 品 类 型
2016 年	《快乐学习》	新闻片
	《请"雾"——"霾"葬童年!》	微电影
	《合作》	定格动画
2017 年	《发明家的童年》	舞台剧
	《传媒附小种花家》	科学探索纪录片
	《阳光少年体育节》	新闻片
2018 年	《车手行为变形记》	科技微电影
	《听懂你的心声》	科技微电影
	《音为您》	微电影
	《聪明的蒜头》	微电影
2019 年 上半年	《"霉"飞色舞》	科学探索纪录片
	《暖暖》	微电影

(三)促进了教师团队文化建设

合作办学搭建了高层次的平台,促进了教师的发展,不仅骨干教师比例、教师获奖比例有了更快更大的提升,而且学校快速发展使学校文化为教师文化的建设提供了方向和沃土:"以美育美、尽善尽美"的校风、"君子成人之美"的教风、"各美其美,美美与共"的学风分别从不同层面成为教师自我要求、自我激励、自我奋进的核心动力,激励着教师以"端庄大方的仪表美、亲切生动的语言美、以身作则的行为美、敬业爱生的心灵美、博学雅致的气质美"以及"美"的教育思想和教育方式,去影响学生、感染学生和教育学生,从而培育出"美"的学生。通过合作办学进一步凝聚了团队共识,形成了共同愿景,使核心价值观真正成为学校共同体内每个人的行为准则,成为教师可持续发展的不竭动力。

(四)促进了教师的专业发展

在中国传媒大学专家的指导下,传媒附小教师的专业能力不断提升。首先,提升了教师的教育科研能力,不但论文的数量和质量不断提高,而且老师们学会了以科研的视角和思维来解决教育教学中的实际问题,提高了育人的实效性。其次,扩展了教师的专业领域。如信息技术学科教师原来只是按国家课程的教材去上课,中国传媒大学专家来校给学生开设"少儿互动媒体艺术"课程后,围绕学习计算机编程知识展开,还包括其他外部感应电子配件,创作互动媒体艺术,极大地开发了孩子们的创造力。这不仅改变了过去的学习方式,更能够体会到创作互动媒体艺术带来的新体验。学生在课堂上学习和掌握 scratch 编程软件,学习编程技巧和计算思维,同时结合艺术创作,完成一系列作品,创作出丰富多样的互动媒体艺术。传媒附小信息技术教师虚心向中国传媒大学专家学习,吸收了课程的课件和教案,并将其运用到自己课程中,不仅开阔了自己的视野,提升了专业水平,而且有效进行了多学科融合教学,实现了国家课程校本化实施的可贵探索。

合作办学实践使学校形成了"尚美教育"理念体系,建设了成熟的合作办学模式,更赢得了诸多荣誉,仅近几年,学校就荣获"全国学校管理创新学校、北京市文明礼仪示范学校、北京市学校文化示范校、北京市中小学艺术教育特色校、北京市科技教育示范校、北京市金帆民乐团"等诸多荣誉。今年,学校被教育部授予"全国网络学习空间应用普及活动优秀校"和"全国青少年人工智能活动特色单位"称号。全国各地的参观团来校学习,学校招生数字连年增加,赢得了地区百姓的高度评价!

第三编　学派建设

"生命·实践"教育学内生力探析

皇甫科杰　王　枬[*]

摘　要："生命·实践"教育学的创生、成长具有鲜明内生特质，内生力是其具有旺盛生命力的重要表现。以内生力视角探究"生命·实践"教育学的创生发展，可以探明：一套合理、整体的目标体系使"生命·实践"教育学的创生发展有指向也有动源；交互转化的研究路径在"研究性变革实践"中实现"新理论"与"新实践"的突破；接续文化命脉是当代中国教育学重建的"根基"重筑，以"融合"的策略给出中国文化当代新生的教育学回答。

关键词："生命·实践"教育学；内生力；目标体系；交互转化；文化命脉

当代中国教育学的重建发生在社会转型变革的特殊时期，也是教育进行深度变革的特殊时期，"变革"使得教育学发展外部环境发生了根本性的转变，也为教育学发展提供了多元、有力的促生能量。然而，教育学得以发展并持续，需要外部的支持与促生，但是只有外力不行，决定研究的持续发展、教育理论生命的真正成长，关键还在于内生力。机体的损伤、组织结构的溃散乃至外部力量的妨碍都不至于对教育理论生命构成致命伤害，而内生力一旦丧失，理论生命也就失去了"活下去"的意义，留存下来的不过是一副"臭皮囊"罢了。

教育是不同角色的人参与其中，以人的发展为指向的复杂社会活动。教

---

　*　作者简介：皇甫科杰，广西师范大学教育学部博士生。研究方向：教育学原理。王枬，广西师范大学教育学部教授，教育学博士，博士生导师。研究方向：教育学原理、教师教育。

育系统的内部和外部影响因素呈现出多样态、非线性、交错综合等特征，这使得"复杂性"成为教育的本然特性和基本样态，以教育为研究对象的教育学因此也呈现出复杂性的研究特征和样态。教育研究的复杂根源于其本身内部，而非外部施加，于纷繁复杂的发展中抓住"复杂性"作为教育研究的本然存在特性，这是本研究选取内生力视角的原因之一。

教育学在中国的不同发展阶段都有其特定任务和性质，更重要的是阶段之间又表现出明显的"断裂式"特征，回归继承继而突破发展就需要有一种能反映各阶段具体特征又具有一定串联性的研究视角，这是本研究选取内生力视角的原因之二。

"生命·实践"教育学是当代中国教育学重建的范例和代表，其与"新基础教育"研究的理论与实践双向建构、交互滋养，展现出了当代中国教育学旺盛的生命力量。在25年的研究发展过程中表现出来的鲜明的内生特质，促进研究不断深入、一以贯之并显现出鲜活生命力的便是其"内在生长力"，弥漫在"生命·实践"教育学人、事、物的各个角落，绵延始终。以"生命·实践"教育学为研究对象一窥当代中国教育学重建，就必须关照其交互生成的"内生"特质，这是本研究选取"内生力"视角的原因之三。

"生命·实践"教育学作为致力于当代中国教育学重建的范例，在"动源、路径、根基"等方面表现出了其旺盛的内在生命力、生长力。通过解读其理论生命的内生力，或可一窥当代中国教育学内生状况，同时也是"生命·实践"教育学人自思、自明的过程。

一、作为动源的"三新"目标体系

"新基础教育"研究与"生命·实践"教育学是一体共生又各有侧重的交互式研究，25年的研究越发深入与透彻，目标设置也由单一到逐渐丰富，涉及教育研究各阶层、各方面，至今形成了一套合理、整体的目标体系："三新"，即新人、新事、新学的"生命·实践"目标体系。

（一）新人

人的问题是任何一派教育学说首先必须面对和回答的问题，也是诸多学说理论得以生发的基点,如卢梭"自然人"、赫尔巴特"可塑性"的人、杜威"生活"中的人等,显然教育学的"人"与生物学的"人"迥异。"新基础教育"研究首先是从人学意义上重新认识"人",以影响人发展的因素的性质为分类标准,提出了"二层次三因素"论:可能性层次中主体自身(先天与后天)条件和外部环境条件,现实性层次中以主体各种活动将可能因素转化为现实因素(见图1)。

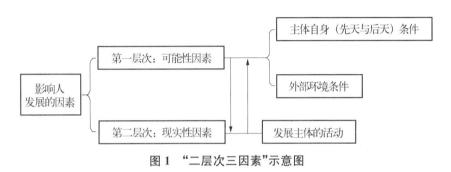

图1 "二层次三因素"示意图

在人学意义上重新认识"人"的基础上,还需要认清时代特征、时代精神。"新基础教育"研究开始于改革开放第一个十年,当时的中国社会时代特征与精神因改革开放而发生了巨变,随着社会转型变革的全面与深化,新的时代特征与精神也发生了更加深刻的变化,"这个时代需要能在多样、变幻的社会风浪中把握自己命运、保持自己追求的人"①,时代精神的核心便是人的主体精神。"新人"目标正是在多种认识结合之下提出的。

培育"主动、健康发展"的时代新人是"新基础教育"研究起步之初就确立下来的育人目标,以"学生主动、健康发展为本"是进一步深入根本、抓住根本的目标定位。"主动"是目标核心,通过转变师生在学校生活中"适应、服从、执行"等被动生存方式为"开放、创新、生成"的主动方式,在对自己、对与人与事关系的清晰认识基础上才能有自我的主动发展,有"自明、自得"的状态觉知才能达到"自立、自强";"健康"不只是体质健康,还有精神风貌与心理状态的健康,思想品质与社会性形成与发展的健康,是人之发展的价值导向,"自

---

① 叶澜.时代精神与新教育理想的构建——关于我国基础改革的跨世纪思考[J].教育研究,1994(10):3-8.

持、自勉"是健康发展中的自我把握。唯有"主动、健康发展"的新人才能在诸多不确定性中,"通过主动选择和积极实践,把握和创造新的确定性",以达"自由、自在"①的生命自觉境界。

(二)新事②

时代新人的培育需要新型学校,区别于工具性或工厂性的"现代型"学校。整个 20 世纪的中国处于以农业为基础产业努力实现工业化的阶段,总体而言依然是"近代型"社会,中国教育也保持了"近代型"的基本特征——按工业化、批量性生产的模式来"塑造(生产)"学生。进入 21 世纪,中国的现代化之路带来的是社会的整体转型,无论是为了实现中华民族复兴的伟大事业,还是为了满足人之生存与发展需要,中国教育迫切需求学校的转型,实现"现代型"学校教育。

"新基础教育"研究始终认为只有深入到学校内部才能带来学校的实质性转变,"主动深度介入"是实现学校转型的方法路径,"基本形态、内在基质和实践过程"是思考现代型学校内涵的三个维度,"价值提升、重心下移、结构开放、过程互动、动力内化、综合融通"则是"新基础教育"学校转型性变革的内在特质。这些研究成果是在学校转型过程中清晰明确的,也为学校教育向"现代型"转变提供了理论依据,现存的"生命·实践"教育学研究合作校③经过十数年转型变革,已初具"现代型"学校形态,"可能"正成为"现实"。

"现代型"学校的转型变革是较为整体性的目标设置,实现转型就必须深入到学校内部,只有学校内部实现"换骨",才能体现出整体上的"脱胎",这就需要学校教育有新的实践,"新实践"既是整体目标实现的支撑,又是"新基础教育"研究最为关注的具体目标,是扎实"做"的部分,这部分将在

---

① "自明、自得、自立、自强、自持、自勉、自由、自在"是育人之"生命自觉"的八"自"构成,参阅:叶澜.回归突破——"生命·实践"教育学论纲[M].上海:华东师范大学出版社,2015:287.

② "事,凡所立功也",依此标准"新基础教育"研究和"生命·实践"教育学所立之功多矣,怎能全部包罗细述,故而取其中"大功"事业——学校整体转型性变革,这也是 25 年深入实践研究的最大追求。

③ "生命·实践"教育学研究合作校:上海市闵行区七宝明强小学、闵行区实验小学、闵行区华坪小学、闵行区汽轮小学、闵行区第四中学、闵行区七宝第二中学、普陀区洄阳路小学、常州市第二实验小学、常州局前街小学。

下面着重论述。

（三）新学

任何一派教育学说流传于世,至今仍然富有生命力者,无不是理论学说与应用实践的融合生成,一如中国功夫:既需要内功也需要路数,有内功而无路数难以淋漓尽致地施展,有路数而无内功则只是花架子不堪一击,唯有"内外兼修"方成大家。

若把"生命·实践"教育学看作理论学说,"新基础教育"研究看作相应的应用实践,这有一定的合理性,但似又不妥。"生命·实践"教育学的理论萌芽、出现于"新基础教育"研究之前、之中,并在"新基础教育"研究发展过程中得到了清晰、明确、深化;"生命·实践"教育学的理论汲取了"新基础教育"研究的养分,并做了一定高度的提炼与升华,更具一般性,可视作"基本理论";"新基础教育"研究也有自己独特的理论内涵,其理论更多产生于大中小学合作、政校研合作的过程中,与"新基础教育"变革实践联系更紧密,可视作"中层理论或应用研究理论",并可进一步升华提升乃至体系熔炼,在"基本理论"层次有所突破;相较而言,还有处于更加"基层"的,属于参与变革实践的教育工作者的"个人理论"或"缄默理论"。贯通"基本理论""中层理论""基层理论",连通教育理论与实践的"生命·实践"教育学,正是"内功与外功"兼修的教育理论学说。

基于上述分析,尝试建立的"生命·实践"教育学目标体系如图 2 所示,理论与实践的交互转化便是实现该目标体系的路径所在。

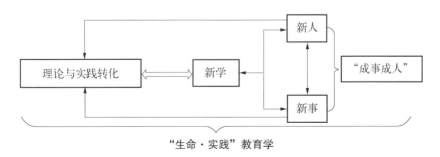

图 2　"生命·实践"教育学目标体系示意图

二、作为路径的交互转化

面对"教育理论与实践"这一经典问题,"生命·实践"教育学首先是对"教育理论""教育实践"的内涵再认识,对其关系本质——人的认识与实践的关系,最终决定因素——人自身的质量再寻找。① "生命·实践"教育学给出的回答是"回归":回归"理论""实践"之本意,回归人之"存在",回归"至善"的目的追求,回归理论与实践的基本要义——"理论本身就是一种实践"。②

"生命·实践"教育学和"新基础教育"研究在深入认识"教育理论与实践"的同时,把更多的功夫放在"做"上,因此才有了"新理论"与"新实践"的产生,基于转化逻辑中"理论与实践"关系的统一融合认识,新理论是实践性的,新实践是理论性的。

(一)"理论性"实践

"新基础教育"研究倡导的是一种变革实践,融合新理念于变革中,从而产生新实践。四个发展阶段一以贯之又各有侧重,在"课堂教学、班级建设和学校管理"三个方面集中体现了"成事成人"的变革实践目标,通过学校日常实践行为的变革,培育有"生命自觉"意识和能力的具体个人,真正改变个人生命在学校中的生存方式,不仅是学生,还包括普通教师和学校管理人员的改变。

1. 还课堂于学生,焕发生命活力

其一,在现有一套知识体系、学科教材的基础上,充分挖掘各学科育人价值,不只是把学科教学看作知识传递的过程,而且充分拓展具体学科对于学生成长具有的发展价值,包括该学科独有的知识、思维、方法等,让学生感受到只有此学科才能提供的经历、体验和美。其二,教师要时时有明确的"学生

---

① 叶澜.思维在断裂处穿行——教育理论与教育实践关系的再寻找[J].中国教育学刊,2001(4):1-6.

② [联邦德国]伽达默尔.科学时代的理性[M].薛华,等译.北京:国际文化出版公司,1988:79.

立场",学生立场不等于"学生中心",而是"生长中心",所有的教育教学都是以学生生长、教师成长为中心,是师生的共生共长,师生是"共生体"关系。其三,有了学生立场的认识,还要有学生立场的践行,重要的便是"读懂学生",教师心中不应只是模糊的、抽象的学生,而是"具体的学生"。在读懂学生基础上再进行课堂教学的改建、重建和再建,让课堂成为生命成长的主阵地。其四,把时间、空间、权利等还给学生,让学生有更多的属于自己的时间,或提问,或阅读,或思考,或练习;让学生在课堂上有更多的活动空间、交流空间、对话空间;学生应有提问权、质疑权、评价权、工具权和总结权等。

2. 还班级于学生,培育自我能力

传统的班级建设是教师发指令,学生依令行事,偶尔教师会给学生自我发挥的空间,显然这样的班级大部分是教师掌控的。"新基础教育"研究在班级建设方面的变革实践便是让学生成为班级的真正主人,学生在班级建设中作为具体、整体的活动主体得到社会性与教育性的生长。

"新基础教育"研究的做法有:其一,改变班级中强调"权威和等级"的类科层制特征,改变普通学生在班级中被动的状态,依据全体班级成员各自的能力和特长,鼓励其承担班级生活中不同岗位的职责,增加"小干部"岗位。其二,变"终身制"为"竞选制",以竞选方式上岗,定期按比例进行岗位轮换,从而提升学生承受变化、挫折的能力与自信心。其三,还学生以评价权,正确引导学生对班级建设的评价。评价在个体自我教育意识和管理能力提升中具有重要作用,在评他人、评自己、评群体、评活动、评结果等过程中,学生能体会理解评价的标准、目标、价值等,形成评价的自觉意识和习惯。

3. 还管理于学校,培育领导智慧

学校管理人员对"转型变革"的清晰认识、积极主动参与是完成"现代型"转变的关键,"新基础教育"研究提出的方法是设立"第一责任人"制,校长是学校的第一责任人,领导团队的成员又是各自负责领域的第一责任人,负责自己领域的策划和实施工作,具有相关领域的独立决策权,而不是校长的"员工",塔式的领导结构就扁平化了,这激发了团队成员的积极主动性。

在转型过程中,各个试验学校充分发挥自己的创造力,形成独具特色的学校发展。如整合学校机构设置,将原本"割裂"的管理重新整合起来,以"整体式"的管理面对学生"整体式"的生长。如上海市闵行实验小学将组织机构整合,校长室下设的"学生发展研究部"弥合"德育处"造成的德育与智育、体育的割裂,也改变了德育与学生工作只属于德育老师责任的偏见。这是"整体式、关联式思维"的实践转化。又如蕴含新理念的"制度重建","新基础教育"研究具体生成了四大机制①:校长负责与民主自觉参与的治校机制、分工负责与协作推进的实施机制、评价反馈与激励完善的发展机制、常规保证与激励创新的动力机制。这四大机制在不同学校又生成各自具体的制度,例如,有学校基于治校机制设计了具体的制度,如方案制定的"全员制"、项目决策的"表决制"、计划实施的"部门制"、监督评价的"述职制"等。

(二)"实践性"理论

"新基础教育"研究过程中,形成了一套有层次组合的理论②,有基本理论层面的,也有应用研究层面的,是一套关于中国学校教育变革的理论,在实践中形成、在实践中发展、在实践中完善,是极具"实践性"的理论。

"新基础教育"研究自始至今以"学校"为研究的基本单位,以学校的"现代型"整体转向为基本追求,以学校中"人"的"生命自觉"实现为根本目标,因此将研究变革着力于课堂教学、班级建设和学校管理三个领域。"新基础教育"研究眼光并非局限于学校之内,还会沟通国内外社会宏观变革与教育系统中观变革,形成了对中国教育变革"通观"式的理论认识,"为当代中国学校教育变革的不可规避性和反映社会发展需要的价值取向之确立,提供了基于现实透析的理论依据"③。这样的通观是以生态学眼光来探讨当代中国教育与社会的关系,改变了以往机械式的关系研究。

另一极具"实践性"的理论是"新基础教育"研究提出的"当代中国学校内涵发展理论",突出的是对"现代型"学校内涵的探析:价值提升、重心下移、结构开放、过程互动、动力内化、综合融通。学校组织扁平化、网络化,学校制度内涵人文价值取向,学校管理机制健康运作等,共同构成学校内涵发展的

---

① 李政涛.交互生成——教育理论与实践的转化之力[M].上海:华东师范大学出版社,2015:222.

②③ 张向众,叶澜."新基础教育"研究手册[M].福州:福建教育出版社,2015:20.

"硬件",而学校文化建设,学校教师基本素养、专业素养等则构成了学校内涵发展的"软件"。学校的转型就需要在"软件"和"硬件"上同时深入转变,才能呈现出学校内涵发展理论整体、综合、多层次、内在关联与相通的系统建成。

(三) 理论与实践交互转化①

"交互转化"观点是对以往关于理论与实践二元对立关系的突破性认识,突出体现在教育理论与教育实践关系的"再寻找"。与传统偏重教育理论与实践关联状态的分析不同,"生命·实践"教育学将研究重心放在关联主体身上,"在教育生活中,任何转化都是主体之间的转化"②,教育理论研究者与教育实践工作者的发展水平、关系状态和交互状态等决定着转化的结果——新理论、新实践、新人以及指向"成事成人"的最终目的。

"转化本身就是一种实践"③,是具有主体间性的"关系实践",转化过程中必然遵循着相应的、可谓"严苛"的法则,即"转化逻辑"。何为"转化逻辑"?李政涛教授基于"生命·实践"教育学立场给出了明确的定义:"教育理论者与教育实践者在交往互动中发生的,以理论与实践平等为预设,以促进主体间的交互生成、双向转化、双向建构与发展为目的,以价值观、思维方式和语言方式等为转化对象,在此过程中共同分享和遵守的前提认识、基本条件、过程形式和方式、结构或内在法则",基于此还提出了八条相对具体的描述性定义④,从"外塑""内构"尽可能详尽地阐述了交互转化依凭的"转化逻辑"。

交互转化坚守"教育学立场"。"立场问题"被叶澜教授称之为"中国教育学发展的第三大'世纪问题'"⑤,不仅对教育学科健康发展具有重要意义,更有利于教育理论与实践的有效转化。以"矢量"为喻,立场问题决定着发展的

---

① 教育理论与实践的交互转化对"生命·实践"教育学不仅具有内生力意义,还具有其创生、初长的现实力意义,绵延在25年的"新基础教育"研究的过程之中。

② 李政涛.交互生成——教育理论与实践的转化之力[M].上海:华东师范大学出版社,2015:150.

③ 李政涛.论教育实践的研究路径[J].教育科学研究,2008(4):3-7+19.

④ 李政涛教授以八条定义详细论述了"转化逻辑"的内涵与特征,以及区别于前两个逻辑的独特,具体参阅:李政涛.交互生成——教育理论与实践的转化之力[M].上海:华东师范大学出版社,2015:153-159.

⑤ 叶澜.中国教育学发展世纪问题的审视[J].教育研究,2004(7):3-17.

"方向",认识与把握程度即是"力度",因而教育理论与教育实践交互转化必须坚守教育学立场,以适宜"力度"朝正确"方向"实现有效转化。理论研究者的"理论实践化",转化为实践工作者的思维方式和行为方式等,实践工作者内化理论、调整理论、践行理论而引发"新实践",对理论研究者产生新的挑战或需求,从而促进了理论的不断丰富与更新,交互转化过程中完成了理论研究者与实践工作者的"共生共长"。

三、作为根基的中国传统文化

"生命·实践"教育学以中国传统文化为其命脉根基之一,在重建当代中国教育学的努力中力求教育学的"寻根"与家园"再筑"。扎根深厚传统文化根基,汇聚文化内生力才能有不断凝聚、强大的生命"源",展现出强大的生命力。

(一)中国传统文化的当代气息

中国传统文化是"现存的过去,但它又与任何新事物一样,是现在的一部分"[①];中国传统文化也是一种绵延,五千年精华涌动至现在并朝向未来。"生命·实践"教育学与中国传统文化产生关联,并形成"命脉"关系,与创建"生命·实践"教育学的教育学人有密不可分的关系,他们有意识地从中国传统文化中发掘出一些有益于当代中国教育学重建的价值与内涵,在教育学场域焕发传统文化新活力,也确立了"生命·实践"教育学的"中国"属性。在价值取向、思维方式等方面,我们可以清晰地体会到"生命·实践"教育学的传统韵味与当代气息。

1. 价值取向

中国传统文化在价值取向上"指向人的自强与自立,关怀人间生存与世道的完善,且把'天人合一'看作最高层次上的统一"。[②] "天人合一"的价值

---

① [美]爱德华·希尔斯.论传统[M].傅铿,吕乐,译.上海:上海人民出版社,2009:13.
② 叶澜.回归突破——"生命·实践"教育学论纲[M].上海:华东师范大学出版社,2015:247.

取向以各种方式长期渗透、留存在中国人的思想深处和日常行为中,主要表现在人们对自然、社会与人关系之间合理性的尊敬与遵守。"天人合一"的价值追求依然是中国人的至高追求,参通、践行"天地人"方能"从心所欲不逾矩"。"育生命自觉"是以"天人合一"为指向,在参透"天地人"关系的基础上提出的育人追求。

"天地人"的关系始终是以"人"为核心,这也体现在"生命·实践"教育学深怀对人之生命的"爱"和对"成人"的追求,"成人"既是过程也是状态,既是动词也是名词,是对中国传统文化中"儒士""兼士""君子"的当代继承与发展,散发着传统文化的气息。"生命·实践"教育学通过"事"实现"成人",在成事中成人,使人达到"顶天立地""上天入地"的化境,实现人的生命价值。这是"生命·实践"教育学回归突破中确立的生命价值取向。

"生命·实践"教育学长期扎根中国学校教育变革实践第一线,是极富实践性格和品质的教育学,以"理论与实践相互滋养、交互生成"为自己的立学路径,这与中国传统文化中的"知行合一"极为契合,"知之真切笃实处即是行,行之明觉精察处即是知"。"生命·实践"教育学不主张"先知后行"或"先行后知"的实践观,而是倡导"理论适度先行",在交互过程中完善、发展理论,在交互过程中变革、优化实践。"交互生成"继承了"知行合一"的内涵,又融入现代关系思维和过程思维,是传统与现代交织的产物。这是"生命·实践"教育学回归突破中确立的实践价值取向。

在"接着讲""自己讲"之后,"生命·实践"教育学努力实现"讲自己",在生命价值取向和实践价值取向基础上,将其提升为学派理论的"生命·实践"价值取向,生命与实践的关联意义是其基础。"生命自觉"需要通过生命实践达成,生命实践则蕴涵着极其深刻的生命情怀和浓郁的生命美感,在现实的教育情境中表现为"成事成人"。"生命·实践"价值取向是教育学对"天人合一"的当代演绎,打通了生命与实践的本然关联,在彼此双向关照和双向理解中,充实了各自的内涵,提升了联结的意义。这也是"生命·实践"教育学的独特所在。

2. 思维方式

中国传统文化思维方式总体而言是一种"和合"思维,追求"和而不同、各美其美、美美与共"的和合大同。叶澜教授基于教育学立场在研究汉字、中医学、儒释道法诸学基础上，提出了中国文化思维方式的集中具体表现：整体综合、弥漫渗透；对成同根、相互转化；审时度势、灵活应变等①。

"生命·实践"教育学在理论建构过程中重视中国文化中的传统思维，力图超越东西方思维方式对立的模式，实现东西、古今思维方式的融合转换，形成具有一定特色的教育学思维方式。

如"整体综合、渗透弥漫"的传统思维方式是"系统式""合一式"的思维，"生命·实践"教育学融入当代复杂思维，形成自己的解决教育变革问题的方法论。在"生命·实践"教育学的许多理论观念中都可以看到，在复杂理论支撑下进行的传统文化资源的整合与转换，诸如"事"与"人""成事成人"的问题，不确定性中确定性的寻找与生成问题，"教育存在"概念，多元互动、交互生成的路径等。

如"对成同根、相互转化"是传统辩证思维，老子曰"万物负阴而抱阳"，《易经》云"一阴一阳之谓道"，"鹅湖之会"②后形成的程朱理学和陆王心学，都充满了辩证的智慧。"生命·实践"教育学在理论建构中十分注重传统辩证思维，同时在总体辩证思维的框架中融入局部分析思维与方法，实现教育学思维的创造性转换。诸如教育"原点"的思考，"教育是什么"等核心概念的辨析等。

如"审时度势、灵活应变"深合传统中庸思维，"适度"蕴含了丰富的中国文化精髓。在处理教育变革问题时"持中、适中"，把握好"度"的问题，掌握得当的分寸与策略，依据各个试验学校自身特点灵活采取适宜措施。接续传统中庸思维的同时，适当融入当代"结构"思维，在结构中调控，在调控中优化结构。诸如试验学校组织机构整合，各个学校遵循"育人"价值指向、"功能性"整合原则以及"动力内化"目标追求，在统一的"理念"框架结构中形成适合自身的组织机构（见图3）。

---

① 叶澜.回归突破——"生命·实践"教育学论纲[M].上海：华东师范大学出版社,2015：252.
② "鹅湖讲道，诚当今盛事。伯恭盖虑朱、陆议论犹有异同，欲会归于一，而定所适从。……论及教人，元晦(朱熹)之意，欲令人泛观博览而后归于约，二陆(陆九龄、陆九渊)之意欲先发明人之本心，而后使之博览。"(《陆九渊集》卷三六)

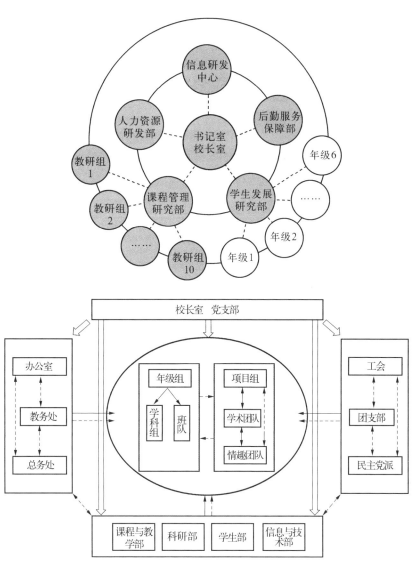

图 3　学校组织结构示意图①

（二）中国传统文化内蕴的教育精神与智慧

1. 修己安人

孔子对君子系统论述并将其作为读书人的道德品质追求，千年来诸多大

儒不断予以完善,成为中国文化传统对人的道德要求。"谦谦君子,温润如玉""修己以安人",君子既是儒家理想化的人,也是最能体现"人性"的人,"生命·实践"教育学对此做了很好的传承。

"道德的养成是人成长发展的重要任务,教育必须引导人形成正确的世界观、人生观、价值观,促使人性向善"[①],立身之道、处世之道、行事之道构成"生命·实践"教育学道德养成的基本框架。"立身"——对待自己生命存在、发展的态度,是"我向"的教育。有"生命自觉"的人首先需要"明自我",达到"端正自我""自明、自得"的状态觉知,这样的状态觉知才能激发主动发展的内驱力。"自得之,则居之安;居之安,则资之深;资之深,则取之左右逢其原,故君子欲其自得之也。""自明、自得"的立身之道是追求"成人"的自觉与努力,这种追求不是不切实际的妄想,而是可以靠自己努力实现的自我成全。"处世"——人与自然、社会、他人之间的关系,群体内人人关系、群体间人人关系、群体与群体之间的关系等。有"生命自觉"的人还需要"明他人",在"自持、自勉"的自我把握中激发"处世"的主动与活力,将改造自我世界和改善外部世界相统一。"行事"——承担诸多社会活动中的应有责任,坚守社会活动应有的道德操守,集中表现在对社会、对他人、对自我负责的"责任心"。有"生命自觉"的人在"行事"过程中还要"明环境",明晰社会公德与职业道德,明晰自己应承担的社会责任与义务,认清风险与挑战依然有奋斗的精神与勇气。

2. 德智合一

儒家思想对中国文化的影响时间最长,渗透力度最大;儒家教育思想也是绵延至今,影响深远。"生命·实践"教育学力图接续传统文化和教育思想,儒家是绕不开也必须深入汲取精髓的一派,"成人"与君子的内涵与外延不仅通连而且有着鲜明的承接关系。

儒家文化和教育思想重视以教化人,通过内省修己以达自我完善的人格和气节,"生命·实践"教育学提出的"成人"继承了这一点,强调人"有意识—有自我意识—自我生命发展意识"的自觉过程,有把握自我生命觉知和实现自我生命与价值的主动性,有坚定的精神力量和独立的道德人格。同时,"生命·实践"教育

---

① 王枬,王昊宁.浅析"生命·实践"教育学的中国元素[J].教育学报,2011(5):3-11.

学更强调"成事成人",在成事中成人,以成人促成事,内修与外塑交互。例如,在试验学校中挖掘班级、校园活动的育人意义,发掘学科知识的育人价值,使学生在活动参与和知识学习中逐渐走向"生命自觉",提高"生命自觉"又使学生以更加积极主动、更加有策略和高效地参与到活动和学习中,实现"成事成人"。德智合一,"人""事"合一,内外交互,亦是"生命·实践"教育学自有的特征。

(三) 中国传统文化的当代新生

中国传统文化的当代新生并不是简单的复古和回归,"穿汉服、读经典、拜师祖"等只是形式意义上的,更为重要的是内涵与实质,着重在"新"上,新理解、新意义、新思路、新内涵,是参合中西、融通古今的新发展。

"新生"是对传统精华与独特的再认识和再理解,将其核心价值化到当代中国人的生活方式中,化到当代中国教育的精神与实践中,这是"生命·实践"教育学的回答和践行。"生命·实践"教育学在当代中国教育变革中,关注的不仅是回归中国文化,也关注西方文化与教育的演变对中国教育的影响;不仅是回归传统文化实现突破,还要回归学科传统实现突破。"天地人事"以传统话语表达当代中国教育的"教",不是为了扩大中西方教育差异,割裂近代之后形成的中西方教育的关联,而是为了"融通",实现中国文化"综合"特质与西方文化"分化"特质的融通,实现当代中国教育"综合分化"的新特质;"生命自觉"不仅是对中国儒家文化与教育重视以教化人、重视内省修己、重视自我完善的当代继承,更期望实现生命全整意义上的自觉,能在复杂莫测的社会中把握自己的命运,实现自身幸福与价值,过好自己的一生。"教天地人事,育生命自觉"的实现则落实在师生在校日常生存方式的真实改变,在教学研究与实践中激发教师的主动性与创造性,让教师有事业成就感,才能焕发出教师职业生命的内在活力。学生因教师的改变而得到解放,在改变的教育实践中提升自觉水平和能力。

"生命·实践"教育学以"融通"的策略接续传统文化与当代中国教育,以点化"人"之生命为聚焦,将传统文化融入当代中国教育的精神与实践中。对中国传统文化的继承与新生也为"生命·实践"教育学的成长发展提供了强大的生命力量。

第四编 "新基础教育"实践变革

当代中国学校变革研究的教育学特质

——读《"新基础教育"论——关于当代中国学校变革的探究与认识》有悟[*]

—读《"新基础教育"论——关于当代中国学校变革的探究与认识》有悟[*]

张向众[**]

摘 要: "新基础教育"是在学校转型性变革原创性研究的基础上,通过教育学原理透析教育改革,在理论与实践双向建构意义上,创生《"新基础教育"论——关于当代中国学校变革的探究与认识》,创建中国教育学理论——"生命·实践"教育学。"生命·实践"教育学旨在实现21世纪教育学科的转型式发展,要对学科深层结构进行突破,如学科性质的认识、研究立场和视角的选择、思维方式或方法论特征、学科基础和前提性假设。当代中国学校转型性变革实践内蕴着教育学基本理论变革,使得学校变革研究呈现出"人学""时代学""综合学""元研究"的教育学特质。

关键词: "新基础教育";"生命·实践"教育学;学校变革研究;教育学特质

每次认真研读《"新基础教育"论——关于当代中国学校变革的探究与认识》(以下简称《"新基础教育"论》),总是深切体悟到叶澜老师对教育实践切

---

[*] 本文系华东师范大学"生命·实践"教育学研究院委托课题"'生命·实践'教育学评价理论与实践研究"阶段性成果。

[**] 作者简介:张向众,云南师范大学教育学部教授、博士。研究方向:教育基本理论、教育评论。

中要害的发问和创新性思维;通过教育学原理透析教育改革,在理论与实践双向建构意义上,创生《"新基础教育"论》,实现相对于现有基础教育的系统更新,实现当前中国学校与社会转型相适应的转型性变革,系统揭示了一种当代中国理想的未来学校教育形态,揭示了通过变革实践实现从现实向理想转换的转型性变革过程。

"新基础教育"正是在学校转型性变革原创性研究的基础上,创建了中国教育学理论——"生命·实践"教育学。"生命·实践"教育学旨在实现 21 世纪教育学科的转型式发展。它不是在原先的教育学科框架中的发展,不是对原有框架进行修改、补充、删除和细化,而是要对学科整体框架进行变革,对深层结构进行突破,主要表现在对学科性质的认识,研究立场和视角的选择,思维方式或方法论特征、学科基础和前提性假设上。本文通过研读《"新基础教育"论》的感悟,尝试着对当代中国学校转型性变革研究蕴含的教育学特质进行解读。

一、作为"人学"的教育学:基于生命关怀主旨的学校变革研究

作为"人学"的教育学,研究教育如何实现"人的可能性发展与实践转化",探究教育活动中的人性假设、生命成长、精神力量、人生意义等根本性问题。教育学是基于人的生命实践的研究,不仅深究"育人"问题,而且还能在人生哲学意义上反观教育者(既可为相对于学生的教师,又可为相对于教师的研究者)并显现出"育己"价值。《"新基础教育"论》作为"人学"的教育学研究,深刻关注学校教育及其变革活动中人的生命意义,研究每个人在投入自己全部生命时的成长过程及其内在机制。"新基础教育"的首要信条就是:教育是直面人的生命、通过人的生命、为了人的生命质量的提高而进行的社会实践活动,是在以人为本的社会中最体现生命关怀的一种事业。学校教育愈发关注师生的生命,追求人的生命活力、主动发展、教师智慧和学生成长等理念。

"生命关怀"成为"新基础教育"学校明晰的价值取向,力求学校教育活动

中人的发展意味着每个人都是"具体的人"。"教育的真正对象是全面的人，是处在各种环境中的人，是担负着各种责任的人，简言之，是具体的人。"在"具体的人"的前提性假设下去认识和研究学生和教师，那就要承认他们的生命是在具体个人中存活、生长和发展的，是以整体的方式存活在环境中，并在与环境一日不可中断的相互作用和相互构成中生存和发展的。由此可见，"具体的人"是生命性"存在"，具有生命整体性、主动发展性和主体创造性。这些都充分体现在"具体的人"的"生命实践"，即"相对于人生命活动中的生理活动、心理活动而言的，个体指向外部世界且富有目的性、对象指向性和直接社会意义的活动。它是人的生命活动的重要组成，也是个体生命期间指向外部世界的全部生活的重要组成"。事实上，每个人总是不停地进入生活，不停地变成一个人。这也表明，个体的发展只能在人与其相关的各种关系和本人参与的各种活动的交互作用中实现，是一种开放的生成性的动态过程。

基于"具体的人"的生命实践，"新基础教育"旗帜鲜明地指出，课堂教学和班级建设等学校日常教育实践都是其参与者（教师、学生、研究者等）人生中共有的生命经历，是他们个体生命中有意义的构成部分，具有个体生命价值。它力求将学生视为具有自主和创造能力的生命体，以便改变学生的在校生存方式，并实现学生健康、主动的发展。因此，学生应在课堂教学和班级生活中改变被动接受和应对的状态，作为积极的生命存在通过各种互动和关系参与课堂教学过程的生成和推进、班级建设和学校日常生活中。在生命关怀价值取向下，学校转型更需要在变革中达成"成事成人"的内在统一，"即在'成'变革之事中成'人'，努力以'人'变促'事'变"。教师在学校研究性变革实践中实现自身生命发展，提升生命质量，并由此改变自己的观念、思维方式、内在需求和活动模式，自我更新在校生存方式。

"新基础教育"是在学校转型中形成的，富含着主动发展、自强自立的"新基础精神"以及关于生命成长、人生意义的各种观念，都以一种人生哲学渗透于当代中国教育改革研究，即对人的生命发展的关注由学生推及教育实践工作者（教师、学校领导）和教育学研究者，由个体推及学校。这使得"新基础教育"中不同类型的变革主体及学校都能对自身的发展状态和目标具有明确的自我意识,并能针对自身存在的各种问题和发展需求主动进行变革。

二、作为"时代学"的教育学: 基于中国主题聚焦的学校变革研究

　　"教育不仅是人类每一个文明社会和个体人生旅程不可或缺的东西,是联结人和社会的重要纽带,而且,它还具有与其他社会系统不同的功能,那就是它联结着、聚焦着人类文明的历史、现实与可能的未来。"教育作为社会子系统,无论是在系统外还是在系统内,都与社会发展、人的发展密切相关,因此"教育理论的发展与时代有着内在的、直接的、多方面和多层次的关联。在一定意义上,教育理论属于'时代学'之列"。教育学作为"时代学",教育理论的发展需要与条件、方向与内容、研究价值及功能的发挥等,在很大程度上与时代发展状态相关联。在此,"时代学"不只是时间概念,而应是时空整合性概念。正是在此"时代学"的时空聚焦中,教育学能够深入研究"社会、教育与人"在历史与现实中关系组合的多种可能状态、教育系统不同层面中三者关系组合的不同状态。

　　"新基础教育"对当今的时代、中国和教育变革三者间的关系进行深刻解读,始终坚持"把研究的对象置于对象生存的环境中,将中国的教育变革放在当代社会变革的大背景中来认识"。《"新基础教育"论》就是从生存基础、世界变局和中国主题三大方面,阐述人类社会发展和中国社会转型向教育提出的挑战,其中蕴含着社会和人类当今发展与中国教育改革之间的根本性关联及其路径分析。人口、自然资源、生态模式等作为人类社会存在的基础性要素,但在当代工业化社会进程中却逐渐化成为威胁社会乃至人类存在的全球性问题,这使得新生代——包括所有的人——必须接受"学会生存"的教育以实现当代人类生存方式的转型。而在当代人类社会变革中,"全球化""信息化""后现代"精神的分析都是以整合性概念研究了当今时代变局中的经济、政治、科学技术、思想文化等方面对个体生命实践的影响,进而阐明了当代中国教育改革的文化背景、精神资源等。上述人类社会生存状态以及世界当代

变局,在中国本土意义上"聚焦式地综合体现"为社会转型和民族复兴的中国主题,深度触及人的生存层面。这是中国教育变革的深层原因和变革方向,从中也可以悟出时代精神和变革之道。

从人类社会生存基础、世界变局的解读到中国主题本土聚焦的路径分析,反映了当代中国社会转型变革和当代人类社会发展对中国基础教育学校现状提出的普遍挑战以及因此所须应对的普遍性问题。但是,社会、教育与人的根本性关联还须深入到当代中国教育宏观层面的变革研究,以便进一步清晰教育变革问题分析及其针对性。"新基础教育"根据当代中国社会的转型变革过程的阐述,明确当代中国基础教育的转型性变革之实质与方向,创造性地分析了学校教育转型中各种类型的变革主体——利益主体、决策主体和行为主体——以及变革策略和任务。"新基础教育"中,学校是教育变革的微观基础,学校重建成为宏观基础教育重构的核心任务。它首先从对时代精神的分析入手,阐述以"新人形象"为核心的新教育理想;从基础教育的"价值观""对象观""教育活动观"三个层面构建"三观十性"的新教育观念系统,在生命创造意义上探讨未来教师的教育智慧和"新形象";以价值提升、重心下移、结构开放、过程互动、动力内化五大方面的总体结构性转型为特质,整体上勾勒新型学校的形态。

基于中国主题下的特定时空聚焦,"新基础教育"对学校转型性变革作出原创性研究。此外,"新基础教育"从历史与现实、中国与世界实现沟通的意义上思考着人类社会和中国当代社会变革的理论与实践、世界和中国教育改革的趋势与特征,并努力在两者之间建立关联和进行比较。这有助于《"新基础教育"论》在学校教育转型变革研究上成为去引号的《新基础教育论》,从而实现使之具有内在普遍价值的可能。

三、作为"综合学"的教育学:基于
反思与重建的学校变革研究

以学校整体转型性变革实践为核心的教育研究,必须奠基于复杂科学及复杂思维之上。循此全新的研究思路,教育学作为"综合学",意味着教育理论在知识逻辑和性质上、研究方法上综合具有哲学、科学、艺术等学科的特

征,也意味着教育学内部的众多分支学科、交叉学科带来的不同研究立场和不同观点。教育学只有在综合不同学科、不同视角的多维聚焦下,才能对教育实践及其变革中不同层面的"分析单位"进行整体性思考和"综合抽象",才能深入分析学校教育实践的复杂性和动态生成性,通过"事理"研究探究教育实践的行事依据和有效性、合理性。

"新基础教育"研究在整合哲学、社会学、经济学、文化学、管理学、心理学等学科的基础上,通过综合、比较、评析不同学科、不同立场与不同观点,进而对中国主题下的社会转型与民族复兴、中国教育宏观变革、中国学校转型进行历史回溯研究和整体性反思;对课堂教学、班级建设和学校管理不同层面的教育活动和变革过程进行评判性反思和创造性建构,并在理论思考与实践探索双向转换的意义上,阐述现代新型学校重建论。

在微观改革层面上,"新基础教育"研究的重点是以学校为"细胞式"分析单位,深入反思和重建学校不同层面的日常教育实践。"新基础教育"研究梳理了历史上不同学科、不同领域对"课堂教学""班级建设""学校管理与领导"展开的各种批判,并据此展开理论与实践的双向建构,呈现出独具的内在特质:亲历生成性、综合抽象性、事理研究性等。在整合教学论、教育心理学、教育社会学等不同学科的基础上,进行"综合学"研究。"新基础教育"理论,通过"课堂教学"研究,将教学视为一个不可分割、相互规定的"分析单位"——即"师生双方是在交互作用中形成相互规定,由相互规定构成有机的行为整体",从"五还""资源""放收"结合的角度,分析"有向开放—交互反馈—集聚生成三个相对区别又关联的步骤组成"的互动生成式课堂教学。通过"班级建设"研究,将班级视为学校中相对独立的实践领域,放在学校教育实践的总框架中来认识和研究其教育的针对性、班级组织、文化建设及系列班队活动设计等。在此基础上,"新基础教育"又通过学校日常实践中第二层面的活动——"学校领导与管理"的研究,分析学校组织与制度、学校管理与领导机制、教师队伍和学校文化的重建过程。

"新基础教育"研究十分注重哲学、科学、艺术以及教育学的交叉学科、分支学科等在一般意义上对教育研究的基础性作用、价值定向作用和战略性指导意义,在理论基础和思维方法两个方面对教育研究的方法论意义。更重要的是,"新基础教育"研究根据教育学科立场进行自主选择,依照教育研究对象本身内在的特殊结构对各种学科进行分析、比较、选择和综合,而不是对现有学科的基本范畴、原理和思想方法直接搬用和演绎或教条式运用。

四、作为"元研究"的教育学:基于
方法论转换的学校变革研究

教育学研究需要进入"元研究"层面——即教育研究方法论转换,考察教育研究对象性质和方法整体的关系及适宜性问题。具体而言,"新基础教育"中的研究方法论,首先表现为理论形态存在的知识体系和结构,即学校转型中的各种行动策略或变革推进策略,以及方法论的具体论述;其次表现为问题分析层面的方法论——渗透于其间的复杂思想。

"新基础教育"是一项艰难和复杂的历史过程,为了实现学校教育的整体转型,需要与实现变革相关的策略研究。"策略,指对如何成事的策划和谋略。它所要回答的问题是'如何'……即如何从全局、全域和全程的角度策划解决问题的谋略。"其核心问题是既要寻找处理复杂任务时必然面对的一系列关系与矛盾的方略,又要涉及认识和处理问题的思想方法。例如,"新基础教育"研究的推进策略、教育宏观变革策略、班级文化建设策略。变革策略还可以源自其他学科的方法论启示与借鉴,如经济学领域中"细胞核"式的企业改革思路、文化社会发展心理学领域中"单位分析法"对"要素分析法"的替代等。此外,"新基础教育"创造性地处理了理论与实践的关系,并形成其特有的教育研究路径。它是在社会转型背景下开展的极具复杂性和创生性的研究,所以,没有事先确定指导教育改革的理论或消极地等待社会定型后才实施改革,而是在"理论适度领先,理论与实践紧密结合的研究开展方式"下,与社会转型随程推进、在现实改革中不断创生和重建。事实上,这一切都表明了实践思维的追求:在教育改革过程中解决教育改革过程中的问题。

在问题分析层面上,可以发现渗透于全书的深层结构:以复杂思想为全书的灵魂,贯穿于各个层面的问题分析之中。正是在教育宏观问题分析和学校层面的具体问题探究中,实践形态的方法论具体化为多层次的多类型的立

体架构、多向互动的内在关系分析、动态生成的过程思维,并集中体现于"新基础教育"的整体性和关系性思维方式:第一层次为社会、教育与人的相互关系的整体性思考;第二层次为教育系统整体及教育宏观变革中各类关系分析;第三层次为学校整体及其中各种内在关系;第四层次为以班级为基本单位的课堂教学与班级建设。上述四个不同层次的整体性关系如同"大圈套小圈"一样在理论与实践的双向建构中逐步具体化、综合和聚焦,从而形成了学校转型性变革研究的多层次、立体式思维方式。其中,层次与层次之间存在着内在关联、相互作用与相互转化,从而形成一个多面的、有机化的整体。在课堂教学重建、班级建设等具体问题分析中,动态生成的过程思维又能提供全新思路和合理见解。细究其中,思维的层次性、结构性、关系性和过程性相互关联、相互交织在一起,共同指向复杂的教育研究、不同层面教育问题的综合分析。

整合之境，融通之美

——"新基础教育"综合学科课堂教学改革追求 *

徐冬青 **

摘　要：本文是笔者基于"新基础教育"综合学科教学改革5年的研究实践的一个阶段性思考总结。文章通过对综合学科的概念、内涵、意义的理解，提出了关于综合学科的综合性思考，也指出了当前很多中小学中综合学科的状态，并基于此，从综合、融通和课堂张力角度，在笔者系列研究基础上对综合学科育人价值进行了拓展性思考，并在最后通过对综合学科教学改革实践经验的提炼，概括了综合学科教学改革的基本思路。

关键词：综合性；整合；融通；张力；综合学科

每一位老师都要上课，在课堂上一定会积累许多经验。如果追问：每位老师在课堂上积累了什么样的教学经验？那回答一定是五花八门，有的可能是方法，有的是技巧，有的是语言，有的是策略，有的是模式，等等。笔者参与"新基础教育"综合学科教学改革，先后对综合学科的教学改革原则、育人价值、教学策略等进行了初步探讨。随着综合学科教学改革的价值认识与实践推进的深化，综合学科教学改革的境界和追求，在"成人"与"成事"之间，在"教天地人事，育生命自觉"的基本理念引领下，以及相关学科教学改革经验

　　* 本文系华东师范大学生命·实践教育学研究院重点课题"'新基础教育'小学音乐教学改革研究"阶段性成果。

　　** 作者简介：徐冬青，复旦大学高等教育研究所副研究员。研究方向：基础教育改革、综合学科教学改革等。

的基础上,我们越来越聚焦于综合学科教学改革的核心价值追求。那么综合学科,特别是小学阶段包括音乐、体育、美术、科学、思想品德、信息技术、心理等在内的综合学科,除了自身独特的学科特点之外,作为一种综合学科意义上的教学实践,应该聚焦于什么样的教学改革价值定位,探索什么样的教学经验,形成什么样的人生体验? 这是本文需要探讨的基本主题。

一、何谓综合学科? 何种"综合性"?

之所以将这类学科统称为综合学科,是因为这些学科在综合性上有着自己的特色定位。在综合学科教学改革中,存在来自实践的三种片面认识:一种观点认为,综合学科,特别是音乐、美术和体育课是给天才上的,不具备天分的孩子上了也白上;另外一种观点认为,综合学科课是培养学生一般综合素养的,属于普及层面的,由于中小学课时紧,学业负担重,这些普及性的综合学科素养不需要用上课的正规教育方式来培养,一般通过社会机构或课外兴趣活动就可以满足部分学生的兴趣和完成综合学科素养的培养,所以上课是多余的;第三种观点认为,由于综合学科的教师素养对学生综合学科素养的培养起着决定性作用,且素养问题并非能够通过后天培训所能培养,所以不具备专业条件的学校还不如不开综合学科课,师资不够的学校不如靠天收,避免帮倒忙。这是目前普遍存在着的一种现实。当然,正如叶澜老师所说,"综合学科不只是学科,它与人的一生关系密切"。因此,走出上述三种常识误区非常必要。就综合学科与人的一生密切关系而言,也有实践者形象地戏称,"不管你从事何种职业,到老都得回归音体美"。这些都表明,科学、艺术、体育等学科在一个人的成长中具有的独特价值,在每个人的一生中都不可替代。这些学科对人的成长价值,年龄越小产生的教育效益越高,错失了学习的最佳时期,往往遗憾终身。由于受到"学好数理化,走遍天下都不怕""考什么,学什么"等传统观念,以及考试学科与非考试学科的区分等影响,我国中小学中普遍存在学科歧视和学科发展不平衡等问题。与此相应,我国中小学中科学、艺术、体育等学科普遍不受重视,而国家所需创新人才的创新品质和创造性才能等又与这些学科关系重大。随着国家不断出台加强科学教育、艺术教育、体育等学科的政策性文件,体育学科被纳入中考、高考,艺术学科逐步加强测试表明我国科学、艺术、体育等综合学科开始受到重视,发达省份和东部沿海地区硬件投入和学习资源投入力度不断加大,师资短缺问题一定程度上得到缓解。但总体上看,由于历史欠债较大,综合学科的发展还处于落后状态,对乡村学校而言更为严重,兼课、代课甚至停课的问题普遍存在。

其实,学科之间本无高下主次之分。每一门学科都有着独特而不可取代的育人价值,都是学生借助学科进入知识经验世界的中介。因此,很难把这类学科综合在一起进行论述。综合学科在我国中小学中曾经有过很多称谓,有的叫"副科",有的叫"非考试科目",有的叫"小学科",在常州市一些学校曾经被叫作"术科",广州市南海区被叫作"专科"等。在本文中,则统一称作综合学科。"副"相对于"主","非考试科目"相对于"考试科目","小"相对于"大",在这些称谓中,都或多或少存在着某种区分意识,而在这种区别中则隐含着某种歧视或偏见的看法。事实上,在我国很多中小学,特别是农村地区的大部分学校,这类学科或有或无。具体来说,除了语文、数学、英语作为主科外,其他包括音乐、体育、美术、科学、思想品德、信息技术、心理等学科都属于一类学科,那么这类学科叫作什么呢? 这是个问题。有的学校叫作"术科",强调了这些学科偏重于技术、技巧、技法、技术动作、艺术、技能、实验、读图、观点等,但偏于"技术"的叫法也似乎未能充分反映这类学科的特点。其实,技术最早与艺术相关联,近代则更多地与科学相关联,因此,就"术"的一般内涵来说,相对来说,还是揭示出综合学科的部分特点和内涵,但仍然不够全面。因此,称为综合学科算是目前的一种折中的尝试。

那么,如何理解"综合"? 从直观上看,学科多(如包括音乐、体育、美术、科学、思想品德、信息技术、心理等)是综合学科的一个特点,但"多"和"综合"有着本质区别。国外最近流行的 STEM① 课程,是在主题综合意义上的一种

---

① STEM 是指科学(science)、技术(technology)、工程(engineering)、数学(mathematics),定义如下。科学:经实证检验的有关自然界的概念,它们在产生这些概念的时间长河和过程之中,不断积累而成。技术:为了服务于人类自身的需要和向往,由人类产生的系统、过程和人工制品。工程:为解决人类面对的问题,由科学知识支撑,具有设计目标的、系统的和可重复的过程。数学:对模型和定量关系的系统研究,用数字的形式和形状作为符号来表达数和空间,并通过逻辑推理来实证。

跨学科项目式学习或问题解决式学习的综合探索。

一般来说,综合学科的理解有几层意思,如指研究社会现象、自然现象中多个领域的一门学科,涵盖商业、化学、计算机科学、地球与环境科学、教育、工程、法律、生命科学、数学与统计、医学与公共卫生、物理与天文、聚合物与材料科学、心理学等领域,即交叉学科。还有一层意思是综合了多个基础学科,如建筑学包括材料、绘画、设计,跨越了工学、艺术学、理学等。

综合课程是指打破传统分科课程的知识领域,组合两个或两个以上学科领域构成的课程。目前发达地区的部分学校正在推行的 STEM 课程和跨界学习、"无边界课程"、主题综合课程等就是一种打破分科的实践尝试。

细细思考,综合学科的"综合"并非仅仅是名称归类意义上的简约做法,从学科本身的特点角度,也可以体会出其综合学科的独特性:从时空利用来说,综合学科素养养成的时空特点特别突出,环境在学科素养养成中体现出综合性、渗透性、整合性和融通性;从技能表现的方式来说,体现出多形式、多场地、多情境的特点。从归因的意义上来说,心理健康的影响因素异常复杂,也是一种综合性的表现,如工程思维、美术设计思维、问题解决能力等就具有极强的实践综合性。这些综合性也是世界课程改革发展的一种趋势。很多综合学科素养的培养(如音体美素养)往往和学校的社团、班级活动、大型节庆活动以及现在的游学活动甚至课外兴趣班的培训等都有着紧密关联,体现出这类素养的培养特点,即与多方面活动和生活的关联性和整合性。

这从国家出台的相关学科的课程标准对不同学科定位上,也能够窥见其综合性的特点:体育与健康课程强调充分发挥体育的育人功能,强调以体育与健康学习为主,渗透德育教育,同时融合部分健康行为与生活方式、生长发育与青春期保健、心理健康与社会适应、疾病预防、安全应急与避险等方面的知识和技能,整合并体现课程目标、课程内容、过程与方法等多种价值。青少年学生在校学习期间,也正是身体发育和成长的关键时期。因此,为了保证和增进学生的健康,必须对学生进行体育与健康教育,这是学校教育的重要内容之一。但是,增进健康并不是体育与健康课程的唯一功能。作为学校教育的重要组成部分,体育与健康课程还有一项重要任务,那就是促进学生全面发展。从实施体育与健康课程的角度来看,学生的全面发展不仅指学生身体健康水平的提高,也包括通过体育与健康学习促进心理健康水平和社会适应能力等方面的提高。从这个意义上来讲,体育与健康课程的目标不是一维的,而是多维的,是综合性的。①

再如美术,主要体现在实践综合性上。学生只有通过动手,亲身体验,才能真正获得知识和技能、享受和乐趣,才能把自己的设想变为作品,获得喜悦与成就,才能在不断实践中积累艺术创作经验,提高欣赏美、表现美、创造美乃至用美服务生活的能力。而就美术课程本身的内容来看,在"综合·探索"课上,要鼓励学生通过学科的横向联合获得新的创作灵感。②

如果把视野拓展一下,关注国外综合学科如社会课的定义,对我们理解综合学科的"综合"可能更有感受,如通过学习历史和社会科学或者是通过研究长期困扰人类的两难问题。如果我们将注意集中在人以及上述这些重要的问题上,社会课变得有趣而又有意义便显而易见了。因为这些问题是每个人都会考虑的重大问题。我们都被鼓励去寻找生命的意义,去理解和我们一起生活在这个世界上的人。没有什么东西能比人类的多样性以及他们在寻找生命意义过程中作出的并将继续作出的选择更有趣的了。③

这种综合性与其学科育人价值定位也有关系。我们可以从政策文本中窥其一二。《义务教育美术课程标准(2011年版)》中对美术课程的育人价值有着宏观且系统的解释,将美术课程的性质定义为,"美术课程以对视觉形象的感知、理解和创造为特征,是学校进行美育的主要途径""学生在美术学习中积累视觉、触觉和其他感官的经验,发展感知能力、形象思维能力、表达和交流能力""学生在美术学习中运用传统媒介或新媒体创造作品,发展想象能力、实践能力和创造能力""学生在美术学习中学会欣赏和尊重不同时代和文化的美术作品,关注生活中的美术现象,涵养人文精神""学生在美术学习中

---

① 中华人民共和国教育部.义务教育体育与健康课程标准(2011年版)[S].北京:北京师范大学出版社,2012:7.

② 余洋,等.中小学美术教学论[M].合肥:合肥工业大学出版社,2011:53.

③ Tom V. Savage, & David G. Armstrong.小学社会课的有效教学[M].廖珊,罗静,等译.北京:中国轻工业出版社,2003:6.

自由抒发情感,表达个性和创意,增强自信心,养成健康人格"。

《义务教育体育与健康课程标准(2011年版)》中规定:"体育与健康课程是学校课程的重要组成部分。本课程以身体练习为主要手段,以学习体育与健康知识、技能和方法为主要内容,以增进学生健康,培养学生终身体育意识和能力为主要目标的课程。""课程强调培养学生掌握必要的体育与健康知识、技能和方法,养成体育锻炼习惯和健康的生活习惯,为学生终身体育学习和健康生活奠定良好的基础。""课程强调以身体练习为主要手段,通过体育与健康学习、体育锻炼以及行为养成,提高学生的体育与健康实践能力。""课程强调在学习体育与健康知识、技能和方法的过程中,通过适宜负荷的身体练习,提高体能和运动技能水平,促进学生健康成长。""课程强调充分发挥体育的育人功能,强调以体育与健康学习为主,渗透道德教育,同时融合部分健康行为和生活方式、生长发育和青春期保健、心理健康与社会适应、疾病预防、安全应急与避险等方面的知识与技能,整合并体现课程目标、课程内容、过程与方法等多种价值。"北京师范大学教育学院教授、博士生导师檀传宝认为:"从教育的本来面目出发,教育的本质只能是价值性或精神性的实践活动,体育作为教育的组成部分,其实质也不在纯粹的体质和体能的培育,而是以此为基础的体魄教育、体育精神的培育。"

因此,从范围、内容和主题方面都能够呈现出这类学科的综合性。总体上来说,地位低("非考试学科、小学科、副科")的观念依旧普遍存在。此外,在一些学校中,综合学科的教师兼职多,外聘多,专职校外社会兼职多以及部分非专业化教师代课现象普遍;流动性大、稳定性差也是这类教师在一些学校中呈现出的状态;教师数量少,一般学校为2人,好的为4—5人,职业升迁机会相比语数英老师少;课时少,这类学科课时总数加起来几乎连语数英的一半还不到,如果把被主科挤占挪用的课时也算进去则更少。

此外,多数学校的校园文化活动多属于这类老师的创造、创意,好的学校一进校门,从视听感受就能看出这个学校综合学科老师的素养和实力。相比于语数英,综合学科一般课时少,教材难度及内容选取要求比较低,学科教学配套要求标准也较低,不少学校功能教室少,配套材料少等,开足开齐课程就是非常高的要求。反之,综合学科老师,特别是音体美老师,一般课时多,有

16—18节课,且跨课头、跨年级。这些学科对教师的身体和嗓音等生理条件也有依赖,呈现出老教师经验丰富,但身体体力不支,青年教师身体好,但缺少经验的状况。另外,综合学科教师多承担着学校社团、比赛、节庆、环境等多项活动和任务。可以说,散、碎、杂是这些教师的基本生存状态。

总之,中小学综合学科的发展非常复杂,学校之间不平衡、学科之间不平衡、技能差异度大且不均衡,学生课程学习的课时少;反之,教师上课课时量却较大,跨课头、跨年级属于常态,教师投入教学与专业进修学习的时间少,课程对外部硬件环境的要求较高,与教师个体的专业技能等关联性也较强。为此,我们需要在众多问题中寻求综合学科的教学变革之道,即融通与整合。

二、以融通促整合

综合学科教学改革,如何从学生立场出发,促进学生个人的学科学习获得理念体验,是体现综合学科特点的一个重要维度,也是衡量综合学科之所以具有综合育人价值特点的重要维度。可以说,综合学科最具特点的育人价值就是个人整合。所谓个人整合,是指在综合学科教学改革实践中,在每节课或每类课上体现出来的教师具有的整合性教学设计意识,在教与学的转化、互动和生成过程中产生的一种发生在学生个体意义上的真实的整合状态。这种整合表现为多方面的可能性,表现为一种立体、网络的成长状态。具体来说,可以表现为个体意义上的多种经验的关联。这种经验的关联,既可以表现为点与点之间的简单关联以及多点之间经验关联的网络状态,也可以是学生思维结构层次上的不同。套用现在的高阶思维概念,从实践角度就是技能、知识在情境、问题解决以及在评价、运用、表现、批判过程中的掌握,而不是简单技艺或技能重复。通俗地说,是动手与动脑的结合,如动脑筋地进行运动学习,动脑筋地进行试验,动脑筋地进行音乐学习等。在个体经验基础上出现的这种关联性的多向整合状态表现为一种融通的状态。综合学科教学要发挥和挖掘综合性的育人价值,有赖于融通状态的出现,即融合、融化、溶解、贯通、疏通、畅通的状态。具有美学经验意义的教学状态,是一种融通之美,进而达到整合之境。这是综合学科教学改革需要追求的一种新境

界,即综合学科教学改革的美学境界,具体表现为:

第一,价值融通。这是首要的价值整合定位,其基本要求就是:要促进学科价值与教学价值的有机融通,将学科的自在价值与教学要实现的自觉价值有机结合起来,而不是学科自发实现的,只要读,只要唱,只要玩,就会"自然而然"地实现了学科育人价值,忽视了育人本身需要的意识化、意向化、自觉化的要求。价值意向传递和转化是价值融通的基本机制,这种机制表现在教学中,就是一种基于对学科教学育人价值的纵横不同层面之间的逻辑、直觉、意向和判断的综合表现,是一种"化价值"的境界,价值融通的基本状态就是一种化的境界,在生活、书本、符号、活动、生命之间的一种天地融通,人事相合,"天人合一"的自觉境界。如果说"学科居中央",那就是在学科与天、与地、与人、与事的关联之中,通过教学实践促使这种关联之间的多层次的深层次的转化和流通,在这个意义上,学科教育价值需要教学对学科育人价值的开发才能实现,这种学科与生命的内在关联性便是生命自觉在教学意义上或者说是教育学意义上的呈现。

第二,内外融通。综合学科育人价值的开发,体现深度意义上,在我看来,就是学科教学育人价值感觉方式的内在化,而不是外在化。在"新基础教育"课堂教学改革的历程中,克服这种价值感觉方式的外在化,从简单的德育"贴标签",牵强的学科之间的跨界导致"课型混乱"和"课堂低效",到教学过程中的诸如灌输、"小步走""拉风箱"等,用叶澜老师的"课本剧"的比喻最能体现这种课堂上的价值感觉方式的外在化的状态。所谓外在化,实际上是一种展示化、表演化,在教学中的"公开课",动不动就来个"展示课",实际上在展示过程中或展示文化中,教学行为已经变得如尼采早已预言的教育"新闻化"状态。简单而又肤浅化的价值感觉方式的外在化,是当前阻碍个体在学科学习价值内化和外化之相关联、相统一的主要因素。对综合学科来说,一些学科则更有可能出现,比如对要求表现性的学科来说,如音乐、美术等艺术学科,怎样在鼓励孩子大胆表现,又能在外化出来的表现能力提升中,实现内在化的学科价值,则是内外融通之美所需要的关键。内外融通实现价值感觉方式内在化,只有在内在化的基础上才可能实现个人学科价值体现的整合之境界,这种整合不是肤浅的简单告知或知道表现的联系,而是一种内在的人格、精神生活之间的关联。这种融通在某种意义上是学科价值体验基础上的一种精神生活的贯通。

第三,互动融通。就融通的机制来说,融通不是自在的,不是将知识、活动、材料甚至"高大上"的环境摆设出来,就可以自动形成的,而忽视了教育意义上的实现融通的根本机制在于互动,在于生成,在于人际关系中的宽容、包容、平等、公正、差异、尊重、民主、倾听、关注等的过程性的一种实践理性潜能的开发。也只有在互动机制的建设中,对话、商谈、协商、妥协、承认、异同转换、问答逻辑等活动性环节和动作的过程中,实现这种互动机制的融通可能性,在互动中,实现人与自然、人与文本、人与人、人与自我、人与文化、人与传统等多方面的关联,在各种关联中通过互动强化意识,通过互动提供机会,通过互动创造可能,通过互动提升能力,通过互动增进理解,通过互动形成友爱和美好,通过互动提升思维水平等这样一种推动多方面、多层次的融通的机制建设,是根本上实现"差异是资源"这一"新基础教育"具有现代底蕴的教学理念,在课堂上促进并实现过程与结果有机统一意义上的融通之美。在这个意义上,"以学定教"或各种"以学生为中心"的教学理念,与"新基础教育"课堂教学改革的最根本区别就是,前者追求的是知识掌握或学习投入产出的显性层面的有效教学或高效教学,而后者更关注师生在共同的课堂教学生活中具有的显性的知识技能学习与隐性的美学经验积累。二者在这个意义上有着根本的不同,对教师要求有着根本的区别,教学美或学科教学美(叶澜老师语)是"新基础教育"的一种融通之美的境界追求,而在个人的学科学习意义上,如果要实现学科意义上的获得和体验,也必然只有在美的意义上才可能将教学创造提到个体生命实践的自觉自为的境界。

第四,关系融通。差异思维是一种时代精神,本质上是一种关系思维。教学关系本质上是借助于上述多方面互动生成出来的各种关联,而整合和融通都表现在教学思维上所需要建立的关系思维的要求。在关系思维中,克服的是一种"非此即彼"的二元对立的简单思维,更多的是一种系统思维,将课堂教学的问题看作是各种关系问题处理的系统问题来思考,站在系统思考的高位,运用复杂思维理论的相关理论资源,在解决课堂教学实践中的具体问题中,就可以破除"以一技托全盘"的"毕其功于一役"的"冒进式"教学改革。

当前,不少看似有效的教学改革,虽然在一定意义上能够取得一些"吸引眼球"的功效,但"新闻化"的教学改革、"展示型"的课堂形象设计,其背后是极度的思维弱化和品质低劣,都表明缺少关系意义上的慎重思考,最终将葬送教学事业的神圣、教师职业的敬畏、教学专业的魅力以及从教人生的品味。

第五,结构融通。这方面比较容易理解,"新基础教育"创造的"教结构—用结构"的这一具有实践弹性且对实践者具有指导意义,尤其是教学思维品质的带有艺术性的概念,在"系统—结构—经验"之间建立层次性的联系,进而用来引领课堂教学系统的改进,使得教师可以在课堂教学活力的激发上,有层次、有坡度、有能级地实现攀升,而不是课堂教学模式化。用课堂教学的结构化过程代替课堂教学模式化是"新基础教育"对当代课堂教学改革的巨大贡献。其提出的"方法结构—过程结构—教学结构"具有实现融通之美的核心环节地位。在这个意义上,课堂教学理论与实践的体系,不是由单一甚至多种变式意义上的纯技术意义上的构建,而是在课堂教学纵横系统意义上,通过多重结构化的过程,实现教与学的经验在结构和系统中流动,只有经验是流动的,资源才能被盘活,思维才能被激活,生命才有活力。笔者在学业质量改进实践中,在"新基础教育"已有的结构基础上,通过对练习体系、训练体系、测试体系包括对考试试卷结构的分析,提出了将"知识结构—能力结构—学法结构—教学结构—互动结构"一体化建设的思想,并得到多所学校的印证,进而有可能在育分和育人之间进行无缝衔接,这方面在高中显得更有效果,可以看作是"新基础教育"在课堂教学结构意义上的丰富和实践探索。这已经被初高中学校证明是一种有效的甚至是高效的尝试,对于减负和高质轻负的实现,有一定突破。

三、张力:构建美感课堂的美学视角

学科教学育人价值是"新基础教育"最早提出的概念,并进行了长期系统的研究尝试。全面而有深度地开发学科教学育人价值,离不开整合和融通。某种意义上,没有整合和融通,就谈不上深度开发育人价值。"新基础教育"综合学科教学改革,在其综合性上进行了比较深入的思考和实践,更在课堂教学实践中产生了一系列策略意义上弹性化的、有分寸感的"度"的思考和探索。这可以是一种来自实践智慧的概括提炼,也是一种来自一线教师的创造。而要将这种综合起来的创造提炼为概念的话,笔者尝试用张力来进行概括,供实践者参考。

第一,目标与目标游离。目标教学是每节课的效率和质量的保证。目标偏离或发展偏差导致课堂教学重心出现偏离,效率无法保证,评价没有依据。但是,在强大的目标教学体系框架下,特别是僵化而又简单教条地执行目标教学的话,就会让课堂教学出现板结。当然,这是在比较好的课堂教学条件下来谈这个问题的。因此,为了促使课堂教学保持一定的张力,特别是价值张力,尤其是当面对学生的差异时,适度的、积极的、正向的目标游离就成为有意识地促进课堂张力出现的一种策略。在非常优秀的老师课堂上,我们看到会出现这种状态,但往往教师们没有意识到,因为这种自然的游离,或者说一种游而不离的状态,正是一种课堂张力形成的条件,这种张力也许是一种目标设计弹性意识和能力的体现。

第二,结构与异质介入。在结构教学中,如果结构化或结构太强硬的话,也会导致课堂教学出现比较板结的状态,即使是有经验的教师在结构的意义上,特别是需要练习或拓展活动的课堂上,如果缺少一点挑战,就会导致课堂结构在掌握的意义上收获成功,但在拓展意义上缺少一种学习挑战和张力。为此,适度的异质介入,比如音乐课堂上,老师在学生互动中的有效介入;实验中材料的增加或减少的介入;美术课堂上,有效的欣赏和评价环节的介入或要求等,就会在"系统—结构"之外产生新的信息,进而将同质与异质之间的信息能量的交换,作为促进结构转换和丰富化的一种标准。异质介入也可以叫作调味品,有时候,结构太硬需要有点调味品才能使得课堂生动起来。

第三,价值与歧义判断。艺术、体育技能学习以及科学等学科教学中,都充满着趣味判断。价值冲突和价值差异是综合学科课堂上极度容易出现的状态。这就是"新基础教育"在课堂教学中提出的差异与资源整合的很多策略和概念要求。包括课堂上的养成教育、课堂上小组合作中的系列化策略等,都是"新基础教育"课堂教学中创造出来的教育。但是,在综合学科课堂上出现的问题,提出了怎样面对差异,甚至放出差异的问题来,作为一种"放出差异"来的开放性课堂,正如,佐藤学比较极端地提出的"一切差异万岁!"体现了差异思维作为一种时代精神,而"新基础教育"则有着自己的表述和理解。"放出差异"可以理解为一种策略理想,也可以作为一种本体价值预设,体现了教师的才能、直觉和实践胆略紧密结合的智慧产物。在差异面前,当融合真正实现的时候,它将会产生倍数级的能量增值。融合就是结合,就是聚集和建立新的联系。在这个意义上,差异是张力形成的前提,这种张力可以有多种形态的出现,包括价值张力、关联张力、环节张力(过渡)、互动张力、成长张力、起点与终点之间的张力和关系张力。因篇幅所限,就没有对所有的张力形态作具体分析了,这也不是这篇文章关注的重点,具体的分析可以结合各种案例呈现。我这里提出的则是一个"新基础教育"综合学科教学改革需要关注的概念,即张力,有活力的课堂需要张力,没有张力,就很难有活力,更难有教师课堂上呈现的教学魅力,教学美的内核性的要素就缺失。尽管具备教学美或学科教学美所需要的要素很多,条件和前提也需要具备。在这个意义上,特别是综合学科,在课堂上,基于学生的学科经验和趣味判断出现的歧义判断问题,比如对现代作品的儿童判断,对传统文化的歧义,对实验中误差和问题的歧义等,甚至是一种来自孩子天性中透露出来的喜好和文化偏见(多半是从成人那里习得的),都是对综合学科教学的挑战。歧义是综合学科课堂教学经常出现的一种现象,也是综合学科课堂上最重要的差异资源,为此,利用歧义生成的课堂教学价值是最有意义的一种课堂张力,是与学生个体生命具有内在勾连的一种具有综合学科特点的资源。为此,有张力的课堂构建不能忽视歧义的成长价值。

四、综合学科育人价值开发的整合融通思路

"新基础教育"综合学科的系统改革实践已有多年的实践。在各个层面的学校都有了很多创造性的实践,还需要加强总结和提炼,这里从整体思路上,提出一些供综合学科教学改革的教师参考的尝试性概括。

第一,价值理解多维化。育人价值的深度开发取决于我们怎么理解价值?对价值理解本身的单一性和简单化就决定了课堂的单一化和简单化。

而价值理解全面而又有深度的要求,一个重要方面就是多维化,只有多维度的拓展价值理解,才能看到我们综合学科课堂教学价值开发的程度、广度和深度。

第二,策略设计成体系。应该说,经历了多年综合学科教学实践的探索,我们初步形成了在"新基础教育"三层次育人价值框架下的综合学科教学策略框架体系。基于价值理解基础上的策略设计,就不会"为策略而策略""为方法而方法""为技术而技术""为技巧而技巧"了,有了价值定向的策略教学,就不是秀技法,而是具有价值底蕴的课堂实践,有的道德生命的课堂实践,就不会出现价值感觉方式的外在化,也不会出现"有知识的教学愚昧",而是为了生命主动健康发展的教学实践策略的沉思。

第三,差异利用有效化。"差异是资源",这是"新基础教育"的课堂教学资源观。这一资源观,改变了把差异当作负担、累赘、厌恶差异、讨厌差异的观点,而是恢复差异在教学中的本体地位,某种意义上,没有差异就没有教学,也没有必要教学,而面对差异的教学是教学的常态。差在哪里?异在何处?是教学的起点,是教学的开始。学生立场的体现在某种意义上就是将每个学生看作独立的生命个体,"在差异中,通过差异,并且为了差异",可以看作是一种"新基础教育"对差异教学的一种新诠释,新阐释。在工具意义上来说,差异资源的有效利用包括捕捉、重组、提升等,是教师的一项基本功。

第四,课堂张力网络化。如果课堂上有力,那就是张力,是多种力的聚拢,合力、斥力,最终形成学生的发展力。力是要有辐射的,力是要有方向的,有大有小,因此,只有在恰当地多种力的匹配组合中,才能构成网络化的课堂张力,没有张力的课堂,活力、动力、思考力、学习力等都会处于沉寂状态,只有张力的课堂才能激发力场,才能使生命有活力,才能将课堂构成一种生命能量增值场。

第五,课型开发成系列。"新基础教育"综合学科教学改革的基本抓手是课型开发。其中保证课型开发质量的是,单元整体教学设计和课型的系列化。课型系列化,之所以聚焦于系列,是因为只有系列化才能长程化,只有在系列化中才能能级化,才能判断出学生个体在学科经验意义上实现整合的程度和可能,以及不同层次的学生所能够呈现出的状态,同时,在横向交叉渗透的丰富性上实现融通和互相支持的可能。音乐老师作为班主任,在音乐课堂上看到的体现了丰富的班级活动与音乐合唱形成本身所需要的内在的合作要求的有机统一,可以看作是这种学科与活动整合得很好的例子。

第六,经验积累典型化。综合学科教学改革是基于教师发展基础上的实践改革。综合融通是一种境界追求,不仅是课堂教学,也是对教师提出的高要求,这离不开两个条件,就是在教师个体和教研组团队建设中,通过课题研究聚焦积累典型的研究经验,通过教师成长自觉化,积累教师发展(包括个人和团队)的典型经验,是促使"成事"和"成人"相统一的基本路径。在这方面,"新基础教育"创造了很多典型经验,需要综合学科教学改革实践中及时总结,避免"走弯路""重复走路"的问题。

第五编　上海市闵行区和江苏省常州市"新基础教育"20周年纪念

1999 年,"新基础教育"在上海市闵行区和江苏省常州市两地开展第二阶段的发展性研究。20 年筚路蓝缕,这一研究促进了两地基础教育生态的根本变化,在改变学校日常教学、教育活动之事的同时,始终将重心放在"变革"过程中"变人"的研究,从而实现"成事成人"。20 年来,"新基础教育"研究成就了一批批学生、教师、校长和家长的生命成长,积淀了一个个美丽的成长故事,赋予了所有"新基础教育"参与者具体、丰富及鲜活的生命内涵。为此,本辑刊载两地"新基础教育"20 周年纪念活动(2019 年 12 月 17—18 日)中叶澜教授及部分校长代表的发言,展现 20 年携手不弃、潜心探索过程中的"人""事"和"路"。

双重转型、交互创生的研究：
学术生命、自我成长的实现

——我的 1994—2019

叶　澜*

听了大家两天(2019 年 12 月 17—18 日)的发言,我沉浸在"新基础教育"共同创生的成长与幸福的海洋之中。一浪又一浪涌来,无论是校长、教师,还

---

* 作者简介：叶澜,中国"新基础教育"研究与"生命·实践"教育学派创始人和持续领导者,华东师范大学终身教授,"生命·实践"教育学研究院名誉院长,基础教育改革与发展研究所名誉所长。研究方向：教育学原理、教育研究方法论及当代基础教育改革。

是学生、家长,"新基础教育"几乎让与教育相关的每一个人都参与进来了。20 周年纪念会的重点是交流"成人"。所以,今天我的发言讲讲自己,讲讲在做"新基础教育"研究(1994—2019)的过程中,自己的学术生命与自我有没有成长。我是"新基础教育"研究团队中的一员,今天向大家汇报、分享我在不平常的 25 年中的成长。

《叶澜教育思想文选》三卷本已经出版,其中收录了我的许多论文。三本书我也才拿到手,翻后发现:2000 年前后是我学术的高峰期,或者说是高产期,这本应是退休的年龄,却成了我的学术高峰期,为什么呢? 因为我和大家一起融入时代,融入"新基础教育",自己的生命场越来越强大。

一、释　题

我今天发言的题目很长:《双重转型、交互创生的研究:学术生命、自我成长的实现——我的 1994—2019》,所以我先来解题。

(一) 双重转型

大家感到做"新基础教育"有挑战,其实对我而言同样是挑战。

首先是教育研究转型。教育是社会的号角,教育应该走在时代前列,回顾中国近现代的百年历史如此,千年回望也是如此,当今社会也要求教育走在时代前列。社会转型中的教育应该转型。转型是整体的,不是局部的。学校整体转型性变革要求教育研究转型。理论发展是时代的回响,读不懂时代,难以做好理论,所以我意识到教育研究应该转型。

其次是教育学研究转型。作为教育学研究者,我意识到:21 世纪来临,当代中国教育学发展也需要转型,哪些方面需要转型? 从 2001 年起,我和华东师范大学教育学系的所有学科有关老师一起分头负责,对教育学科中的每一个学科做年度发展报告,我负责撰写全书的"总报告"。在 2002 年的《中国教育学科年度发展报告·总报告》中,我清晰地提出《在路上——研究教育转型与教育学科研究转型》(此文收入《叶澜教育思想文选》第一卷《方圆内论道:叶澜教育论文选》)。如何转型? 怎么做? 我在提出问题时是有方向的,虽然具体路径尚不清晰。

(二) 交互创生

这里是指在"新基础教育"研究中,理论与实践两类研究的交互创生,包括三个维度:在同一时空中研究的交互创生,两类主体之间研究的交互创生,以及个人意义上的理论与实践研究的交互创生。

首先,在同一时空中研究的交互创生。包括华东师范大学研究团队、上海市闵行区和江苏省常州市研究团队,大家一起成长,朝前走。越做内生力越强,创造力越高;越做内心更加强大,对专业更加热爱。每个人都能自我成长的团队,才能"成事成人"。到今天,"生命·实践"教育学合作研究校的教师、校长想的,不再停留在如何把"新基础教育"的话语转化到实践中,而是如何创造、享受教育生活的尊严与欢乐! 这也是我们一开始就主张在"成事中成人"的结果,我非常看重这两天"成人"的交流。"新基础教育人"到底"长"得怎么样? 在哪些方面"长"? 我们在同一时空研究的交互创生中,一点点地持续生长,才有今天。

其次,两类主体之间研究的交互创生。一直以来,即使到今天依然有不少人认为理论与实践有天然的鸿沟。如果理论与实践无法沟通,那么理论是从哪里来的? 实践又该如何朝前走? 在我们的研究中,实现了理论与实践两类主体的生命交互,这是关键性的因素。我们为什么能做到? 我认为做到以下几个"真",是两类主体在共同研究中实现沟通的重要原因。

1. 真诚

相互真诚。开始时,校长、老师可能会有戒备,我们也可能会理想化、着急、过高要求。但处的时间越长,大家越能感受到我们的真诚。人与人之间相处,时间短,可能还看不出真假,但时间一长就看清了。所以我认同一句话:"真诚是最大的正能量。"人与人之间最大的真诚,是不把别人当工具。"新基础教育"研究是为他人变得更好,自己也变得更好。相互帮助是最大的心灵沟通。

2. 真实

我们直面"真问题",即研究必须解决的真问题,因此,社会、教育和每个人才能发展。对问题真实度的把握,是"新基础教育"两类研究者之间能够对话的前提。"捉虫"不是居高临下的指导,而是希望"新基础教育"成为大家的"镜子",主要不是照出有多少漂亮(现在大家是内在焕发出气质美),而是看准问题。发现真实问题是实现研究发展的前提。

3. 真做

实实在在真实做,华东师范大学老师要"着地",和学校老师共同面对学校生活,包括课堂生活;学校老师为学生发展、自我发展,真实改变自己的实践。不是为了给谁看或得奖而做。我在"新基础教育"研究中形成的理论,常常首先在"新基础教育"内部报告,我不大喜欢到外面做报告,为什么? 因为不做的人,缺对话的生命体验。我们都在做"新基础教育",我们有共同的生命体验。有共生经验,这样才能对话。

4. 真求

这是价值观问题。我们真心求教育发展得更好,中国的未来——每个孩子有幸福的人生;真心求自己无论在哪里,都是站得正、坐得直的人,有人的尊严,感到做人、做教育的真味。有此真求,虽工作场所不同、角色不同,但我们都可以成为"真人"。

因为这四个"真","新基础教育"不搞技巧翻花样,我也从不许愿给大家什么。但是大家心在一起,一起做,一起朝前走;因为这四个"真",我们才能真正产生精神上、思想上、行为上和情感上的沟通交流;因为这四个"真",我们才形成有内聚力的大群体。这让我倍感欣慰。

最后,个人意义上的理论与实践研究的交互创生。作为教育基本理论研究者,我自己的理论研究与实践研究交互创生。刚开始做"新基础教育"时,有人不解,认为我"不务正业",不好好做理论研究,跑到实践做什么? 我认为,理论与实践可以相互沟通,这不是拍脑袋想出来的,而是自己研究中生成出的"理实互生"观。这些年的学术发展证明了个人能做到理论和实践研究交互生成。理论与实践在个人身上的交互生成是最深层意义的生成。

(三) 学术生命

题目中第二句话的关键词是"学术生命"和"自我成长"。

作为教育基本理论研究者,自己的研究如何转型? 我喜欢看书和想问题,原来和很多研究者一样,围绕问题找参考文献,然后分析研究,形成自己的观点,最后发表文章。原来的研究关注的是概念的提出、理论的形成和条理与逻辑的清晰,可以和实践没有太多关联。到学校最多是看看课有点感受,但很少去想这些与认识教育的真谛、弄清教育到底培养怎样的人、如何培养这样的人有什么关系。在"新基础教育"研究的前20年,我和研究团队一起,每年至少1/3的时间进学校。这成了我生命中重要的构成,也是我很重的心事。因为教育研究不能只满足研究者自己的需要,不管对学校产生的影响。教育研究要对得起校长、教师和学生。正是这样的实践和价值追求,促成了我的研究转型。

我个人不只是研究实践,还要发展理论,在研究中实现学术发展且作出贡献。庆幸的是,做"新基础教育"研究,让我写出了《"新基础教育"论——关于当代中国学校变革的探究与认识》,提出了建设"生命·实践"教育学派。2006年,我出版了《"新基础教育"论——关于当代中国学校变革的探究与认识》;2015年,我们团队出版了"生命·实践"教育学论著系列三套30本著作,包括我们的合作校变革史,还有合作校校长深度访谈。不做"新基础教育"研究,我写不出来《"新基础教育"论——关于当代中国学校变革的探究与认识》和《回归突破:"生命·实践"教育学论纲》这两本书。从学术成果、实践发展做贡献的意义上,我尽了自己的努力,说出了唯有做此研究才能说出的话。现在,看到大家都在成长,每个人生命自觉、内生力都有大幅度提升,我多年悬着的心彻底放下!

(四) 自我成长

这是我自己作为一个人、个体生命自觉、内生力的增长,是我的"成事成人"。

两个"转型",以前已经说了许多,下面我重点讲自我学术生命与个体精神生命的发展。

二、教育学人存在感之清醒

作为教育学研究者,我的学术生命与教育学联系在一起。作为教育学人的存在感,体现在四个方面的清醒。

(一)时代呼唤独立个体的觉醒

第一个"清醒"是对时代精神的认识清醒。当今时代无论有多少问题,但其根本,确实是呼唤个体独立意识清醒的时代。未来一代一定要有独立个体的精神,把握自己的命运,知道自己一生如何活才能更好。我在1993—1994年时,才感受到时代之风吹来,清醒意识到独立个体的主动发展对人一生的重要。唯有能独立者,才能把握自己的命运。这是时代对教育培养人的内在规定。这是时代给我的当代教育学意识。

(二)中国教育学创生时代来临

世纪之交,我时任上海市哲学社会科学学会联合会副主席,承担了"二十世纪中国社会科学·教育学卷"百年发展反思、回顾的课题研究,负责撰写总报告。为此,我读了许多书,得出的判断是,中国教育学百年发展,存在的基本问题是"两个依赖":依赖国外教育学,依赖其他学科。本国的问题、话语系统基本上被国外教育学控制;大量分支学科、交叉学科,往往是用其他学科现成的理论框架来套和回答教育问题,而不真正研究教育内在的问题。当然,我讲的是问题的"主流",要找反例总能找到。什么才是主流?大学里传授的是什么?用的是怎样的教科书?民国时期,我们翻译了多少国外的教育学?以中国人命名的著作,许多的框架也是西方的。中国教育学百年回顾给我最深的印象是"两个依赖"。中国教育学已经这样过了一百年,难道还要再如此过一百年?!教育学人要自问,中国教育学有没有自己的研究领地与个性?在此意义上,新世纪呼唤中国教育学的创生,这也是时代要求。

(三)教育学扎根的家园在学校

教育学人真正的本事不是只会批判,而是反思问题,花大力气去开辟新天地。到哪里开辟?要"着地"。"新基础教育"研究让我们找到了教育学发展、自己扎根的家园——学校。学校是教育学生长的最广阔的田野,学校是教育学生长的泥土和力量,学校是我们教育学人的"家园",它让我们可以扎下去,它滋养我们的学术成长。发现"家园",我们才有存在感。

(四)教育学者的当代使命与责任担当

世纪之交,我不断自问中国教育学发展的问题。2001年,我担任《华东师范大学学报》主编,在学报上发表了《世纪初中国教育理论发展的断想》,提出要形成中国教育学,它至少包括几个方面:问题是中国的,资源是中国的,是中国学者的研究,是中国实践与文化滋养的产物。这些对"中国"的理解,使我坚定要创建学派。2004年,我们对外公开发出心声:为创建"生命·实践"教育学派而努力。

以上四个方面,是我作为教育学人学术存在的清醒,无此清醒则不会行动。有了对时代、家园、使命与担当的清醒,就会勇往直前,努力创生。

三、在交互创生过程中实现学术生命发展

(一)提出"上天入地"论

1987年,我在《关于加强教育科学"自我意识"的思考》一文中提出"上天入地"论,引起教育学界关注。这是第一次提出教育学要有"自我意识"。教育学的问题是"自我意识"不清晰,理论研究不"上天",实践研究不"落地",飘在空中,不知道自己在哪里,如何长。我从来不讲自己不信的话,也从来不讲只对别人提要求、自己却不去做的话。1994年,我开始了"新基础教育"研究,做"上天入地"的事业。在此意义上,"生命·实践"教育学是以身立学的。"上天入地"很难,提出后自己先做。后来,我们的"论丛"出来了,"论纲"也出来了。现在,可以说是开始在"天地间穿行"了! 我很享受作为教育学人的快乐。

(二)"新基础教育"促进了我的学术研究自我转型

1. 价值取向。从"新基础教育"的"成事成人"发展到学派的"生命·实践"。

2. 研究原则。理论与实践交互生成,这个原则始终未变。在"新基础

教育"研究中,从不拍脑袋讲理论,而是提出理论要到实践中看是否可行,实践反过来又丰富滋养理论,理论上有了更深的解读,再与实践一起朝前走。

3. 角色定位。既是指导者又是学习者,既是研究者又是创造者。这是我对自己,也希望团队成员努力做到的。学会欣赏,为教师与过去相比的进步而高兴,为每个人的创造而欢呼。满怀希望,这是滋养我们学术发展的生命能量。问题研究、实践创造、反思、不断建构。评课、重建是日常建构,还要基于日常建构逐渐创生出自己的东西。

4. 策略系统创生。在"新基础教育"研究中,我学术生命发展的大收获是,产生了一套综合研究的策略系统:"团队合作—深度介入;核心养成—增强内力;及时反馈—定期交流;交互融通—整体发展;节点推进—阶段发展;基于日常—叠态更新"。

第一,我们的研究是团队合作—深度介入,贴地式持续突破、积累、生根,并带来方法论更新。在这方面,吴亚萍老师是典型。第二,核心如何形成?需要增强内力。也只有形成核心,才能增强内力。细胞尚且有细胞核,学校教育变革事业能没有核心吗?现在各校都有骨干、"种子"、核心力量。核心不是权利,而是责任与担当。这两天,校长、老师的报告让我们看到核心如何在敲打中发展、提升和超越。第三,及时反馈—定期交流。听评课、重建都是反馈。我们交流的频度很高,校长交流每学期至少3次:学期初,规划交流;期中,问题和经验交流;期末,总结。常州市的校长、老师常常讲,他们参加这样的会常常是:披星戴月来往上海,一路兴奋,学习交流。交互融通—整体发展,节点推进—阶段发展,这些在座各位比较熟悉,就不展开了。最后,基于日常又回到日常,实现"叠态"更新。近期,我学了一个新概念,量子力学的"叠态",我们的发展形态可以说是"多态"叠加交融,这是"新基础教育"对"内生力"的力学解读。基于日常,各种形态"叠态"交融,必有成长。如果进步不大,那要自问有没有日常。出现问题,一定有自己的原因。前面我讲到,我们也会出现问题,比如要求高,理想化,苛求大家,没有恰当了解大家的需要,不够关注大家的现实生境,换位思考不够。"新基础教育"让我逐渐学会了遇到问题从自己身上找原因,而不是只怪别人。

因此,创生了一套"策略系统",这是我们的原创! 非常开心。今天是第一次系统化的新鲜出炉,请大家记住原创权在这里。

(三)学术生命发展进入新阶段

我自己的学术生命发展进入新阶段的标志,简要概括如下。

第一,我相信理念、理论、生命、实践结合的力量。理念、理论、生命、实践结合在一起,才有力量。

第二,确立了当代教育学者"当仁不让"的自觉。不管别人怎么说,重要的是自己有没有真做,有没有发展,自己是否强大,强大到无人能把你说倒下去。有校长在报告中说:每个人头上有一方天,脚下有一片地,管好自己的天地最重要。《歌德自传》中有一句话"对手不在其内",我们要有这样的气魄! 做好自己。"当仁不让",这是孔子给我们的力量。

第三,形成了"生命·实践"教育学派的精神长相。这个问题,我现在先提出来,我们团队再讨论。我认为,我们的"精神长相"至少有几条:(1) 我们有学科"基因"。(2) 我们信念坚定,风吹雨打动摇不了我们的价值信念。(3) 我们有发展的活力,活力来自生命的发展、实践的创造、传统的潜力、时代的变革,是充满发展希望的活力。(4) 理性诗意。这两天的报告让我时时感受到诗意! 但不是诗人幻想的诗意,而是理性与感性结合的"理性诗意"。教育是生命的事业,凡有生命的地方就有诗意和远方。

第四,提升了运用复杂系统方法论开展教育和教育学研究的能力。最初是认识复杂系统,为此而兴奋。我的研究生大概还记得当时的读书活动,我们一直在谈"涌动",为什么一直谈"涌动"? 生命的血液在涌动,如同河流,生命的活力以涌动的波态来表达。当时是学习、欣赏、认识复杂,20 年运用下来,我感到有点娴熟了,这是当代研究教育者的基本功。无此,则必点状。

第五,享受教育和教育学研究的创造欢乐。

四、老而弥坚　学而不厌

最后,我讲讲当前个人生命发展的状态。

(一)知不足而后学,常学常新

这几年,我两次不慎摔倒,今天上台还要人搀扶,和最初来常州两小时的矫健步伐大不同,故现在是彻底体会"老",服老了。但"老而弥坚",当然不是指骨头坚硬,而是信念、理想更坚定,没有人可以随便把这些推倒,我有自己的定力。

"学而不厌。"我做不到孔子的"诲人不倦",但基本上可以做到"学而不厌"。知不足而后学,学而不厌,常学常新。学习时很快乐、很享受。

(二)与自然作对话,心界日宽

我前期与文化、传统文化对话,发现文化,尤其是中华农耕社会的传统文化之根在自然。不懂自然,读不懂中华文化。故开始研究一个新课题——教育与自然的关系。为有所体验,通过摄影与自然对话。我在微信上的"与自然对话"已有300多期,以镜头和自然对话,拍自然中的美,以及它带给我的冲动和惊喜。天地万物千姿百态、生生不息,我的生命与许多生命相遇,生活越来越乐观。

(三)怀希望于后生,代际化成

大家看到,"新基础教育"研究的"新团队"个个都长得很好,有进步,有追求。我怀希望于后生,代际传承基本化成,是事业继续发展的保证。

(四)众友朋施关爱,幸福满怀

时间关系不展开。

这个发言,我第一次系统梳理25年来自己的发展变化。

我认为:教育学是为人类更美好而生之学,教育人是人世间最富有幸福之人。

最后,送给大家昨天没来得及说的"结语":

　　　　　　　　每个人的生命都是宝贵的,

且行且生且珍重；

每个人的一生都会留痕在世、

在许多人的生命中。

让世间因我们的存在而变得

更美好；

让我们用教育的力量,使更多的生命

变得更美好!

校长的使命担当与自我更新

——20 年"新基础教育"研究的实践感悟

何学锋*

我是一个非常幸运的校长。

1999 年 6 月,刚过而立之年的我被任命为上海市闵行区实验小学校长,同年 9 月,由华东师范大学叶澜教授领衔的"新基础教育"研究开始进入闵行区展开区域层面的发展性研究,闵行区实验小学便以主动申报的方式成为"新基础教育"研究的实验校。至今,我和学校已与"新基础教育"共同走过了 20 年深度合作的研究性变革实践之路,闵行区实验小学这所百年老校,也从一所只有 30 个教学班的学校急剧拓展为拥有 4 个校区146 个教学班 6 660 多名学生的"航空母舰式学校",且"一校四区"的办学质量实现了高端的优质均衡。我也从一名新任校长,在"新基础教育"的滋养下茁壮成长,2007 年成为上海市最年轻的特级校长,2016 年在首次评审中获评正高级教师。

回望 20 年"新基础教育"研究中的自我成长与发展,最大的感受是 20 年的研究性变革实践,让我在不断的学习、反思、实践和创造中逐渐清晰了教育价值取向,坚定了教育理想信念,也不断培育了作为一名校长的责任与使命

* 作者简介:何学锋,上海市闵行区实验小学校长,正高级教师,上海市特级教师。研究方向:学校管理、教师发展等。

担当,形成了体现"生命自觉",基于"学校变革领导力"的校长新基本功,成就了今日之"新我"。

下面,简要从四方面的感悟与成长与大家分享 20 年后的"今日之我"。

一、校长要自觉成为引领变革的
深度学习和思考者

"新基础教育"研究的重要目标是促进当代学校的整体转型变革,这是一项复杂的系统工程,也是一项理论与实践不断相互滋养、共同创生的研究。因此,作为学校层面推进"新基础教育"研究第一责任人的校长,必须要自觉成为一个深度学习和思考者,才能承担起引领和推进一所学校全领域系统性变革的重任。

所谓自觉的深度学习和思考,一是指在"新基础教育"研究持续推进中,作为校长在学习方面要具有主动性、敏锐性和系统性,要参与整个研究性变革实践的全程。在至今 20 年的"新基础教育"研究过程中,从《"新基础教育"探索性研究报告集》到《"新基础教育"论——关于当代中国学校变革的探究与认识》及各学科指导纲要,再到《回归突破——"生命·实践"教育学论纲》等相关的实践成果和理论书籍不间断地在发表和出版,这么丰富多元的内容,学什么,如何学,基于自身和学校的实践,校长的学习要有主动性、敏感性和系统性。

二是指学习要与日常的实践、反思和重建相结合,要不断实现自我认知的结构化。我最大的体会是,在"新基础教育"研究过程中,每学期初校长要亲自汇报工作设想,期中要交流推进状态,期末要梳理经验亮点和问题不足。同时,20 年间,几乎每年我都会轮到 1—2 次的交流发言。这样的一种过程,虽然非常艰辛和痛苦,但自身的收获却是巨大的,因为每一次的计划、总结与交流,都必须是在学习基础上对阶段性研究实践的系统梳理、反思和重建,而这恰恰是一次次自我认知不断修正、清晰和完善的过程。

三是指要主动加强对共同体其他学校实践资源和创新成果的学习。"新基础教育"研究共同体学校遍布全国各地,各校的发展背景、研究起点、推进

策略以及实施路径等都各不相同,但我们的价值取向和追求目标又有很大的共同之处,因此,这是一种难得的学习资源和伙伴间的交流机会。

二、校长要自觉成为学校变革的
核心策划和推动者

1999年开始的"新基础教育"研究,从"课堂变革"和"班级建设"入手,继而进入学校制度、机制、队伍以及文化等全领域的研究性变革实践。这样一种学校层面整体系统性的转型变革,校长必须成为核心的策划者和推动者。也正如此,校长必须是第一责任人,成为"新基础教育"研究的铁律。那如何能成为一个合格甚至是优秀的核心策划者和推动者,个人的体会:

一是要"上得来"。校长要关注和研究全国乃至世界的教育发展趋势,并在深度学习"新基础教育"理论成果的基础上,能站在一定的高度上制定学校阶段性办学规划和年度工作计划。这一过程校长一定要亲自参与,要把自身对"新基础教育"的学习感悟和思考理解与学校实际结合,再系统性地"化"到各领域的发展愿景和任务措施中。

二是要"沉得下"。校长要有计划地参与各领域的研究,具体了解各领域研究实践的推进情况,一起探讨遇到的困难和问题。要经常性地深入学科组了解教师的状态,全方位进入课堂听课,要与教师一起研究课堂教学和班级建设,与教师形成研究的话语系统。校长只有经常性地深入日常的实践和研究,才能掌握最具体与真实的推进状况,校长的策划、决策和推进才会最贴近研究实践。

三是要善于"破与立"。随着"新基础教育"各领域研究实践在学校层面的系统推进,必然会在制度机制、机构设计和岗位职能设定等方面遇到障碍,如课堂教学的评价标准、教师学期绩效考核制度以及部门机构的职能分割等,若这些障碍性问题不能得到系统性的有效解决,则会严重影响"新基础教育"研究实践的推进。因此,校长要在过程中善于破除一些旧的制度机制,并在充分研究探索的基础上,通过规范的流程逐步建立一整套能支持和有效推进"新基础教育"研究实践的制度机制。

三、校长要自觉培育具有 发展自觉的中层团队

在学校变革的进程中,中层团队是不可或缺的中坚力量,其对自身发展的自我觉知与自主行动至关重要,直接关系到学校整体领导力的发挥与提升。学校整体转型变革中的价值提升、重心下移、结构开放、过程互动以及动力内化等方面的任务,都会不断地对中层领导力提出挑战。因此,我在20年的探索实践中感悟到,不断地唤醒、激活和培育中层团队成员的发展自觉,是持续提升学校变革领导力、推动学校优质发展的制胜法宝。我生成了如下做法:

一是注重多向选择,让中层在选择中清思明责。闵行区实验小学中层的任职,首先要进行公开竞聘,之后是每学年进行岗位述职,两年作为一个任职周期,每人需要再次表达和确认自己的岗位任职意向。这样一种多向多层的互动选择,力图让每一位中层与其任职岗位和所带领的团队之间实现最大程度的适切性,并不断清晰自我价值取向和岗位职责。

二是强化专业对话,让中层在思辨中智慧提升。中层发展自觉的培育与形成,最重要的是基于其自身专业能力的持续提升而获得的自我价值认同。而专业能力持续提升的重要途径,是要不断强化其专业对话。这里的专业对话,主要是指基于专业领域而展开的多种形式的互动交流与研讨,主要通过强化中层与分管领域成员、专家教授、兄弟校同行以及校内中层之间的专业对话,以期能促进专业理解,拓宽专业视野,提升专业智慧。

三是充分信任放手,让中层在担当中历练成长。一个人自我主体意识的觉醒和内在发展意识的激发,一定需要尊重与信任的工作氛围。因此,培育中层的发展自觉,我特别强调充分的信任与放手,让中层在自我担当中体验与历练。一方面是始终强化中层的"第一责任人制度",对于分管领域人的发展与事的推进,必须第一个去主动思考、策划和主动推进,碰到困难与问题,也必须第一个主动去面对、思考和寻找解决的方式与路径。另一方面,给予

每一位中层历练背后的支撑，助力创新和超越。

四、校长要自觉拥有基于教育
信念的责任和使命担当

"新基础教育"研究是一项扎根中国大地，需要每一所实验学校持续推进且不断创生的研究性变革实践。在整个推进过程中，与专家团队的合作也会由初期的紧密型发展为自身不断成熟后的松散型或是"放飞型"合作。因此，这样一项研究实践，需要校长具有坚定的教育信念及其责任和使命担当，进而不断培育学校推进研究实践的高度自觉和持续内生长力。

2012年，扎根性研究结束之后，虽然闵行区实验小学成为第一批"生命·实践"教育学研究合作校，但华东师范大学专家团队的进一步"放飞"而让我愈发感到不安。2013年起，在"新基础教育"生态式推进的背景下，闵行区实验小学成为"实小生态区"的组长校，要负责11所成员校"新基础教育"研究的策划与推进。2014年9月，闵行区实验小学又因特殊原因再次拓展办学规模，每年新增10个班级和30名左右的新进教师。面对这一系列的变化和挑战，作为校长，首先是感到责任巨大，在"放飞"的背景下，如何能继续高质量地推进和深化学校以及生态区的"新基础教育"研究。其次是内心有一种强烈的使命感，自己作为一个在20年"新基础教育"滋养中成长起来的校长，必须要肩负起"生命·实践"教育学研究合作校的使命，肩负起持续深化和推进"新基础教育"研究的使命。因此，近年来，在夯实"新基础教育"基础性工作以及深化研究方面，闵行区实验小学没有半点松懈。

在责任和使命的担当中，唯一让我感到坦然和自信的是，20年深度亲历"新基础教育"研究而不断生长、清晰和坚定的教育信念。这样一种教育信念，必将引领我将教育之道不断内化于心，扎根于土，并以自我不断修炼和提升的学校领导新基本功，努力依"教育所是"而行，达"自然而然"之境，在不断创造学校新生活的过程中，承担起一个教育人应尽的社会责任和使命担当！

坚守教育的初心

邵兰芳[*]

　　站在这里，如果再一次与大家分享作为常州市"新基础教育"播种人的心路历程，那就意味着我没有成长。所以，我今天不再重复昨天的故事。

　　反复思量华东师范大学"生命·实践"教育学研究院和叶澜老师、李政涛老师组织召开本次活动的目的和意义，我想可能有这样几点：一是回望，记住那些在"新基础教育"研究之路上不可忘却的人和事，做一群有根的人；二是总结，梳理一路走来的经验，将它积淀稳定下来，并转化为可持续的内定力和内动力，做一群有魂的人；三是展望，积聚来时的力量再出发，并将它辐射到更多的对教育有着美好理想，又愿意执着追寻的人，去成就更大一群的有目标和自我超越能力的人。

　　因此，我开始重新打量曾经跟我一起在"新基础教育"的浪潮中搏击的每一个人，细细琢磨他们成长路上的得与失、因与果，也试图努力提炼出一些可供他们自身汲取的力量，以及能为参会的更多人共享的精神财富。

　　袁文娟，1987年师范毕业就放弃城市的优越工作，来到了刚刚开办、一穷二白的常州师范学校第二附属小学，她不在乎外在的名与利。她遇事有自己的想法，从大队辅导员、办公室主任、副校长一路走来，教学上轻轻松松半个班毕业考试满分，工作上忙而不乱、举重若轻，她聪明有悟性。她对学生活动情有独钟，几次大活动让她在省内外小有名气，她初遇"新基础教育"的时候，也曾在门外徘徊，也曾冷眼旁观了一年。但是，当她一旦真正感受到"新

　　* 作者简介：邵兰芳，常州市第二实验小学前校长，中学高级教师。研究方向：学校管理、语文学科教学。

基础教育"对学生生命成长的价值,她的专注和投入却是旁人无法相比的。她从此认定"一生只做一件事",哪怕是到蓝天实验学校当书记,也快乐地把"新基础教育"的阳光播撒到每一个外来务工子弟身上。她在天宁区教师发展中心负责学生发展研究的这十年,更是把"新基础教育"学生工作的理念和成熟经验带到区里的每一所学校,惠及更多的师生,并带领合作校、基地校的班主任老师们一起创新经验,实践新样态。凝聚了她20年智慧和心血的《小学班队活动育人价值开发和实践转化》,引领了一堂堂精彩的班队课,一个个令人惊叹的报告,一批批优秀的特级、高级班主任,她乐此不疲,别无所求。

和她同一批的管理核心团队,有李伟平、叶伟锋、蒋玉琴、许晓曙、张林等,在他们身上,都能找到同样的专注,同样的执着,同样的百折不挠。

孙敏,当"新基础教育"发展性研究在常州市第二实验小学轰轰烈烈开展时,她还只是一名最基层的教研组长,不论是课堂教学还是工作能力,都并不起眼。可是,也就是这样一位不起眼的教师,却在新旧校长更替、教科室主任调离的关头,和临时组建的"新基础教育"工作室的三位老师许倩、朱明亚、潘亚清一起,和新校长一起,默默扛起了2005年的回溯研究、2006年的中期评估、2008年的课堂普查、2009年的结题展示,乃至后续的扎根性研究、生态区研究。时至今日,看她淡定地安排常州市新基础教育研究会的各项工作,特别是这样的大活动烦琐的会务工作,从容地做全国生态区研修活动专题讲座,有条不紊地完成一个校区的执行校长工作,自信地承担一个市级名教师工作室的领衔工作,快乐地在课堂上跟学生玩数学游戏,开展综合活动……各项工作之外,她还精心梳理,完成了2本"结构教学"研究的专著和一个省级重点课题,近三年发表省级以上论文8篇,其中2篇核心刊物,执教研究课和讲座10余次。

和她同一批在"新基础教育"的滋养下成长起来的老师,有朱丽萍、郭玉琴、高鸣鸿、马美南、朱明亚等,在他们身上,都能找到同样的踏实,同样的自如,同样的勇往直前。

潘银婷,一个极具个性的语文老师、班主任,她热爱阅读,幽默而有文采,曾经嬉笑怒骂从不看场合,是个让人欢喜又让人忧的刺头。自从走进"新基础教育"的世界,她开启了"从心所欲不逾矩"的教育生活。她的语文课堂教学就像"林冲棒打洪教头"一般,打破陈规陋习,互为师生,贯通古今,融通活动与学科,打出了一片新天地,让更多的孩子爱上了中华语言文字与文学表达。她的班级管理就像"嗨,男孩女孩"一般,呵护童心,尊重本性,共商规则,点燃激情,让更多的孩子做自己,做更好的自己。20 年"新基础教育"的浸润和琢磨,让她像一块璞玉,展现出柔润的光芒。再看如今的她,在"常州市特级班主任""龙城十佳班主任"的光环下,依然是那个自由自主的她,带着一年级一群新兵老将快快乐乐地耕耘在每一天,特级班主任展示刚结束,就执教全国"新基础教育"班主任研修班队活动,随后洋洋洒洒的"20 年载歌载舞"成长故事也一挥而就,用她自己的话说,"我有这个底气了"。

像她一样在"新基础教育"怀抱里自由飞翔的老师,有许倩、邵沪杰、马燕芬、蒋冬霞、石亚静等,在他们身上,都能找到同样的热情,同样的自在,同样的创意无限。

在一个个他和她的身上,似乎有共同的特质。在"新基础教育"20 年的浸润下,这一批教师都获得了长足的发展,因信念坚定而具有了内定力,因理念丰实而具有了内动力,因扎根日常而具有了创新能力,因现实复杂而具有了应对挑战的能力,因平台丰富而具有了超越自我并惠及他人的能力。他们因始终行走在生动、具体、真实、鲜活的教育实践中,日复一日地将教育之道内化于心,外化于行,并转化为过硬的新基本功。

究其原因,是否可以归结为以下几点。

1. 有情怀的教育让他们增强了使命与担当

相信在座的校长、老师选择"新基础教育",不是要搭"新基础教育"的顺风车,扯大旗跟风走,也不是将"新基础教育"简单地看作一个项目,做一点点状的突破,而是首先被叶澜老师、"新基础教育人"的情怀感动,被这项"为了人,通过人,发展人"的伟大事业和美好理想打动,然后才是静下心来研读"新基础教育"的理论文章,看到"新基础教育"卓有成效的实践研究路径,从而坚定投入"新基础教育"的决心。这也是我和我的管理团队、老师们在"新基础教育"的研究路上越来越深切的感受。

这一份纯挚而热切的教育初心,唤起校长作为学校第一责任人的初心,那就是为了学校的主动、健康发展,唤起每一个团队责任人的初心;那就是为了教师的主动、健康发展,唤起每一位教师的初心;那就是为了学生的主动、健康发展。这份教育者的情怀,让他们眼中有了"人",心中敬畏"生命",更有了对自我职业的尊重和敬畏,对自我成长的责任与担当,对他人成长的无私与奉献。

这份情怀,来自"新基础教育",也反哺着"新基础教育"。

2. 团队式行走让他们拥有不竭的成长动力

"一个人走得快,一群人走得远",这句话真实地刻画了我和这群教师的成长之路。20年,因为有叶澜老师、有华东师范大学"新基础教育"研究团队的坚守,我们追随着领路人一路向前,不知疲倦。因为有了常州市生态区的坚守,我们这一颗颗种子,拔节向上,并繁衍成一片根系茁壮的竹林。因为有全国共生体的坚守,我们更拥有了存在并被需要着的自信,上海市闵行区团队与我们遥相呼应,互为支持,其他新加入地区成为我们辐射成果、验证实践、同生共长的沃土。

团队强劲的理论创新和实践提升能力,赋予了个体强大的生命力,从而让每一个个体不惧风雨,勇往直前;团队高位的全局意识和长程的策划能力,引领每一个个体的发展,成长被看见,于是每一个个体都渴望并努力成长为最好的自己;团队差异的发展意识和共生能力,关注每一个个体的状态,并通过生态式的自然互动,让每个具有成长意识的个体都能不断找到自己新的位置,并能不断汲取新的成长滋养。

这个团队,来自"新基础教育",也壮大着"新基础教育"。

3. 过程式历练让他们具备了迎接挑战的意志力和能力

从基地校创建中的规划制定、中期评估、课堂普查、精品开放,到合作校期间的调研、回访、开放,一个个节点的绽放,无不历练着每一个投身其中的人。这样的过程历练不仅仅提高了做事的能力,更关键的是改变了人的生活态度,让人积极、乐观,并不惧挑战;这样的过程历练还改变了人的思维方式,整体系统地看待学校管理,辩证客观地分析遇到的问题,人与事融通地来策划每一项工作。面对越来越多变的社会格局和越来越复杂的教育生态,他们有了一份淡定和从容,向内能找到归属感,向外能找到共生感,向上能找到使命感,向下能找到自豪感。这样的一种心境和生境,必然改变了他们的工作方式和生活方式,让他们具有了面对一切挑战迎难而上、执着追求的毅力和能力。

叶澜老师曾给教师画过一个像,她认为指向"时代新人"培养的"新型教师"应具有系统、复合的素养:富有社会责任感,具有独特的教育智慧、创造意识和能力,拥有自我发展的需要和潜力,在教育实践中实现主动发展、生动的、具体的、真实的人。

而我,就从这些在"新基础教育"浸润了 20 年的教师们身上,看到了越来越多这样的特质,并坚信,他们会向着这个理想不断趋近,不断生长……

常州市"新基础教育"20 年研究路上的那些人、那些事

李伟平 *

一、常州市"新基础教育"20 年研究历程

常州市"新基础教育"研究 20 年,可以分成三个阶段。第一段从 1999—2007 年,是两所学校自发参加研究阶段。1999 年,常州市第二实验小学率先参加了"新基础教育"发展性研究,成为常州市第一个自发参加研究的学校。2005 年,常州市局前街小学自发参加"新基础教育"成型性研究。第二阶段从 2007—2015 年,是常州市教育行政部门推广研究阶段。常州市教育局组织 30 位校长到华东师范大学参加"新基础教育"研修班,从行政层面来推进常州市内二十几所学校参加研究,形成了"新基础教育"研究的常州生态区。第三阶段是从 2015 年至今,是常州市新基础教育研究会自主生态式推进研究阶段。从学校自发参加研究,到教育行政部门推动参加研究,再到成立研究会自主研究,研究的内动力在一步步增强和提升。

二、常州市"新基础教育"研究 20 年来的 "成事成人"的外显成绩

参加"新基础教育"研究的 20 所学校中,已经有 9 所学校成为常州市"新

---

* 作者简介:李伟平,常州市新基础教育研究会理事长,常州市局前街小学校长、书记,江苏省特级教师,江苏省人民教育家培养对象,正高级教师。

优质学校",1 所成为全国文明校园,8 所学校成为省市文明校园。

参加"新基础教育"研究的校长,有 2 位成为常州市特级校长,6 位成为常州市高级校长,2 位成为常州市骨干校长。

参加"新基础教育"的班主任,有 11 位成为特级班主任,12 位成为高级班主任,18 位成为骨干班主任。

参加"新基础教育"的学校,有 6 人评上特级教师,4 人被评为正高级教师,5 人被评为特级教师后备人才,109 人被评为常州市学科带头人,有 20 人次和 81 人次分别在全国和江苏省基本功、评优课比赛中获奖,近 5 000 篇论文在省级以上刊物上发表。

无论是对学校来说,还是对校长、教师和班主任来说,这些外在成绩都不是刻意去追求的,也不是我们"新基础教育"研究追求的,而是我们扎实持久地开展"新基础教育"研究后"自然而然"地成长,是水到渠成的结果。

三、常州市"新基础教育"研究 20 年来的"成事成人"之道

常州市为什么会做"新基础教育"研究? 我们不得不提到"新基础教育"研究的引荐人——常州市教育科学研究所研究室的倪正藩老师,是他在 1999 年的夏天带领常州市小学的一批校长到上海参加"新基础教育"探索性研究报告会,才让我们有幸接触到了"新基础教育"研究。倪老师是一个热心肠的人,他的热情牵线让我们与"新基础教育"结下了不解之缘。可见,"新基础教育"研究需要的是"热情"。

邵兰芳校长是常州市"新基础教育"研究的引进者,也是常州市"新基础教育"研究的第一位校长。1999 年,我和邵校长一起去听叶澜老师的报告会,邵校长拉着我坐在第一排,认真地倾听报告;叶澜老师召开座谈会,邵校长积极主动地发言,表明自己主动寻求学校变革的强烈愿望和执着参加研究的决心。邵校长的主动表现得到了叶澜老师的关注,经过邵校长的一再请求,叶澜老师答应到常州市第二实验小学实地调研。常州市第二实验小学才成为常州市第一个开展"新基础教育"研究的学校。可见,"新基础教育"研究

需要的是"主动求变"和"执着追求"。

居丽琴女士时任常州市教育局局长，十分关心"新基础教育"研究，亲自到常州市第二实验小学听课，听评课，和叶澜老师等专家交流，她是教育行政部门的有力支持者。她当了副市长后一如既往地关心支持"新基础教育"研究，直到今天。"新基础教育"研究需要教育行政部门的"支持"。

许倩、蒋玉琴、袁雪风、王小娟、高鸣鸿、蔡丽华、高静和我是"新基础教育"研究的第一批实验老师，是探路人。当年，我们常披星戴月地奔波于常州市和上海市之间，有一次为了赶上崇明岛的航船，蒋玉琴脱掉高跟鞋，赤着脚跑到船上。到了上海后，学习真是如饥似渴，先是拼命记笔记，后来用录音笔，再后来有了摄像机，回来了花大功夫整理供大家学习。

叶澜老师、卢寄萍老师、吴玉如老师、吴亚萍老师、李晓文老师来常州市第二实验小学指导，邵校长总是抓住机会，进行压榨式轰炸，白天听课评课，连中午也不休息，晚上还要到宾馆里去座谈和沙龙。当时住在交通宾馆，蚊虫很多。深夜，专家们还要和蚊虫进行大战，第二天个个红着眼睛继续去听课评课。她们非常敬业，可以说是争分夺秒，好几次都是一路小跑去火车站的。可见，"新基础教育"研究需要的是"知难而上"，是"如饥似渴"，是"忘我"。

第二阶段，教育行政推动研究阶段。首先要提到的是丁伟明先生。2007年，丁局长和叶澜老师商量，要在常州市推广"新基础教育"研究。于是当年6月，华东师范大学为常州市30位校长专门开了研修班。双向选择后，有10所学校参加了研究。丁伟明先生无论是在做副局长，还是在做局长期间，都对"新基础教育"研究倾注了大量的心血，成为"新基础教育"研究教育行政力量的有力推动者。韩涛局长、杭永宝局长、沈梅和常仁飞副局长同样是有力的行政推动者。可见，"新基础教育"研究需要行政的推动。

研修班上，参加研修的校长白天听报告，晚上交流、写作业，常常忙到深夜，有的甚至是通宵达旦，他们戏称是"魔鬼式"的培训。但正是因为这样高密度、高强度的培训，才促进他们更投入地学习和思考，掌握了"新基础教育"研究的理论，为研究奠定了坚实的基础。

王冬娟，时任常州市第二实验小学校长，2005年，王校长从常州市实验小学调到常州市第二实验小学做校长,她义无反顾地继续带领常州市第二实验小学做"新基础教育"。她如饥似渴地学习"新基础教育"理论,虚心向常州市第二实验小学教师学习,向上海市闵行区的校长取经,很快就跟上了"新基础教育"研究的步伐。可见,"新基础教育"需要校长把接力棒一棒一棒地接下去,需要王校长这样"拼命三郎式"的投入者。

黄伟良,常州市蓝天实验学校的校长。蓝天实验学校是外来务工子女学校,黄校长克服了条件论思维,带领老师一起做"新基础教育"研究。叶澜老师选择做"新基础教育"研究的学校时从不嫌弃条件差的学校,只要你愿意变革,真心变革,她都接受。黄校长带领蓝天实验学校做"新基础教育",改变了学校的面貌,让师生都获得了成长和发展。可见,"新基础教育"不嫌贫爱富,反而对一些薄弱学校关爱有加,这体现了叶澜老师的平民情怀。

2009年,"新基础教育"研究中心在上海市闵行区举办了主题研修活动,几乎每个月一次。常州市的骨干教师周志华、金东旭、孙敏、高鸣鸿等月月奔波于常州市和上海市之间,向闵行区的先行者学习。可见,"新基础教育"研究需要生态区间的交流互动,需要资源的有效利用,促进共同提高。

2016年起,常州市四个区轮流做东道主,开展区域内的学术研修活动。骨干教师围绕研究主题上课,分管教学的副校长与学科主任评课,有效地促进了常州生态区研究的自觉推进和发展。可见,"新基础教育"研究需要生态区内的"圈圈联动",实现共同发展。

在这一阶段,常州生态区的学校通过创建基地校和合作校等一系列活动,在扎根日常的基础上,实现了节点的绽放。7所合作校、8所基地校、5所联系校、2所新进校,形成了4个梯队22所学校构成的共生体。共生体学校类型多样,资源丰富,更加有利于相互之间的交流与合作,实现了各种类型学校的差异发展,实现了生态式的发展。可见,"新基础教育"研究需要的是生态式研究。

2015年6月,常州市新基础教育研究会成立,标志着常州市"新基础教育"进入区域自主研究阶段。一方面,常州市教育行政部门不再负责研究推动工作,由常州市新基础教育研究会这个民间学术团体负责。另一方面,"生命·实践"教育学研究院也"放飞"了常州市,让常州生态区自主开展创造性研究。可见,"新基础教育"研究需要的是自主,需要的是生命自觉,需要的是生命自觉的创造,强调的是动力的内化。

钱丽美,时任新桥实验小学校长,2007年带领新桥实验小学做"新基础教育"研究,2012年,新桥实验小学成为"新基础教育"基地校。2012年,她调任龙虎塘实验小学做校长,又带领龙虎塘实验小学开展"新基础教育"研究,2015年和2018年分别创建基地校和合作校。2019年,龙虎塘实验小学一分为二,钱校长担任龙虎塘第二实验小学的校长,又继续做"新基础教育"研究。东青实验学校,2009年做"新基础教育"研究,后来因故中断了几年,2015年,汤国忠和商骏涛校长又继续做"新基础教育"。常州市第二实验小学、小河中学、西夏墅中学、新桥实验小学、龙虎塘实验小学、花儿中学、五星实验小学、丁堰小学、潞城小学等学校校长在不断地更迭,但"新基础教育"研究持续不断,李伟平、钱丽美、韩燕清、韦艳青、黄乃君、朱新颜等校长,学校在换,但"新基础教育"研究不换。可见,"新基础教育"需要一批执着追求、持之以恒的学校和校长。

2015年11月,首届基础教育国家级教学成果推广会暨全国"新基础教育"研究成果推介会在常州市举行。26场报告,50节现场研讨课和研讨活动,1500多人参会,常州市"新基础教育"生态区作出了自己的贡献。叶澜老师的大会报告《"新基础教育"研究内生力的深度解读》更是为"新基础教育"生态式推进指明了方向。可见,"新基础教育"研究需要叶澜老师的不断的顶层设计,也需要各生态区的积极主动贡献。

2017年6月,"新基础教育"示范区基地建设专题研讨会暨"新基础教育"研修学院挂牌仪式在常州市举行。常州市"新基础教育"研修学院开展承担全国"新基础教育"研究的研修任务,向全国系统地辐射"新基础教育"研究成果。研修学院开办两年来,共举行了11场研修活动,约1 200人次参加了研修活动,常州市兼职研究员和骨干教师做了48个专题报告,上了72节研讨课,周志华、孙敏等付出了艰辛的努力。我们的研修内容和形式也按照"新基础教育"研究的方式在不断地变化,第一阶段,研修学院提供课程,学员来参加研修;第二阶段,研修学院提供研修菜单,供学员选择;第三阶段,围绕研究主题进行常州市的研究阶段成果交流;第四阶段,围绕主题,全国各生态区的教师带着研究成果来参与研修。可见,"新基础教育"研究需要双向滋养,需要主动介入式的参与。

2018年5月,全国"新基础教育"研究第十次共生体年会在常州市召开,表彰了一批在"新基础教育"研究中作出贡献的校长、教研员和教师,总结了生态式研究阶段的经验。特别是叶澜老师在大会做了题为《依"教育所是"而行,达"自然而然"之境》的报告,提出了"新基础教育"研究要达到的厚朴如树、温润如玉、灵动如水、绚丽如凤的教育的"自然而然"之境,为我们描绘了教育的美好蓝图。可见,"新基础教育"研究需要叶澜老师不断地高位引领,也需要各生态区积极主动地创造。

四、我在常州市"新基础教育" 20年研究中的成长

1999年,我在常州市第二实验小学参加"新基础教育"发展性研究;2005年起,我在常州市局前街小学参加"新基础教育"成型性研究、扎根性研究和生态式研究中也获得了发展。

(一)思维方式在不断改变

1. 从局部思维到整体综合思维

我原先思考问题时,往往把领导管理、课堂教学和班队建设割裂开来,把人和事也割裂开来。现在学会了整体综合地思考问题,把学校生活当作一个整体来思考,实现三大领域的综合融通,学科教学中融通班队活动,班队活动中融通领导管理。在学校生活的设计上,通过学期节点活动、自然节气活动和人文节庆活动来体现人与自我、人与自然、人与社会的关系,从而促进全生活育人。

2. 从二元对立的割裂式思维到关系思维

原先思考问题,总是二元对立,非此即彼。现在学会了采用关系思维方式。学校教育不仅仅要关注学生的当下,还要考虑到学生未来的发展,因此不能急功近利地盯着学生眼前的分数利益;对学生的生命关怀,不仅仅需要

有表扬激励,还需要有教育惩戒;学校教育的空间不能仅仅局限在课堂里和校园内,还要结构开放,架构学生书本世界和生活世界的桥梁,让学生到大自然和大社会中去学习。

3. 从静止思维到动态生成的思维

在集团化办学过程中,为了培育成员校的责任人,开始采取的是1对1的师徒制。结果发现,带的徒弟不适合某个岗位,后来采用了学生工作中的双岗位制和岗位组制度,一个师父带两个或更多徒弟,让适合的徒弟走上责任人的岗位。

4. 从条件论思维走向主动可为思维

事物都有积极与消极的一面,而人往往总是看到困难,陷入条件论思维的泥沼。集团化办学,责任人和骨干教师的交流,条件论思维看到的可能是优质资源的稀释,但用主动可为的思维,看到的则是责任人与骨干教师的重新培育,让更多的人得到发展。

(二)生存状态在不断改善

1. 从现实到理想

在接触"新基础教育"研究之前,我是一个比较现实的人,安于现状,把教师当作一份谋生的职业,留意更多的是自己的现实生活,很少关注自己的精神世界。叶澜老师的一句话"让教师享受职业内在的尊严与快乐"点醒了我,我知道眼睛不能只盯着近处,还有远方;不仅要脚踏实地,还要仰望星空,我和老师学生一起,从现实的此岸,奔向理想的彼岸。

2. 从浮躁到宁静

刚开始做"新基础教育"时比较浮躁,千方百计搞活动,弄花头,营造轰轰烈烈的气氛。其实对很多观念都没有弄清楚,实践没有多长时间,总结里就用发生了"天翻地覆的变化"和"显著的改变"等字眼,实验刚开始,就想请叶澜老师来挂牌。在研究过程中,叶澜老师一次次的敲打,使我的心越来越宁静,我将叶澜老师的话"宁静方致远,虚怀得丰盈"作为自己的座右铭。

3. 从被动到主动

我以往参加一些研究活动,功利性比较强,被动应付的成分比较多,因此常常当听众、观众。但参加"新基础教育"研究,是一种发自内心的积极主动,无论在常州市第二实验小学还是在常州市局前街小学,参加"新基础教育"研究都是我自觉主动的选择。每当遇到几种活动出席时间发生冲突的时候,我会毫不犹豫地选择"新基础教育"研究活动,而且一定会主动参与到活动中,一直在"场"中。研究让我变得主动,主动应对,主动求变,主动生长。

(三)生活境界在不断提升

1. 从追求外显到内心自得

我刚开始从事教育工作时,往往是为了追求外在的东西,如职称晋升、荣誉和学术称号,当这些目标达成后,往往会产生倦怠和颓废感。现在这些东西我都有了,但我依然没有停止前行的脚步,继续在变革中创造,因为我已经有了内动力,追求的是没有外力驱动下的内心自得。

2. 从东张西望到坚定执着

教育研究的流派五花八门,常常弄得基层学校眼花缭乱。刚开始时东张西望,不知选择哪个流派来做。自从做了"新基础教育"研究后,无论是在常州市第二实验小学还是在常州市局前街小学,无论是常州生态区,还是全国共生体,只要真心实意地做,"新基础教育"研究都能给学校教师和学生带来变化与发展。做了20年,更坚定了我的信念、内生力,我还会执着地做下去。

3. 从心神不宁到气定神闲

从事教育工作,刚开始面临过"树人"与"树木"的抉择,也有过从政与从教的徘徊,看到经商的同学腰缠万贯,看到从政的同学位居高位,也曾心神不宁过。五十知天命,我已经到了知天命的年纪了,现在有了内定力,气定自若,一辈子就做一件事,当个小学教师。为了孩子的健康、主动发展,默默地、静静地创造学校教育新生活,和孩子一起向着明亮的方向,敞亮地追求着幸福的生活。

"自育"，成一个"新我"

屠红伟[*]

今天，我们相聚在岁至初冬却依然充盈着生命活力、依然生机盎然的闵行区实验小学校园，共飨"新基础教育"研究扎根闵行区 20 周年纪念活动的美好时光，我以为向这段岁月最好的致敬方式就是：亲历者、同行者在各自"成事成人"的故事与体悟的讲述与分享中，汲取继续前行的温暖与力量。

20 年，于历史，不过白驹过隙；于我，于我们，恰是伴随着改革开放的沧桑巨变、中国基础教育改革逐渐向纵深发展的后一个 20 年，走过自己教育人生的风雨历程和幸福温暖，从而立之年到今日的知天命之年，感谢"新基础教育"，感谢生命中这场微小却盛大的相遇，让我拥有了人生中最好的 20 年——成熟、有为、充实。

马尔库塞（Herbert Marcuse）说过：理论不能改变世界，只有人能改变世界，但是理论能改变人。对此，我深有感触，我想只有融进了理论建构者自身追求真知的澄澈的人格品性，蕴含着对人类、对生命深切关怀的人性温度的理论才是有力量，能改变人的。我觉得"新基础教育""生命·实践"教育学便是这样的理论——属人的、为人的、具有人的生命气息和实践的泥土芬芳！这一理论与实践双向建构的研究深深地影响、改变、丰富着我对教育的认识、对生命的理解以及对实践的态度。20 年来，本人最大的收获有两点：一是做教育的过程中越来越向"点化生命的人间大事"这个本心回归，向"教天地人事，育生命自觉"这个内核靠近，"为生命而为，为成长而为"成为我处世、工作

---

* 作者简介：屠红伟，上海市闵行第四中学校长，中学高级教师。研究方向：学校管理、教师发展等。

乃至生活的价值取向的基本判断。我个人的办学立场也实现了从"教学场"到"教育场"进而到"生命场"的认识与实践的升华;二是日常的研究性变革实践、一日日学校新生活的创造,培育了我扎根泥土的执着和品性,我和我们的学校好比一棵树,越向往高处的阳光,就越要把根扎入深深的泥土中,汲取养料。基于校本,指向未来,我们始终能脚踏上海市闵行区第四中学这块坚实的土地,开展日常的、真实的、持续的、深入的教育教学研究与实践。有这样的本心、这样的判断、这样的执着,一路走来,我和我们学校的发展比较踏实、坚定,求进但不冒进,创新但不标新,聚力但不功利。

学校也走出了世纪之交、地区发展重心转移、学校多次合并、骨干流失等种种迷茫与困境,成长为首批全国"生命·实践"教育学研究合作校,首批入选"上海市新优质学校",首轮获评"上海市文明校园",成为深受学生喜爱、百姓信赖的家门口的好学校。

细细想来,这20年,我与学校共成长,我的思维品质、工作姿态、生活方式等发生了很多的变化。

一、读,成为我的生命姿态

读教师、读学生、读教育时代,并努力去读懂,是我在"新基础教育"研究实践中养成的习惯和锤炼的新基本功。让我学会读、懂得读的最好的老师是叶澜老师。有这样一个场景至今深深印刻在我的心中:2012年10月6日的上午,叶澜老师约我到她松江九亭的家中,在她朴素、清雅的书房做深度访谈,我知道那段时间叶澜老师正忙着"生命·实践"教育学论著三套丛书的编写出版工作,抽半天时间给我,实在奢侈。但是,整整一个上午的三四个小时,叶澜老师如话家常一般,亲切真诚,我也敞开心扉谈童年生活,谈成长经历,谈影响自己一生的重要的人和重要的事,谈学校发展中的困与难,谈小小成长的欢欣与体悟。其间,叶澜老师的不断询问和对话,更是提点、鼓励、启发和提升。那个上午,初秋明朗的阳光漫溢入窗,静谧空间中流淌着桂花的香气,我能感受到,与叶澜老师心意相通。被读懂的感觉是那样美好! 后来,叶澜老师将对我们几个校长的访谈录就定名为"读懂创造教育新天地的人们",一个知名的大学教育学教授努力从深层次去读懂一线小校长们内心的愿望、前行的困惑,读懂每一所普通学校发展的脉络与问题的症结,这份真诚、这份信任,让我动容,更让我学习到叶澜老师对问题的思考角度以及对人的深切关怀。

于是,努力去读懂我们的教师,努力走近每一个独特的个体,读懂他们的需求与困惑,读懂他们的优势与不足,预留空间,搭建平台,助力成长,也便成了我的必修课。

读教师,让我确立起教师立场,而读懂每一位平凡的教师,探索动力内化机制,更好地激发了教师生命的张力和教育的活力。我最欣喜、享受的是,打造一支"富有情怀、善于学习、开放智慧、生命自觉"的具有上海市闵行第四中学自育文化、鲜明特质的教师队伍,显性的标志是连续几年上海市闵行第四中学"教师发展"维度居闵行区同类学校之首;我更欣喜的是,这样的一个教师群体带领和培育着我们的学生从重拾自信走向拔节生长。

在叶澜老师的引领下,我也学着读时代,明时代,做一个教育的明白人,这样的读让我逐渐培养起审时度势、鉴往知来的战略思维,因时而需,因需而变,因势而创,也成为领导与管理变革的逻辑起点;读时代,更让我在这个充满复杂变局、发展希望的大时代中,读懂时代精神、国家需要,心中升腾起培育一代新人的责任和使命。"新基础教育"也教会了我读自己,明自我,阶段回溯,清思谋划,知道自己走到了哪里?经验智慧是什么?实存的问题、发展的障碍在哪里?从而寻找新的生长点,开始新的出发。

以一颗真心去倾听、理解、探求,读是一种态度;通过读去调研、分析、思考,读便是一种方法。十多年来,读穿行于生命之中成为我重要的生活方式与姿态。

读也成为上海市闵行区第四中学人、"新基础教育"人的新基本功、新常态,我努力读懂教师,而我们的教师则努力锤炼起读懂学生之功,将以人为本、因材施教真正落到实处;锤炼起文本解读之功,将深度开发学科育人价值变成现实!读并努力读懂,让上海市闵行区第四中学人始终永葆发展的清醒和可贵的真诚。

二、融,促成我的思维转型

20年的"新基础教育"研究实践,我越来越清晰地感受到学生学习的综合性、长程性,生命成长的整体性、生长性,学校变革的丰富性、复杂性,这一切都对我和我们的团队提出了极大的挑战,学会用更为综合、更为融通的思维方式去思考、谋划,从而推进变革实践,是我在长期的"新基础教育"研究实践中实现的艰难但却可喜的转变。

多年前,当我策划组织生态区内学校合作探索"图书馆工作与语文教学无缝衔接,创造阅读新生活""实验室工作与理科教学相互召唤印证,创建理科教学新课堂"等专题研讨活动,让专职实验员、图书馆员、学科教师同进一个现场,共研去解决专用室岗位与教学有脱节、缺研究的问题的时候;

2016年起,当我与共同体伙伴一同探索校园四季系列活动,研究设计以学校自育文化为魂,"自然节气、人文节日、成长节律"三节相通,形成与季节契合度高、有温度美感、有教育内涵的校园综合活动的时候;

2018年,当初中三科推出部编教材,作为政史地组的行政A角的我,研读"道德与法治"教材,发现其与六年级学生成长教育规律高度吻合,引导教研组与年级组牵手,学科与班级融通,开展综合学习活动,收到超出预期的效果的时候;

……

每每这样的时候,我都能欣喜地感受到"知行合一、事人融通、跨域思考"等思维方式带来的创造与智慧,不简单做加法,不点状去思考,让教育的节点更加全息,我更真切地感受到思维转型带给我的力量与快乐。

三、爱,丰盈了我的生命气象

都说中国人看自然、看人生、看历史都有一种温情,这是我们中国人的道德心情。"生命·实践"教育学教会我看教育、看生命要充满善意与深情,叶澜老师曾说,教师在学生面前呈现的是其全部的人格,而不只是专业;前一周,叶澜老师在《做一个幸福的教师》的报告中给幸福教师三个定语"善良心意、聪慧心灵、善享生命成长之趣"。作为教师的我,作为校长的我,更作为一个需不断完善的生命个体的我,选择了与伙伴们一起拓展生活的宽度,修炼有品有趣的灵魂,从而提升我的生命质量,丰盈我的生命气象。

感谢叶澜老师倡导的"校园四季系列"活动研究,让我对自然多了一份深情的凝望,在忙忙碌碌中停下脚步,抬起头来,与我们的师生、家人一起生出"春时折柳,夏时观荷,秋时赏菊,冬时踏雪"的情致与诗心。

感谢李政涛老师组织的"校长空间领导力"的专题研究,让我对建筑、对艺术、对色彩多了一分研究与欣赏,最受师生喜爱、被誉为我区最美图书馆之一的上海市闵行第四中学"欣阅阁"设计,便是我坐在乌镇木心美术馆木质台阶上产生的灵感与创意。

爱自然、爱生活、爱生命、爱真理,爱让我的生命不断丰富、开阔与舒展,更让我坚定我追求:与老师们一起努力将学校打造成"最美的时光、最暖的地方"的生命场,在那里能听到生命拔节的最美声响!

不刻板地对待生活,不线性地认识人与事,不演绎地完成任务,不功利地从事教育,不轻易地抱怨当下的困难,主动地学习、探索、创造,在坚持中改变,在改变中新生,一天天的丰富,一次次的超越,20 年后,我遇到了一个更好的自己。

站在 20 年的里程碑前,有太多的感慨、感动,此刻,"新基础教育"研究、"生命·实践"教育学派创始人和持续的领导者叶澜教授笑盈盈地坐在我们中间,让我们如沐春风,她年届八旬,却依然充盈激情,思维敏捷,扎根深远,思想青翠,可钦可敬,又可亲可近。我始终觉得她本身就是一本丰厚的著作,字里行间记载着梦想和探索,更带领着一群人努力用实践书写中国教育的明亮远方。有思想、有梦想并付诸实践的人青春不老! 一段时间以来,我一直想用一个贴切的词语来形容进入我们生命、滋润并见证了我们成长的"新基础教育",此刻,我越发真切、清晰地感受到其中洋溢着的青春气质甚至少年心态:一种虽千万人吾往矣的自信自强,一种对生命和创造的坚定信仰,这是我们共同成长的精神养料,记得梭罗(Thoreau)在《瓦尔登湖》中曾把这种气质和心态具象化为"黎明意识"。是啊! 天地常新,教育常新,用一颗无畏向上的真心开启学校教育的每一天,迎接人生发展的每一个阶段,成长就会是一条不可截断的河流,一路向前,步履不停,我们也便如黎明般常新!

"是花朵就会绽放"

王培颖 *

今天是"新基础教育"研究 20 周年的纪念大会,又是一个让"昨天"回来、"明天"被盼望的好日子。我好高兴,也很激动,感谢共生体团队给予我分享交流的机会,分享我在"新基础教育"实践研究中最深切、最难忘的"成事成人"之路。

一、一朝一夕育生命

2008 年 1 月,我从华坪小学的副校长到汽轮小学担任校长,工作环境、岗位角色的变化让我感受到了责任与担当,也赋予了我不断向上长、向前行的勇气与智慧,感谢叶澜老师,感谢各位前辈和领导,感谢共生体的诸位同仁,在大家成长的经验里,我深深感悟到,"教育思想的转变不是一朝一夕能够完成的,而是靠持之以恒的变革伟力去孕育"。

2008 年 9 月,还是"新基础教育"准基地校的汽轮小学要接受全面普查,当时的我特别没有自信,但又特别努力想把事情做好。经历了全面普查的我们终于弄明白了"什么是真正的'新基础教育'研究",至今还忘不了叶澜老师鼓励我们的话:"新基础教育"从来是不挑学校,只求真心实意,愿意突破自己,主动成长。于是我和老师们一起打破"生源决定论",改变学校教育价值观和学生观,用教育理想改写教育现实,不仅在"连"字上下功夫,还通过系统

---

* 作者简介:王培颖,上海市闵行区汽轮小学校长,中学高级教师。研究方向:学校管理、教师发展等。

学习,了解了自己参与的"生命·实践"教育学研究洋溢着"人的生命气息和实践的泥土芳香"。2009年11月15日,我们迎来了建校60周年,也邀请到了叶澜老师为我们成为"新基础教育"基地校揭牌。经历了真心实践和改变后的我渐渐有了自信,也意外收获了叶澜老师赠予我们的新校训——"好学自信,共生奋进",以此作为学校开启新甲子教育发展的精神之魂。"是花朵就会绽放"这句话扎进了我和老师们的心田,日后,我们尤其关注"自觉、日常、系列化、创品质"这些关键因素,在"共生文化"引领下实现了草根情怀下的自我变革。师生精神面貌和实践能力一步步地从消极走向积极乐观,对理论的认识、教育价值的选择以及理想信念越来越清晰,而且能够努力地"化"到日常行动中去。2012年5月,汽轮小学成为全国首批"生命·实践"教育学研究合作校,2012年9月起,我还担任闵行第四生态区建设常任组长,从组织一所学校的研究性变革到更大更多群体学校的研究性实践。我明白:"共生体"不是聚拢起来就行,而是要在聚拢后各自都能生长,也从"无所不要"到"想想再决定要不要";从"人所拥有我都拥有"的"无我"追求,到学会分析、判断和取舍,想好了再做;我们的精神状态、认识水平、研究和把握学校的能力获得提升,还带起了一支拥有共同发展愿景的学校领导管理团队。2016年3月,也正值"校园四季"实践与研究的起步阶段,我受组织委任,兼任周边另一所学校校长,依托闵行共生体团队力量,我针对学校教育活动进行整体系统重构,发挥一体化办学的优势,形成融自然、科学、社会、人文为一体的各类综合实践活动,创生了一体化办学背景下校园四季综合活动推进的三大发展机制。2019年4月,我代表学校在全国共生体大会上交流汇报,相关经验在《现代教学:思想理论教育》杂志刊登,新成员校也从相对封闭教育通向人与自然的关联,学科人的身份被打破,重新还原为"教育人"。成长的需要和可以变得更好的愿望,让我们在成事的过程中完成师生精神面貌的变化与发展。

二、一书一页暖人心

在这么多的"生命·实践"教育学研究合作校中,汽轮小学原来的基础是最弱的,因此在这十多年的合作中,我们对自己的变化和进步感受特别深刻。特别是叶澜老师提振与强调的这段话:"再难,每人头上有一片天,脚下有一块地。天,你让它清朗,地,你把它耕耘好。"我们这所"小学校"在大时代的风浪中把握命运,获得认识自我、发展自我的意识和能力。

2015年初,我读到了"生命·实践"教育学丛书系列《深度访谈:读懂创造教育新天地的人们》一书,它是叶澜教授与十位中小学合作校校长之间的深度对话,我和其他九位校长有幸成为被访者,与叶澜老师敞开来谈了一个"新基础人""'生命·实践'自觉者"独特而难忘的成长经历,叶澜老师谦逊地称"他们是我的老师"和"创造教育新天地的人们",还为我们每一位受访者撰写"访后记",我如获至宝,以此鞭策和勉励自己,一辈子努力做教育,让教育成为"点化人间的大事"。

我和团队老师的日常实践变革经历也写成了书,叶澜老师赠予汽轮小学书名《校无贵贱:是花朵就会绽放》,还亲笔对书稿逐句逐行的修改,第一稿从300多万字浓缩到200多万字,第二稿从200多万字提升到180万字,密密麻麻的批注和修改符号跃然纸间,我们无不感动,特别敬佩叶澜老师严谨的治学态度和无私奉献。在她的引领和感召下,我们意识到:写作的过程就是让自己对这十多年的实践再次进行梳理,形成经验和特色,增强自信,更是明确发展脉络和清晰发展路向的重要过程,将理论化进日常"学—思—行"和"实践—反思—重建"等研究性变革实践中,知难而上,持之以恒,以大胸怀、大境界和大智慧确立"新的责任目标",凝聚人心,提升经验,"成事成人",学术成长,更让我体悟出叶澜老师常对我们说的那句"小是美好的"的深意,我和老师们笑了,笑得特别甜!

三、一花一蕊致未来

学校是生命场,教育是觉醒生命的事业。校园里的师生就是那一花一蕊,需要得到尊重与关爱。这些年,跟着"生命·实践"教育学研究团队的老师们一起学理论、变思维、组团队、化实践,我们经历了加入伊始的"冬之孕育",并肩奋进的"春之萌发",携手投入的"夏之历练"和共同享受的"秋之收获"。通过自我主体意识的觉醒和内在发展意识的激发,不断清晰自身发展的困难点、生长点、深化点,越发感受到"心从哪里走过,花在哪里绽放"的可贵精神。2019年教师节前夕,我和老师们收到叶澜老师给我们的礼物——一本《光明日报》主管的《教育家》杂志,里面不仅有叶澜老师最新力作《教育是觉醒生命的事业》一文,还有她亲笔题写的教师节贺词,一股暖流在心中流淌!

面向明天,我们尚需努力,学会研究,做好研究,在研究中发展,在研究中成长,在研究中提升学校教育教学质量和师生精神文化品质,一如既往,不改对教育的凝视与求索。将依"教育所是"化到日常的研究性变革实践中,坚定不移,精神奋发,系统学习,光自心出,悦己养人,欢乐永存。

衷心感谢各位专家、领导远道而来,传经送宝,我要将此转化为一种推进的力量,学习思考,从容前行。

我与二实小共成长

叶伟锋[*]

　　转眼,已是我在常州市第二实验小学(本篇简称二实小)工作的第 32 个年头,回忆起与"新基础教育"相依相伴的那些年、那些人、那些事,在感慨时光飞逝的同时,更强烈地感受到"新基础教育"理念浸润下的二实小强大的文化基因在我身上的积淀、转化,体悟到教书能育他人的同时育自我,管理同样能育团队的同时育自我。因为我就是这样,在"新基础教育"阳光沐浴下不断成长的。

　　1988 年,二实小开办的第 2 年,我毕业后被分配到二实小(当时的常州师范学校第二附属小学),艰苦的办学条件,自力更生的创业环境,没有让我们这一批从农村来的孩子望而却步。我跟随严谨沉稳的屠校长、和蔼可亲的钱主任、勤勉好学的李伟平、思维独特的袁文娟一起认真学习,努力工作。围坐一个灶头,共吃一锅菜的场景至今记忆犹新,家文化在我心中扎下根来,我始终铭记"二实小就是我的家"。32 年来,我不离不弃,坚守在这里。

　　1990 年 8 月,邵校长调入二实小,她提出了"二年立足,三年站稳,五年发展,十年基本达到省级实验小学标准,初步实现教育现代化,在办学上形成自己的特色"的构想。她既有女汉子的雷厉风行,又是知冷知热的贴心人;既对老师们严格要求,又时刻关注每一个人的成长。1997 年 11 月,学校迎来了省级实验小学评估。当得知学校以全省最高分通过验收时,晚上 8 点多还在学校等候消息的老师们噙着眼泪兴奋地欢呼拥抱。学校自立、自砺、自强

　　*　作者简介:叶伟锋,常州市第二实验小学校长、书记,中小学高级教师。研究方向:小学体育教学、学校管理等。

的办学历程孕育了"千辛万苦、千方百计、千锤百炼"的三千精神,从此成为二实小团队奋进的宝贵传统,更成为我不竭的精神动力。32年来,我遇到过个人发展、学科教学、学校管理的任何困难,都从不轻言放弃,因为我相信,我的身后有一支坚强的团队。

1999年,邵校长抓住学校发展机遇,加入华东师范大学"新基础教育"研究的行列。那时我既是体育教研组长,带头上研究课"纸飞机""有趣的跳绳"等,带领体育组获评市优秀教研组,自己也被评为学科带头人,同时我又担任总务主任,以"亲力亲为、勤俭持家、保障服务"为宗旨,把学校后勤工作做到一丝不苟,创造性地为研究一线解决问题。在学科与管理双专业发展之路上,我触摸到成长的可贵与力量。循着这条成长之路,我求索追寻,坚定双专业发展之路,哪怕是以兼职研究员的身份,一次次走进基地校、联系校的中期评估、课堂普查,以过来人的身份把脉助推,更以永远的"体育人"的身份孜孜追求,共同探究课堂教学变革。

随着"新基础教育"成型性研究、扎根性研究、生态区研究的一步步深化,在王冬娟校长的带领下,二实小先后创造了"赢在中层""走进异域""管理微学院"等"常二小新经验",从"科研兴校"走向了"科研强校",从"新基础教育"基地校走向了"生命·实践"教育学研究合作校,直至今日,二实小以核心校的荣耀担当起集团化办学推进区域均衡发展的重任。

2014年是我教育生涯的重要转折。这一年,我接过王校长传递的火炬,成为集团的第一责任人。我深感肩头的重担,不仅仅是三所一体化校区、五所联盟校、一所跨区合作校的差异发展,更是500多位教师,15 000余名学生期待的眼神和发展的渴求。同时,作为"生命·实践"教育学研究合作校,华东师范大学"生命·实践"教育学研究院也对我们不断提出新的要求,要以更加自觉的生命状态研究和突破集团办学这个新生态中的新问题和新需求:向内,要深化自身研究,创生新经验、新成果;向外,要自觉孵化、助推,整体推广研究成果。

由此,学校从独立研究走向生态建设,从自我发展走向合作共生。在"新基础教育"研究精神和"生命·实践"教育学理念引领下,我带领团队以开放包容、智慧创生的方式,做强小生态(一体化)、服务中生态(集团校)、引领大生态(共同体),创生三个不同层面的合作研究机制,努力实现过程效益最大化。

1."人"与"事"有机通化,实现管理育人

集团建设中,学校始终把"人"的发展作为核心要务,全力推进"人"与"事"的有机通化。

一是基于校区分散、人员庞杂、队伍参差不齐等现实问题,我们一方面通过定期中层竞聘,配足配齐管理力量。同时依托"纵向条线贯通、横向校区切块,分管校长年级蹲点、执行校长校区负责"的管理平台,将中层推向领导变革的前台,促进领导团队的双专业发展。

二是倡导以研究的方式"搬"走集团办学中的"绊脚石",学校以管理"微课题"研究为抓手,通过"集团长镜头—管理微学院—信息万花筒",强化管理者在整体规划下对各领域核心问题的分析诊断、过程跟进、有向突破的管理自觉。

三是创新"双循环教研""集散式教研",我们依托省"十二五"重点课题"学科育人:基于校本纲要编制的教学变革实践研究"和"教师专业优势的发现与转化研究",提升日常教研在促进"成事成人"和集团融合中的内涵价值。我不仅走进综合学科的课堂,更打开视野到语数外的课堂中寻找育人的新生点和突破口,整体构建的"育人为本:国家课程育人价值的深度开发与实践研究"被评为江苏省前瞻性项目。

2."文"与"化"融合创生,实现过程育人

面对集团联盟校多元发展的不同需求,学校的基本思路是以"文"化人,以"理"融"事",全力推进"文"与"化"的融合创生。

一是双向开放促价值提升、重心下移。通过集团行政例会制、主题联合教研制、品牌辐射分享制、结对挂职交流制等渠道,以全方位开放、全过程跟进的方式,辐射二实小管理文化,推广二实小研究机制。与此同时,又通过每年暑期"赢在中层"暑期集中研修、"青年教师成长营"的轮流策划、定期展示,推动学校"和而不同"的个性凸显。由此实现共同价值引领下的文化带动,研究联动,建设"理念认同、文化融合、资源共享、优势互补、因需而联、个性发展"的集团发展新生态。

二是双向交流促结构开放、过程互动。不同校区有不同的困难和需求,紫云校区青年教师大量涌入,骨干教师资源欠缺,我们动员朱明亚、李娟等兼职研究员到紫云校区交流,通过制度保障了一批学科领头羊有序流动到紫云校区,并领衔成立"教师成长帮帮团",常态化推进"相约星期五",用"新基础教育"理念培育青年后备军。东青实验学校在"新基础教育"研究之路上蹒跚学步,学校派出高鸣鸿、梁小红等兼职研究员用轮岗一年的方式帮东青实验学校带骨干,让他们的教研组长到二实小跟岗一年学管理、学策划,有力助推了东青实验学校管理团队的成长,帮助其成功创建为"新基础教育"基地校。

三是双向互动促动力内化、综合融通。我们对学生工作中的"新竹服务公司"和"七彩童年"两大省文化品牌项目进行系统回溯和梳理,辐射到集团层面。通过"小主人漫游大集团""新竹父母学堂"等活动创新,将小学校与大集团、大社会勾连起来,构建了学校、家庭、社会"三力合一"的育人体系,让"育人"成为活动质量的评价标准和参照系,推进了历任学生工作负责人对学生立场的坚守和活动育人中的自育担当,助推了一批市级特级班主任、骨干班主任、优秀班主任脱颖而出。

四是双向滋养促主动创造,自我超越。我们以"校园四季系列活动"的研发为抓手,从价值目标入手重新认识校园生活,从顶层设计入手挖掘四季的丰富内涵,从实践创生入手实现传统文化与时代精神、学科育人与生活体验的有机融合。四季系列活动的策划与推进,不仅激起了师生对四季的深度和多维的探究,同时激发了管理者对资源整合和创造性运用的能力,实现了"生命·实践"教育学理念的校本转化。作为一名永远的体育人和一名持续的研究者,我利用自身优势,大胆引进武术、足球、柔道、跆拳道、射箭等体育项目,利用优秀省体育课程基地的天时地利,锻炼新竹娃健康的体魄和健美的精神,由此整体构建"基地+学生综合素养培育体系"这一市级学生品格提升项目。在新校区的建设中,我更是以坚定的"儿童立场",充分开发学校建筑的教育功能,努力把校园打造成学园、乐园、花园。

"生命·实践"教育学研究,正全面引领集团师生投身变革,成为学校内涵发展的精神动力,亮出了一把"文化剑"。在这个过程中,我以开放的胸怀、包容的心态支持每一个校区的需求和发展,可以说集团办学历练了我的"大胸怀";我用父兄般的关爱、发展的眼光关注每一位教师的成长,集团办学历练了我的"大爱心";我用研究的心态、实践的脚步扎根每一天的校园新生活构建,集团办学历练了我的"大智慧"。

我至今还清晰地记得叶澜老师在二实小30周年校庆庆典上的讲话,二实小"三十而立",立了文化,立了精神,立了魂。走向"四十不惑",我努力践行在荣誉面前不惑,在挑战面前不惑,在复杂的现实面前不惑,做坚定的"新基础教育"人,永远的"二实小"人。

回首过去,我感慨万千,不断汲取来时的力量;立足今日,我信心满怀,执着担当未来的使命。我愿,用每一个美好的今天,和我的团队一起创造二实小新的奇迹,成就二实小新的辉煌!

做一个清醒的教育人

魏迎九[*]

一个人的成长就是一次次清醒，而一次次的清醒才能最终获得发展的自由。回想自己跟随叶澜老师及其团队的研究之路就是一个努力让自己变得清醒的过程：清醒自己、清醒学校、清醒教育。

与"新基础教育"的结缘源于 2006 年 12 月。时任戚墅堰教育文体局副局长的庄亚洁给了我一本《"新基础教育"论——关于当代中国学校变革的探究与认识》，告知我市局要在全市选择学校进行"新基础教育"研究，希望我好好学习，争取也能被上海专家选上。刚刚做了 4 个月校长的我认为这又是领导给我的展示学校的机会，我想要努力为区域争光，不给领导丢脸。寒假开学后，听说叶澜老师等专家要到学校调研，我一心想被专家选上，所以罗列了很多学校取得的荣誉，座谈时对叶澜老师说，我们学校老师很努力，但我们缺理论，只要我们今后用"新基础教育"的理论来"武装"自己，学校就会有很大的发展。可以说当时的我尽管也囫囵吞枣地看了一遍书，参加了培训，但是对于这项研究真正的价值以及它的艰巨性、复杂性，甚至是颠覆性根本没有认识。这就是我的研究起点——为了"争光"的研究。

我的争强好胜源自我的父亲。我的父亲是一位小学数学教导主任。每个寒暑假几乎都是一道道奥数题陪我度过。他的韧劲使我们姐妹俩小学毕业都考进了江苏省常州高级中学，成为左邻右舍口中"别人家的孩子"。

刚做老师的时候，我的教育行为更多停留在"责任"与"韧劲"上。走上校

---

　　* 作者简介：魏迎九，常州市戚墅堰东方小学校长，中学高级教师。研究方向：学校管理、教师发展等。

长岗位,当一切还处在懵懂的时候,我遇到了叶澜老师,遇到了"新基础教育"专家团队,我发现,一切都变了,我的教育格局由此不断地打开。下面,我就从变与不变来谈谈我作为一个教育人应该有的清醒。

首先,我的教育情怀变了。12年的研究,我越来越深刻地认识到,教育就要从生命成长的意义上去发展每个人,努力使他们成为能让自己幸福的人。让自己幸福是一种能力,这种能力的核心就是"主动""自觉"。而这种能力的培养不是一蹴而就的,需要在长期的所有的教育活动中去养成。因此,人的发展应该是和原来的自己比,而不是靠和别人比来达成的。这样的认识让我一颗好胜的心沉静了下来。一个致力于让每个生命都能不断丰富、生长的校长,才能静心做好"新基础教育",才能让美好的教育发生。

其次,我的教育视野变了。12年的研究,叶澜老师及其团队带领我们做了五轮规划,还有每个学期的计划、总结交流以及其他大大小小的节点活动。最害怕也是最受益的是专家们的一次次追问。开始感觉无所适从,慢慢地,我悟出了专家们的追问往往发生在我们的价值不明或错误、策略不清或缺失、过程忽视或混乱的时候。也正是在一次次的追问下,我们对人的认识从无到有,从模糊到清晰,从单一到综合;我们的思维从点状、割裂逐渐到整体、有机,逐步走向综合、复杂。现在,在日常的学习和实践中,我们常常也会追问自己。

价值的清醒和思维的清醒帮助作为校长的我实现了两个打开,一是认识的打开:学校的发展要置于内外两个"系统"之中。除了学校自身发展的内系统,还包括时代背景、社会整体发展的外系统。教育从来就不能关起门来做,唯有读懂时代,了解社会,才能从真正意义上理解"为未来社会培养健康、主动发展的人"这句话的现实意义——着眼未来,关注当下。二是实践的打开:随着学习和实践的深入,我越来越觉得叶澜老师每句耳熟能详的话越琢磨含义越深刻,暗藏"玄机",需要反复读、反复悟,做了再读、再悟,前后勾连读和悟。在叶澜老师的《"新基础教育"研究再出发》讲话后,学校把"育生命场,成高品质之型"作为未来三年学校发展的总策略和发展目标。怎样去育"生命场",我突然悟到,叶澜老师早就给出了一个大策略就是"教天地人事"——生活是最大最综合的资源,我们教育就是要通过创造性实践实现综合育人。有了这样的认识,才有我们对自然、社会及校园一切存在的关注与转化,才有我们一系列的创造性实践:我们对校园三大节基于"全员""全程"的创新实践现在要回归到日常,和课程实施及师生生活相结合,实现节点与日常的融通;我们坚持了六年的"道德与法制""综合实践活动"课程与班队活动的整合实施,从这里起步实现学科和班级生活的融通;我们已经七个学期不再订假期作业本,而是学生自己设计假期生活,以"主题""项目"的形式促校内外生活的融通……所有这一切,我们试图按照教育的内在逻辑,把教育内容、实施方法做更大范围的打通和整合,使教育"生命场"更有质感。

最后,我的参照标杆变了。我从原来更喜欢用立标杆、树典型的方法来激励教师,到现在更愿意让每个老师用展示、交流的方法,把自己研究中的所思所悟和大家分享;从原来的以"文章""课堂""分数"来判断老师,到现在更愿意鼓励每个老师无论是在社会角色还是在家庭角色的担当中都能成为更好的自己;从原来只关注老师的当下,到现在更愿意去了解老师的成长发展史,帮助老师一起发现并突破自己的成长瓶颈。我们把每年的"十佳教师"评选改为"个性教师"推荐;我们鼓励基于日常的微研究的发生,使老师始终能感受到研究带来的职业幸福……叶澜老师说,教育美的最深处是人性美的发扬光大,我愿意更美好的自己去成就更美好的老师。

12年,我和我的学校真的变了很多很多,但是有一点却从来没有变过——那就是坚持做"新基础教育"研究的信念从未动摇。坚持它就是坚持教育人应有的常识——以发展人为己任,用自己的生命成就更多生命的成长。因此,无论是两校整合、原地改扩建,还是区域调整、集团办学,我们把这些社会发展给教育带来的变化甚至是变故,都努力转化为学校发展的资源。是生命对成长的渴求,使我们不能也不忍停下研究的脚步。十几年始终如一的信念化为日常的所有行为:本学期,学校创建市"新优质学校",这项工作强度大,要求高。我们运用综合融通的思维,把"聚焦育人价值的挖掘和转化,成市'新优质创建'之事"作为本学期的工作目标。正当大家有条不紊推进创建的时候,十月份接到"生命·实践"教育学研究院要做研究回顾的通知。学校整体策划,所有的领域都形成研究报告,所有的老师都撰写了成长故事。

正如李政涛老师评价的那样:综合融通的新思维已具体融入了东方小

学的校园生活之中,渗透到学校教育的各个角落,原有的各种思维边界得以打破,一种全新的校园生活方式由此生成……

12年,我从青涩走向成熟,从尖锐走向平和,从单一走向丰富。谢谢因"新基础教育"研究结缘并一路同行的所有的人。

做持续提升"爱"孩子能力的
"新基础教育"教师

周志华*

30 年前,我选择了做一名老师,做一名"爱孩子的好老师一直是我的追求",也自认为自己是一名"爱孩子的好老师",直到加入"新基础教育"研究。

一、开启中的反思

我是一名数学老师,学校 2005 年参加了"新基础教育",当时已经有了 15 年工作经历的我,对数学课堂已经形成了一些思考,也养成了一些习惯。在日常的教学中,我总是问自己:怎样做才能让学生理解这道例题的解题思路?学生学习的难点在哪里?可以设计怎样的坡度,帮助学生"摘到果子"?设计哪些"经典"的变式练习可以帮助学生进一步理解知识并熟练运用?在执教公开课的时候,我会反复试教,精雕细琢,努力追求设计的新颖性,希望课的开始便有一个独特新颖的设计,抓住听课者的心;努力追求过程的流畅性,希望给听课的教师带来自然和谐的美感;努力追求情境的经典性,希望让听课者感受到课堂的朴实与扎实;努力追求环节的层次性,希望在课堂的后半段掀起一个小高潮,调动听课者将要低落的情绪……,盼望把最佳的好课展示出来。

我第一次参加"新基础教育"数学学科的专题研讨时,在互动时,吴亚萍

---

　　* 作者简介:周志华,常州市局前街小学副校长,江苏省特级教师。研究方向:小学数学教学、教研组建设。

老师追问:"课堂上,学生经历了怎样的学习过程? 这样的过程对学生而言,有教育价值吗?""课堂上,是否激发了学生去发现,是否激活了学生的高层次思考,学生是否逐步具有敏锐的审视问题的数学眼光,是否具有发现形成的方法和灵活运用的能力。"虽然追问的是别人,我又何尝不是如此。我的课堂关注的又何尝不是近期的、可测量的达到目标,我的课堂教学又何尝不是围绕"知识"转,我课堂上的学习方式又何尝不是停留在"表面形式上的改变"。在一次次强有力的追问中逐渐颠覆了我对传统意义上好课的认知。

叶澜老师提出"重建课堂教学价值观",数学学科独特的育人价值是什么? 我似乎没有从这个角度思考过,自身具有的数学素养,也不足以帮助我很好地回答这个问题。我开始反思课堂状态与存在的问题,反思对学科性质认识的偏差,反思自我已有的思维方式。虽然"戴着"常州市学科带头人的帽子,但是我觉得自己不再是一名合格的数学教师,缺失了"爱"孩子应有的能力,似乎也在"误人子弟"的路上走了好久。

曾经的我主动而努力,因为没有找到"方向",局限在一个"狭窄的思维空间"而没有丝毫的察觉。"新基础教育"追求的价值观、过程观、学生观给我形成了巨大的冲击力。全新的价值体系让我真实地感受到了离"新基础教育"的理想有多远,却也打开了思维的窗,让我获得破茧而出的重生感。

二、探索中的感悟

2005年9月和10月,杨小微老师和吴亚萍老师分别带领课题组来到学校,指导数学学科研讨。课前,我与四位执教老师一起议课,反复磨课。我感觉四位老师都上得不错。可是,课后杨老师"捉虫":课堂上老师"拿捏得"太紧,没有把课堂真正"还"给学生。并提醒我们:理论不理解就变成了口号,所以要将理论内化,落实到行动上来。吴老师点评:课堂上有多种方法,有提问质疑,有小组讨论,学生有了"动作",但是思维没有"动起来",还是"被动"的应付和服从;在你们的课上,我只是看到了知识点的教学……

当时我迷茫了,我们是那么努力地"放下去",问题到底出在哪里呢? 幸运的是,有课题组老师的现场重建。吴老师首先对教学内容进行了整体结构化的解读,剖析了内容背后特有的育人价值,运用"长程两段"的教学策略进行了单元长段整体结构化的设计。研讨活动让我明白"原来应该这样解读教学内容",我只是局限在一节课知识点的思考与认识之上。观念到行为之间的距离真远,或者说根本没有成为我的"观念",而仅仅只是一个外在的概念。

当老师们不知道如何开放自己的课堂时,作为第一责任人的我,义不容辞地被推到了台前,主动试水。

改变是艰辛的。在统计基础教学中,我试图开放课堂,但"老经验""老习惯"却有意无意地束缚着我,在不知不觉中,总是把学生拉到预设的轨道中来,表现出强烈的控制欲。虽然当时杨老师鼓励我"周老师有了很强的开放意识",但是我知道,我是"穿着新鞋走老路"。在《面积》的教学中,我刻意地"精心"预设,从材料的准备到开放性问题的设计,但是却丢失了最重要的"目标"。在"平均数"的教学中,我面对课堂中丰富的资源感到应接不暇,不知所措……面对专家对问题寻根式的剖析,我感到"尴尬"。现在回想起来,当时的我是蹒跚学步,重心不稳。亲身实践让我清晰地意识到自身存在的另外一个大问题,"心中没有学生"。虽然每一次的教学设计中都写"学生分析","爱孩子"真正只是口号,幸运的是,专家的点拨让我发现了这个问题。

课堂教学如何实现从"教师立场"向"学生立场"的转换,成为发展中的瓶颈,当然,找到了问题就找到了努力的方向。"学生立场"的确立从改变备课方式开始,运用"新基础教育"倡导的备课方式。首先,在教学预案的设计环节增加对教材文本以及学生状态的分析。在每一个教学内容的设计前,系统地解读教学内容,剖析教学内容的教育价值,从已有经验、个性差异、可能状态、学习困难等方面剖析学生的现实状态。这样的分析使我进一步清晰了教学目标与教学内容、学生的基础状态具有内在的逻辑关联性。其次,将单向的教学过程描述,变为师生双边互动的状态呈现。每一个教学环节的设计,有意识地思考教师的"做"是否为全体学生的主动学习创造了条件? 每一个活动的展开,都要思考学生做什么? 学生会怎样做? 学生的可能状态是怎样的? 活动中学生感悟了什么? 明确了什么? 提升了什么?

预案中有了学生,并不表示课堂上就有了学生,但是,当它成为有意识,你就能渐渐地拥有。

当"学科素养的匮乏"开始困扰我时,我感受到了"幸运"。2007 年第一学期,"新基础教育"成型阶段数学学科教学研修活动拉开了帷幕。我和学校的吴小薇老师、王小霞老师全程参与了培训。这是一场及时雨,活动从 9 月 18 日到 12 月 18 日,课题组老师对研修活动进行了精心的设计与组织,3 个月的时间内,整整 12 天,围绕 12 个专题开展系列化的骨干教师培训。作为学校的第一责任人,每一次活动听课后都要进行现场评课,对于新加入研究的我来说是挑战,但是我没有退缩,与吴老师进行面对面的交流,吴老师即时的追问、关键处的回应点拨,与课型结构相应的专题报告,朴实的形式,丰实的内涵,让我经历了理论从模糊到清晰,从感悟、实践到提升的过程。每次活动结束后,我们总是感慨:"越来越有感觉了""我的课堂中替代思维的现象太多了""资源的捕捉与呈现还有这么多灵活的处理,我平时的做法教条了,程式化了""以往我仅仅关注知识结构,没有关注过程结构、学习方法的结构,学生掌握了学习方法的结构,就具有了主动学习和迁移的能力"……研修内容的系列化、结构化,研修活动过程的一体化,给我带来了整体的认识,提升了我的学科素养。每次活动结束回到学校后,我们三位老师总是迫不及待地向学科组的老师介绍,带领学科组及备课组的老师进行研究。记得有一次,从上海明强小学回来的第二天,我连夜备课,将听来的"两步计算文字题""几倍多几、少几的应用题"的教学向全体数学老师呈现。我知道,我终于找到了"开放的课堂"的感觉。那是一段令我难忘的日子,是一次思想的洗礼,更是我对数学学科教学认识并理解的转折点。

三、重建中的提升

2008 年的 12 月,我被推荐执教"精品课",这又是一次历练和挑战。当时我执教一年级,准备教学"十几减 8",在前期的准备中,吴老师听我执教了"8 加几",这是一节与"十几减 8"同质的"用结构"的课。课后,吴老师鼓励我:"教结构""用结构"是长程设计,因为有"教结构"的细腻,才有"用结构"的精彩,希望我能够呈现长段的设计过程,同时执教"十几减 9"和"十几减 8"两节课,我接受了挑战。

在"20 以内进位加""7、6、5、4、3、2 加几"的教学中,我在引导学生运用学习的过程性结构主动探索时,学生的学习呈现出"按过程"学习的"机械化"状态,过程结构在不经意间变成一种僵化的"程式",我及时对这一状况进行剖析。在吴老师的指导下,我反思了前期研究提炼的"结构"的合理性,聚焦思考每一节课的"目标达成度"与"过程开放度",根据学生当下的状态与目标递进,进行积极的重建。

这次"精品"开放活动,我对"20 以内进位加""20 以内退位减"两个单元内容的认识也经历了"由薄到厚,由厚到薄"结构化的过程。当我的心中留下清晰的结构,"纷杂的知识点"变得简单了,课堂关注点也从教案中真正解放了出来,全身心地关注着学生的状态,从容地依据学生的状态不断调整课堂实施过程,自然灵动的课堂初见端倪。

因为有了这次经历,我对"长程两段的教学策略"有了丰富的实践体验,吴老师再次要求我在 2009 年 5 月份"新基础教育"成型性研究成果发布会上做专题发言。我为此再次系统阅读了《"新基础教育"论——关于当代中国学校变革的探索与认识》《小学数学教学新视野》《备课的变革》等著作,将学校研究过的每一类课型进行系统梳理,提炼各类专题和课型内隐的"结构"。这不仅是内容的梳理,更是思维的梳理。梳理的过程,不仅让我感受了多种结构类型在同一节课中的有机交融,不同的结构类型生成的过程,也让我逐步感受并形成了提炼结构的思维路径。更重要的是,我对课堂教学"灵活结构性"的内涵有了进一步的认识。结构不是实体具有固定性,它反映的是事物关系和活动程序等非实体的方面,具有弹性和可变性。一个基本结构处于不同场合,被赋予不同的内容,用于不同的对象,可以生出许多变式。也正因为变式"变"的特性,就不存在固定的程序和模式,我们只能探索产生变式的思维方向与思维策略。

实践中提升的是认识,"新基础教育"的研究,打开了我的思维,让我拥有了领悟的幸运,不断提升的是"爱"孩子的能力。

"新基础教育"实践探索之路,在不断的"打开"中"破"与"立",收获的是自我的逐步丰富,当我试图用语言表达这样的丰富时,却又显得如此苍白,即便是如此,依然让你真实地体验着"成长",而这样的一份"成长感"带给我的是,对事业更加坚定的执着。

遇见·成长

——感悟"新基础教育"研究之"学生立场"

张　姝[*]

"每个人都只能自己'活',不能由别人代'活';每个人从出生到死亡的全部历程都得自己走,不能由别人代走。"

"教育是直面人的生命、通过人的生命、为了生命质量的提高而行的社会活动,是以人为本的社会中最体现生命关怀的一种事业。"

细细品味这两句话:我们的学生是教育的对象,而教育的影响力需要通过学生自己去实现。如果教育游离于学生之外,学生就不能真正成为教育的主人。学校教育要为师生的健康主动发展提供时空,架设平台,用"爱"培养多方面整体发展的人。"新基础教育",让我学会尊重生命,敬畏生命。

在我工作的第 7 年,有幸遇见"新基础教育",成为学校首批参与研究的实验教师。之后,有幸一直和它相伴而行,先后成为班队和数学学科的骨干教师,在不同领域研究中感悟学生的独特性和独立性,在多维转化的过程中找寻学生内在的发展资源,也实现着自我的更新和蜕变,感受着生命成长的美好。

一、班级活动中感悟

镜头:

2006 年,我是六(3)班的数学教师和班主任。才开学没多久,我就接待

---

* 作者简介:张姝,常州市五星实验小学副校长。研究方向:小学数学教师、教师发展等。

了一位焦虑的妈妈,她说:"我们家紫萱这学期开学后就有点不务正业,零花钱都用来买流行歌曲的碟片,而且每天做作业之前总要唱至少10分钟才开始做作业。六年级了,我们家长希望她能考个好中学,不要沉迷于追星,请老师说说她,老师的话她会听的。""老师的话她会听的",带着家长的满满信任,我和紫萱有了一次深入交流。在交流中,她提到,爸爸妈妈对她的期望很高,她也想考上海世界外国语学校,所以这学期开始压力很大,感觉自己很压抑。有次,她烦躁的时候听到了邻居家播放的《隐形的翅膀》,觉得很好听,哼着哼着就让自己放松了,再做作业感觉效率也提高了。从那开始,她就喜欢用这样的方式让自己放松。但是跟爸爸妈妈说,他们认为她是在找借口。

思考:

紫萱的话让我顿悟:六年级的孩子,面临升学的第一次选择,他们会紧张,会无助,自然也会有压力。有的孩子会自己想办法解压,有的孩子呢?"如何解压",这不正是六年级孩子现在最需要的吗?学生立场,不是抽象的经验,而是源于班级学生的现实,源于对学生成长过程的关注。

实践:

我紧接着召开班委会,一起"备课",一起讨论,确定了"直面压力,快乐成长"的班队活动主题,他们还想到了前期调查、数据分析、分享"我的解压小秘招"等板块,还建议邀请爸爸妈妈一起参加。看着孩子们眼里闪着光,兴致勃勃地策划着,完全无视我的存在,我心底是欣喜的。我感受到"学生立场"对班级活动的重要意义。这个主题选择,来自学生当前发展的真实问题,顺应了学生的成长需要,关注了教育的内生性。正式开始主题班队活动时,一切都很自然,没有机械的表演,有的是学生的参与、多方的互动、主题的深化。尤其当一个学习比较弱的孩子代表小组面对全体师生家长进行汇报时,他这种积极参与的意识、小集体荣誉感和自信,是我以前从没发现过的。

这次交流中,我还发现了六年级孩子和父母之间有了不同想法,不能正确沟通,父母和孩子经常会各执一词。所以,后续还开展了"感恩在我心中""爸爸妈妈,听我说"等主题班会。

再认:

学生是班级建设不能忽视的主体,"学生立场"不是口号,在我们的教育中要看到学生是一个个具体的、有不同个性的鲜活生命个体,老师要去解读学生的发展需求,帮助他们认识自我、发展自我、学会解决各类问题。当我们把班级还给学生时,往往会惊讶、震撼于他们展现出的无限创造潜能和蓬勃生命活力。正是学生,才是班级建设的"活"的源泉。

收获:

当年,在李家成老师的指导下,六(3)班还开展了"班级文化建设"系列活动,被评为常州市少先队"特色中队",这是我获得的唯一一份"班主任"荣誉,虽然这份荣誉对我个人后续的专业评选作用不大,但我一直很珍藏地保留着。是他们让我理解了"学生立场",让我学会了换位意识、对话意识,让我尝试了主题教育的系列化、长程化。当时,我把这份证书复印给了每个学生,因为这是我们一起成长的见证。

二、学科研究中感悟

镜头:

2007年,我转入数学学科研究,吴亚萍老师的指导非常形象,让我印象很深:

学生出了问题,老师吃"药",问题真的解决了吗?(教师替代现象)

这是"人参",应该要让每个孩子都汲取其中的营养。(没有重心下移)

一节课40分钟,学生不会的老师要讲,学生会的老师还要讲,时间来得及吗?(不关注学生状态)

思考:

这些课堂习以为常的情况,却成了"新基础教育"研究的问题。这刷新了我的观课视角,也让我有了反观自我的参照。如果不去了解学生,如果不能重心下移,如果老师和学霸的替代现象一直存在,那么课堂就只是我和几个学生的课堂,更多学生则远离了课堂。这样的数学教学就是见"事"不见"人",对学生而言就谈不上提升数学思维,更谈何获得生命成长?

实践:

带着对开发生命潜力和指导生命发展的愿望,我以计算课型研究为突破,从育人价值出发,尝试进行整体、长程和结构化的教学设计,将线状的分析式设计变为块状的综合式设计,从单向式设计变为交互式设计,从点状式教学变为结构式教学,从搬运式教学变为育人式教学。在计算课型中锤炼教师和学生的新基本功,为其他课型研究奠定基础。

表1 自己执教市级及以上"新基础教育"
数学学科研究活动一览表

课　　　题	时　　间	活动(主题)
5以内的加法	2007 - 10	"新基础教育"调研
角的认识	2008 - 10	常州市"新基础教育"共生体数学学科专题研讨
复合份总关系实际问题	2009 - 12	"新基础教育"中期评估
乘法分配律	2011 - 05	"新基础教育"精品课开放活动
轴对称图形	2014 - 12	"新基础教育"创建"生命·实践"教育学研究合作校回访活动
平均数	2015 - 11	全国"新基础教育"推介活动
图形总复习	2016 - 05	全国"新基础教育"数学练习课型的专题研究活动
确定位置	2016 - 10	常州市四区联合精品课活动
等式的性质	2019 - 11	全国"新基础教育"数学学科研修活动

再认:

回顾研究历程,学校发展的每一个节点事件节点活动中吴老师的悉心指导,日常课堂的扎根研究,让我在"实践—反思—重建"的循环中,感受着"新基础教育"理念带给我的对课堂教学的新认识:"原来这样问,才能打开学生思维""结构化的教学设计,学生真的可以自主建构,并迁移后续学习""结构化不是模式化,同一课型的不同内容在具体教学中还是有差异的"……课堂是一种生活,怎样在这段时间里积极地、主动地展示生命活力,站在孩子的立场想问题,再帮助他们在学习中提高,是我们研究的重点。在理论学习和现场活动的双向滋养中,我坚守基于学生自身真实发展的课堂,重建课堂教学价值观与过程观,转变对课堂功能的认识与课堂内涵的追求,实践"结构的关联"和"教学过程的推进逻辑",逐步从简单的知识传授与学习,走向着眼于人的综合素养提升的学习过程,使课堂成为生命的孵化场。这样的研究,我是实践者,也是学习者、研究者、创造者。

收获:

基于"百以内加减法"的研究,我撰写了论文《计算教学的现象分析与实践反思》,被中国人民大学书报资料中心全文转载(2012 年 10 月)。这是我第一篇等同于在核心期刊发表的论文,拿到转载通知和样刊的时候内心是狂喜的。之所以能被编辑认可,主要是因为对"百以内加减法"的教材、学生深入解读,形成结构化的教学设计,其次是转换立场,从学生的角度,表达对课堂重建的思考和认识。

在研究过程中,班级学生的参与、表达、记录、倾听等学习常规逐步形成,学习兴趣、探究能力、综合素养等也有了提升。2013 年毕业的那一届孩子是我从一年级带到六年级的,他们和我的"新基础教育"研究同步。中考结束回校看望我们时,王泓义说:"张老师,在你数学课上学到的方法,对我中学的学习帮助很大,我很喜欢你的数学课。"我对学校教育生活的理解潜移默化地影响了学生,这是对我最大的肯定。

2019 年 12 月 5 日,在创建常州市新优质学校的课堂调研中,评估组专家说:"你的课堂,将五星'对每一个灵动的生命负责'这一理念表达得很到位。"

在研究过程中,我们还创生了研课的三"五"法则,即"前期五步":研—选—明—清—预;"研课五关":听—思—说—改—写;"重建五要":分析问题,给出判断,正确归因,综合整改,建中出新,并将其推广于学科组研究,催生教研新态。

现代教育是以人为本的教育,不仅关注社会发展功能,还关注个体发展功能。"为了每一个学生的发展",已成为学校教育的基本理念。但正如叶澜老师所说:教师绝不是照亮别人却毁灭自己的蜡烛,而是在照亮别人时也照亮自己前进道路的火炬——教师从职业中体验创造性工作带来的充实与幸福,获取人生价值的永存和人格的升华。我将努力使自己生活在蕴涵着明天的今天,不断更新发展自己;坚定地用自己的生命,编织不同于昨天的今天,按自己的理解不懈追求明天,在成就学生的同时,创造自己的生命!

图书在版编目（CIP）数据

"生命·实践"教育学研究.第四辑,优质均衡目标下的区域
教育改革 / 华东师范大学"生命·实践"教育学研究院编.
— 上海：上海教育出版社，2020.11
ISBN 978-7-5720-0368-4

Ⅰ.①生… Ⅱ.①华… Ⅲ.①生命哲学 – 教学研究 – 高等学校
Ⅳ.①B083

中国版本图书馆CIP数据核字(2020)第242544号

责任编辑　董　洪　孔令会
封面设计　王　捷

"生命·实践"教育学研究（第四辑）
——优质均衡目标下的区域教育改革
华东师范大学"生命·实践"教育学研究院　编

出版发行　上海教育出版社有限公司
官　　网　www.seph.com.cn
地　　址　上海市永福路123号
邮　　编　200031
印　　刷　启东市人民印刷有限公司
开　　本　700×1000　1/16　印张 25.25
字　　数　375 千字
版　　次　2020年11月第1版
印　　次　2020年11月第1次印刷
书　　号　ISBN 978-7-5720-0368-4/G·0268
定　　价　68.00 元